Wörterbuch der Sicence-Fiction

Peter Schlobinski/Oliver Siebold

Wörterbuch der Science-Fiction

PETER LANG

Frankfurt am Main · Berlin · Bern · Bruxelles · New York · Oxford · Wien

Bibliografische Information der Deutschen Nationalbibliothek
Die Deutsche Nationalbibliothek verzeichnet diese Publikation
in der Deutschen Nationalbibliografie; detaillierte bibliografische
Daten sind im Internet über <http://www.d-nb.de> abrufbar.

Umschlagentwurf und -illustration:
Atelier Platen, Friedberg
Olaf Glöckler

Gedruckt auf alterungsbeständigem,
säurefreiem Papier.

ISBN 978-3-631-57980-0
© Peter Lang GmbH
Internationaler Verlag der Wissenschaften
Frankfurt am Main 2008
Alle Rechte vorbehalten.

Das Werk einschließlich aller seiner Teile ist urheberrechtlich geschützt. Jede Verwertung außerhalb der engen Grenzen des Urheberrechtsgesetzes ist ohne Zustimmung des Verlages unzulässig und strafbar. Das gilt insbesondere für Vervielfältigungen, Übersetzungen, Mikroverfilmungen und die Einspeicherung und Verarbeitung in elektronischen Systemen.

Printed in Germany 1 2 3 4 5   7

www.peterlang.de

Inhaltsverzeichnis

Science-Fiction als Text- und Wortwelt 7
Zur Bedeutung von Wörtern in Science-Fiction 8
Wie neue Wörter in Science-Fiction-Texten gebildet werden 12
Basis und Aufbau des Lexikons 15
Abkürzungsverzeichnis 19

Lexikon 21
Zeit und Zeitreisen 21
Raum und Kosmologie 33
Raumschiffe/Transportmittel 45
Waffensysteme 68
Roboter/Cyborgs/Androiden 83
Technologien 102
Virtuelle Welten/Künstliche Intelligenz 132
Kulturen/Gesellschaftsformen/Lebenswelten 142
Lebensformen 177
Kommunikation und Sprache 211
Kognition/Emotion 243

Literatur- und Quellenverzeichnis 253
Primärliteratur 253
Sekundärliteratur und -quellen 262

Wortregister 273

Science-Fiction als Text- und Wortwelt

Was unter Science-Fiction zu verstehen ist und welche Werke diesem Genre zuzuordnen sind, darüber herrscht in der Literaturwissenschaft Uneinigkeit. Der Begriff selbst setzt sich erst in den 50er Jahren des letzten Jahrhunderts durch, aber ein Datum wird als die Geburtsstunde der Science-Fiction im engeren Sinne gesehen: April 1926. In der ersten Ausgabe der Zeitschrift *Amazing Stories* publiziert Hugo Gernsback ein Manifest zur „scientifiction" und begründet – so auch der Titel seines Beitrags – „A New Sort of Magazine". Die Wortkreuzung aus Science (Wissenschaft) und Fiction (lat. fictio = Einbildung, Annahme) spiegelt die konstitutiven Momente des Genres wider: literarische Verarbeitung wissenschaftlicher Sachverhalte, für Gernsback optimal im Mischungsverhältnis drei zu eins.

Literarische Gattungen und Genres aber werden „nicht aus dem Nichts erschaffen. Ihre Entstehung ist ein komplexer Prozess, in dem sich das neue Genre allmählich aus bestehenden Formen herausschält". (Innerhofer 2008: 2) Auch wenn hier Traditionslinien über Mary Shelleys *Frankenstein* (1818) und Louis-Sebastièns Merciers Roman *L'an 2440* (1771), Francis Bacons *Nova Atlantis* (1627) und Thomas Morus' *Utopia* (1516) bis hin zum Prometheus- und Golem-Mythos gezogen werden können, so ist eine Fokussierung sinnvoll, und es lohnt ein Blick in die ersten Ausgaben von *Amazing Stories*, in denen unter anderem Geschichten von Jules Verne, H.G. Wells und Edgar Allen Poe wiederabgedruckt wurden. Es sind Geschichten von Autoren, die Gernsback als prototypische Vertreter der Science-Fiction ansah. Und dies zu Recht! Ist Jules Verne der Autor der Überbrückung der räumlichen Distanz (*Von der Erde zum Mond* 1974, frz. 1865; *Zwanzigtausend Meilen unter dem Meer* 1875, frz. 1873), so H.G. Wells in dem Klassiker *Time Machine* (1895) der Autor der Überbrückung der zeitlichen Distanz (Zeitreise). Und Edgar Allen Poe? Neben der Kurzgeschichte *The Unparalleled Adventure of One Hans Pfaall* (1835), in der eine Ballonreise zum Mond geschildert wird, ist er der Autor des Grotesken und des Horrors. In der Geschichte *Some Words with a Mummy* (1845) wird eine Mumie durch Elektroschockbehandlung wiederbelebt: Neben der Aufhebung zeitlicher Begrenztheit wird kulturell Fremdes, der Mythos vom ägyptischen Totenkult, literarisch verarbeitet. Steht bei Verne die Technik im Vordergrund, bei Wells eher das utopische Moment, so bei Poe das Phantastische. Auf der Folie dieser Tradierungen, aber auch der Themen in der Gegenwart, kann Science-Fiction als technisch-utopisch-phantastische Literatur begriffen werden.

Von den Anfängen der Science-Fiction über das so genannte ‚Goldene Zeitalter' in den USA vom Ende der 30er bis in die 50er Jahre des 20. Jahrhunderts, von der Pulp-Science-Fiction und der britischen ‚scientific romance' bis hin zu Space Opera und Cyberpunk hat sich das Genre stark ausdifferenziert, sowohl bezüglich der Themen als auch der Formen. Dennoch scheint es eine Art prototypische Science-Fiction zu geben. In dieser stehen technologischer und sozialer Wandel und/oder naturwissenschaftliche Konzepte und Modelle im Vordergrund, die in utopische Szenarien extrapoliert werden. „Die Welt der Science-Fiction ist gleichzeitig dissonant und unvereinbar mit der Erfahrung des Lesers und dennoch bekannt; diese Entfremdung […] wird durch technische und soziale Erneuerungen verursacht, die prinzipiell möglich erscheinen, da sie in der Sprache der Wissenschaft und Technologie beschrieben werden." (Weber 2005: 8)

Von dem Philosophen Hans-Georg Gadamer stammt der schöne Satz: Erst mit der Sprache geht die Welt auf. Dies gilt für die Konstruktion fiktionaler Welten zumal. Indem durch die Sprache der Zugang zu Textverstehen und Denken erfolgt, kommt dem Verstehen von Begriffen, der Deutung von Wörtern eine Schlüsselrolle zu. Wie etwas ausdrücken, dass ein ‚so gründliches Verstehen bezeichnet, dass der Beobachter zu einem Teil des Beobachteten wird und beide verschmelzen'? Robert A. Heinlein prägt in seinem Roman *Fremder in einer fremden Welt* (2002) für dieses marsianische Konzept den Begriff GROKEN[1]. Wie die Fähigkeit ausdrücken, von zwei einander widersprechenden Ansichten zugleich vollkommen überzeugt zu sein? In George Orwells Roman *1984* wird hierfür der Begriff DOPPELDENK bzw. ZWIEDENKEN eingeführt. Oder umgekehrt: Was versteht man unter einem SOPHONTEN oder DROIDEN? Was ist ein SKIP-ANTRIEB und was kann man unter DAVONDOPPLERN verstehen?

Science-Fiction-Texte weisen unterschiedliche Sprachschichten und -register auf, es gibt Fachtermini, Wortneuschöpfungen, bekannte Wörter mit neuen Bedeutungen, und neben den Wortkomponenten spielt immer der Kon- und Kotext eine wichtige Rolle.

Zur Bedeutung von Wörtern in Science-Fiction

Die Lektüre eines Science-Fiction-Textes kann selbst von einem geübten Leser als Herausforderung empfunden werden. Die zahlreichen Wortneubildungen des Genres, also Wörter, denen der Leser nicht von vornherein eine Bedeutung zuweisen kann, mögen dafür nicht allein ausschlaggebend sein, aber ganz sicher

---

[1] Alle in KAPITÄLCHEN gesetzten Begriffe sind in das Lexikon aufgenommen und werden erklärt.

Zur Bedeutung von Wörtern in Science-Fiction

haben sie daran einen erheblichen Anteil. Prinzipiell ist es durchaus möglich, einen Science-Fiction-Text ohne eine einzige Wortneubildung zu schreiben, doch in der Praxis ist es schwierig, entsprechende Beispiele zu finden. Wortneubildungen sind eben doch von besonderem Gewicht als ein sprachliches Mittel, „which allows idea to become flesh". (Eckert/Thurnbull 1983: 168) Wie ausgiebig dieses Mittel für die Gestaltung eines Textes genutzt wird, hängt von verschiedenen Faktoren ab. Es gibt ausgesprochen wortbildungsfreudige Autoren, wie zum Beispiel Stanislaw Lem, der zwar vorgibt, sich in dieser Beziehung „auf die durch den Kontext bewirkte artikulatorische Notwendigkeit" (Lem/Beres 1985: 141) zu beschränken, dessen Texte die Lust am Spiel mit dem Wort aber geradezu mit Händen greifbar machen. Ein näherer Blick zeigt jedoch, dass auch Lem dieser Lust nicht ungezügelt freien Lauf lässt. So gesehen setzt die artikulatorische Notwendigkeit zumindest doch gewisse Grenzen. Eine wahre Explosion der Wortbildungskreativität vollzieht sich in Texten mit humoristischem oder parodistischem Charakter und ganz besonders dort, wo Lem seinen Leser dem jeweiligen Protagonisten über Seiten hinweg beim Studium fiktiver Enzyklopädien, Abhandlungen, Streitschriften und dergleichen mehr über die Schulter schauen lässt. Ernstere Texte, zum Beispiel „Solaris" (poln. 1961), sind in dieser Hinsicht sparsamer. Wie bei anderen Autoren, die unter Umständen keine so ausgeprägte Vorliebe dafür haben, richtet sich die Bildung neuer Wörter also auch bei Lem zumindest grundsätzlich nach Bedingungen übergreifender literarischer Gestaltungsabsichten.

Dem Leser von Science-Fiction muss es also nicht zwangsläufig so ergehen wie Ijon Tichy, Lems Helden in den „Sterntagebüchern" (poln. 1968) und in „Lokaltermin" (poln. 1982), nach einem arbeitsreichen Tag in der Bibliothek des Genfer INSTITUTS FÜR GESCHICHTSMASCHINEN: „Promvilen (Prothesen des Milden Verhaltens), Ethifizierung der Umwelt und deren antisophische Verseuchung, Furialspeicherbomben, Brustschutzbunker, Entlüster, Deterrogenate (Terrorschwundpräparate), Mamalen, Antibrüder, Schwiegerfangnischen, Maulaffizialien, Buhlanzen – solche und tausend andere ebenso rätselhafte Begriffe wirbelten wie ein Mahlstrom durch mein unglückliches Gehirn." (Lem 1986a: 81) Es fragt sich allerdings auch, wie wichtig es aus Sicht des Lesers ist, jedes Wort in einer Passage wie dieser mit einem Sinn erfüllen zu können, zumal dies ohne bewusste, den Lesefluss unterbrechende interpretatorische Arbeit kaum möglich sein dürfte und im Einzelfall auch nicht zu befriedigenden Ergebnissen führen muss. Natürlich dient die Konzentration von Worträtseln in dieser Passage bei Lem dazu, genau diese Tatsache zu illustrieren, der Leser ist deshalb nicht dazu aufgerufen, in jedem Fall eine fundierte Bedeutungshypothese aufzustellen. Das betrifft in ähnlicher Weise auch andere Wortneubildungen der Science-Fiction. Oft tauchen diese nur an einer einzigen Stelle in einem Text in einem Nebensatz auf und sollen vielleicht gar nicht mehr bewirken als den momentanen Eindruck des Besonderen. Sofern der Leser die Komponenten eines solchen Wortes kennt und der Kontext zusätzliche Hilfestellung bietet, kann er ihm schnell und ohne großen Aufwand eine Bedeutung zuweisen. Wenn in einem Text zum Beispiel von menschenähnlichen Robotern die Rede ist, dürfte es dem Leser kaum schwer fallen, *en passant* Wörter wie STAHLSCHULTERN oder METALLARME mit aufzunehmen. Sind die Interpretationsbedingungen weniger günstig, kann der Leser unter Umständen einfach über solche Wörter hinweglesen, was auf die Promvilen, Furialspeicherbomben usw. durchaus zutreffen mag. Zumindest kann zu Neubildungen der Science-Fiction häufig nur eine relativ allgemeine und vage Bedeutung angegeben werden. Stößt der Leser des bereits genannten Romans „Lokaltermin" in einem diplomatischen Schreiben vom Planeten ENTIA auf das Wort KHURLANDIEN, dürfte es sich für ihn um einen Ländernamen handeln, der, in einer schwierigen Passage voller neu gebildeter Wörter, damit zunächst auch ausreichend interpretiert ist.

In neue Bezüge gerät dieses Wort erst, wenn der schon vorgestellte Ijon Tichy und mit ihm der Leser etwas später Bekanntschaft mit den KURDELN und damit auch den kulturellen Besonderheiten Khurlandiens schließt. Dessen Einwohner bewohnen die Kurdel, große, saurier- oder drachenähnliche Tiere. Diese eigentümliche Lebensweise wird im weiteren Textverlauf breit entwickelt, allerdings nicht kontinuierlich, sondern unterbrochen durch anderweitige Teilstränge der Darstellung, so dass sich erst nach und nach ein immer detaillierteres Gesamtbild ergibt. Immer wieder kommt in diesen Zusammenhängen das Wort KURDEL vor, so dass der Leser allmählich eine feste und klar konturierte Vorstellung davon gewinnt, was es bedeutet, auch dann, wenn es als Bestandteil weiterer Wortneubildungen im Text erscheint, zum Beispiel in KASTELLKURDEL, WOLKENKRATZKURDEL oder eben – rückbezüglich – KHURLANDIEN. KURDEL erweist sich als ein Schlüsselwort des Romans und ist dem Leser zumindest für die Dauer dieser Lektüre bald fast so vertraut wie ein völlig geläufiges Wort.

Dies ist sicher die anspruchsvollere Art, hinter die Bedeutung eines neu gebildeten Wortes zu kommen und damit ein Stück weit in eine fiktionale Welt hineinzuwachsen. Es kommt aber auch vor, dass der Autor seinen Leser stärker bei der Hand nimmt und ihm die Bedeutung eines neuen Wortes explizit erklärt, oder genauer, eine solche Erklärung seinem Erzähler oder einer Figur im Text in den Mund legt. So erläutert in Paul Erhardts Roman „Nachbarn im All" (1975) Fu, ein Wissenschaftler vom Planeten SIRTER, was MNEMOSONEN sind: „Mnemosonen sind frei werdende Denkkorpuskeln oder Informationsquanten hochorganisierter Materie, die als organische Lebensform bereits das Niveau von Bewußtseinsvorgängen erreicht hat." (Ehrhardt 1975: 91f). Damit ist eine Definition gegeben, die einen hochspekulativen Sachverhalt im ehr-

Zur Bedeutung von Wörtern in Science-Fiction 11

würdigen Gewand wissenschaftlicher Fachsprache präsentiert, auch wenn der Leser in diesem Fall für weitere Hintergrundinformationen durchaus dankbar sein mag – Informationen, die uns Herr Fu auch keineswegs vorenthält. Verwiesen sei in diesem Zusammenhang auf den Eintrag zur GEDANKENREISE, Kapitel „Raumschiffe/Transportmittel", im vorliegenden Lexikon.

Wortneubildungen in einem Text können also, wie sich gezeigt hat, unterschiedliches Gewicht für dessen Gesamtverständnis durch den Leser haben, in unterschiedlichem Maß semantisch erschließbar sein und darüber hinaus vielfältige Beziehungen untereinander stiften, eben wenn sie zum Beispiel als Konstituente weiterer Neubildungen auftreten. Damit sind sie in ihrem Wirkungskreis zunächst auf die Lektüre dieses einen Textes beschränkt. Manche von ihnen bleiben dem Leser vielleicht trotzdem in Erinnerung, weil sie besonders wichtig oder beziehungsreich, vielleicht auch komisch oder originell sind. Andere sind noch während der Lektüre oder *post textum* schnell vergessen. Nur wenigen Wortneubildungen der Science-Fiction war es vergönnt, diesen einzeltextgebundenen Wirkungskreis zu überschreiten. So weiß der geübte Leser von Science-Fiction – und vielleicht nicht nur dieser –, was beispielsweise ein CYBORG, ein ANDROID oder ein HUMANOID ist. Wörter wie ROBOTER, ZEITMASCHINE und MARSMENSCH sind erst recht zu sprachlichem Gemeingut geworden. Tauchen Wörter wie diese in einem Science-Fiction-Text auf, ist deshalb meist schon ein entsprechendes Konzept abrufbar. Dieses bleibt auch dann noch Interpretationsgrundlage, wenn Autoren originellere Zweitbenennungen finden: Auch ein BIAIOID ist ein Cyborg, auch ein CHRONORCH eine Zeitmaschine.

Dass die Lektüre von Science-Fiction anspruchsvoll sein kann, hat, bezogen auf die Wortebene, oft noch eine andere Ursache: Fachwörter, die in Expertenkreisen zwar mehr oder weniger selbstverständlich gebraucht werden, darüber hinaus aber kaum bekannt sind. Anleihen etwa bei spekulativen Zweigen der Physik transportieren unbekanntes Vokabular und mit ihm Ideen, die ohne entsprechendes Hintergrundwissen von reiner Science-Fiction – in nichtliterarischen Zusammenhängen auch ein Synonym für besonders gewagte Spekulation – kaum zu unterscheiden sind. Aus Sicht des Lesers ist es in solchen Fällen oft unerheblich, ob ein ihm unbekanntes Wort eine Erfindung des Autors ist oder im Rahmen einer wissenschaftlichen Theorie tatsächlich Verwendung findet. Ein echter Grenzgänger ist zum Beispiel das WURMLOCH, auch unter so klangvollen Bezeichnungen wie EINSTEIN-ROSEN-BRÜCKE oder KERR-TUNNEL anzutreffen: Obwohl das Wort im Zusammenhang mit der Allgemeinen Relativitätstheorie entstand, mutet das, was es bezeichnet, nach wie vor so phantastisch an, dass es fast automatisch mit Science-Fiction in Verbindung gebracht wird. (Vgl. auch den Eintrag WURMLOCH, Kapitel „Raum und Kosmologie", im vorliegenden Buch.) Und um noch einmal den schon zitierten Wissenschaftler vom Planeten SIRTER zu bemühen: „Die zentrifugale Fazilität ist die Gegengröße zu der Ihnen bekannten zentripedalen Gravitation." (Ehrhardt 1975: 93) Und da sage noch einer, Science-Fiction sei nur auf vordergründige Unterhaltung aus.

Der spezifische Charakter von Science-Fiction kann sich schließlich darin äußern, dass gerade das Bekannte und Vertraute neue Züge annimmt. Das gilt auch für den geläufigen Wortschatz. Ein *Anachronismus* ist etwas, was nicht in seine Zeit passt. In Wolfgang Jeschkes Roman „Der letzte Tag der Schöpfung" (1981) erscheint das Wort auch mit dieser Grundbedeutung, doch wird diese zugleich wesentlich spezifiziert. Ein ANACHRONISMUS ist bei Jeschke ein archäologischer Fund, der nicht erklärbar ist, weil das betreffende Objekt – zum Beispiel ein Militärjeep – erst seit kurzer Zeit existiert, sein Zustand jedoch darauf hindeutet, dass es sich bereits seit Millionen von Jahren in der Erde befindet. In der fiktionalen Welt des Textes hat das Wort *Anachronismus* einen Prozess der Terminologisierung durchlaufen, der es semantisch verändert, so dass es dem Leser vertraut und fremd zugleich erscheinen kann.

Wie neue Wörter in Science-Fiction-Texten gebildet werden

Neue Wörter in Science-Fiction-Texten dürften in vielen Fällen spontanen Einfällen eines Autors während der Textproduktion entspringen, echte Okkasionalismen, also Gelegenheits- oder Augenblicksbildungen. In anderen Fällen werden sie, wie Selbstzeugnisse von Autoren verraten, sorgfältig geplant, bevor die erste Zeile eines Textes geschrieben ist. *Wann* ein neues Wort gebildet wurde, ist ihm in der Regel nicht mehr anzusehen. *Wie* es gebildet wurde, dagegen schon, was nicht heißt, dass alle damit verbundenen Überlegungen und Hintergründe greifbar wären. Vielmehr lassen sich grundlegende Verfahren identifizieren, mit deren Hilfe neue Wörter erzeugt werden. Mit der semantischen Umdeutung bekannter Wörter ist ein solches Verfahren bereits genannt worden.

Ein weiteres besteht darin, sich, allenfalls begrenzt durch lautliche Kombinationsbeschränkungen einer Sprache, völlig neue Wörter bzw. Wortwurzeln einfallen zu lassen. Dieses Verfahren wird auch als Wortschöpfung bezeichnet. Zum Beispiel ist Larry Niven nach eigener Aussage auf diesem Weg zu seinem TASP gekommen. (vgl. Niven 1976) Bezeichnungen für fremde Lebensformen oder Planeten sind oft ebenfalls Wortschöpfungen. Sehr viel geläufiger sind jedoch die Mittel der Wortbildung. Der Unterschied zur Wortschöpfung besteht darin, dass Wortbildung auf der Grundlage bereits vorhandenen Sprachmaterials operiert und dieses in neue Zusammenhänge bringt, in den meisten Fällen

Wie neue Wörter in Science-Fiction-Texten gebildet werden 13

durch Kombination. Die mit Blick auf Science-Fiction wichtigsten Strukturmuster der Wortbildung sollen im Folgenden kurz vorgestellt werden. Da die Terminologie der Wortbildungslehre nicht immer einheitlich ist, sei darauf hingewiesen, dass sie sich hier, wie auch an anderen Stellen dieses Buches, an der Einführung in die „Wortbildung der deutschen Gegenwartssprache" von Wolfgang Fleischer und Irmhild Barz (1992) orientiert.

- Wie auch sonst in der deutschen Gegenwartssprache, sind die meisten Wortneubildungen der Science-Fiction Komposita, genauer gesagt Determinativkomposita, die zumindest vom Prinzip her aus ursprünglich eigenständigen Konstituenten zusammengesetzt sind, wobei eine Konstituente die andere näher bestimmt. Konstituenten sind überwiegend einfache oder auch schon in sich komplexe Wörter (INSEKTENWAFFE, RAUBKARTOFFEL, HOCHGESCHWINDIGKEITS-AXIAL-FLUG). Eine große Rolle spielen auch die so genannten Konfixe, Wortbildungselemente meist fremdsprachiger Herkunft, die eine relativ konkrete Bedeutung haben, jedoch nicht isoliert auftreten (zum Beispiel als Erstglied in ASTRO|NAVIGATIONSCOMPUTER, BIO|WARE, KRYPT|WARE, in CHRONO|NAUT sogar als Erst- und Zweitglied). In Komposita ebenfalls produktiv sind Kurzwörter (V-TANK, GUT-SCHIFF).

- Ein zweites zentrales Verfahren ist die Derivation, auch als Ableitung bekannt. Neue Wörter entstehen hier durch das Hinzufügen nicht selbstständiger Wortbildungselemente (Affixe) zu einer Derivationsbasis. Je nach ihrer Position zur Basis werden die Affixe in Präfixe, Suffixe und Zirkumfixe eingeteilt. Einige der produktivsten Präfixe in der Science-Fiction sind fremdsprachigen Ursprungs (HYPER|ANTRIEB, SUPER|COMPUTER, MEGA|FRACHTER, ULTRA|ANTRIEB, ANTI-|WELT). Einheimische Präfixe liegen in UN|ASTRONAUTISCH und UR|ATOMISTIK vor. Die Produktivität der Suffixe spiegelt generelle Tendenzen der deutschen Gegenwartssprache wider (LAND|ER, FISCHWERD|UNG, ROBOTER|IN, FLENSER|IST, BLEICH|LING). Eher genrespezifisch sind die Suffixe *-or* und *-oid* (LUMIN|OR, ARACHN|OID). Zirkumfixe wie *Ge-/-e* (Ge|single|e) sind in der Science-Fiction kaum produktiv.

- Eine Konversion liegt vor, wenn ein Wort, von eventuell hinzutretenden oder wegfallenden Flexionsmorphemen abgesehen, ohne Formveränderung in eine andere Wortklasse wechselt (Adjektiv *wabbelig* > Substantiv die *Wabbeligen*, Numerale *dritt(e/es)* > Substantiv das DRITT, Pronomen *ich* > Substantiv der ICH).

- Ebenfalls produktiv ist die Wortkreuzung (auch Kontamination, Blending): Zwei Konstituenten werden miteinander verschränkt bzw. übereinandergeblendet, was auf den ersten Blick nicht immer leicht aufzulösen ist (STIR-

CHE aus *Staat* + *Kirche*), manchmal vielleicht gar nicht auffällt (MILCH-STRASSENVERKEHRSORDNUNG aus *Milchstraße* + *Straßenverkehrsordnung*), beim Leser aber doch immer wieder Aha-Effekte erzeugen kann (LÖGER aus *Löwe* und *Tiger*).

- Von großer Bedeutung ist schließlich die Kurzwortbildung: Aus einer Langform wird ein Bestandteil herausgelöst (unisegmentales Kurzwort) oder mehrere Bestandteile werden neu kombiniert (multisegmentales Kurzwort). Zur ersten Gruppe gehören Kopfwörter (SCHIMP aus *Schimpanse*) sowie Schwanzwörter bzw. Endformen (CON aus MEWACON), zur zweiten Gruppe Initialwörter (PIZ aus *Pariser Ideogenetische Zentrale*), Silbenwörter (KOMSAT aus *Kommunikation* und *Satellit*) und Klammerwörter (INDIST aus *Indifferentist*). Eine besondere Form sind ‚homonymenbildende Kurzwörter' (Begriff nach Bellmann 1980), die formal einem bekannten Wort entsprechen, was oft die Konstruktion eigens daraufhin angelegter Langformen erfordert und zu humoristischen oder anderweitigen Kontrasten zwischen Kurzwort und Homonym führen kann (TROTTEL aus *Telechronisches Trottoirsystem*, HOHN aus *Hohes Komitee der Nationen*, RATTE aus *Realpolitik auf Terra*).

Science-Fiction-Autoren greifen oft auf bestimmte Wortbildungsmodelle zurück, die sich als ökonomische und flexibel einsetzbare Lösung bewährt haben, um ähnlich gelagerte Bezeichnungsbedürfnisse zu erfüllen. Entsprechende Wortbildungen erhalten so ein genretypisches Gepräge. Beispiele sind die zahlreich belegten Komposita mit Erstgliedern wie *Raum-* (RAUMPIRAT), *Zeit-* (ZEITFALLE), *Raum-Zeit-* (RAUM-ZEIT-WIRBEL), *Roboter-*, *Robot-* oder *Robo-* (ROBOTERARMEE, ROBOTDIENER, ROBOBUTLER), *cyber-* bzw. *kyber-* (CYBERSPACE, KYBERGRAF), *Chrono-* (CHRONOKANONE) oder die schon erwähnten Bildungen mit Wortelementen wie *hyper-*, *mega-*, *super-*, *-or* oder *-oid*. Doch Science-Fiction wäre nicht Literatur, wenn solchermaßen erprobte und immer wiederkehrende Bildungsmuster nicht gelegentlich auch selbstironisch auf die Spitze getrieben würden. Was etwa ist *mega* am ARKTURANISCHEN MEGAESELSPÜREE? Darüber hinaus finden sich viele Bildungen, die weniger gebräuchlichen Mustern folgen. Zum Beispiel werden Wortbestandteile miteinander kombiniert, weil sie ähnlich klingen, was einer Neubildung einen reduplizierenden Charakter verleiht (SPIN-SPINNE, SIMSTIM-DECK, STIMSIM), es entstehen überlange Bildungen aus manchmal kaum noch klassifizierbaren Elementen (30-MEGATÖT-DEFINIT-KILL-PHOTRAZON-KANONE), vereinzelt Palindrome, Wörter, die von hinten wie von vorn gelesen werden können (CHRONORCH). Auch die schon angesprochenen Wortkreuzungen und homonymenbildenden Kurzwörter sind geeignete Mittel, auffällige, originelle und beziehungsreiche Wörter zu erzeugen. Sämtliche Möglichkeiten, Sprachmateri-

Wie neue Wörter in Science-Fiction-Texten gebildet werden

al zu manipulieren, werden genutzt, was Science-Fiction-Texte auch in dieser Hinsicht zu einer reichen Fundgrube macht. Manch eine Bildung fordert linguistische Klassifikationsraster geradezu heraus: MAPSYNTH steht für SYNTHETISCHE PSYCHOMASSE, eine Substanz, die zu enormen, die Kapazität jedes menschlichen Gehirns weit übersteigenden Rechenleistungen fähig ist. Es handelt sich um ein Kurzwort (*synth*etische *Psychoma*sse), wobei die Elemente der Langform in umgedrehter Reihenfolge kombiniert und *Psy-* und *synth-* zusätzlich gekreuzt sind. Als eine Art Wortkreuzung erweist sich aber auch MAPSYNTH als Ganzes, steckt doch der *Absinth* darin – dies nun eine Substanz, die Rechenleistungen eher abträglich sein dürfte.

Das Beispiel SYNTHETISCHE PSYCHOMASSE illustriert schließlich eine letzte Form von Neubildungen, die in diesem Zusammenhang angesprochen werden soll, zumal sie für die Erstellung des vorliegenden Lexikons ebenfalls von Interesse war. Gemeint sind zweigliedrige Fügungen, in der Regel aus einem Adjektiv und einem Substantiv, wobei die einzelnen Bestandteile nicht neu gebildet sein müssen, die Fügung als Ganzes jedoch einen neuen, feststehenden Begriff ergibt, der wie ein Einzelwort gebraucht wird. Fügungen dieser Art sind in wissenschaftlichen oder technischen Fachtexten keine Seltenheit und treten auch in der Science-Fiction oft in der Funktion fiktiver Fachwörter auf, wie zum Beispiel das ANTITEMPORALE GEZEITENFELD, die CHRONOTROPISCHEN SENSOREN oder das HALBDURCHLÄSSIGE NULL-GRAVITATIONSTOR.

Basis und Aufbau des Lexikons

Die Materialbasis des vorliegenden Lexikons speist sich aus verschiedenen Quellen. Im Rahmen zweier Seminare zur Sprache der Science-Fiction im Wintersemester 2005/06 an der Universität Bielefeld und im Sommersemester 2006 an der Leibniz Universität Hannover haben Studierende Prosatexte der Science-Fiction auf Wortneubildungen hin ausgewertet und diese nach einem vorgegebenen Analyseraster weiter untersucht. Zusammengekommen ist auf diese Weise ein Wortkorpus von mehr als 15.000 Einträgen, aus denen wir für die Erstellung des Lexikons eine sinnvolle Auswahl zu treffen hatten. Diese Materialgrundlage haben wir durch eigene Lektüre und Sammelarbeit fortlaufend ergänzt. Ausgewertet wurden außerdem Wortlisten im Internet, zum Beispiel zu Reihen wie *Perry Rhodan* oder *Star Trek*. Diese sind im Literaturverzeichnis als Sekundärquellen aufgeführt. Schließlich haben wir einzelne Wörter aus Filmen und Fernsehserien in das Lexikon aufgenommen.

Die Auswahl der zugrunde liegenden Texte repräsentiert einen breiten Querschnitt des Genres. Frühe Autoren wie Jules Verne, H.G. Wells oder Hugo Gernsback sind ebenso vertreten wie aktuelle Vertreter der Science-Fiction, etwa Charles Stross, Justina Robson, Alastair Reynolds oder Adam Roberts. Repräsentiert sind die wichtigsten Subgenres der Science-Fiction: die berühmten Dystopien des 20. Jahrhunderts von George Orwell, Aldous Huxley und Jewgenij Samjatin, die naturwissenschaftlich-technisch ausgerichtete Hard SF, etwa durch Hal Clement oder Stephen Baxter, die New Wave durch J.G. Ballard oder Thomas M. Disch, der Cyberpunk durch Autoren wie William Gibson oder Bruce Sterling, parodistische Science-Fiction durch Douglas Adams. Diese Aufzählung zeigt schon, dass es sich bei den ausgewerteten Texten oft um Übersetzungen handelt, die Neubildungen also, wenn sie aus dem Original nicht unverändert übernommen wurden, streng genommen Nachbildungen durch die jeweiligen Übersetzer sind. Wo es wichtig erschien und sie uns zugänglich war, haben wir Hinweise auf die Originalform eines Wortes in die Einträge unseres Lexikons aufgenommen. Einen Schwerpunkt bildet englischsprachige Science-Fiction, die auf das Genre immer eine besondere Ausstrahlung gehabt hat, vertreten sind jedoch auch Autoren anderer Literaturen, so aus Russland, Polen, Ungarn, Frankreich, Norwegen, Schweden oder Argentinien. Deutschsprachige Science-Fiction haben wir bei der Textauswahl in besonderer Weise berücksichtigt. Das reicht von den frühen Zukunftsromanen von Kurt Laßwitz oder Hans Dominik über Wolfgang Jeschke oder auch Science-Fiction aus der DDR, vertreten zum Beispiel durch Erik Simon, Wolfram Kober, Günther Krupkat oder Johanna und Günter Braun, bis hin zu wichtigen Autoren der Gegenwart, wie Wolfgang Eschbach und Andreas Brandhorst.

Als Lemmata für die Einträge unseres Lexikons haben wir in erster Linie solche Wörter ausgewählt, die für den jeweiligen Quellentext besonders wichtig oder aussagekräftig sind, genretypische Motive benennen oder charakteristischen Wortbildungsmustern des Genres folgen, darüber hinaus aber auch Wörter, die den Einfallsreichtum von Science-Fiction-Autoren in seiner ganzen Breite anschaulich werden lassen. Viele Einträge enthalten weitere, auf die Lemmata bezogene Neubildungen, so dass insgesamt eine breite Materialbasis präsentiert werden kann. Alle Neubildungen sind am Ende des Bandes in einem alphabetischen Register aufzufinden und im Text in Kapitälchen gesetzt.

Die Lexikoneinträge sind thematisch geordnet. Die Themen spiegeln zentrale Darstellungsbereiche der Science-Fiction wider und wurden vergleichsweise offen formuliert, um die Zuordnung der Einträge flexibel handhaben und größere Zusammenhänge sichtbar machen zu können. In Einzelfällen mussten wir uns für die Zuordnung zu einem bestimmten Themenbereich entscheiden, obwohl eine andere Zuordnung ebenfalls plausibel gewesen wäre. Insgesamt hat sich die Aufgliederung der Themenbereiche im Verlauf der Arbeit an dem Lexikon aber bewährt.

Basis und Aufbau des Lexikons

Der Aufbau der Lexikoneinträge ist überwiegend nach einem festen, im Anschluss kurz erläuterten Grundschema gestaltet. Hier zunächst ein Beispiel:

CHRONOTRON [gr. chronos = Zeit + -tron, analog zu Synchrotron = ein Teilchenbeschleunigertyp] Gerät, mit dem unter großem Energieaufwand künstliche Schwerefelder hergestellt werden können, die den Transport von Menschen und Material in die Vergangenheit bewirken. Das Ch. erzeugt ein KA-FU-FELD, eine GRAVITATIONSANOMALIE (auch GRAVITATIONS-, ENERGIEBLASE), die eine Masse in ihrem Zentrum aus dem bekannten Universum ausstößt und damit in der Zeit beweglich werden lässt. Der ZIELZEITSEKTOR eines Transports kann zwar recht genau berechnet werden, unterliegt aber dennoch einer CHRONOTRONISCHEN STREUBREITE, die dazu beiträgt, dass das → UNTERNEHMEN WESTSENKE (Kultur) außer Kontrolle gerät. (Jeschke 2005)

- Viele Einträge bieten im Anschluss an das in Kapitälchen gesetzte Lemma, in diesem Fall CHRONOTRON, in eckigen Klammern Auskünfte über die Bedeutung und den Ursprung von Wortkonstituenten, soweit diese wenig gebräuchlich, mehrdeutig oder selbst neu gebildet sind. Wir haben nicht jede Zwischenstation aufgeführt, die ein Wort oder Wortbestandteil auf seinem Weg etwa vom Griechischen oder Lateinischen ins Deutsche möglicherweise genommen hat, denn das vorliegende Lexikon kann und soll ein etymologisches Wörterbuch nicht ersetzen.
- Die eckigen Klammern umfassen außerdem bei einer Reihe von Einträgen Informationen zur Bildungsweise. So wird zu Kurzwörtern die jeweilige Langform angegeben, zu Wortkreuzungen werden die einzelnen Bestandteile isoliert aufgeführt, wie im Fall von CHRONOTRON schließlich auch Hinweise auf Musterwörter gegeben, die einer Neubildung als Vorbild gedient haben können, sofern entsprechende Analogien mit einiger Sicherheit feststellbar waren.
- In den Einträgen folgt die Bedeutungserklärung zum Lemma, gegebenenfalls auch eine weiterführende Einordnung des betreffenden Wortes oder des dahinter stehenden Sachverhalts.
- Querverweise zu anderen Einträgen ermöglichen es dem Leser, größere Zusammenhänge in einem Text nachzuvollziehen. Beziehen sich Querverweise auf einen Eintrag in einem anderen thematischen Kapitel, wird dieses durch einen Kurztitel in Klammern kenntlich gemacht. So erscheint das CHRONOTRON als Version der Zeitmaschine im Kapitel „Zeit und Zeitreisen", das UNTERNEHMEN WESTSENKE, welches durch den Bau des CHRONOTRONS technisch ermöglicht wird, steht in übergreifenden politischen Bezügen und wurde deshalb in das Kapitel „Kulturen/Gesellschaftsformen/

Lebenswelten" (Kurztitel „Kultur") aufgenommen. Bei Querverweisen innerhalb eines thematischen Kapitels entfällt der Kurztitel.
- Häufig wird im Anschluss an die Bedeutungserklärung eine aussagekräftige Belegstelle zitiert, um die Wirkung des betreffenden Wortes für den Leser besser nachvollziehbar zu machen.
- Am Ende des Eintrags erscheint die Quellenangabe. Die Zahlenangabe bezieht sich auf das Erscheinungsjahr der von uns genutzten Ausgabe eines Textes. Das Jahr der Erstveröffentlichung und gegebenenfalls die Sprache des Originals sind dem Literaturverzeichnis zu entnehmen.
- Im alphabetischen Register am Ende des Bandes erscheint das Lemma mit dem Kurztitel des jeweiligen thematischen Kapitels, in diesem Fall: CHRONOTRON (Zeit). Weitere Neubildungen werden unter Verweis auf das dazugehörige Lemma aufgeführt, zum Beispiel: KAFU-FELD → CHRONOTRON (Zeit).

Einzelne Einträge weichen von diesem Grundschema ab. Zum Beispiel waren einige Wörter in mehreren Quellentexten auffindbar. Die verschiedenen Belege wurden dann in einen gemeinsamen Eintrag integriert. Zu allgemein bekannten Wörtern wie zum Beispiel ROBOTER haben wir auf die Angabe von Belegen in unseren Quellentexten verzichtet und stattdessen Herkunft und Bedeutung grundsätzlich erläutert. Auch darüber hinaus konnten wir insbesondere zu ursprünglich englischen Wörtern in einigen Fällen den originalsprachigen Erstbeleg ermitteln. Das Oxford English Dictionary (in den Einträgen kurz OED) hat sich in diesem Zusammenhang als wertvolle Hilfe erwiesen.

Ausdrücklich bedanken möchten wir uns bei allen Studierenden der Universität Bielefeld und der Leibniz Universität Hannover, die durch ihre engagierte Mitarbeit in den angesprochenen Seminaren das Entstehen des vorliegenden Lexikons erst möglich gemacht haben. Bedanken möchten wir uns bei Alexa Mathias, die uns wertvolle Hinweise zu den Einträgen gegeben und vor allem die Herkunft vieler Wortelemente aufgeklärt hat, sowie bei Christof Goldhammer, der das Wortregister erstellt und uns bei der Formatierung der Druckvorlage geholfen hat.

Abkürzungsverzeichnis

Abk.	Abkürzung	möglw.	möglicherweise
Adj.	Adjektiv	ndl.	niederländisch
Adv.	Adverb	ndt.	niederdeutsch
Akt.	Aktiv	neolog.	neologistisch
allg.	allgemein	norw.	norwegisch
austral.	australisch	od.	oder
bair.	bairisch	orig.	original
bes.	besonders	österr.	österreichisch
Bed.	Bedeutung	Pers.	Person
bes.	besonders	philosoph.	philosophisch
Bez.	Bezeichnung	physik.	physikalisch
biol.	biologisch	psycholog.	psychologisch
bzw.	beziehungsweise	Pl.	Plural
chin.	chinesisch	poln.	polnisch
Dim.	Diminutiv	russ.	russisch
dt.	deutsch	s.	siehe
eigtl.	eigentlich	sanskr.	sanskritisch
engl.	englisch	Sg.	Singular
etym.	etymologisch	Subst.	Substantiv
fem.	femininum	tschech.	tschechisch
frz.	französisch	ugs.	umgangssprachlich
Gen.	Genitiv	urspr.	ursprünglich
germ.	germanisch	v.	von
gr.	griechisch	vgl.	vergleiche
hebr.	hebräisch	viel.	vielleicht
Ind.	Indikativ	vmtl.	vermutlich
i.S.v.	im Sinne von	Vst.	Verbstamm
ital.	italienisch	Wkr.	Wortkreuzung
jap.	japanisch	wörtl.	wörtlich
Kw.	Kurzwort	ws.	wahrscheinlich
lat.	lateinisch	z.B.	zum Beispiel
ling.	linguistisch	Zus.	Zusammensetzung
math.	mathematisch		
mdhdt.	mittelhochdeutsch	>	abgeleitet aus
med.	medizinisch	→	siehe
met.	meteorologisch		

Kapitel	Kurzform für Verweis im Lexikon
Zeit und Zeitreisen	Zeit
Raum und Kosmologie	Raum
Raumschiffe/Transportmittel	Raumschiffe
Waffensysteme	Waffen
Roboter/Cyborgs/Androiden	Roboter
Technologien	Technologien
Virtuelle Welten/Künstliche Intelligenz	VR
Kulturen/Gesellschaftsformen/Lebenswelten	Kultur
Lebensformen	Lebensformen
Kommunikation und Sprache	Kommunikation
Kognition/Emotion	Kognition

Lexikon

Zeit und Zeitreisen

1895 erschien der Science-Fiction-Klassiker *Die Zeitmaschine* von H.G. Wells, die erste literarische Beschreibung einer mit einer Maschine geplanten und durchgeführten Zeitreise in die Zukunft. Die Maschine selbst, mit der der Protagonist zunächst in das Jahr 802 701 ‚fährt', verfügt über eine Jahresuhr, deren Zeiger sich mehr oder weniger schnell bewegend den Stand der Zeitreise anzeigen. Zehn Jahre vor den Erkenntnissen der Speziellen Relativitätstheorie wundert es nicht, dass diese Zeitreise physikalisch eigentlich unmöglich ist: Uhr und Zeitreisender befinden sich in demselben Bezugssystem, so dass die Uhr immer nur die Zeit des Zeitreisenden anzeigen kann und nicht jene Zeit, in der sich der Zeitreisende nach der Zeitreise wiederfindet. In diesem Falle müsste sich die Uhr mit dem zweiten Bezugssystem mitbewegen, was sie aber offensichtlich nicht tut. Kurzum: Die Zeitreise bei Wells widerspricht der Relativitätstheorie, einer der revolutionärsten und fundamentalsten Theorien in der Physik.

Der Begriff der Zeit und die Möglichkeit von Zeitreisen, wie sie in der modernen Science-Fiction zu finden sind, ist eng mit der Speziellen und Allgemeinen Relativitätstheorie (Einstein) verbunden. Wurde Zeit zuvor absolut gesehen, d.h. ‚die absolute, wahre und mathematische Zeit verfließt an sich und vermöge ihrer Natur gleichförmig und ohne Beziehung auf irgendeinen äußeren Gegenstand' (Newton), so postuliert die Spezielle Relativitätstheorie demgegenüber, dass ein Zeitintervall zwischen zwei Ereignissen vom Bewegungszustand des Beobachters abhängt. Zeit ist also nicht absolut, sondern relativ zu sehen. Zwei Prinzipien sind für das Verständnis entscheidend: 1. Gleichförmige Bewegungen von Systemen sind gleichwertig und 2. Nichts kann sich schneller ausbreiten als das Licht (c = 299.792 km pro Sekunde). Ein Ausweg in Science-Fiction aus der Begrenzung der Lebenszeit und der Dauer, die Weiten des Universums zu durchqueren, ist die Idee, mit ÜBER- bzw. HYPERLICHTGESCHWINDIGKEIT zu reisen oder sich von A nach B zu BEAMEN. Allerdings scheint dies aus verschiedenen Gründen nicht durchführbar.

Welche Konsequenzen hat die Tatsache, dass zwei sich relativ aufeinander zu bewegende Beobachter denselben Lichtimpuls mit derselben Geschwindigkeit wahrnehmen? Da auch bei Relativbewegungen der Wert der Lichtgeschwindigkeit konstant ist, sind die Zeitmaßstäbe für verschiedene Beobachter verschieden, denn Geschwindigkeit ist nichts anderes als Weg geteilt durch Zeit. Fliegt man nun mit hoher Geschwindigkeit von der Erde weg, so erlebt man die Zeit langsamer als ein Beobachter auf der Erde (Zeitdilatation). Kommt man auf die Erde zurück, so springt man quasi in die Zukunft der Erde, da auf der Erde mehr Zeit vergangen ist. Nach der Allgemeinen Relativitätstheorie gibt es auch eine gravitationsbedingte Zeitdilatation: Wenn ein Beobachter sich relativ zu einem Körper, der eine Gravitationskraft ausübt, in Ruhe befindet, dann fließt seine Zeit umso langsamer, je näher er sich dem Körper befindet.

Eine Reise in die Zukunft ist nach der Relativitätstheorie unproblematisch, schwieriger sind Reisen in die Vergangenheit. Diese sind nur in speziellen Raum-Zeit-Konfigurationen wie dem WURMLOCH möglich, einem Raum-Zeit-Tunnel, der verschiedene Orte im Raum-Zeit-Gefüge verbindet. In *Star Trek* und *Stargate* wird diese theoretische Möglichkeit als praktische Technologie umgesetzt, um ZEITSPRÜNGE zu ermöglichen. Bei der Reise in die Vergangenheit tritt das Paradoxon auf, dass der Reisende seinen eigenen Vater oder einen anderen genetischen Vorgänger ermorden und somit das Kausalitätsprinzip außer Kraft setzen kann (GROSSVATERPARADOX). Die Wirkung verhindert sozusagen ihre eigene Ursache. Solche die Kausalschleifen betreffenden Probleme sind beliebter Gegenstand in Science-Fiction (z.B. in der Filmtrilogie *Zurück in die Zukunft*). Etwas kann aber auch zu seiner eigenen Ursache werden. Angenommen, ein Physikstudent aus der Zukunft reist in das Jahr 1903 und zeigt einem angestellten Physiker des Berner Patentamtes seine Lösungen zu bestimmten physikalischen Fragestellungen, darunter seine Überlegungen und Berechnungen zur Äquivalenz von Masse und Energie. Dieser kopiert sich die Arbeit und veröffentlicht sie. Wer hat die berühmte Formel $E = mc^2$ dann erfunden?

In Science-Fiction sind Zeit und Zeitreisen ein Thema, das unter verschiedensten Aspekten behandelt wird: Zeitparadoxien treten auf, Zeitveränderungen sind nicht möglich (Ballard 2007j) oder aber Zeitlinien können manipuliert werden (Brandhorst 2005b), Alternativwelten und Parallelzukünfte sind denkbar (Dick 2007d), Informationen werden mittels (überlichtschneller) Tachyonen in die Vergangenheit geschickt (Benford 2006) usw. Eine ausgezeichnete Website zu Zeitreisen in Science-Fiction ist: http://timetravel reviews.com/, weiterführende Informationen auch zu physikalischen Konzepten gibt Vaas (2005).

ALCUBIERRE-VERWERFUNG [Miguel Alcubierre (*1964), Physiker, der 1994 eine Art WARPANTRIEB → WARP (Raumschiffe) in Anlehnung an die Science-Fiction-Kultserie *Star Trek* vorschlug] Verzerrung der Raumzeit. (Harrison 2004) ALCUBIERRE-WELLE bezeichnet eine Frontwelle in der Raumzeit.

(Baxter 2001) Auf einer Welle, so formulierte Alcubierre, gleite ein Raumschiff wie ein Surfer durch die flexibel gestaltete Raumzeit.

ALOYSIUS-EFFEKT [Aloysius = Vorname des amerik. Science-Fiction-Autors Raphael Aloysius Lafferty (1914-2002)] Ein logischer Effekt von Zeitreisen. Wird eine Person in die Vergangenheit geschickt, um dort etwas zu verändern, können die in der Gegenwart Gebliebenen nicht kontrollieren, ob die Mission erfolgreich war, weil deren Auswirkungen aus ihrer Perspektive bereits geschichtliche Fakten sind. (Jeschke 2005)

ANACHRONISMUS [Anachronismus = etwas nicht in einen Zeitabschnitt Passendes, gr. ana- = hinauf, zurück + gr. chronos = Zeit] Archäologischer Fund, der nicht erklärbar ist, weil das betreffende Objekt erst seit kurzer Zeit existiert, sein Zustand jedoch darauf hindeutet, dass es sich bereits seit Millionen von Jahren in der Erde befindet. Konkret handelt es sich um TIEFENBACHERS KNARRE (Überrest einer panzerbrechenden Waffe), den STREITWAGEN VON GIBRALTAR (ein Militärjeep) und die FLÖTE DES HEILIGEN VEIT (schlauchähnliches, geripptes Gebilde, Rest eines Bauelements). (Jeschke 2005)

ANTITEMPORALES GEZEITENFELD kurz auch ATG-FELD [gr. anti = gegen + temporal = die Zeit betreffend, lat. temporalis, zu tempus = Zeit] Zeitfeld, das eine Zeitversetzung ermöglicht. (Perry-Rhodan-Lexikon III, 1991: 40)

ATAVACHRON [lat. atavus = Urahne + gr. chronos = Zeit] Gerät, das Zeitreisen in die Vergangenheit ermöglicht. Dabei wird die Zeit der Zellstrukturen verändert. (Star Trek)

ATLANTIDEN [Atlantis = sagenhafter, untergegangener Kontinent + -ide] Gruppe von Zeitreisenden, die mit dem → CHRONOTRON in eine ferne Vergangenheit gelangt sind und sich auf einer Bermuda-Insel eingerichtet haben, um auf ihre Rückkehr in die Zukunft zu warten. Die A. versuchen, mit mehr oder weniger Erfolg auch andere Gruppen von Zeitreisenden für ihre WIRBAUEN-ATLANTIS-BEWEGUNG zu begeistern. Eine neue Variante des Atlantis-Mythos. (Jeschke 2005)

CHRONOMOTION [gr. chronos = Zeit + Motion = Bewegung, lat. motio, Subst. zu lat. movere = bewegen] Bewegung durch die Zeit; ein Synonym zu ZEITREISE. Die Ch. entwickelt sich in verschiedenen technologischen Schüben (Epoche der CHRONOTRAKTION, der TELECHRONIE). Konstruiert werden immer neue Varianten der ZEITMASCHINE, zum Beispiel das CHRONOZYKEL, das EINMANNZEITAUTO, der CHRONOTRECKER, der ZEITFLITZER und das TEMPOBIL (auch → ZEITVEHIKEL). Wissenschaftliche Grundlage der Ch. ist die → TEMPORISTIK. (Lem 1982)

CHRONON [gr. chronos = Zeit] Zeiteinheit von zwei Billionstel Sekunden. (Perry-Rhodan-Lexikon I, 1991: 177)

CHRONONAUT [gr. chronos = Zeit + -naut > gr. nautes = Seefahrer, analog zu Astronaut] Anderer Ausdruck für ZEITREISENDER. (Henneberg 1979, Dick 2007f.) Erstbeleg nach OED bei G. Fox, *Highwayman & Mighty Mite*, in *Atom* 4/5-1963: 20.

CHRONORCH [Palindrom > gr. chronos = Zeit] Eine Version der ZEITMASCHINE. Gebaut wurde sie am INSTITUT FÜR GESCHICHTSMASCHINEN (IGM) in Genf, einer Unterabteilung des MINISTERIUMS FÜR AUSSERIRDISCHE ANGELEGENHEITEN (MFAA). Am Institut befasst man sich unter anderem mit der BAGGERKUNDE, dem Ausheben von Gruben in der Raum-Zeit-Struktur. (Lem 1986a)

CHRONOSOPHIE [gr. chronos = Zeit + gr. sophia = Weisheit] Philosophie der Zeit, auch als Fachgebiet. Die „Chronosophie erstreckt sich auch auf die Ethik. [...] Ein Versprechen zu brechen heißt, die Realität der Vergangenheit zu leugnen; und heißt daher auch, die Hoffnung auf eine reale Zukunft zu leugnen." (Le Guin 1976: 206-207)

CHRONOTROPISCHE SENSOREN [gr. chronos = Zeit + gr. tropos = Wendung, Richtung] Sensoren, die auf Zeitvariationen, -veränderungen und ZEIT-GEZEITEN reagieren. (Simmons 2002)

CHRONOTOPOLOGIE [gr. chronos = Zeit + Topologie = math. Lehre von der Lage und Anordnung geometrischer Gebilde im Raum > gr. topos = Ort] Mathematisch-physikalisches Lehrgebiet zu Raum-Zeit-Strukturen. (Le Guin 1976)

CHRONOTRAKTION [gr. chronos = Zeit + Traktion = Zug, Zugkraft, lat. trahere, tractum = ziehen] Technik der Zeitreise, die von Historikern am Institut für TEMPORISTIK zu Forschungszwecken eingesetzt wird. Zur Durchführung von ZEITBOHRUNGEN werden RETROCHRONALE SONDEN in die Vergangenheit geschickt. Die systematische Erfassung größerer Gebiete erfolgt durch CHRONAXIALE SONDIERUNGEN. Die Sonden operieren von der Stratosphäre aus und bringen Aufzeichnungen mit zurück in ihre Gegenwart. Da sie wie ein Diskus aussehen, führte ihr Auftauchen zur Zeit des → NEOGENS (Kultur) zur Bildung der Legende von den Fliegenden Untertassen. (Lem 1979)

CHRONOTRON [gr. chronos = Zeit + -tron, analog zu Synchrotron = ein Teilchenbeschleunigertyp] Gerät, mit dem unter großem Energieaufwand künstliche Schwerefelder hergestellt werden können, die den Transport von Menschen und Material in die Vergangenheit bewirken. Das Ch. erzeugt ein KAFU-FELD, eine GRAVITATIONSANOMALIE (auch GRAVITATIONS-, ENER-

GIEBLASE), die eine Masse in ihrem Zentrum aus dem bekannten Universum ausstößt und damit in der Zeit beweglich werden lässt. Der ZIELZEITSEKTOR eines Transports kann zwar recht genau berechnet werden, unterliegt aber dennoch einer CHRONOTRONISCHEN STREUBREITE, die dazu beiträgt, dass das → UNTERNEHMEN WESTSENKE (Kultur) außer Kontrolle gerät. (Jeschke 2005)

DAVONDOPPLERN [mit Bezug auf den ‚relativistischen Dopplereffekt' = Frequenzänderung in Abhängigkeit von der Entfernung eines Erzeugers einer Licht- oder Schallquelle, benannt nach dem österr. Physiker Christian Doppler (1805-1853)] Sich von etwas wegbewegen und dabei den Dopplereffekt wahrnehmen. „Sie hörte sich in Richtung Stille davondopplern, eine akustische Illustration aus dem Buch der Allgemeinen Relativitätstheorie". (Harrison 2004: 215) Als Dopplereffekt bezeichnet man die Veränderung der gemessenen Frequenz, wenn sich Quelle und Beobachter relativ zueinander bewegen. Im Rahmen der Relativitätstheorie muss bei der Berechnung des Dopplereffekts auch die Zeitdilatation der relativ zum Beobachter bewegten Quelle berücksichtigt werden. (Harrison 2004)

DIMENSIONSRISS [Dimension = Aus-/Abmessung, Ausdehnung, lat. dimensio = Ausmessung] Riss in der Raumzeit. (Brandhorst 2004)

FEYNMAN-FUNKSPRUCH [mit Bezug auf den Physiker und Nobelpreisträger Richard Feynman (1918-1988), der durch seine Arbeiten zur Quantenelektrodynamik berühmt wurde] In dem Roman *Zeit. Das Multiversum* von Stephen Baxter (2002) eine Botschaft aus der Zukunft.

FLUXKOMPENSATOR [lat. fluxio = das Fließen + Subst. zu lat. compensare = ausgleichen, durch Gegenwirkung aufheben; orig. engl. flux capacitor] In der Filmtrilogie *Zurück in die Zukunft* ein Gerät, das Zeitreisen ermöglicht und 1955 erfunden wurde.

FTL [Abk. von engl. faster than light = schneller als Licht] Schneller als Lichtgeschwindigkeit. Seit 1964 häufiger in Science-Fiction gebraucht.

GROSSVATERPARADOXON [Paradoxon = widersprüchlicher Sachverhalt, scheinbar unsinnige Behauptung, gr. paradoxon > para = gegen + doxa = Meinung] Kausalitätsproblem bei Zeitreisen: Kann ein Zeitreisender einen Vorfahren töten, bevor er selbst gezeugt wurde? Wenn der Enkel seinen noch kinderlosen Großvater tötet, kann niemand den Vater und Enkel gezeugt haben, also kann er ihn in der Vergangenheit nicht töten. Beliebtes Thema in Science-Fiction, z.B. in dem Film *12 Monkeys* (1995) von Terry Gilliam.

HÄNDLERSÖLDNER [Söldner = Berufssoldat in fremdem Kriegsdienst, hier allg. abwertend] Gruppe von Zeitreisenden, die mit dem → CHRONOTRON in eine ferne Vergangenheit gelangt sind und sich dort zu einer eigenständigen Macht aufgeschwungen haben. Sie treiben Handel, unter anderem mit Sklaven, und terrorisieren andere Gruppen von Zeitreisenden mit Militärgewalt. (Jeschke 2005)

HIATUS [med. Öffnung, Spalt im Muskel od. im Knochen, ling. Aufeinanderfolgen zweier verschiedenen Wörtern od. Silben angehörender Vokale, lat. hiatus = Kluft] Zeitfalte, -lücke. (Harrison 2004)

HYPERANTRIEB [gr. hyper- = über, übermäßig, über … hinaus] Triebwerk, um ein Raumschiff auf Überlichtgeschwindigkeit und somit in den Hyperraum zu beschleunigen. (Star Wars; Baxter 2001)

HYPERZEIT [gr. hyper- = über, übermäßig, über … hinaus] Zeit jenseits des gewöhnlichen Zeitstroms, die Hyperzeit ist quantengeometrisch strukturiert. (Brandhorst 2004)

KAMZEIT [Kw. für KAMPAGNE FÜR DIE REALZEIT; Kampagne = gemeinschaftliche Aktion auf einem bestimmten Gebiet] Eine politische Kampagne gegen Zeitreisen. Anhänger der K. befürchten, dass durch das Reisen durch die Zeit die Unterschiede zwischen verschiedenen Zeiten nivelliert werden. (Adams 2005b)

KRYOTEMPORAL [gr. kryos = kalt + temporal = die Zeit betreffend, lat. temporalis, zu tempus = Zeit] Die Lebensdauer durch Einfrieren verlängernd. (Simmons 2002) → KRYONIDEN (Lebensformen)

MATERIALISATION [Materialisation = Subst. zu materialisieren, > lat. materia = Bauholz, Stoff] Das Erscheinen eines Zeitreisenden in einer für ihn fremden Zeit, begleitet durch einen lauten Knall. (Jeschke 2005)

MERLINS KRANKHEIT [Merlin = Magier der Artus-Sage] Zeitkrankheit, in deren Verlauf die betreffende Person rückwärts altert, d.h. sich verjüngt. „Mathematisch gesehen gleicht der Körper Ihrer Tochter einer zeitverkehrten Gleichung … oder möglicherweise einem Objekt, das ein sich rasch drehendes Schwarzes Loch passiert hat." (Simmons 2002: 401)

NICHTLINEARE [das; nicht + linear = gerade, stetig verlaufend, lat. linearis = aus Linien bestehend] Bereich, in dem keine lineare Zeit vorherrscht. (Brandhorst 2005b)

NICHTZEIT Bereich abseits des normalen Zeitstroms, abweichend von der subjektiv empfundenen Zeit. (Brandhorst 2004) In *Stargate* empfinden die Reisenden die Zeit zwischen zwei Sternentoren, bei der kaum Zeit vergeht → WURMLOCH (Raum), als NICHT-ZEIT. (Eisele 2000)

Zeit und Zeitreisen 27

NULLZEITDEFORMATOR [Deformator = Subst. zu lat. deformare = verformen] Kuppelförmiges Gerät, mit dem man in die Vergangenheit reisen kann. Dabei erfolgt keine Ortsveränderung. (Perrypedia)

OMNI [lat. omnis = jeder] In der US-amerikanischen Fernsehserie *Die Zeitreisenden* (*Voyagers!*, 1982-83) Bezeichnung für eine tragbare, einer Taschenuhr ähnliche → ZEITMASCHINE.

PID [das; vmtl. Kw. zu Periode] Zeiteinheit. Ableitungen: MITTAGSPID, NACHMITTAGSPID. (McCarthy 2007)

PSEUDOZEIT [pseudo- > gr. pseudein = belügen, täuschen] Falsche, unwirkliche Zeit. „Er ist stets zur Stelle, wo immer er gebraucht wird, um Pseudozeit in reale Zeit zu verwandeln." (Farmer 1998: 171)

RÜCKSCHNELLZEIT Zeit, die z.B. ein Gegenstand braucht, um nach einer Vorwärtsbeschleunigung oder -bewegung in die Ursprungsposition zurückzukehren. (Pohl 2004)

RUNCIBLE [engl. runcible = Nonsenswort aus einem Gedicht von Edward Lear; Name eines Compilers; lat. runcare = aussondern, ausdünnen, jäten, mähen + engl. -ible (entspricht dt. -bar)] Interstellares Teleportationssystem, das Zeitreisen ermöglicht. Ableitungen: ZUKUNFTSRUNCIBLE, FRACHTRUNCIBLE, RUNCIBLETOR. (Asher 2007)

SCHÖPFUNGSLADUNG auch KOSMISCHES BRUTELEKTRON, ELEKTRONENGESCHOSS Ein Elementarteilchen, das in die Vergangenheit geschossen wird, um im Nachhinein die Entstehung des Universums in Gang zu setzen. Dieses Vorhaben, welches auch als KOSMOKREATION bezeichnet und mit Hilfe einer CHRONOKANONE bewerkstelligt wird, verfolgt das Ziel, ein ordentlicheres und solideres Universum zu schaffen, als wir es heute vorfinden. Die S. wird deshalb so konzipiert, dass sich aus ihr ganz bestimmte Verbesserungen ergeben können. Zum Beispiel soll die CHLOROPHYLLISIERUNG der Tierwelt, einschließlich der Schaffung eines BELAUBTEN MENSCHEN, das Prinzip des Fressens und Gefressenwerdens (ZOOZID) außer Kraft setzen. (Lem 1982)

STASISSPRUNG [gr. stasis = Stehen, Stillstand] Zeitsprung, wobei man → WURMLÖCHER (Raum) bereisen kann. (Delany 1997)

SUPERLUMINAL [engl. superluminal = schneller als Licht, mit Überlichtgeschwindigkeit, lat. super = über + luminal = Adj. zu lat. lumen = Licht] Begriff, der von dem Philosophen Karl Popper 1959 eingeführt wurde. Lucius Shepard schreibt 1992 in Isaac Asimovs *Science-Fiction Magazin*: „Seconds after its disappearance, what looked to be an iridescent crack began to spread across the blackness, reaching from the place where *Sojourner* had gone superluminal to its point of departure, widening to a finger's breadth, then a hand's, and more, like an all-colored piece of lightning hardened into a great jagged sword that was sundering the void." (Juli-Ausgabe, S. 136)

TEMPONAUT [Tempo > lat. tempus = Zeit + gr. nautes = Seemann; analog zu Astronaut] Zeitreisender (Jeschke 1981, 2005; Dick 2007f.)

TEMPORALE ANOMALIE [Anomalie = nicht regelhafte Erscheinung, lat. anomalia > gr. anomalia + temporal = die Zeit betreffend, lat. temporalis, zu tempus = Zeit] Abweichung von der normalen linearen Zeit. (Brandhorst 2004)

TEMPORISTIK [Tempo > lat. tempus = Zeit + -istik] Wissenschaft von der Bewegung durch die Zeit. Das Institut für T. betreut unter anderem das Programm THEOPAGHIP (TELECHRONISCHE OPTIMIERUNG DER ALLGEMEINEN GESCHICHTE DURCH EINEN HYPERPUTER). Ziel des Programms ist die nachträgliche Korrektur der Weltgeschichte. Damit sich die Bevölkerung früherer Epochen nicht entmündigt fühlt, soll das Programm ohne deren Wissen verwirklicht werden (KRYPTOCHRONIE). Durchgeführt wird es durch das REFTEK (REFERAT FÜR TECHNIK UND KALENDERANGELEGENHEITEN) mit den Abteilungen QUANTENSTOSSTEMPORISTIK und DISPERSIVE TEMPORISTIK sowie das HISTORISCHE REFERAT, im Jargon auch GESCHICHTSMACHER, unterstützt durch MOIRA (die MOBILE RETTUNGSINSPEKTION), in der HISTORANGER und ZEITSCHIRMJÄGER (auch CHRONOCHUTISTEN) zusammenwirken. In Vorbereitung des Projekts werden HAREMS (HAROMONOGRAMME DER MELIORATIVEN EDUKATION) erstellt. Ein Teilprojekt ist HOPS (HOMO PERFECTUS SAPIENS). Die Umsetzung des Programms erfolgt mit Hilfe verschiedener technischer Einrichtungen: GENESIS (GENERATOREN DES ISOCHRONISCHEN SYSTEMS), AMOREK (AMORTISATOR DER KINECHRONISCHEN ENERGIE), POPO (POTENTIELLE ORBITALE PROGRAMM-OBERPRÜFER), FLÄZ (FEHLERFREIER ÄONEN-ZERSTÄUBER), TROTTEL (TELECHRONISCHES TROTTOIRESYSTEM), LIEBKOSI (LIMINAL-ENTROPISCH BREMSENDE KOLLISIONSSICHERUNG). Die Geräte versagen jedoch und verursachen in Verbindung mit menschlichen Fehlern schwerwiegende Pannen (CHRONOKLASMUS, CHRONOKOLLISION, umherirrende ZEITSPRITZER). Verschiedene Wissenschaftler (ZEITTECHNOLOGEN, ZEITINGENIEURE) werden durch Versetzung in frühere Zeiten bestraft, wo sie viel Unheil stiften. So versuchen einige, über einen turmartigen ZEITZUG, auch BABEL (BAUUNTERNEHMEN ZUR BEFÖRDERUNG DER IM EXIL LEBENDEN), in die Zukunft zu fliehen. (Lem 1982)

TRANSFERER [Transfer = Übermittlung, engl. transfer > lat. transferre = hinübertragen] Fahrzeug, dessen Energiequelle Zeit ist. (Brandhorst 2005b)

WELLS-AGGREGAT [H.G. Wells (→ ZEITMASCHINE) + Aggregat = Satz von zusammenwirkenden einzelnen Maschinen, Apparaten, Teilen, > lat. aggregare = hinzunehmen, ansammeln] Portable Zeitmaschine in dem Roman *Verrat*

Zeit und Zeitreisen

in Florenz (2005) von Peter Schwindt, die auch als → TELEPORTER (Raum) verwendet werden kann.

ZEIT „Die Zeit ist Illusion, die Mittagszeit erst recht." Erkenntnis von Ford Prefect, einer Figur in dem Roman *Per Anhalter durch die Galaxis* von Douglas Adams. (Anhalter-Lexikon)

ZEITFRAKTUR [Fraktur, lat. fractura = Bruch] Anomalie in der Progression der Zeit.

ZEITGÄNGER auch ZEITLINGE [Pl.] Wesen, die sich willentlich durch die Zeit, aber nicht durch den Raum bewegen können. (Perry-Rhodan-Lexikon V, 1991: 95)

ZEITGRAB „In den Zeitgräbern gab es keine Leichname, keine verstaubten Skelette. Die kyberarchitektonischen Geister, die dort spukten, waren in den metallischen Kodes von Erinnerungsbändern einbalsamiert, dreidimensionale molekulare Aufzeichnungen ihrer lebenden Originale, irgendwo in den Dünen aufbewahrt, in der Hoffnung, dass die physische Neuschöpfung der kodierten Persönlichkeiten eines Tages möglich sein würde." (Ballard 2007i: 812) Bei Simmons sind Z. Artefakte auf Hyperion, die in der Zukunft geschaffen wurden, auf ein Alter von einer halben Million Jahren geschätzt werden und deren „Inhalt tatsächlich aus einer fernen Zukunft rückwärts transportiert [wurde]". (Simmons 2002: 564) Ihre Funktion ist zunächst rätselhaft, in einem der Zeitgräber lebt das → SHRIKE (Lebensformen). Als die Z. geöffnet werden, dehnen sich mit ihnen verbundene → ANTI-ENTROPIE-KRAFTFELDER (Technologien) aus. Die Z. ermöglichen kosmische Verbindungen, die zu spezifischen Welten oder auch in die Zukunft führen. (Simmons 2002)

ZEITKAPSEL In der Science-Fiction-Serie *Seven Days – Das Tor zur Zeit* eine Maschine, die eine Reise in die Vergangenheit für sieben Tage ermöglicht. Es wird ein Bezug zum so genannten Roswell-Zwischenfall hergestellt: Die Maschine ist eine Weiterentwicklung der Technologie eines angeblich 1947 in Roswell (USA) abgestürzten UFOs.

ZEITKONDENSAT [Kondensat = durch Druck oder Hitze verflüssigtes Gas, > lat. condensare = verdichten, zusammenpressen] Konzentrierung von Zeit in einem Ort, in verändertem Aggregatzustand, verflüssigt. (Brandhorst 2004)

ZEITKRANKHEIT Zustand der Übelkeit, ausgelöst durch Zeitreisen. Die Symptome sind vergleichbar mit denen der Seekrankheit. (Adams 2005a, 2005b)

ZEITMASCHINE Maschine zur Durchführung von → ZEITREISEN, mit der sich Menschen in der Zeitdimension frei bewegen können. Der deutsche Begriff geht zurück auf den Science-Fiction-Klassiker *The Time Machine. An Inventi-*

on (1895) von H.G. Wells. Bei Wells besteht die Zeitmaschine aus Messing, Nickel, Elfenbein und geschliffenem Bergkristall, sie verfügt über einen Starthebel und einen Sattel, in dem der Zeitreisende Platz nimmt. Es ist die erste literarische Beschreibung einer Reise in die Zukunft mittels einer Maschine. Im Zentrum der Geschichte steht ein namentlich nicht weiter genannter Protagonist, der in das Jahr 802.701 reist und dort eine Rassen- und Klassengesellschaft mit den oberirdisch lebenden → ELOI (Lebensformen) und den unterirdisch lebenden → MORLOCKS (Lebensformen) vorfindet. Das Zeitreisemotiv trat auch vor dem Erscheinen von Wells' Roman in der Literatur auf: Zeitreisende ließen sich einfrieren, um in einer fernen Zukunft wieder zu erwachen, oder gelangten durch Träume und ähnliche Seelenzustände in andere Zeitabschnitte. Wells gilt als erster Autor, der die Zeitreise im Geist des Maschinenzeitalters gestaltete und mit Hilfe einer technischen Apparatur leicht und schnell möglich werden ließ. Seitdem gehört die Zeitmaschine, ebenso wie ihre Bezeichnung, zum festen Inventar der Science-Fiction (z.B. auch Bester 1978, Lem 1982, 1986a, unter explizitem Bezug auf Wells Véry 1979, Gustafsson 1995). Hinzu kommt eine große Vielfalt alternativ benannter Varianten der Zeitmaschine. Der engl. Terminus *time machine* ist nach dem OED bereits 1888 belegt.

ZEITMÜLL Bezeichnung für Material aus der Zukunft, das sich in der Regel für die Dauer von sechs bis zwanzig Tagen hält. Irgendwann in dieser Zeitspanne löst es sich auf und verflüchtigt sich, als hätte es nie existiert. (Perry Rhodan)

ZEITQUANT [Zeit + Quant = kleinste, diskrete Einheit einer physikalischen Größe, hier: Übertragung eines hypothetischen Prinzips der Teilchenphysik auf temporale Phänomene, lat. quantum, Subst. zu quantus = wie groß, so groß wie] Kleinste Teile, aus denen Zeitstränge aufgebaut sind. (Brandhorst 2005b)

ZEITREISE Wichtiges Thema in der Science-Fiction-Literatur und in -Filmen wie z.B. der *Terminator-Trilogie, Star Trek, Das Jesus Video* und *Das Philadelphia Experiment*. Der Mathematiker Kurt Gödel publizierte 1949 in einem Vortrag zu Einsteins 70. Geburtstag, dass Zeitreisen im Rahmen der Allgemeinen Realitivitätstheorie theoretisch möglich sind. Bei Zeitreisen in die Zukunft erlebt man die Zeit langsamer als ein äußerer Beobachter, man reist also in dessen Zukunft. Reisen in die Vergangenheit sind nur unter bestimmten Bedingungen möglich, man benötigt ein → WURMLOCH (Raum). In dem Roman *Timeline* (1999) von Michael Crichton wird die Multiversum-These literarisch bearbeitet, nach der unterschiedlichen Zeiten unterschiedliche Welten entsprechen. Siehe auch → ZEITMASCHINE.

Zeit und Zeitreisen

ZEITREISEKABINE Eine Raumschiffkanzel, die für Zeitreisen umfunktioniert wurde. Sie ermöglicht dem Passagier, auf geistigem Weg jeden beliebigen Punkt in der Vergangenheit oder Zukunft zu erreichen. Grundlage dieser Technologie ist die Entdeckung, dass die Zeit unabhängig vom Raum existiert und der außersinnlichen Wahrnehmung zugänglich ist. Der Körper des Passagiers verbleibt während der Zeitreise an Ort und Stelle. (Henneberg 1979)

ZEITSCHLEIFE Der Zeitstrahl wird so gebogen, dass ein Zeitreisender auf seinem Weg durch die Raumzeit sich selbst in der Vergangenheit oder Zukunft begegnet. Beliebtes Thema in Science-Fiction, z.b. in den Filmen *Zurück in die Zukunft* oder in *Star Trek*. In der Filmkomödie *Und täglich grüßt das Murmeltier* (1993) sitzt der Protagonist in einer Zeitschleife fest und durchlebt immer wieder denselben Tag. Bei Lem ist die Z. ein physikalisches Phänomen, das in Gravitationsstrudeln auftritt. Unter dem Einfluss mächtiger Gravitationsfelder wird die Richtung der Zeit gekrümmt oder umgedreht. Die Folge kann eine Vervielfachung der Gegenwart sein. So ist es möglich, dass der STERNREISENDE Ijon Tichy DEN ICH VOM MONTAG oder den FREITAG-TICHY in seinem Raumschiff trifft. Ein verwandtes Phänomen ist der ZEITKREIS (auch GESCHLOSSENER ZEITUMLAUF), ein lokaler ZEITEINSCHLUSS, in dem sich ein Geschehen immer wieder selbst einholt und von vorn beginnt. (Lem 1982)

ZEITSCHRUMPFUNG Physikalisches Phänomen, das bei Körpern auftritt, die sich mit lichtnaher Geschwindigkeit bewegen. Bei Personen bewirkt es eine Verjüngung. (Lem 1982)

ZEITSCHULD Bezeichnet den bei Reisen mit (Über)Lichtgeschwindigkeit entstehenden zeitrelativistischen Effekt, dass die Reisenden im Vergleich zum Ausgangssystem langsamer altern. „Mehr noch, ich war zweihundert Lichtjahre und fünfeinhalb Sprungjahre von der Zivilisation entfernt. Selbst wenn sie uns ins Gebiet der Hegemonie zurückbrachten, hätte die Rundreise uns elf Jahre mit Freunden und Familie gekostet. Die Zeitschuld ließ sich nicht umgehen." (Simmons 2002: 621)

ZEITSEKTOR [Sektor = Bereich, Abschnitt, lat. sector = Subst. zu secare = schneiden] Der endlose Augenblick, in dem ein Bewusstsein und seine Welt existieren: „Die Sekunde hinter uns ist nicht einfach die Sekunde hinter uns, sondern eine andere Sekunde, ein völlig anderer Zeitsektor. Wir leben die ganze Zeit in derselben Sekunde. Wir bewegen uns innerhalb der Begrenzung dieser Sekunde, jenes winzigen Zeitabschnitts, vorwärts, der unsere Welt zugehört." (Simak 1978:180)

ZEITSPRUNG Anderer Ausdruck für → ZEITREISE. (Bester 1978)

ZEITSTASIS [gr. stasis = das Stehen, Stillstand] Stauchung, Stockung der Zeit, Zeitstillstand. (Heinlein 1955)

ZEITSTRECKER od. ZEITVERLANGSAMER Technischer Apparat, der die Zeit dehnt, z.b. eine Minute auf zwei Monate. Das Leben einer Person kann so beliebig verlängert werden. (Lem 1982)

ZEITTORPEDO Zeitmaschine in dem Roman *Der Zeittorpedo* des poln. Autors Antoni Slonimski, 1924 erschienen. In *Perry Rhodan* eine zylindrische Konstuktion, durch die auf dem Planeten CURAYO Zeitfelder induziert wurden. (Perrypedia)

ZEITTRANSMITTER [engl. transmitter = Übermittler, Subst. zu to transmit > lat. transmittere > trans = hinüber + mittere = schicken, senden] Eine Form der → ZEITMASCHINE. (Perrypedia)

ZEITTUNNEL Eine Anlage in der Science-Fiction-Serie *The Time Tunnel* (USA 1966-67), mit der Menschen in die Vergangenheit und Zukunft reisen können.

ZEITVEHIKEL [Vehikel = klappriges, altmodisches Fahrzeug, lat. vehiculum = Subst. zu vehere = fahren] Eine Variante der → ZEITMASCHINE. Das Z. verfügt über eine ZEITZIELVORRICHTUNG, die einen punktgenauen Transport von Objekten durch die Zeit ermöglicht. Das Funktionsprinzip des Z.s beruht auf einer vom Quanteneffekt des TUNNELIERENS hervorgerufenen DESYNCHRONISATION. Molteri, der Erfinder des Z.s, schickt sich in einem Selbstversuch in die Zukunft und gelangt dabei – für ihn persönlich zu spät – zu der Erkenntnis, dass ein ZEITREISENDER, der sich weit in die Zukunft versetzt, auch dementsprechend altert. (Lem 1982)

Raum und Kosmologie

Der Astronom Fred Hoyle, als Science-Fiction-Autor bekannt geworden durch den Roman *Die schwarze Wolke*, formulierte in den 1940er Jahren eine Theorie (Steady-State-Theorie), nach der das Universum zwar expandiert, aber sich nicht ausdehnt. Diese Theorie gilt heute zugunsten der Urknalltheorie als widerlegt, wobei paradoxerweise der Begriff Urknall (engl. Big Bang) von Fred Hoyle geprägt wurde. Nach der klassischen Urknalltheorie ist unser Universum knapp 14 Milliarden Jahre alt, begann in einem Zustand extrem hoher Dichte (Anfangssingularität) und dehnt sich vermutlich unendlich aus. Stephen Baxter beschreibt in seinem Roman *Vakuum Diagramme* die Entwicklung von Lebensformen zwischen den Polen ‚Urknall' und ‚Zeitartige Unendlichkeit'.

Das Universum in seinen raumzeitlichen Konfigurationen, mögliche Lebensformen, Reisen in diesem Universum – dies sind klassische Themen der modernen Science-Fiction. Und Prä-Urknall-Szenarien, Universen, die aus Schwarzen Löchern entstehen, Übergänge zu anderen Universen, das Multiversum, sind Konzepte, wo modernste Theoriebildung in der Physik und phantastische Literatur kongenial zusammenwirken.

Die Idee von Multiversum und Parallelwelten ist eng mit der Quantenphysik verbunden. Dort tritt das Phänomen auf, dass mikroskopische Objekte als merkwürdige Zustandsüberlagerungen (Superpositionen) existieren können. Auf makroskopische Objekte übertragen hätte dies in dem berühmten Gedankenexperiment des Physikers Erwin Schrödinger, das die merkwürdige Quantenwelt veranschaulichen soll, folgenden Effekt: Eine Katze befindet sich in einer Kiste und wird genau dann getötet, wenn ein radioaktives Atom zerfällt. Da das Atom sich nach einer bestimmten Zeit in der Zustandsüberlagerung ‚zerfallen' und ‚nicht zerfallen' befindet, erzeugt es eine Katze, die in der Zustandsüberlagerung von ‚tot' und ‚lebendig' existiert. Wie das Quantenrätsel zu interpretieren ist und was es bedeutet, ist eine noch immer heiß umstrittene Frage. In der so genannten Vierwelten-Interpretation beschreiben die Zustandsüberlagerungen Parallelwelten. Auf unser Beispiel bezogen: Beobachte ich das Experiment in der Quantenkiste, bin ich selbst in einer Superposition: Die Katze ist entweder tot oder lebendig und es entwickeln sich zwei parallele Welten, in der ich die tote Katze beobachte (und traurig bin) bzw. die lebendige (und froh bin). In anderen Theorien, die auf der Stringtheorie basieren – Justina Robson nimmt in ihrem Roman *Die Verschmelzung* Bezug auf die M-Theorie, eine Erweiterung der Stringtheorie –, existieren andere Universen in zusätzlichen Raumdimensionen, oder neue Universen bilden sich durch Singularitäten in Schwarzen Löchern oder werden im Labor erzeugt.

Schwarze Löcher werden von A nach B transportiert, der Übertritt von einem Universum in ein anderes ist möglich, eine Person A in der Welt W trifft auf Parallelperson A' in Parallelwelt W' – all dies ist in Science-Fiction möglich. Phantastisch? Sicherlich. Dennoch: Die spekulative Science und die phantastische Fiction sind oftmals gar nicht so weit auseinander. Und manche Theorie aus der Astro- und Quantenphysik liest sich wie ein Science-Fiction-Szenario und mancher Science-Fiction-Roman wie eine populäre und spannende Darstellung von Theorien der modernen Physik.

AKTINURIA [Aktinium = metallisches radioaktives Element, gr. aktis, aktinos = Strahl] Von einem → KOSMOGONIKER geschaffener Planet, unter anderem unter Beteiligung verschiedener Schwermetalle (darum auch AKTINIDENKUGEL). Hier liegt das Reich der PALATINIDEN, selbstleuchtenden Wesen (eigentlich Roboter), die Rüstungen aus Uranblech tragen und mit URANDUKATEN zahlen. (Lem 1999)

ALTE ERDE Der Planet Erde, für eine Menschheit, die sich über weite Teile der Galaxis (MENSCHENWELTEN) ausgebreitet und eine lange NACHIRDISCHE Evolution durchlaufen hat, nur noch ein mythologischer Identifikationspunkt, als konkreter Ort im Weltall aber bedeutungslos. (Vinge 2007)

ANDYMON Vierter Planet des Fixsterns Ra. Die Besatzung eines irdischen Raumschiffs, das zum A. unterwegs ist → INKUBATORGESCHÖPFE (Raumschiffe), möchte dem noch unbenannten Planeten bei ihrer Ankunft einen Namen geben: „Beim Frühstück warfen wir uns Wortungetüme an den Kopf, zu Mittag gingen wir die indische Mythologie durch, und am Abend hofften wir auf generative Grammatiken. Vergeblich – kein Name rastete beim Anblick des fernen Lichtpunktes ein." (Steinmüller/Steinmüller 1982: 94) Am nächsten Morgen hat der Bordcomputer jedoch selbsttätig den Namen A. erzeugt. Eine Enzyklopädie interpretiert dieses Wort später irrtümlich als Verstümmelung von Anadyomene (die Entsteigende), einen Beinamen der gr. Liebesgöttin Aphrodite. A. wird durch die Raumschiffbesatzung mittels PLANETENTECHNIK UND -UMFORMUNG für eine menschliche Besiedlung annehmbar gestaltet, d.h. mit einer Biosphäre und einer stabilen Atmosphäre ausgestattet. Die erste Siedlung auf A., zunächst aus drei Baracken bestehend, wird ANDYMON-CITY genannt, das erste auf A. geborene Kind als ANDYMONE begrüßt. (Steinmüller/Steinmüller 1982)

ANTI-WELT [gr. anti- = gegen] Gegenwelt zum bekannten Universum. „In Wahrheit gab es ihn noch weniger als gar nicht, denn er entstammte nicht der Welt, sondern der Anti-Welt, und war nicht Materie, sondern Antimaterie,

Raum und Kosmologie

oder eigentlich nicht mal dies, nein, deren bloße Möglichkeit [...]." (Lem 1999: 42)

ASTROGATION [Kw. für Astronavigation, aus astro- = die Sterne betreffend, lat. astrum = Stern > gr. astron + Navigation = Gesamtheit der Maßnahmen zur Bestimmung des Standorts und zur Einhaltung eines bestimmten Kurses, lat. navigatio = Schiffahrt, zu navigare = segeln] Wissenschaft/Technik/Fertigkeit der → WURMLOCHnavigation (Brin 2000)

CANIP [Wortherkunft unklar, möglw. türkischer Eigenname] Ursprünglicher Heimatplanet der → SIRIANER (Lebensformen). Diese siedelten später auf den → SIRTER über. Eine auf C. zurückgekehrte Kolonie von Sirianern (CANIP-SIRIANER) hat mit Hilfe von Robotern, den → THROPIS (Roboter), eine totalitäre technokratische Gesellschaft errichtet, die als Gegenentwurf zur kommunistischen Idealgesellschaft der Sirianer auf dem Sirter fungiert und dieser feindlich gegenübersteht (ROBOTERSTAAT). Die imperialistische Politik gegenüber dem Sirter soll mit Hilfe einer ROBOTERARMEE in die Tat umgesetzt werden. (Ehrhardt 1975)

DIMENSIONENFALLE [Dimension = Aus-/Abmessung, Ausdehnung, lat. dimensio = Ausmessung] Anomalie im Raum-Zeit-Gefüge des Universums, die einem Objekt, z.B. einem Raumschiff, kein Entkommen gestattet. Die D. ist zugleich eine RAUMFALLE und eine ZEITFALLE, in der sich vierunddreißig Tage zu zweihundert Millionen Jahren dehnen. (Andrevon 1979)

ENTROPIEN [von Entropie = bei der Umwandlung von Wärme in eine andere Energieform nicht umsetzbarer Teil der Wärmemenge bzw. Prinzip der Nichtumkehrbarkeit thermodynamischer Vorgänge, gr. en- = innerhalb + gr. trope = Wendung, Umkehr] Fiktiver Planet im Sternbild Kalb. Die etymologische Rückführung seines Namens auf den physikalischen Begriff der Entropie wird in Lem (1986a) dargestellt. Die Bewohner des Planeten, die ARDRITEN, sind stark formbare, halb durchsichtige Wesen, die Gefühlsregungen durch unterschiedliche Körperfärbungen ausdrücken. Vorherrschende Religion auf E. ist der MONODRUMISMUS (nach dem Gott DRUMA). Kunstformen sind der WÄLZTANZ, der RADIOAKT und das PHANTODRAMA. Regelmäßig wird E. von einem Meteoritenstrom, dem STRÖM, heimgesucht. Durch ihn zu Schaden gekommene Personen werden unverzüglich durch eine identische RESERVE ersetzt, zerstörte Gebäude werden mit Hilfe einer PRESSBLASE neu errichtet. Zur Fauna von E. gehören die KULUPEN, ca. 3 Hektar große Tiere, deren Jagd Touristen anlockt, unter anderem den Sternreisenden Ijon Tichy, der auf E. auch mit den → SEPULKEN (Kultur) Bekanntschaft schließt. (Lem 1982)

FARCASTER [engl. far = entfernt, entlegen + engl. cast = Abdruck, Abguss + -er] Durchgang, der es ermöglicht mit ‚Nullzeit' zu einem anderen Planeten zu reisen, ohne Zeitverlust. Es ist eine Art Verbindung zwischen zwei Standorten, die mittels einer phasengleichen Singularität in das Raum-Zeit-Gefüge gestanzt wird. „Farcaster ‚teleportirten' Menschen und Dinge nicht – dieses Konzept war albern –, aber wie viel weniger albern war es, einem Mechanismus zu vertrauen, der Löcher in der Beschaffenheit des Raum/Zeit-Kontinuums auftat und einem ermöglichte, durch die ‚Falltüren' Schwarzer Löcher zu treten?" (Simmons 2002: 1242) Als Verb FARCASTEN oder kurz CASTEN/'CASTEN. (Simmons 2002)

GEOID [geo- = zur Erde gehörend, auf die Erde bezogen, zu gr. ge = Erde + -oid = ähnlich > gr. oiedes = ähnlich] Kosmischer Körper, der in seiner Form der Erde ähnlich sieht. (Strugazki/Strugazki 1992)

GESAMTKOSMOS [Kosmos = Weltall, gr. kosmos = Weltall, Weltordnung, eigtl. Ordnung, Schmuck] Gesamtheit aller existierender Universen. (Ehrhardt 1975)

GEZEITENKRAFT Physikalische Kraft, die an der Grenze zwischen verschiedenen Welten auftritt. (Szabó 1980)

GRAVIKONZENTRAT, ugs. FLIEGENKLATSCHE [Gravitation = (physik.) Anziehungskraft zwischen Massen, lat. gravitas = Schwere, zu gravis = schwer] Kleinräumiges, zentripetal wirkendes Schwerkraftzentrum, Gebiet mit außerordentlich verstärkter Gravitation. (Strugazki/Strugazki 1983)

HALBDURCHLÄSSIGES NULL-GRAVITATIONSTOR [Gravitation = (physik.) Anziehungskraft zwischen Massen, lat. gravitas = Schwere, zu gravis = schwer] Spezifische Form der → WURMLOCHverbindung. Es „schafft eine direkte Verbindung zwischen dem Start- und dem Zielpunkt im *Normalraum*. Es handelt sich sozusagen nicht mehr um *zwei* durch einen Tunnel verbundene Punkte, sondern um *einen einzigen* Punkt. [...] Natürlich sind es streng genommen nach wie vor zwei Punkte, nur schrumpft die Länge des Tunnels zwischen ihnen auf Null zusammen, wodurch der Abflugpunkt gleichzeitig zum Ankunftspunkt wird." (Baier 2005: 190)

HYPERRAUM [gr. hyper = über, über ... hinaus] Dem Einstein-Universum übergeordneter, n-dimensionaler Raum, in dem überlichtschnelle Kommunikation und Bewegung möglich ist. Konzept, das in vielen Science-Fiction-Romanen eine Rolle spielt.

HYPERREISE [gr. hyper = über, über ... hinaus] Reise durch den → HYPERRAUM, die auftretenden HYPERKRÄFTE „kennen keine Beschränkung durch die Lichtgeschwindigkeit. Es ist sogar sehr wahrscheinlich, daß sie überhaupt

Raum und Kosmologie

keine Geschwindigkeitsgrenze haben." (Asimov 2004k: 447). Die Hyperreise eines Affen endet bei Asimov wie folgt: „Was zurückkam, war ein Gebilde aus Haut, Fleisch und Knochen, das ein paar kriechende Bewegungen machen konnte. Es konnte die Augen rollen und manchmal ein bißchen mit der Pfote scharren. Dieses Wesen winselte zum Gotterbarmen, es war in seinem eigenen Leichnam lebendig begraben und konnte nicht entfliehen. Einer von uns hat ihn dann erschossen, und wir waren ihm alle sehr dankbar dafür. Merken Sie sich genau, was ich Ihnen jetzt sage: Kein Wesen ist je aus dem Hyperraum zurückgekehrt, ohne den Verstand verloren zu haben." (Asimov 2004k: 438)

HYPERVERSUM [gr. hyper = über, über … hinaus + Universum = Weltall, Kosmos, lat. universum, Subst. zu universus = allumfassend, ganz, sämtlich] Über-/Nebenuniversum in einer Vielzahl von Universen. Eigentlich ein Begriff aus der theoretischen Astrophysik; geläufiger ist das Synonym Multiversum. Der Begriff ‚Hyperversum' wurde 1960 von Andy Nimmo geprägt und dann überwiegend von Science-Fiction-Autoren verwendet, während sich in der Wissenschaft → MULTIVERSUM durchsetzte. (Brandhorst 2005b)

IDEATIONSMANTEL [engl. ideation > lat. ideatus = einer Idee entsprechend] „Die Großgalaxien und Spiralnebel, die einstmals ewig zu leben schienen, sind jetzt von so kurzer Dauer, dass sie nicht mehr sichtbar sind. Beinahe ist das Universum nun von dem großen Ideationsmantel erfüllt, eine gewaltige schimmernde Harfe, die sich vollständig in reine Wellenform verwandelt hat, unabhängig von jeder Kraftquelle." (Ballard 2007c: 163)

KALMENGÜRTEL [Kalme = völlige Windstille, frz. calme > ital. calma = Windstille > lat. cauma > gr. kauma = (Sommer)Hitze + Gürtel = hier i.S.v. Region] Raumregion, wo das Umgebungslicht nicht ausreicht, um ein → PHOTOSEGEL (Raumschiffe) zu beschleunigen. Ugs. Bezeichnung für Perioden der Lustlosigkeit, der Niedergeschlagenheit oder Untätigkeit. (McCarthy 2007)

KATAPULTSPRUNG [Katapult = Wurfschleuder, lat. catapulta > gr. katapeltes + Sprung] Bewegung, Sprung über eine große Distanz im → HYPERRAUM, wobei spezifische Raum-Zeit-Punkte, sog. KATAPULTPUNKTE, benutzt werden. „Solche Katapultpunkte findet man ausschließlich in der Randzone einer Galaxis – um genau zu sein, jenseits einer Distanzlinie, die genau doppelt so weit vom galaktischen Schwerpunkt entfernt ist wie das äußerste schwarze Loch." (Eschbach 2005: 336)

KOMETENSCHALE [lat. cometa > gr. kometes = Schweifstern, Haarstern, zu kome = Haupthaar] Kometenreicher Abschnitt im Weltraum. Zum Schutz gegen Kometen dient der KOMETENSCHILD. Die K. ist der Ort eines folgenschweren militärischen Aufeinandertreffens zwischen menschlichen RAUM-

SOLDATEN und einer INVASIONSFLOTTE der → KRABBLER (Lebensformen). (Card 2005)

KOSMOGONIKER [Kosmogonie = Teilgebiet der Astronomie, das sich mit der Entstehung und Entwicklung des Weltalls und der Himmelskörper befasst, > gr. kosmogonia = Welterzeugung > kosmos = (Welt-)Ordnung + gone = Erzeugung] Wissenschaftler bzw. Ingenieur, der Himmelskörper erschaffen kann. „Es lebte einst ein Ingenieur, ein Kosmogoniker, der Sterne leuchten machte, um das Dunkel zu besiegen." (Lem 1999: 14)

KOSMOZID [gr. kosmos = Weltall + -zid, zu lat. cadere = fallen, tot hinsinken, analog zu Genozid] Die Vernichtung des Kosmos. Nicht näher benannte galaktische Völker drohen mit dem K., um das Schweigen Gottes zu brechen, indem sie ihn zu einer Reaktion auf die mögliche Zerstörung seiner Schöpfung veranlassen. (Lem 1982)

KRIKKIT [viel. Bezug zu engl. Kricket = ein Ballspiel] Planet, der von einer interstellaren Staubwolke eingehüllt ist. Die Bewohner von K. entwickelten aufgrund der stark eingeschränkten Sicht die Vorstellung, im Universum allein zu sein. Der Absturz eines fremden Raumschiffs auf K. erschüttert dieses Weltbild, was die ansonsten friedliebenden Bewohner des Planeten dazu veranlasst, die blutigen und zerstörerischen KRIKKIT-KRIEGE vom Zaun zu brechen, in der Absicht, den Rest des Universums vollständig auszulöschen. Es gelingt jedoch, eine undurchdringliche Hülle um K. zu errichten und damit die Zerstörungswut seiner Bewohner unschädlich zu machen. Den einzigen Zugang durch diese Hülle stellt das WIKKIT-TOR dar, eine Art großer Schlüssel und zugleich Symbol einer friedlichen Galaxis. (Adams 2005b)

KUBIK-ASTRON [kubik- = Raummaß, lat. cubicus, Adj. zu lat. cubus = Würfel + fiktive galaktische Meßeinheit Astron, zu gr. astron = Stern] Fiktives galaktisches Raummaß. (Brin 2000)

MEGAKALUP [gr. mega = groß + Kalup = Name des fiktiven Hyperphysikers Arno Hieronymus Kalup] Die Maßeinheit der galaktischen Feldlinien-Gravitationskonstante, bezeichnet die Schwingungsfrequenz fünfdimensionaler Energieeinheiten. (Perry-Rhodan-Lexikon III, 1991: 98)

MONDPIONIER [Pionier = Wegbereiter, Vorkämpfer, frz. pionnier; zu pion = Fußgänger, Fußsoldat, > lat. pes, pedis = Fuß] Einer der ersten Menschen auf dem Mond, 1865 noch Zukunftsmusik. (Verne 1976)

MULTIVERSUM [lat. multi- = viel + Universum = Weltall, Kosmos, lat. universum, Subst. zu universus = allumfassend, ganz, sämtlich] Ein aus Paralleluniversen bestehendes Universum. → HYPERVERSUM

Raum und Kosmologie

NABE [Nabe = Mittelpunkt des Rades, um den sich das Rad dreht, hier: Mittelpunkt = Planet] Mittelpunkt eines Netzes von Wurmlochausgängen. → WURMLOCH (Bujold 2005)

NICHT-MEHR-ÖRTLICHE PHYSIK Ordnung des Universums, die erheblich von der menschlich erfahrbaren Raum-Zeit-Struktur abweicht. Darin eingebunden ist eine Singularität in Form eines Schwarzen Lochs, die unwiderstehlich alles anzieht, was in ihre Nähe gerät: „Dann begann man den reibungslosen und immer steileren Abhang hinunterzurutschen, der aus dem dünnen Spinnennetz der hier herrschenden Physik hinausführte, hinein in eine heißere und dichtere Welt, in der alle Gravitationszentren nicht-linear waren und alle Ereignishorizonte sich rasch in munteren Fraktalen ausbreiteten, ebenso kreativ und unvorhersagbar wie die Phantasie eines guten Poeten." (Gustafsson 1995: 10)

ONKELYSE [Onkel + -lyse > gr. lysis = Auflösung] Eine mögliche Folge weiter Reisen durch das All mit seinen komplexen Raum-Zeit-Verhältnissen auf Raumschiffbesatzungen, die sich aus verwandten Personen zusammensetzen. In diesem Fall geht ein Onkel, gelegentlich auch ein URONKEL, verloren. Ein weiteres Phänomen ist die ELTERNSTAFETTE, d.h. mehrere Frauen gebären der Reihe nach dasselbe Kind. Andere Verhältnisse lassen sich in VERLOBUNGSREGISTERTONNEN berechnen. Die BRUDERFRESSEREI hingegen ist nicht die Folge astrophysikalischer Einflüsse, sondern handfester Kannibalismus. (Lem 1982)

OUTER RIM [das; engl. outer = äußerer, außen- + engl. rim = Rand] Das Outer Rim ist eine der größten Regionen der Galaxis mit tausenden von Sektoren, von denen viele die in der Alten Republik vorgesehene Standardgröße von 50 bewohnten Welten um ein Vielfaches überschreiten. (Star Wars)

PANDIMENSIONAL [gr. pan- = all, gesamt, ganz + Dimension = Aus-/Abmessung, Ausdehnung, lat. dimensio = Ausmessung] Existenzform, die alle Dimensionen zugleich umfasst. Bestimmte Lebensformen können p. ausgebildet sein. (Adams 1992, 2005a)

PILLMAN-RADIANT [Name eines fiktiven Nobelpreisträgers für Physik + Radiant = (math.) Winkel, (astro.) scheinbarer Punkt der Ausstrahlung eines Schwarms von Meteoren, lat. radiare = strahlen] „Beim Pillman-Radianten handelt es sich um ein überaus einfaches Phänomen. Stellen Sie sich vor, Sie brächten einen großen Globus zum Drehen und feuerten aus einem Revolver Schüsse auf ihn ab. Die Löcher auf dem Globus werden eine fließende Kurve bilden. [...] Alle sechs Besuchszonen auf unserem Planeten nämlich sind so angeordnet, als hätte jemand sechs Pistolenschüsse auf die Erde abgegeben, und zwar von einem beliebigen Standort auf der Linie Erde – Deneb aus.

Deneb, das wissen Sie, ist der Hauptstern des Sternbildes Schwan. Jener Punkt am Firmament nun, von dem aus sozusagen geschossen wurde, wird als Pillman-Radiant bezeichnet." (Strugazki/Strugazki 1983: 5-6)

PLURIAL [pluri- = viel-, mehr-, zu lat. plus, pluris = mehr + -al = etwas betreffend, sich durch etwas auszeichnend] Raum, der alle Universen enthält. (Brandhorst 2004)

PORÖSER RAUM [porös = feine Öffnungen besitzend, frz. poreux, zu pore = feine Öffnung > lat. porus] Zone im Weltraum, die mit Blasen durchsetzt ist, in denen Reste des Nichts vor der Entstehung des Universums eingeschlossen sind. Wer in eine solche Blase gelangt, bestimmt mit seiner Einbildungskraft die dort herrschenden Gesetzmäßigkeiten: „Sich im porösen Raum zu befinden, das war in gewisser Weise genauso, als sei man in einer Fiktion eingeschlossen und zugleich ihr Herr." (Gustafsson 1995: 55)

QTEN [Kw. für quantenteleportieren, Quant = kleinste, diskrete Einheit einer physikalischen Größe, lat. quantum = Menge + gr. tele = fern + lat. portare = tragen, bringen] Per Quantenteleportation durch Raum und Zeit reisen. (Simmons 2002)

QUAGMA [das; Wkr. aus Quant und Magma; Quant = kleinste, diskrete Einheit einer physikalischen Größe, lat. quantum = Menge + Magma = glühende, flüssige Masse im Erdinnern, lat. magma > gr. magma = geknetete Masse, Bodensatz] Überreste vom Urknall. „Ich erkannte dort unten Quagma: Kleine Taschen des urzeitlichen Zeugs, die im Boden uralter planetisimaler Krater vergraben waren." (Baxter 2001: 16)

QUANTENPORTAL [Quant = kleinste, diskrete Einheit einer physikalischen Größe, lat. quantum = Menge] Portal, von dem aus man per Quantenteleportation durch Zeit und Raum in andere Universen reisen kann. (Simmons 2005)

RAUM-ZEIT-STRANDGUT Dinge, die wegen Schwankungen im Raum-Zeit-Kontinuum (RAUM-ZEIT-ABWEICHUNGEN, ZEITANOMALIEN) an Orte geraten, wo sie nicht hingehören. (Adams 2005b)

RAUM-ZEIT-WIRBEL Anomalie in der Raum-Zeit-Struktur des Universums, die Objekte mit rasender Geschwindigkeit durch verschiedene Parallelwelten schleudert. (Blondel 1979)

REALRAUM-REALZEIT-FLÄCHE Vierdimensionale Raumzeit (als Teil der elfdimensionalen Regionen, postuliert nach der Stringtheorie). (Robson 2005)

SANDPLANET [Planet = Wandelstern, nicht selbst leuchtender Himmelskörper, der sich um eine Sonne dreht, gr. planetes = Pl. von planes = der Umher-

Raum und Kosmologie 41

schweifende] Ein Planet, dessen Oberfläche fast ausschließlich mit Sand bedeckt ist und der kaum Vegetation aufweist. Eine spezielle Landschaftsform ist das TROCKENMEER, eine Ablagerung von feinem Staub mit umherschwirrenden spitzen Kristallen. (Klein 1979)

SCHWARZES LOCH [physik.] Etwas, das so weit komprimiert ist, dass die Fluchtgeschwindigkeit größer als die Lichtgeschwindigkeit ist. Der Begriff wurde von dem Physiker John Archibald Wheeler 1967 eingeführt, allerdings taucht ein BLACK HOLE bereits in der Science-Fiction-Geschichte *Typewriter from the Future* (Amazing Stories, Feb. 1950) von Peter Worth auf. Ein stellares S. L. weist eine ganz spezielle Raumzeit auf: Die Krümmung nimmt von außen nach innen immer mehr zu und wird schließlich im Zentrum des Loches unendlich, man spricht dann von SINGULARITÄT. (Allerdings gibt es neue physik. Theorien, nach denen eine Singularität nicht existiert.)

SCHWEREPLANET [Schwere i.S.v. sehr hohe Schwerkraft + Planet = Wandelstern, nicht selbst leuchtender Himmelskörper, der sich um eine Sonne dreht, gr. planetes = Pl. von planes = der Umherschweifende] Ein Planet, dessen Schwerkraft ein Vielfaches der Erdgravitation beträgt. Nachfahren irdischer Kolonisten auf dem S. GRAVON (GRAVONGEBORENE, auch GENSCHEN) haben sich körperlich den extremen Umweltbedingungen angepasst und zum Beispiel LAUFARME ausgebildet. Vom Rest der Menschheit werden sie verächtlich als GRAVONMUTANTEN angesehen. (Kober 1984)

SIRTER [der; zu Sirius = hellster Stern am irdischen Sternenhimmel] Planet im Siriussystem. Der S. ist die Lebenswelt der → SIRIANER (Lebensformen). Er ist ausgestattet mit einer reichhaltigen Flora und Fauna, z.B. mit SILIKONPFLANZEN, WUMBUS (riesige, im Ozean lebende, an Schildkröten erinnernde Tiere), BIORARBUSSEN (fleischfressende TIERPFLANZEN oder BAUMTIERE), FORMISSEN (riesige Wespen), FLUGSCHLANGEN, GEIBELLEN (etwa einen Meter lange Fluginsekten mit schnabelartigen Beißwerkzeugen), MAGENTEN (Riesenlaufvögel mit vogelartigen unteren Extremitäten und raubtierartigem Oberkörper). Zum Erhalt dieser Lebensformen wurde ein NATURSCHUTZKONTINENT eingerichtet. Die intelligenten Bewohner des S. siedeln in acht großen QUADRANTENSTÄDTEN. Der S. ist von einer GRAVITATIONSSCHUTZHÜLLE (auch ENERGIESCHUTZHÜLLE) umgeben, die auf der Erzeugung von GRAVITONEN (Gravitationsquanten, die beim Austausch von Neutrinos freigesetzt werden) basiert und den S. vor schädlichen Schwerkrafteinflüssen des benachbarten Zwergsterns Ra sowie vor feindlichen Übergriffen aus dem Weltraum schützt. (Ehrhardt 1975)

SOLARIS [lat. solaris = die Sonne betreffend, zu sol = Sonne] Planet, auf dem sich eine gleichnamige, Wissenschaftlern von der Erde als Operationsbasis dienende Raumstation befindet. S. ist vollständig von einem intelligenten → PLASMA-OZEAN (Lebensformen) bedeckt. Mit der Erforschung von S. befasst sich eine eigenständige wissenschaftliche Disziplin, die SOLARISTIK. (Lem 1986b)

SPINWÄRTS [physik. Spin = bei Drehung um die eigene Achse auftretender Drehimpuls, engl. spin = Drehung] Der Ringweltrotation gleichgerichtete Himmelsrichtung. „Sie einigten sich auf neue Begriffe für die Himmelsrichtungen. *Spinwärts* lag dort, wo sich der Graben und die Meteoritenkrater von der Landung der *Liar* hinzogen. *Antispinwärts* war die entgegengesetzte Richtung, wo der Berg lag. *Backbord* war *links* und *Steuerbord rechts* von einem Beobachter, der *spinwärts* blickte." (Niven 1998: 179-80) Gegenteil: ANTISPINWÄRTS. (Niven 1998)

STERNENTOR Ein- bzw. Ausgang einer → WURMLOCHverbindung. (Eisele 2000)

SUBAKS [Sub = hier Abk. für Subraum, lat. sub = unter + Akzelerator = Beschleuniger, lat. accelerare = beschleunigen] Beschleunigung im Subraum; (phantastische) Fähigkeit des Organismus superhohe Geschwindigkeit infolge von Zeitausdehnung zu entwickeln. (Strugazki/Strugazki 1992)

SUBRAUM od. → HYPERRAUM [lat. sub = unter, unterhalb] Extradimensionaler (Über-)Raum des vierdimensionalen normalen Raumes, in dem es möglich ist, mit Überlichtgeschwindigkeit zu reisen. (Asher 2007)

TELEPORTER Gerät, um Objekte zu teleportieren. Erstbeleg als Verb nach OED bei C. H. Fort, *Wild Talents,* 1932: xxvii. 312: „Girls at the front – and they are discussing their usual not very profound subjects. The alarm – the enemy is advancing. Command to the poltergeist girls to concentrate – and under their chairs they stick their wads of chewing gum. A regiment bursts into flames, and the soldiers are torches. Horses snort smoke from the combustion of their entrails. Re-enforcements are smashed under cliffs that are teleported from the Rocky Mountains. The snatch of Niagara Falls – it pours upon the battle field."

TERMINEX od. FARCASTERTERMINEX [Wkr. aus engl. terminal = Terminal, Endstation + engl. exit = Ausgang] → FARCASTERtor, Farcasterstation. (Simmons 2002)

TOR Raumtor, um von einem Raumpunkt zu einem anderen zu gelangen. Z.B. ‚Hoboken Gate' — „Dieses Tor, das ausschließlich für den Verkehr auf der Erdoberfläche bestimmt war, war ständig offen und benötigte auch keinen besonderen Betrieb, da die beiden Punkte, die man in Übereinstimmung gebracht hatte, durch einen starren Rahmen, die feste Erde, verbunden waren.

Raum und Kosmologie

Rod zeigte dem Elektronenkontrolleur seinen Fahrschein und schritt, in Begleitung einer stattlichen Zahl von Reisegefährten, nach Arizona." (Heinlein 1983: 26)

TRANSILIENZ [engl. transilience = abrupter Übergang, Übersprung, lat. transilire = überspringen, hinüber springen > trans = über, hinüber + salire = springen] Überlichtgeschwindigkeitsflug. „Momentanübertragung von Materie durch den Raum. Transilienz. Raumfahrt ohne Durchquerung des Raums oder Ablauf von Zeit." (Le Guin 1976: 313)

TRANSRAUM [lat. trans = über, hinüber] Eine Art → HYPERRAUM. (Brandhorst 2005a)

VERSETZER od. TRANSLATIONSGERÄT Versetzt ein Objekt in kürzester Zeit von einem Raumpunkt zu einem anderen, basierend auf der M-Theorie (physik.), einer Erweiterung der Stringtheorie. (Robson 2005)

WELTRAUM-VORSTELLUNG Die seit alten Zeiten überlieferte, von der → HUNDEKULTUR (Kultur) als absurd empfundene Idee, um die Erde herum gäbe es einen Weltraum, in dem die Sterne als riesige, unvorstellbar weit entfernte Welten kreisen. Nach Ansicht der Hundekultur sind Sterne am Himmel in Erdnähe hängende Leuchten. (Simak 1978)

WIRKLICHKEITSSTAUB In der gleichnamigen Erzählung von Stephen Baxter eine Konfiguration aller Jetztzustände. „,Stellen Sie sich einen Raum mit schwindelerregend vielen Dimensionen vor.' Er zeigte ein Staubkörnchen auf seiner Fingerspitze. ,Jedes Körnchen steht für eine Konfiguration aller Teilchen in unserem Universum, erstarrt in der Zeit. Das ist Wirklichkeitsstaub, ein Staub der Jetztzustände. Und der Staub erfüllt den *Konfigurationsraum*, das Reich der Augenblicke.'" (Baxter 2003: 70)

WURMLOCH [orig. engl. wormhole] Auch EINSTEIN-ROSEN-BRÜCKE, KERR-TUNNEL. Begriff aus der Physik, wonach zwei entfernte Gebiete des Universums durch eine Art Henkel verbunden sind (Raum-Zeit-Tunnel). Der Begriff ist eine Analogiebildung zu einem sich durch einen Apfel fressenden Wurm, der dadurch eine Abkürzung nimmt anstatt an der Oberfläche herumzukriechen, und stammt von dem berühmten Physiker John Archibald Wheeler aus dem Jahre 1957. In der Science-Fiction häufig genutztes Konstrukt, um → ZEITREISEN (Zeit) zu ermöglichen und große Entfernungen zu überwinden. Bekannt geworden durch *Star Trek*. Eine visualisierte Reise durch ein Wurmloch findet sich in dem Film *Contact* (1997) nach dem gleichnamigen Roman von Carl Sagan (1985). Im *Stargate-Universum* (Stargate 1994, Stargate SG-1) bilden die sog. → STERNENTORE Eingänge zu Wumlöchern, in Stross' Roman *Glashaus* ist ein sog. T-TOR „nichts anderes als ein Wurmloch aus gekrümmter Raumzeit, das zwei voneinander entfernte Punkte verbindet." (Stross 2008: 39)

ZONE [Zone = Bereich, lat. zona = (Erd)Gürtel > gr. zone, zu zonnynai = sich gürten] Begrenzte Regionen auf der Erde, die von Außerirdischen besucht wurden und in denen sich Artefakte befinden und merkwürdige, außergewöhnliche Erscheinungen auftreten. (Strugazki/Strugazki 1983)

ZONEN [Pl; Zone = Bereich, lat. zona = (Erd)Gürtel > gr. zone, zu zonnynai = sich gürten] Bereiche in der Galaxis, die aufgrund ihrer Nähe oder Entfernung zum galaktischen Kern durch unterschiedliche physikalische Bedingungen gekennzeichnet sind. Diese beeinflussen die sich in den Z. jeweils entwickelnden Lebensformen und ihre technologischen Möglichkeiten. Die GEDANKENLEEREN TIEFEN liegen dem Kern am nächsten und bringen allenfalls primitives Leben hervor. Im ebenfalls kernnahen LANGSAM, aus dem auch die Menschheit stammt, ist die Funktion von Rechenmaschinen, Raumschiffantrieben und anderer Technologie stark eingeschränkt. Raumflüge mit Überlichtgeschwindigkeit sind hier nicht möglich. Das UNTERE, MITTLERE und HOHE JENSEITS bieten zunehmend bessere technologische Perspektiven, die auch Überlichtreisen zulassen. Auf die höchste Stufe der Evolution gelangt das Leben im kernfernen TRANSZENZ, wo die → MÄCHTE (Lebensformen) ansässig sind. An den ZONENOBERFLÄCHEN (ZONENGRENZEN) kommt es gelegentlich zu ZONENVERSCHIEBUNGEN oder ZONENTURBULENZEN (ZONENSTURM, ZONENFLUTWELLE), so dass ganze Zivilisationen vor völlig neue Existenzbedingungen gestellt werden, an denen sie oft zugrunde gehen. Messdaten über die Z. liefert die ZONOGRAPHIETECHNIK (ZONOMETRIE) mit ihren ZONENSONDEN. (Vinge 2007)

Raumschiffe/Transportmittel

In der Science-Fiction hatte die Raumfahrt schon begonnen, als an den Sputnik, das Apollo-Programm oder die ISS noch nicht zu denken war. Die Mittel waren anfänglich brachial: Bei Jules Verne wird die Reise *Von der Erde zum Mond* (*De la terre á la lune*, 1865) mit Hilfe einer riesigen Kanone bewerkstelligt, ein Verfahren, das die Insassen des abgefeuerten Projektils unweigerlich hätte zerquetschen müssen. Heute ist der Mond kaum mehr als eine Zwischenstation auf dem Weg zu den Sternen. Doch weil die reale Raumfahrttechnik immer noch in den Kinderschuhen steckt, bleibt die Science-Fiction auf astrophysikalische Spekulationen und literarische Tricks angewiesen. Das Hauptproblem besteht in der Frage, wie Raumschiffe zu fernen Planeten und Sternsystemen gelangen können, und das in einem zeitlichen Rahmen, der mit menschlichen Maßstäben noch fassbar ist. Welch atemberaubende Dimensionen im Spiel sind, veranschaulicht Cees Nooteboom in seiner *Folgenden Geschichte* (*Het volgende verhaal*, 1991). In einem Kino verfolgen die Zuschauer einen Bericht über die *Voyager*-Sonde: „In neunzigtausend Jahren, sagte die Stimme, werde der Reisende [die Sonde] die Grenzen unseres Milchstraßensystems erreicht haben. Die Stimme pausierte, die Musik schwoll an wie eine vergiftete Brandung und verstummte dann wieder, so daß die Stimme ihren tödliche Schuß abfeuern konnte. ‚And then, maybe, we will know the answer to those eternal questions.' Die Humanoiden im Saal krochen in sich zusammen. ‚Is there anyone out there?' Um mich herum war es jetzt ebenso still wie in den leeren Straßen des Universums, durch die der Reisende [...] lautlos flog, erst im fünften seiner neunzigtausend Jahre. Neunzigtausend! Die Asche der Asche unserer Asche würde unsere Herkunft lange vor dieser Zeit verleugnet haben." (Nooteboom 1993: 23f.) Neunzigtausend Jahre und immer noch keine Gewissheit, das ist keine geeignete Grundlage, um eine Science-Fiction-Geschichte zu schreiben, die einen Bezug zur Lebenswelt ihrer Leser hat. John Barnes, ein profilierter Autor des Genres, rechnet in seinem Essay *How to Build a Future* (1991) auf der Grundlage fundierter technischer und ökonomischer Überlegungen vor, dass die Kolonisation des Weltalls von der Erde aus realistischerweise im Jahre 3165 beginnen könnte. Viel zu weit in der Zukunft, entscheidet Barnes und erfindet kurzerhand das *Von Neumann powersat*, dessen genaues Funktionsprinzip völlig irrelevant ist und nicht weiter ausgearbeitet werden muss, das die Entwicklung der Menschheit jedoch nachhaltig beschleunigt, so dass die notwendigen Voraussetzungen bereits um 2285 herum erfüllt sind. Was Barnes hier demonstriert, gehört zur Alltagsarbeit von Autoren des Genres. Wer durch die Zeit reisen will, baut einfach eine Zeitmaschine, wer sich mit Außerirdischen unterhalten will, schaltet die universale Übersetzungsmaschine ein, und wer zu den Sternen gelangen möchte, braucht dazu nur einen Antrieb, der schneller ist als das Licht. Das ANTIMATERIETRIEBWERK, der HYPERANTRIEB, der PHOTONENANTRIEB, der WARPANTRIEB und ähnliche Aggregate sind in dieser Funktion praktisch austauschbar. Sie alle haben nur eine Aufgabe: den einschläfernden UNTERLICHTFLUG ins Raumfahrtmuseum zu verbannen.

Bei aller Hypermodernität erfüllt die Science-Fiction auch zeitlose Träume. Mit Kapitän Ahab, Jim Hawkins oder Robinson Crusoe die Weltmeere erobern – dem haftet heute etwas Nostalgisches an. Das Erbe der Seefahrerromantik mit ihren Abenteuern und Entdeckungsreisen, die einst ein literarisches Publikum faszinieren konnte, hat, so Stanislaw Lem, die Science-Fiction mit ihrer Raumfahrt angetreten. (vgl. Lem 1984: 176) Die Nähe des Genres zur christlichen Seefahrt wird schnell augenfällig: Da steuert das RAUM- oder STERNENSCHIFF den RAUMHAFEN an, der KOSMOTROSE belächelt die ERDRATTE, im Hinterhalt lauert der RAUMPIRAT. Auch andere irdische Verkehrsmittel liefern Science-Fiction-Autoren die Analogien, mit deren Hilfe sie sich und ihrem Leser etwas nacherlebbar machen können, das sie selbst nie erfahren haben: Auf dem MARSBAHNHOF warten die Passagiere auf ihren Anschluss mit UNITED SPACEWAYS, das RAUMTAXI steuert die KOSMOSTRASSE entlang und überall gilt die MILCHSTRASSENVERKEHRSORDNUNG. Diese Metaphorik erfüllt den Weltraum mit vertrauten, alltäglichen Einrichtungen und macht es ein wenig besser handhabbar.

Selbstverständlich müssen Reisende auch in der Science-Fiction nicht immer gleich Lichtjahre überwinden. Der Transport von Personen und Gütern auf der Oberfläche eines Planeten oder in seiner Atmosphäre bleibt eine wichtige Aufgabe, und so möbliert das Genre seine Welten mit Vehikeln aller Art, die natürlich viel schneller, effektiver und bequemer sind als ihre Pendants in unserer Gegenwart. Meist wird der Individualverkehr in die Lüfte verlegt, mit dem HUBLEITER, dem eleganten ORNITHOPTER, dem SCHWEBEWAGEN oder dem robusten FAMILIENFLUGZEUG. Auf der Oberfläche des Mars stapft, zu Forschungszwecken, etwas ungeschlacht der HOPSER einher, auf der Erde ist der TELE-MOTORROLLER, auch kurz T-M-ROLLER, sehr beliebt. Hugo Gernsback stattet seine Protagonisten in seinem Roman *Ralph 124 C 41+* (1925) mit diesem rollschuhartigen Transportmittel aus. Es macht, von elektrischem Strom getrieben, das Gehen aus eigener Kraft überflüssig, funktioniert aber eigentlich nur richtig, wenn mit STEELONIUM gepflasterte METALLSTRASSEN zur Verfügung stehen. Die Science-Fiction hat also, wenn man so will, selbst das Inlineskaten als Ausdruck eines modernen, urbanen Lebensgefühls vorausgedacht. Allerdings gilt wohl auch im Jahre 2660 noch jene Empfehlung an alle Skateanfänger: *Erst fallen, dann bremsen, dann fahren lernen!*

Raumschiffe/Transportmittel

AEROGYRO [aero- > gr. aer = Luft + gyro > gr. gyros = Wendung, Kreis] Ein kleines Luftfahrzeug, dessen Funktion der des heutigen PKW entspricht. Wer nicht über ein eigenes A. verfügt, kann ein AEROTAXI rufen. Paare bevorzugen das ZWEISITZER-GYRO. (Gernsback 1973) Das ‚gyrocab' (Lufttaxi) tritt nach OED bei H. Ellison, *Adrift Just Off the Islets of Langerhans: Latitude 38° 54' N, Longitude 77° 00' 13" W*, in *Magazin Fantasy & Science-Fiction* 10-1947: 59/1 erstmalig auf.

AEROHOPPER [aero- > gr. aer = Luft + engl. hop = Sprung, Hopser + -(p)er] Flugschiff. (Baier 2005)

AEROMOBIL [aero- > gr. aer = Luft = Luft + Mobil = hier Fahrzeug, lat. mobilis = beweglich, zu movere = bewegen] Kleines zweisitziges Gleitfahrzeug, das sich auf einem Luftpolster bewegt. (Lem 1986b) Erstbeleg für ‚aerocar' nach OED bei A. G. Stangland in *Science Wonder Stories* 10-1929.

ALCUBIERRE-SCHIFF [Miguel Alcubierre (*1964), Physiker, der 1994 eine Art Warpantrieb (→ WARP) in Anlehnung an die Science-Fiction-Kultserie *Star Trek* vorschlug] Raumschiff, das mit Überlichtschwindigkeit durch Raum-Zeit-Verzerrungen fliegen kann. (Harrison 2004)

ANABIOSE od. ANABIOSESCHLAF [biol. Anabiose = Zustand reduzierter physiologischer Aktivität, in dem Organismen extreme äußere Umstände überdauern, gr. anabiosis = Wiederaufleben, zu bios = Leben] Der in der Natur vorkommende Zustand der A. wird mit Hilfe technischer Einrichtungen wie der ANABIOSEKAMMER (auch HYPOTHERMIEKAMMER) oder der ANABIOSE-ZELLE künstlich herbeigeführt, um Raumfahrern das Überwinden langer Strecken im Weltall zu ermöglichen. Dazu werden alle Körperfunktionen durch Abkühlung auf ein absolutes Mindestmaß reduziert, so dass die Raumreisenden während dieser Zeit praktisch nicht altern. (Simon 1982)

ANTIGRAV [Kw. für Antigravitation = negative Schwerkraft, gr. anti = gegen + Gravitation = Schwerkraft, lat. gravitas = Schwere, Subst. zu gravis = schwer] Gerät, mit dem man die Schwerkraft aufhebend einen Raum durchqueren kann: ANTIGRAVLIFT, ANTIGRAVPLATTE, ANTIGRAVTORNISTER. (Rhodan 2008) Ein ANTIGRAV-SCHIFF ist ein Flugschiff mit Antigravitationsantrieb. (Baier 2005) auch → ANTIGRAV (Technologien).

ANTIMATERIETRIEBWERK [gr. anti- = gegenüber, anstelle von, da-/entgegen + lat. materia = Stoff, aus dem etwas verfertigt wird] Triebwerk, das auf der Basis von Antimaterie funktioniert. (Reynolds 2007)

AQUAKUGEL [lat. aqua = Wasser] Fischerboot. (Bordage 2007)

ASTROGATION [astro- = die Sterne betreffend, lat. astrum = Stern > gr. astron + Navigation = Gesamtheit der Maßnahmen zur Bestimmung des Standorts und zur Einhaltung eines bestimmten Kurses, lat. navigatio = Schifffahrt, zu navigare = segeln]. Raumschifffahrt; Orientierung und Steuerung von Raumfahrzeugen im Weltall. (McCarthy 2007) Ein grundlegendes Studienfach in der Ausbildung zum Raumsoldaten. (Card 2005)

ASTROGATOR [astro- = die Sterne betreffend, lat. astrum = Stern > gr. astron + lat. navigator = Seemann; zu lat. navigatio = Schifffahrt, zu navigare = segeln] Kapitän eines Raumschiffs. (Lem 1973) Erstbeleg nach OED bei S. G. Weinbaum in *Astounding Stories* Okt. 1935: 126/2.

ASTROS [Pl.; astro- = die Sterne betreffend, hier substantiviert, lat. astrum = Stern > gr. astron] Kurzwort, das alle möglichen Wissenschaftler, die üblicherweise zu Raumschiffbesatzungen gehören, z.b. Astrophysiker, Astronavigatoren, Astrographen, zusammenfasst. Die weibliche Entsprechung dazu bilden die ASTRAS. In der Bezeichnung des EMANZIPATIONSVERBANDES DER ASTROS (kurz EVA), in dessen Auftrag nur Astras forschen, hat sich ironischerweise die männliche Form erhalten. Auch → HYPERFEMINISIERUNG (Kommunikation). (Andrevon 1979)

ATOMMOTOR [lat. atomus = kleinster, unteilbarer Bestandteil der Materie, > gr. atomos = ungeschnitten, unteilbar] Ein Raumschiffantrieb, der Flüge mit Unterlichtgeschwindigkeit ermöglicht. In kleineren Versionen treibt der A. auch → FAMILIENFLUGZEUGE (Raumschiffe) und Hubschrauber an. (Simak 1978)

BISTR-O-MATIK [Bistro = kleines Café, bei Adams ggf. auch Anlehnung an russ. bystro = schnell + -o- + Automatik] Antriebssystem, das wie der → UNENDLICHE UNWAHRSCHEINLICHKEITSDRIVE die Bewältigung von großen Distanzen ohne Zeitverlust erlaubt. „Das Bistr-O-Matik-Drive ist eine hinreißende neue Methode, riesige interstellare Entfernungen ohne das ganze gefährliche Herumgefummele mit Unwahrscheinlichkeitsfaktoren zurückzulegen. [...] Zahlen, die innerhalb von Restaurantgrenzen auf Restaurantrechnungen geschrieben werden, folgen nicht denselben mathematischen Gesetzen wie Zahlen, die in allen anderen Gegenden des Universums auf allen anderen Stücken Papier geschrieben werden." (Adams 2005b: 51)

BOOSTERRAKETE [engl. booster = Trägerrakete] Trägerrakete. (Lem 1973)

BUCKMINSTERFULLEREN-STRANG [Buckminster Fuller = Name des amerik. Architekten, Designers, Philosophen und Schriftstellers Richard Buckminster Fuller (1895-1983); Fullerene = sphärische Moleküle aus Kohlenstoffatomen. BUCKMINSTER-FULLEREN bezeichnet die Kohlenstoff-Modifikation C_{60}, die in ihrer Struktur an den von B. F. konstruierten Kuppelbau erinnert] Verbindungsschlauch zwischen Raumschiffen, durch den sich ein Mensch hindurchzwängen kann, bis zu mehreren Kilometern lang. Das Material ist ein

Raumschiffe/Transportmittel

Fulleren, eine Kohlenstoff-Modifikation, benannt nach Richard Buckminster Fuller. Dieser hat sich unter anderem intensiv mit Überlebensmöglichkeiten im Weltraum auseinandergesetzt. (Bova 2005)

CARRYALL [engl. to carry = befördern + engl. all = alles, sämtlich] Fliegende Scheibe zum Transport von Arbeitsmaterialien und Ausrüstung. (Herbert 1993)

DEREMAT auch DEREMAT-MASCHINE [Kw. für De- und Rematerialisation, lat. de = von ... weg + lat. re = zurück + Materialisation = Subst. zu materialisieren > lat. materia = Bauholz, Stoff] Gerät, das Reisen durch De- und Rematerialisation ermöglicht. (Bordage 2007)

EILRAUMSCHIFF Schnelles irdisches Raumschiff. (Laßwitz 1984)

EM-RÖHREN-SYSTEM [EM = Kw. für elektromagnetisch] Ein unterirdisches Transportsystem. Durch Röhren aus einer belastungsfähigen STEELONIUM-ALUMINUM-LEGIERUNG werden Waggons mittels großer Elektromagneten wie in einer Rohrpost auch über interkontinentale Distanzen hinweg bewegt. Der Bau des E.s leitet das NACH-JET-ZEITALTER ein. (Gernsback 1973)

ERDRATTE [analog zu Landratte] Raumfahrerjargon; abwertende Bezeichnung für Neuankömmlinge auf dem Jupiter. (Hartmann 1989)

ERTIALSCHILD [ertial = antonym zu inertial = Trägheit aufhebend, lat. inertia = Trägheit, Bildung ist in Zusammenhang mit Inertialnavigation (Trägheitsnavigation) zu sehen] Ertialschilde am Bug und Heck eines Raumschiffs bewirken, dass die dazwischen liegende Masse „bildlich gesprochen einfach aus dem Raum-Zeit-Gefüge [verschwindet]." (McCarthy 2007: 29)

EXOSCHIFF [gr. exo = draußen, außerhalb, heraus] Ein außerirdisches Raumschiff, das in relativer Erdnähe steuerlos und mit einer toten Besatzung an Bord durch den Weltraum treibt. Seine Erkundung durch irdische Forscher erweist sich als problematisch, weil das E. eine Strahlung absondert, die schwere, oft tödliche Hauterkrankungen auslöst und schließlich die Erde selbst bedroht. Die Frage, ob die einmalige Gelegenheit zur Erforschung einer außerirdischen Lebensform und ihrer Technik genutzt werden oder das E. im Interesse der menschlichen Sicherheit vernichtet werden muss, wirft ein schwerwiegendes moralisches Dilemma auf. (Kober 1984)

EXTRATERRESTRISCHE SONDE auch kurz ETS [lat. extra = außer + terrestrisch = irdisch, lat. terrestris = irdisch, zu terra = Erde] Unbemanntes Raumfahrzeug zur Erkundung unbekannter Regionen des Alls. Die E.S. setzt STANDARDBOJEN oder die avancierteren KOMPLEXBOJEN ab, die sich dem Zielbereich der Expedition nähern und Daten aufzeichnen. (Kober 1984)

FAHRMASCHINE Ein irdischer Raupenschlepper, so bezeichnet von Angehörigen einer intelligenten Lebensform, die selbst nicht über diese Technologie verfügt. (Clement 1978)

FAMILIENFLUGZEUG Kleines atomgetriebenes Flugzeug, das den Personenkraftwagen als Alltagsgefährt ablöst und die schnellere Überwindung großer Distanzen, z.b. zwischen Wohnort und Arbeitsplatz, ermöglicht. Diese Entwicklung trägt dazu bei, dass sich die Stadt als menschliche Siedlungsform überlebt. Dazu auch → TANKPFLANZUNG (Technologien), WELTKOMITEE (Kultur). (Simak 1978)

FERNKREUZER [Kreuzer = zu Aufklärungszwecken hin und her fahrendes Kriegsschiff, ndl. kruiser = eigtl. = hin und her fahrendes Schiff] Raumschiff, das speziell für lange Reisen konzipiert ist. (Lem 1986b)

FLAMMENVOGEL Vogel, der auf dem Mars als Transportmittel eingesetzt wird. Er zieht eine große Plane hinter sich her, auf der die Passagiere Platz nehmen. (Bradbury 1981)

FLUGGLEITER Kleines Luftfahrzeug, das auf der Erde das Automobil abgelöst hat. F. gibt es in verschiedenen Varianten, vom EINPERSONEN-GLEITER bis zum FAMILIEN-CADILLAC, der eher an einen Palast als an ein sinnvolles Fortbewegungsmittel erinnert. (Clarke 2004)

FLUGROCHEN [Rochen = Knorpelfisch mit abgeplattetem, etwa rautenförmigem Körper und langem, dünnem Schwanz] Luftfahrzeug der → CENTAUREN (Lebensformen), mit dem innerhalb von Planetenatmosphären weite Strecken überbrückt werden können. (Kröger 1981)

FUSIONSSCHIFF [Fusion = Vermischung, Verschmelzung, lat. fusio = das Gießen, Schmelzen, Subst. zu fundere, fusum = gießen] Ein Raumschiff, das mit der effizienten FUSIONSANTRIEBSTECHNOLOGIE auf der Basis von Helium-3 ausgestattet ist. (Bova 2005)

GASTRONAUTIK od. KANNIBALISIERUNG der Raketen, RAKETENKANNIBALISMUS [gr. gaster, gastros = Bauch, Magen + Nautik = Seefahrtkunde, gr. nautikos = zum Schiff/zur Schifffahrt/zum Seewesen gehörend, zu gr. nautis = Seefahrer, zu gr. naus = Schiff, analog zu Astronautik] Herstellung von Bauteilen für Raumfahrzeuge aus Lebensmitteln. Zum Beispiel gibt es die DREISTUFENRAKETE aus Vorspeise, Gebratenem und Nachtisch. Als Bauteile im Einzelnen wurden entwickelt: ELEKTROPLÄTZCHEN, KONDENSATORENSCHICHTKUCHEN, MAKKARONIISOLIERUNG, HONIGKUCHENSPULEN, PANZERZUCKER, STRUDELLAKEN und andere. (Lem 1982)

GATEWAY [engl. gateway = Torweg, Einfahrt] Asteroid im Sonnensystem, auf dem die → HITSCHI (Lebensformen) überlichtschnelle Raumschiffe zurück-

Raumschiffe/Transportmittel 51

gelassen haben. Die Menschen nutzen diese Schiffe für Erkundungsflüge durch das All. Da sie deren Steuerung nicht kontrollieren können, sind sie blindlings unbekannten, von den Hitschi in KURSSETZMASCHINEN mit ZIELWÄHLERN vorprogrammierten Reiserouten ausgeliefert. Dadurch werden die Flüge für die irdischen Raumfahrer, PROSPEKTOREN genannt, zu einer Lotterie: Im günstigsten Fall stoßen sie auf einem fernen Planeten auf eine RENDEZVOUSSTATION der Hitschi und können von dort Artefakte mitbringen, die ihnen eine hohe Entlohnung durch die GATEWAY-GESELLSCHAFT und damit persönlichen Reichtum einbringen. Im ungünstigsten Fall geraten sie in Schwierigkeiten, etwa in eine SONNENFACKEL-VERBRENNUNG, und kehren tot oder verstümmelt nach G. zurück. (Pohl 2004)

GEDANKENREISE od. GEDANKENFLUG, PSYCHOPHYSISCHE TELEPORTATION Technologie, mit deren Hilfe die → SIRIANER (Lebensformen) ausgedehnte Reisen durch den Weltraum bewerkstelligen, ohne ihren Heimatplaneten zu verlassen. Grundlage sind die ULTRONEN, Teilchen, die sich schneller als Licht bewegen, wie die C-ARRIVONEN, TELESONEN und vor allem die MNEMOSONEN (auch DENKKORPUSKELN, INFORMATIONSQUANTEN). Sie werden vom Gehirn emittiert und können gezielt über beliebige Distanzen geschickt werden, um bei ihrer Rückkehr ein Bild von einem vorgegebenen Zielort mitzubringen. Die Teilchen werden über die ASTROVISIONSANLAGE mit hoher Energie (FERNFAZILITÄT) ausgestrahlt. Das durch die Mnemosonen transportierte Abbild wird mit Hilfe des TELEIMAGINATORS rückübersetzt. Für die G. eignen sich nur Personen mit eidetischem Gedächtnis. Auf diese Weise haben die Sirianer auch die Erde besucht und überraschen irdische Besucher mit detaillierten Vorkenntnissen, z.B. der Beherrschung der russischen Sprache. Die Aufzeichnungen von G.n auf ULTRASCHALL-TONBÄNDERN bietet darüber hinaus VERGANGENHEITSFORSCHERN reiches Material. (Ehrhardt 1975)

GLEITER Luftfahrzeug für den Individualverkehr (das Auto der Zukunft), das auf Antigravitationstechnologie basiert. (McDevitt 2006)

GOLDENE KUGEL Kugelförmiges, goldfarbenes Raumschiff der → VENUSMENSCHEN (Lebensformen) von ca. 4 km Durchmesser. Im Anflug auf die Erde wird sie dort zunächst auch als LE-JEUNE-PLANET bezeichnet, nach ihrem Entdecker, dem Astronomen Marcel LeJeune. Bald wird aber zur Gewissheit, dass es sich um ein WELTENRAUMSCHIFF (auch WELTENRAUMFAHRZEUG, WELTENRAUMSEGLER) handelt, mit dem KOSMOSFAHRER (auch WELTENRAUMFAHRER) die Erde besuchen. Eine kleinere Version von sechs Metern Durchmesser, die allein durch die Gedanken ihrer Passagiere gesteuerte SILBERNE KUGEL, wird als Fortbewegungsmittel im Nahbereich von Planeten genutzt. (Turek 1949)

GRAVIPLAN [Gravitation = (physik.) Anziehungskraft zwischen Massen, lat. gravitas = Schwere, zu gravis = schwer + Aeroplan = Flugzeug, gr. aeroplanos = in der Luft umherschweifend, zu aer = Luft + planan = umherschweifen] Kleinflugzeug, das nach dem Prinzip der Schwerkraftsteuerung entwickelt worden ist. (Krupkat 1970)

GRAVITATIONSANTRIEB [Gravitation = (physik.) Anziehungskraft zwischen Massen, lat. gravitas = Schwere, zu gravis = schwer] Ein Raumschiffantrieb, der mit Hilfe von GRAVITATIONSMASCHINEN SCHWERE- und ANTISCHWEREFELDER aufbaut. Auch → ANTIGRAVITATION (Technologien). (Simon 1982)

GRAVODROM [gravo- > physik. Gravitation = (physik.) Anziehungskraft zwischen Massen, lat. gravitas = Schwere, zu lat. gravis = schwer + -drom = Bezeichnungen für Gebäude/Anlagen mit bestimmter Funktion, gr. dromos = Rennbahn, zu drome = Lauf] Technische Vorrichtung, die Raumschiffe ins All katapultiert. (Kröger 1981)

GROSSRAUMSCHIFF Irdischer Raumschifftyp. (Ehrhardt 1975)

GUT-SCHIFF [engl. GUT = Grand Unified Theory, physik. Theorie, die die starke Wechselwirkung, die schwache Wechselwirkung und die elektromagnetische Kraft vereinigt] Raumschiff mit einem GUT-TRIEBWERK. „Im Kern eines GUT-Triebwerks werde Asteroideneis komprimiert, bis es Bedingungen unterliege, die an die Verhältnisse in der ursprünglichen Singularität erinnerten – an den Urknall. Dort vereinigten sich die fundamentalen Wechselwirkungen, von denen die Struktur der Materie bestimmt werde, zu einer einzigen Superkraft. Werde der Materie gestattet, wieder zu expandieren, lasse sich die Phasenenergie der zerfallenden Superkraft wie die Wärme von kondensierendem Wasserdampf nutzen, um Asteroidenmaterial als überhitzten Dampfstrahl auszustoßen." (Baxter 2003: 47)

GYRO-GYROTOR [Gyro > gr. gyros = Wendung, Kreis + Gyrotor = ws. Wkr. aus gyro + Rotor = sich drehendes Teil einer elektrischen Maschine, engl. rotor, Kw. für rotator > lat. rotare = sich kreisförmig herumdrehen, zu lat. rota = Rad, Scheibe, Kreis] Das Antriebsaggregat in Raumschiffen. Über GYROSKOPE treibt es ANTI-GRAVITATOREN an, die den Flugkörper von der Anziehungskraft der Erde oder eines anderen Himmelskörpers unabhängig machen. Das Prinzip wird im Jahr 2210 durch den Amerikaner 969 L 9 erfunden. (Gernsback 1973)

HABITATMODUL [Habitat = Wohnort, Lebensraum, lat. habitatio = das Wohnen, Subst. zu habitare = wohnen + Modul = austauschbares komplexes Element einer Einheit, engl. module > lat. modulus = Dim. zu modus = Maß]

Raumschiffe/Transportmittel

Künstliche Lebensumwelt im All. Hier werden durch die künstliche Erzeugung von Schwerkraft angenehmere Wohnbedingungen hergestellt. (Bova 2005)

HAWKING-ANTRIEB [Stephan William Hawking (*1942), britischer Astrophysiker. Hawking leistete bedeutende Arbeit im Bereich der Kosmologie, insbesondere zur Physik Schwarzer Löcher] Antriebssystem, das „unter die Barrieren des Einsteinschen Raum/Zeit-Gefüges [Tunnel] gräbt". (Simmons 2002: 291)

HELIOCAR [Wkr. aus Helikopter + -o- + engl. car = Auto)] Fluggerät. (Zajdel 1988)

HOCHGESCHWINDIGKEITS-AXIAL-FLUG [axial = in Achsenrichtung, entlang einer Linie verlaufend, lat. axis = Achse, Pol] Eine Technologie, die schnelle Verkehrsverbindungen zwischen der Erde und weit entfernten Planeten ermöglicht. Linienflüge mit AXIAL-PASSAGIERSCHIFFEN bietet die UNITED SPACEWAYS an, etwa den UNITED-SPACEWAYS-XR4-AXIALFLUG von Formalhaut ins Solsystem. (Dick 1984)

HOPSER Schweres, vierfüßiges Stampflaufzeug, das in unebenem Gelände zur Fortbewegung eingesetzt wird. (Kröger 1981)

HUBGLEITER Luftfahrzeug, im planetennahen Verkehr eingesetzt. (Hartmann 1989)

HYPERANTRIEB [gr. hyper- = über, übermäßig, über ... hinaus] Antriebssystem in einem Raumfahrzeug. Der Hyperantrieb und seine angeschlossenen Systeme beschleunigen ein Raumschiff auf Überlichtgeschwindigkeit in den → HYPERRAUM (Raum). Die von Fusionsgeneratoren gespeisten Raumschifftriebwerke sind mit ASTRONAVIGATIONSCOMPUTERN gekoppelt, die eine sichere Reise durch diesen Raum ermöglichen. (Star Wars). auch → HYPERDRIVE.

HYPERDRIVE [gr. hyper- = über, übermäßig, über ... hinaus + engl. drive = fahren] Der Flug mit Überlichtgeschwindigkeit. Wird mit Hilfe von RAUMDEFORMATOREN bewerkstelligt. (Simon 1982) Engl. ‚hyperdrive' nach OED zuerst bei P. Anderson & J. Gergen in *Astounding Science-Fiction* 6-1949: 62/1.

HYPERKONVERTER [gr. hyper- = über, übermäßig, über ... hinaus + Konverter = Umwandler, engl. converter, Subst. zu to convert = umwenden, wechseln > lat. convertere = umkehren] Antriebssystem, um vom Normalraum in den → HYPERRAUM (Raum) zu wechseln. Ein Teil dieses Systems ist der METAQUANTENINJEKTOR. (Eschbach 2005)

HYPERRAUMANTRIEB [physik. Hyperraum = theoretischer extradimensionaler Raum, der außerhalb der normalen Wahrnehmung des Menschen liegt, aus gr. hyper- = über, übermäßig, über … hinaus] Ein Raumschiffantrieb, der durch die Überwindung des normalen dreidimensionalen Raums Reisen mit Lichtgeschwindigkeit ermöglicht. (Simon 1982)

HYPERRAUMSCHIFF [gr. hyper- = über, übermäßig, über … hinaus] Auf → CANIP (Raum) konstruierter Raumschifftyp. (Ehrhardt 1975)

HYPERSTASIS [gr. hyper- = über, übermäßig, über … hinaus + gr. stasis = Stockung, Stauung] Transportmethode, die Reisen zwischen verschiedenen Raum- und Zeitebenen ermöglicht. Technisch umgesetzt durch den STASIS-GENERATOR; die Reise verläuft in STASISSPRÜNGEN. (Delany 1997)

INKUBATORGESCHÖPFE [Pl.; med. Inkubator = Brutkasten für Frühgeburten, lat. incubare = brüten, zu cubare = liegen, ruhen] Kinder, die während einer Weltraumfahrt durch ein Inkubatorsystem geboren werden. Auf diese Weise wird das Problem der langen Zeitdauer für eine Reise von der Erde zum Planeten → ANDYMON (Raum) gelöst: Einige Erdenjahre vor der Ankunft am Zielort wird eine Gruppe von Kindern künstlich gezeugt, damit dort eine einsatzbereite Crew die Arbeit aufnehmen kann. Rückblickend sehen die an Bord Geborenen ihre Herkunft gelegentlich kritisch und empfinden sich selbst als I. oder als INKUBATORHOMUNKULUS. Betreuung und Ausbildung der Kinder werden durch Roboter gesichert: Die RAMMA (ROBOTERAMME) stillt sie und übernimmt in jeder Hinsicht die Rolle einer liebevollen Mutter. Ab dem fünften Lebensjahr kommt ein Roboter hinzu, der als Lehrer fungiert und sich GURO nennt, was die Kinder scherzhaft durch die Langform GENIALER UNIVERSALROBOTER persiflieren. (Steinmüller/Steinmüller 1982)

INTERNAUTIK [lat. inter = zwischen + Nautik = Seefahrtkunde, gr. nautikos = zum Schiff/zur Schifffahrt/zum Seewesen gehörend, zu gr. nautis = Seefahrer, zu gr. naus = Schiff, analog zu Astro-, Kosmonautik] Synonym zu Raumfahrt. Raumfahrer heißen dementsprechend INTERNAUTEN. (Kober 1984)

INTER-PLANETAR-STARTBASIS [inter = lat. zwischen + planetar = Adj. zu Planet = Wandelstern, nicht selbst leuchtender Himmelskörper, der sich um eine Sonne dreht, gr. planetes = Pl. von planes = der Umherschweifende] Verkehrsknotenpunkt im Weltraum, Ausgangspunkt von Verkehrsrouten zwischen verschiedenen Planeten. (Card 2005)

INTERSTELLARSCHIFF [interstellar = zwischen den Sternen, lat. inter = zwischen + lat. stella = Stern] Ein irdischer Raumschifftyp, der, ausgerüstet mit dem BERKSTRUN-INTERSTELLAR-ANTRIEB, für den INTERSTELLARVERKEHR geeignet ist und so die Kolonisation von Planeten in fernen Sternsystemen ermöglicht. (Miller 1979)

Raumschiffe/Transportmittel

INTERSCHIFF [lat. inter = zwischen] Von den →SIRIANERN (Lebensformen) konstruierter Raumschifftyp. (Ehrhardt 1975)

INTERSPACE-RAKETE [engl. interspace = Zwischenraum] Ein irdischer Raketentyp, ausgerüstet mit INTERSPACE-GESCHOSSEN zur militärischen Bedrohung politischer Gegner. (Miller 1979)

IONENMOTOR [Ion = elektrisch geladenes Atom oder Molekül, engl. ion > gr. ion = Gehendes, Wanderndes] Antriebsaggregat auf der Basis ionisierender Strahlung. (Asher 2007)

JINKER [engl. to jink = ausweichen] Kleine Flugmaschine. (Simmons 2005)

JUPITERFÄHRE [Jupiter = Planet] Raumschiff, im Linienverkehr zwischen Erde und Jupiter eingesetzt. (Hartmann 1989)

KÄLTESCHLÄFER Weltraumfahrer in → ANABIOSE. (Simon 1982)

KOSMODROM [Kosmos = Weltall, gr. kosmos = Weltall, Weltordnung, eigtl. Ordnung, Schmuck + -drom = Bezeichnungen für Gebäude/Anlagen mit bestimmter Funktion, gr. dromos = Rennbahn > drome = Lauf] Aus der russischen Raumfahrt als Raketenstartplatz bekannt; hier in dem nach William C. Bond benannten Marskrater Bond gelegenes Habitat für die wissenschaftliche Arbeit und Basisstation für den Raumverkehr. (Kröger 1981)

KOSMOSTRASSE [Wkr. aus Kosmos = Weltall, gr. kosmos = Weltall, Weltordnung + Trasse, od. kosmo- + Straße] Verkehrsweg im Kosmos, der gleich hinter dem Mond beginnt und den sich unter anderem der MILCHSTRASSENKREUZER entlangbewegt. Andere Verkehrseinrichtungen im All sind der STERNENKREUZWEG, die RAKETENMAGISTRALE und der MILCHSTRASSENLEUCHTTURM. (Lem 1982)

KOSMOTROSE [Wkr. aus Kosmos = Weltall, gr. kosmos = Weltall, Weltordnung + Matrose] Synonym zu Kosmonaut. (Lem 1982)

KRÜMMER Antriebssystem, das das Raum-Zeit-Kontinuum krümmt. (Brandhorst 2008)

KUGELRAUMSCHIFF, auch FLUGKUGEL Von den → SIRIANERN (Lebensformen) entwickelter, kleiner, kugelförmiger Raumschifftyp. In seiner kleinsten Variante als EINMANNRAKETE (auch MINIRAUMSCHIFF) im Einsatz. Ausgerüstet ist das K. mit einer SCHWERKRAFTGLOCKE, die den Piloten gegenüber allen Fremdeinflüssen abschirmt und u.a. vor der → RAUMPSYCHOSE (Kognition) schützt. (Ehrhardt 1975)

KUPPELLEUTE [Kuppel = gewölbtes Dach] Kolonisten von der Erde, die auf fernen Planeten, z. B. auf CY30III im Sonnensystem CY30-CY30B, ein isoliertes Leben in beengten Wohnkuppeln führen und den größten Teil ihrer Zeit mit Aktivitäten wie dem Empfang irdischer Unterhaltungsprogramme verbringen. Der Aufenthalt im Freien ist auf vielen dieser Planeten nur mit einem Raumanzug möglich. Die Versorgung der K. übernehmen PROVIANT-BOTEN. Wer sich einmal für das Leben in einer Kuppel entschieden hat, darf unter normalen Umständen nicht mehr zur Erde zurückkehren. Ausnahmen sind nur in akuten Krankheitsfällen möglich. Für die Verwaltung der KOLONIALPLANETEN sind die TIEFRAUM-BEHÖRDEN zuständig. Die WILDEN BETTLER haben ihre Kuppeln aufgegeben und machen die interstellare Welt als Räuber unsicher. (Dick 1984)

LANCET [engl. lancet = Lanzette = kleines, zweischneidiges Operationsmesser, dt. Lanze > lat. lancea] Beiboot der Orion-Raumkreuzer, geeignet für zwei bis drei Mann Besatzung. (ORION-Lexikon)

LANDER od. LANDEBOOT, AGRAV-BOOT [→ ANTIGRAV] Kleines Raumfahrzeug, mit dem einzelne Mitglieder einer Raumschiffbesatzung separat zur Oberfläche eines Himmelskörpers gelangen und sich auch in dessen Atmosphäre fortbewegen können. (Steinmüller/Steinmüller 1982) Bei Vinge (2007) tritt LANDEBOOT, AGRAV-BOOT neben LANDER auf.

LEVITATOR [engl. levitation = das freie Schweben, > lat. levitas = Leichtigkeit] Ein Gerät, das die Schwerkraft aufhebt; Fluggerät für den Individualverkehr. (Brandhorst 2004)

LICHTBOOT Irdisches Raumschiff aus der Wahrnehmung der → SIRIANER (Lebensformen), die selbst nicht (mehr) über Raumschifftechnologie verfügen und sich stattdessen der → GEDANKENREISE bedienen. (Ehrhardt 1975)

LUFTAUTO Fortbewegungsmittel im erdnahen Bereich; auch als LUFTTAXI unterwegs. (Dick 1984) Erstbeleg für ‚aircab' i.S.v. Lufttaxi nach OED bei H. Bates, *Farewell To Master* in *Astounding,* in *Science-Fiction* 10-1940: 60/1.

LUFTVAN [engl. van = Kleintransporter]. Fliegende Transportmaschine. (Asher 2007)

MARSBAHNHOF Von den → MARTIERN (Lebensformen) erbaute Start- und Landebasis für Raumflüge. Riesige, mit Sonnenenergie betriebene Aggregate halten den M. in einer Höhe von 6.000 km in der Schwebe. (Laßwitz 1984)

MEGAFRACHTER [gr. mega = groß, riesig] Großes Raumschiff, das zum Warentransport genutzt wird. (Adams 1992, 2005a)

METALLVOGEL Vollautomatisches Luftfahrzeug zur Sicherung von Recht und Ordnung. Als technologische Hinterlassenschaft der durch einen Atomkrieg ausgelöschten Menschheit werden die M. von den Tiermenschen, den neuen

Raumschiffe/Transportmittel 57

Bewohnern der Erde → KATZENMENSCHEN (Lebensformen), als bedrohliche mythologische Wesen angesehen. (Bringsværd 1988)

MILCHSTRASSENVERKEHRSORDNUNG [Wkr. aus Milchstraße + Straßenverkehrsordnung] Juristisches Regelwerk für den Verkehr im Weltraum. Ein in der Schweiz lehrender Professor für KOSMISCHES RECHT überführt den STERNREISENDEN Ijon Tichy einer Reihe von Verstößen gegen die M., die dieser unabsichtlich in seinen *Sterntagebüchern* (Lem 1982) geschildert hatte, verzichtet jedoch auf rechtliche Schritte. (Lem 1986a)

MINIATURRAUMSCHIFF od. MINIRAUMSCHIFF, KLEINSTRAUMSCHIFF od. scherzhaft SCHIFFSBABY [Miniatur i.S.v. kleine Version eines Gegenstandes] Ein sehr kleines Raumfahrzeug, mit dem die Vorhut einer Raumschiffbesatzung auf dem Zielplaneten landen kann. (Steinmüller/Steinmüller 1982)

MINIOPTER [Wkr. aus mini- = klein, niedrig + Helikopter] Fluggerät. (Zajdel 1988)

NARKOSAMIN [Narkose = künstlich ausgelöster Zustand der Betäubung und Schmerzunempfindlichkeit, gr. narkosis = Erstarrung + -amin = als Bestandteil chemischer Termini für organische Ammoniakderivate, hier allg. für chemische Verbindung] Medikament, das beim Menschen einen langen, tiefen Schlafzustand bewirkt. Während dieser Zeit benötigt der Organismus keine Nahrung und kann auf diese Weise auch lange Reisen durch den Weltraum überdauern. (Clarke 2004)

NATURPARKZYLINDER Bauteil eines Raumschiffs, in dem sich die Besatzung während einer langen Reise durch das Weltall an einem künstlich angelegten Stück irdischer Natur mit Gewässern, Bergen, Pflanzen und Tieren erfreuen kann. (Steinmüller/Steinmüller 1982)

ORNITHOPTER [gr. ornis, ornithos = Vogel + gr. pteron = Flügel, analog zu Helikopter] Luftfahrzeug, dessen Flügel sich ähnlich wie Vogelschwingen bewegen. Im Verlauf der Luftfahrtgeschichte tatsächlich unternommene Versuche, O. zu konstruieren, kamen nie über das Experimentalstadium hinaus. In der Science-Fiction erweist sich das Prinzip spätestens seit Herberts *Dune*-Zyklus als funktionstüchtig. Ein leichter Typ des O.s, der SPÄHER, wird auf dem WÜSTENPLANETEN ARRAKIS eingesetzt, um SANDWÜRMER und das von ihnen produzierte → GEWÜRZ (Kognition) auszukundschaften. (Herbert 1993) Der VR-ORNITHOPTER (auch kurz VR-THOPTER) wird über eine computergenerierte virtuelle Realität gesteuert. (Sterling 1996)

OVALIBUS [oval = ellipsenförmig, zu lat. ovum = Ei + Bus] Transportmittel, automatischer Pendelflieger in eiartiger Form. „Er war etwa zwölf Meter lang und glich einem großen, glänzenden, durchsichtigen Ei." (Bordage 2007: 465)

OVERDRIVE [engl. overdrive = Schnellganggetriebe] Beschleunigung eines Raumschiffes. (Brin 2000)

PELL-STATION [Pell = Personenname + Station, lat. statio = Stand, Aufenthaltsort] Eine → STERNSTATION im Orbit von → PELLS PLANET (Kultur). Geführt wird die P. von einem Rat aus Vertretern verschiedener Sektoren, zum Beispiel den ROTSEKTOR-DELEGIERTEN. Besonderen Einfluss im Rat übt die Familie der Konstantins aus. Die Durchsetzung von Ruhe und Ordnung obliegt der STATIONSSICHERHEIT. Der Zahlungsverkehr funktioniert bargeldlos; jedem Mitglied der arbeitenden Bevölkerung garantiert das STATIONSGESETZ einen JOBKREDIT. Die P. erlangt im Zuge der kriegerischen Auseinandersetzungen zwischen der UNION und der → ERDKOMPANIE (Kultur) eine exponierte strategische Position. Aufgrund traditioneller Bindungen eher aufseiten der Erdkompanie stehend, ist die P. dennoch darum bemüht, Neutralität zu wahren und sich aus dem Konflikt herauszuhalten, was nicht verhindert, dass sie von beiden Kriegsparteien besetzt wird. Chaotische Verhältnisse entstehen durch die vonseiten der Erdkompanie und ihrer Flotte erzwungene Aufnahme Tausender Flüchtlinge, die zunächst im QUARANTÄNE-DOCK ankommen und dann in SEKTOR WEISS untergebracht werden. Die Flüchtlinge bilden dort eine von den übrigen PELL-BÜRGERN hermetisch abgeriegelte Parallelgesellschaft, die durch Armut, Verzweiflung, Gewalt und Kriminalität geprägt ist. (Cherryh 1984)

PERSONENAIR [engl. air = Luft] Luftfahrzeug, um Personen zu transportieren. (Bordage 2007)

PHO2-RAUMSCHIFF kurz auch PHO2 [Photon = physik. Lichtquant, kleinstes Energieteilchen einer elektromagnetischen Strahlung, gr. phos, photos = Licht] Irdischer Raumschifftyp, dessen Antrieb auf Annihilation (auch Paarvernichtung oder Zerstrahlung) basiert, d.h. ein Teilchen und ein Antiteilchen gehen in zwei bis drei Photonen über und werden dabei vernichtet. Ein für die Funktion des Antriebs wesentlicher physikalischer Teilprozess ist die PHOTONENWOLKENDEFORMATION. (Ehrhardt 1975)

PHOTONENANTRIEB [Photon = physik. Lichtquant, kleinstes Energieteilchen einer elektromagnetischen Strahlung, gr. phos, photos = Licht] Überlichtgeschwindigkeitsantrieb. (Lem 1973)

PHOTOSEGEL [Photon = physik. Lichtquant, kleinstes Energieteilchen einer elektromagnetischen Strahlung, gr. phos, photos = Licht] Solar- oder Lichtsegel, eine „annähernd zweidimensionale Vorrichtung, deren Hauptaufgabe da-

Raumschiffe/Transportmittel

rin besteht, den Druck des reflektierenden Lichts von Sonnen bzw. Sternen und künstlichen Lichtquellen in mechanische Energie umzuwandeln." (McCarthy 2007: 458)

PLANDER [vmtl. Wkr. aus Planet + landen + -er] Ein kleines Raumfahrzeug, auch Begleitschiff größerer Raumschiffe, das zur Landung auf Planeten eingesetzt wird und durch seinen Antrieb starke GRAVITATIONSSCHLÄGE erzeugt. (Kober 1984)

PLANETENSCHIFF [Planet = Wandelstern, nicht selbst leuchtender Himmelskörper, der sich um eine Sonne dreht, gr. planetes = Pl. von planes = der Umherschweifende] Ein Raumschiff, das auf Mission zu einem fremden Planeten geht. (Simon 1982)

PLANOFORM [plan i.S.v. glatt, ungefalzt, lat. planus = flach od. von gr. planan = umherschweifen] Technische Vorrichtung, die unter Ausnutzung des JONASOIDALEN EFFEKTS eine Steuerung von Reisen durch das Weltall mittels Gedankenkontrolle ermöglicht. Die Steuerung eines Raumschiffs obliegt dem in Trance versetzten GO-KAPITÄN, der sich, unterstützt durch die ihm zugeordneten LICHTSTECHER, an den DECKPLATTEN, einer Art Sternkarte mit Steuerungsfunktion, orientiert und die Reise mit dem ZEREMONIALHEBEL in Gang setzt. (Smith 1983)

POD bzw. PODSCHIFF [engl. pod = Düsenaggregat unter der Tragfläche, Gondel] Fahrzeug, „das sowohl für die Fortbewegung im Weltraum wie auch im planetarischen Rohrschienennetz geeignet ist". (McCarthy 2007: 460)

PRIVATRAKETE Ein Raumfahrzeug für den individuellen Gebrauch. Eine reich ausgestattete P. ist zugleich ein Statussymbol, wie „dieses geschmacklose, protzige Ding", mit dem die für ihre John-Dowland-Interpretationen GALAXISBERÜHMTE Sängerin Linda Fox zu reisen pflegt. (Dick 1984: 86)

PROJEKTIL-WAGEN Fahrzeug, mit dem das Geschoss für eine riesige, 160.000-pfündige Kanone transportiert wird. Dieses Geschoss soll erstmals Menschen auf den Mond transportieren. (Verne 1976)

QUANTENGENERATOR [Quant = kleinste, diskrete Einheit einer physikalischen Größe, lat. quantum = Menge + Generator = Maschine zur Umwandlung von mechanischer in elektrische Energie, lat. generator = Erzeuger, Subst. zu generare = erzeugen, hervorbringen] Antriebssystem für Flüge in Überlichtgeschwindigkeit. (McDevitt 2006)

QUANTENRAUMSCHIFF [Quant = kleinste, diskrete Einheit einer physikalischen Größe, lat. quantum = Menge] Irdischer Raumschifftyp. Die Bezeichnung verweist auf die Art des Antriebs. (Ehrhardt 1975)

R-15 Messerschmitt-Raketenflugschiff [R-15 = technische Kurzbezeichnung + Wilhelm Emil Messerschmitt (1898-1978), deutscher Flugzeugkonstrukteur] Weiterentwicklung des Flugzeugs. Tatsächlich stattete die Firma Messerschmitt bereits während des Zweiten Weltkrieges Flugzeuge mit Raketentriebwerken aus. (Dick 1992)

Raketenzeppelin od. Strahlschiff (→ Strahlrakete) Rakete in Form eines Zeppelins mit Steuer- und Passagierraum. (Dominik 1940)

Raketenwägelchen Kleines Fahrzeug für den Transport von Raketen. (Lem 1986b)

Raketodrom [Rakete + -o- + -drom = Bezeichnungen für Gebäude/Anlagen mit bestimmter Funktion, gr. dromos = Rennbahn, zu drome = Lauf] Raketenabschussbasis. (Strugazki/Strugazki 1992)

Raketoplan [Wkr. aus Rakete + -o- + Aeroplan = Flugzeug, gr. aeroplanos = in der Luft umherschweifend > gr. aer = Luft + gr. planan = umherschweifen] Kleines, raketenähnliches Raumfluggerät, das von größeren Raumschiffen aus zu Aufklärungs- und Rettungszwecken operiert. (Ehrhardt 1975)

Raumboot Kleines Raumfahrzeug (Franke 1983), mit insektenartigen Beinen und einer bauchartigen Kanzel. (Bova 2005)

Raumclipper engl. clipper = schneller, schnittiger Segelschiffstyp, auch ein auf Überseestrecken eingesetztes amerikanisches Langstreckenflugzeug in den 1930er Jahren, to clip = schneiden] Ein Raumschiff, das Touristen von der Erde einen preiswerten Flug zum Mond ermöglicht. (Bova 2005)

Raumer [Raum + -er] Eine Form von Raumschiffen. „Eines nicht mehr fernen Tages jedoch würden hier stündlich vier Raumer landen und starten, ständig Zubringerflugzeuge einschwirren oder schwerfällig ihre vollgestopften Rümpfe von den Pisten heben." (Kröger 1981: 6)

Raumfahrergebot In Anlehnung an die Zehn Gebote der Bibel erstellte Verhaltensregeln für Astronauten. (Ehrhardt 1975)

Raumgleiter Kleines Raumfluggerät, das von größeren Raumschiffen aus zu Aufklärungs- und Rettungszwecken operiert. (Ehrhardt 1975)

Raumkreuzer [Kreuzer = zu Aufklärungszwecken hin und her fahrendes Kriegsschiff, ndl. kruiser = eigtl. = hin und her fahrendes Schiff] Ein Raumschifftyp. Der R. ist zumeist sehr groß und dient militärischen Zwecken. (Pohl 2004)

Raumschiffe/Transportmittel

RAUMKRÜMMUNGSMASCHINE [math. Raumkrümmung = Begriff aus der nichteuklidischen Geometrie] Auch HYPERATOMISCHER MOTOR. Maschine, um interstellare Reisen zu unternehmen. (Asimov 1979)

RAUMLORD [engl. Lord = Herr, Gebieter] Künstliche Intelligenz, spezialisiert auf die Steuerung von Raumschiffen. Sie verkörpert den Stand der technologischen Entwicklung in 50.000 Jahren. Der R. wird vor Beginn einer Reise in Gestalt eines schweren, aus schwarz glänzendem Material bestehenden, 50 m langen Zylinders von 16 m Durchmesser (KAPITÄNSRÖHRE) in das Raumschiff eingesetzt. Während ihrer Fahrten zerstreuen sich R.s gern damit, simulierte Gesprächspartner Geschichten erzählen zu lassen. Reißen lästige Pflichten den R. aus dieser Beschäftigung, werden ihm alle noch ausstehenden Geschichten in einem einzigen Augenblick offenbar, es kommt zu einem unliebsamen FIKTIONSKOLLAPS. (Gustafsson 1995)

RAUMPIRAT Seeräuber des Raumfahrtzeitalters. (Bester 1978, Adams 1992, Delany 1997)

RAUMTAUCHER Ein außerirdischer Raumschifftyp. Der R. kann sich nur durch ungekrümmten Raum fortbewegen. (Simon 1982)

RAUMTAXI Personenbeförderungsmittel im Weltall. (Bester 1978) → SELBSTFAHRERTAXI.

RETTUNGSRAKETE Kleines Raumfahrzeug, das ähnlich wie ein Rettungsboot in Havariefällen eingesetzt wird. (Wisniewski-Snerg 1993)

RIDER od. RIDERSCHIFFE [Pl.; engl. rider = Reiter] Kleine militärische Raumschiffe, die von großen Kriegsschiffen ausschwärmen und deren Aktivitäten durch flexible Operationen unterstützen. (Cherryh 1984)

ROBOTERRAUMSCHIFF [→ ROBOTER (Roboter)] Von Robotern gesteuertes Raumschiff. (Ehrhardt 1975)

ROBOTERSCHIFF [→ ROBOTER (Roboter)] Vollautomatisches Raumschiff, das ohne Besatzung funktioniert (Simon 1982). Das ROBOTSCHIFF ist bei Vinge (2007) zudem nur zum einmaligen Gebrauch bestimmt.

ROBOTFLUGZEUG [→ ROBOTER (Roboter)] V-förmiges Flugzeug mit selbsttätiger Steuerung. (Smith 1985)

ROBOTLASTER od. ROBOTTRUCK [→ ROBOTER (Roboter) + Laster = Kw. für Lastkraftwagen = engl. truck] Zum Transport von Gütern bestimmtes Kraftfahrzeug, das sich ohne menschlichen Fahrer fortbewegen kann. Dem Personentransport dienen der ROBOTWAGEN und der ROBOTBUS, eine Zweiradvariante ist das ROBOTBIKE. Herkömmliche Fahrzeuge werden als PRÄCYBERNETISCH bezeichnet. (Sterling 1996)

SANDSCHIFF Ein marsianisches Fortbewegungsmittel, das, angetrieben durch ein hoch aufragendes Segel, über den Wüstensand gleitet. Ausgestattet ist ein S. unter anderem mit einem SANDANKER. (Bradbury 1981)

SCHREITER [Subst. zu schreiten] Fortbewegungsmittel, geeignet für den Verkehr auf der Planetenoberfläche. Vorgesetzte benutzen den CHEFSCHREITER. (Hartmann 1989)

SCHWEBEBOOT Flugfähiger Kleintransporter. Ein Schwebetaxi wird als SCHWEBE-CAB [engl. cab = Taxi] bezeichnet. (Franke 2004)

SCHWEBEMATTE Transportmittel. „Am Himmel zog eine Formation Schwebematten vorbei; die Touristen darauf johlten und lachten." (Simmons 2002: 908)

SCHWEBEPALETTE In der Luft schwebende Einheit, zum Transport von Gegenständen. (Bujold 2005)

SCHWEBER Kleines, wendiges Raumfahrzeug, das wenige Personen über kurze Strecken transportieren kann. (Kober 1984)

SCHWEBEWAGEN Fortbewegungsmittel, schwebendes Auto. (Dick 2002)

SCHWEREINDUKTEUR [Schwere = i.S.v. Gravitation + Indukteur = Subst.bildung zu Induktion = physik. Erzeugung von Spannung in elektrischen Leitern durch Änderung des sie umgebenden Magnetfeldes, lat. inductio, zu inducere = hineinführen] Technische Apparatur, die ein künstliches Schwerefeld um ein Raumschiff herstellt, um eine atembare Atmosphäre aufzubauen. (Delany 1997)

SELBSTFAHRERTAXI Irdisches Transportmittel, ein Taxi, das keinen Fahrer benötigt. (Curtis 1979) Auch → RAUMTAXI.

SKELETT-TRIKE, auch kurz TRIKE [Skelett = Knochengerüst, gr. skeleton (soma) = ausgetrocknet(er Körper), zu skeletos = ausgetrocknet + engl. trike = Dreirad, dreirädiges Motorrad] Ein mit Raketenantrieb ausgestattetes Trike. (Reynolds 2007)

SKIP-ANTRIEB [engl. skip = Sprung] Technologie, um von einem möglichen Universum in ein anderes Universum ohne Zeitverlust zu springen. Es hat „überhaupt nichts mit einem Antrieb zu tun, weil es nicht um Beschleunigung geht. Der einzige entscheidende Faktor ist die Position im Multiversum." (Scalzi 2007: 252) Ableitungen: SKIP-DROHNE, SKIPPEN, SKIP-SPRUNG. (Scalzi 2007)

SOLARSTATION [solar > lat. solaris = zur Sonne gehörend, auf die Sonne bezogen > lat. sol = Sonne] Raumstation, die der Energieversorgung der Erde

Raumschiffe/Transportmittel

dient. Sie bündelt die von der Sonne emittierte Energiestrahlung und leitet sie über einen ERDSTRAHL (auch ENERGIESTRAHL, RICHTSTRAHL) in konzentrierter Form weiter. (Asimov 1980)

SONIE [orig. engl. sonie; möglw. engl. sonic = Schall] Fünf Meter lange, oval geformte Flugmaschine aus Metall, die mit einem unbekannten ALTERNATIVANTRIEB betrieben wird. (Simmons 2005)

SONNENKREUZER [Kreuzer = zu Aufklärungszwecken hin und her fahrendes Kriegsschiff, ndl. kruiser = eigtl. = hin und her fahrendes Schiff] Großes Raumschiff. (Adams 2005a)

SONNENWINDSEGLER od. SONNENWINDSCHIFF [Sonnenwind = von der Sonne emittierter Strom geladener Teilchen] Ein irdischer Raumschifftyp. Der S. wird durch Sonnensegel angetrieben und löst damit die langsamen, altertümlichen Raumschiffe mit PHOTONANTRIEB (auch PHOTONMOTOR) ab. Besonders groß sind die S. der URANUSKLASSE. Die Steuerung der Sonnensegel übernimmt der GROSSSEGELCOMPUTER. (Gustafsson 1995)

SPIN-SCHIFF [physik. Spin = bei Drehung um die eigene Achse auftretender Drehimpuls, engl. spin = Drehung] Raumschiff, das mit → HAWKING-ANTRIEB fliegt und somit Zeitsprünge machen kann. (Simmons 2002)

SPRUNG Eine Art der Fortbewegung im Weltall. Diese avancierte Technologie ermöglicht es, große Distanzen in kürzester Zeit zu überwinden, und löst damit die konventionelle, LICHTGEBUNDENE RAUMFAHRT ab. Ein Raumschiff, zum Beispiel ein SPRUNGFRACHTER oder ein militärischer SPRUNGTRÄGER, taucht für eine kurze Zeitspanne in das DAZWISCHEN ein, um an einem anderen Ort im REALRAUM zu erscheinen. Das Risiko, dabei einen SPRUNGUNFALL zu erleiden, also beim Auftauchen zufällig mit einem anderen Raumschiff zu kollidieren, ist nicht ganz auszuschließen. Auch überstehen Raumfahrer einen S. nur unter dem Einfluss hypnotischer Drogen. (Cherryh 1984)

SPRUNGMASCHINE Raumschiff, das mit Überlichtgeschwindigkeit in andere Raum-Zeit-Regionen ‚springen' kann. (McDevitt 2006)

SPRUNGSCHIFF Raumschiff, das interstellare Reisen ermöglicht. Der Begriff rührt daher, dass Sprungschiffe „ohne Zeitverlust in ein weit entferntes Sonnensystem [...] ‚springen'. Es handelt sich um ziemlich unbewegliche Raumfahrzeuge mit einer langen, schlanken Antriebsspindel und einem enormen Solarsegel, das gewaltige Mengen elektromagnetischer Energie aus dem Sonnenwind des jeweiligen Zentralgestirns zieht und langsam an den Antriebskern abgibt, der daraus ein Kraftfeld aufbaut, durch das ein Riß im Raum-Zeit-Gefüge entsteht." (Stackpole 1997: 531) Das SPRUNG-SCHIFF ist ein Raumschiff, das mit Überlichtgeschwindigkeit fliegt und somit einen

'Zeitsprung' vollziehen kann. Ableitung: QUANTENSPRUNG-SPIN-SCHIFF. (Simmons 2002)

STEPPERSCHEIBEN [Pl.; engl. step = Schritt, Sprung] Sprungmarken in Form von blauen Scheiben in einem Teleportationssystem auf der Ringwelt. (Niven 1998)

STERNENKUTSCHE Verhältnismäßig kleines, einfaches Raumschiff. (Adams 2005a)

STERNENZERSTÖRER Der Sternenzerstörer ist ein mächtiges, keilförmiges Schiff. Solche Schiffe bilden das Rückgrat der Imperialen Flotte. Man unterteilt sie in zwei Klassen: IMPERIALER STERNENZERSTÖRER KLASSE I und IMPERIALER STERNENZERSTÖRER KLASSE II. (Star Wars)

STERNPIRAT Seeräuber des Raumfahrtzeitalters. (Lem 1999)

STERNSTATION Raumstation von gewaltigen Ausmaßen, die eine vollständige, in sich geschlossene Gesellschaft beherbergt. Als erste Station dieser Art entstand die SOL-STATION im Sonnensystem. Sie wurde zum Ausgangspunkt für die Eroberung weiter Teile des Weltalls →ERDKOMPANIE (Kultur). Eine strategisch bedeutsame S. ist die → PELL-STATION. Die S.en verfügen über große Dockanlagen, in denen auch interstellare Großraumschiffe anlegen können, und sind in verschiedene, von ihrer Funktion und der Zusammensetzung ihrer Bevölkerung her zum Teil stark diversifizierte Sektoren eingeteilt. Störungen im technischen System einer S. können zu unangenehmen GRAVITATIONSSCHWANKUNGEN (G-SCHWANKUNGEN), im Extremfall zu einer SCHWERKRAFTKRISE führen. (Cherryh 1984)

STRAHLRAKETE Eine durch Strahldruck-Antrieb (STRAHLANTRIEB) bewegte Rakete. Die Antriebsenergie wird aus dem → STRAHLSTOFF (Technologien) gewonnen. „Die beiden neuen Raketen [...] hatten ungefähr die Zuckerhutform schwerer Granaten und liefen nach oben spitz zu. Jene erste von Hegemüller aus einer Versuchskammer improvisierte Maschine war dagegen ein einfacher, an beiden Enden abgestumpfter Zylinder." (Dominik 1940: 202)

STRATOSPHÄRENFLIEGER [met. Stratosphäre = die mittlere Schicht der Erdatmosphäre, etwa zwischen 11 u. 50 km Höhe, lat. stratum, zu sternere = ausbreiten, bedecken, ebnen] Raumflugzeug. (Asimov 2004d)

SUBORBITAL-HYPERJET [engl. suborbital = nicht in eine Umlaufbahn gelangend, lat. sub = unter(halb) + lat. orbita = (Kreis)Bahn; + gr. hyper = über ... hinaus + engl. jet = Düsenflugzeug] Flugzeug, das einen suborbitalen Flug durchführt und für Flugreisen auf der Erde genutzt wird. (McCollum 2008)

Raumschiffe/Transportmittel

SUPERSYMMETRIE-ANTRIEB [physik. Supersymmetrie = Symmetrie der Teilchenphysik, lat. super = über + Symmetrie = spiegelbildliche Gleichheit, wechselseitige Entsprechung, lat. symmetria > gr. symmetria = Ebenmaß] Antrieb, der auf dem Prinzip der Supersymmetrie funktioniert. Unter einer Supersymmetrie versteht man die Unveränderlichkeit eines physikalischen Modells unter einer Transformation. Sie spielt eine wichtige Rolle in der Physik jenseits des Standardmodells. (Baxter 2001)

SUSPENSIONSRAUM [Suspension = schwebende Aufhängung, lat. suspensio = Unterbrechung, zu suspendere = in der Schwebe lassen, aufhängen] Kammer, in der Raumschiffbesatzungen im Kälteschlaf die Beschleunigungsphase überleben. (Farmer 1998)

SWINGBY [in der Raumfahrt Flugkörper, der zur Beschleunigung die Schwerkraft eines Himmelskörpers ausnutzt, engl. swing = schwingen + by = neben, bei] Ein kleines Raumfahrzeug für den Personentransport. (Kober 1984)

TACHYONATOR [Tachyonen = hypothetische Elementarteilchen, die sich schneller als mit Lichtgeschwindigkeit und aus unserer Perspektive aus der Zukunft in die Vergangenheit bewegen, engl. tachyon > gr. tachys = schnell + engl. ion > gr. ion = Gehendes, Wanderndes] Antriebssystem mittels Tachyonen. (Albrecht 2008)

TANDEMRAUMSCHIFF [Tandem = Doppelfahrrad, engl. tandem > lat. tandem = der Länge nach, hintereinander] Auf → CANIP (Raum) konstruierter Raumschifftyp. Die ANTIMATERIEAUFBEREITUNG liefert die Grundlage für seinen Antrieb. Die TANDEM-RAUMKREUZERFLOTTE stellt ein erhebliches militärisches Potenzial dar. (Ehrhardt 1975)

TAXIHELIKOPTER Fortbewegungsmittel, Helikopter, der als Taxi fungiert. (Asimov 1979)

TAXIKOPTER [Wkr. aus Taxi + Helikopter] Taxi-Helikopter. (Huxley 1982)

TAXIKUGEL Fliegendes kugelförmiges Taxi. (Bordage 2007)

TELE-MOTORROLLER auch kurz T-M-ROLLER [gr. tele- = fern] Ein rollschuhartiges Transportmittel. An den Schuhen befestigt, machen T. das Gehen aus eigener Kraft überflüssig. Am effektivsten funktionieren die T. auf METALLSTRASSEN, die mit STEELONIUM gepflastert sind. Über diese Unterlage erhält der zitronengroße Motor auch den notwendigen elektrischen Strom. (Gernsback 1973)

TELEPORTKABINE [Teleportation = Fortbewegung durch Gedankenkraft, gr. tele = fern + lat. portare = tragen] Gerät, mit dem Personen durch Datenübermittlung an andere Orte geschickt werden können. (Adams 2005b)

THRUSTER [engl. thrust = Schubkraft + -er] Antriebssystem. (Niven 1998)

TODESSTERN Der Todesstern ist ein mondgroßes Schiff, das mit einem einzigen Schuss einen Planeten zerstören kann. In Episode IV wird er von den Rebellen vollständig vernichtet und auch der Versuch, ihn erneut zu errichten (Episode VI), endet in seiner Zerstörung. (Star Wars)

TORPEDO-AUTO [Torpedo = großes, zigarrenförmiges Geschoss, nach lat. torpedo = Zitterrochen, eigtl. = Erstarrung, Lähmung, zu torpere = betäubt, erstarrt sein] Transportmittel, das zwischen reihengeschalteten elektromagnetischen Transportringen und der Schwerkraft trotzend hindurchfliegt. (McCollum 2008)

TRAGFLÜGELGLEITER Luftfahrzeug, im planetennahen Verkehr eingesetzt. (Hartmann 1989)

TRÄGHEITSLOSER ANTRIEB Die Trägheit einer Masse aufhebendes Antriebssystem – im Kern ein SCHWERKRAFTNEUTRALISATOR, der ÜBERLICHTGESCHWINDIGKEIT ermöglicht. (Smith 1985)

ÜBERLICHTFLUG Die Fortbewegung durch das Weltall mit einer Geschwindigkeit oberhalb der des Lichts. Ist ein Ü. technologisch nicht möglich, ziehen sich Unternehmungen im Weltraum, zum Beispiel der UNTERLICHTHANDEL, außerordentlich in die Länge. (Vinge 2007)

ULTRAANTRIEB od. ÜBERLICHTANTRIEB [lat. ultra = äußerst] Ein Raumschiffantrieb, der Reisen mit Überlichtgeschwindigkeit ermöglicht. Entsprechende Raumfahrzeuge sind mit ULTRAANTRIEBS-DORNEN ausgerüstet, mit deren Hilfe immer wieder kurzfristige, aber weit führende ULTRAANTRIEBSSPRÜNGE (ULTRASPRÜNGE, auf kurzen Distanzen MIKROSPRÜNGE) ausgeführt werden. Im LANGSAM → ZONEN (Raum) funktioniert der U. nicht, weshalb Raumschiffe zusätzlich mit einem technologisch veralteten SAUGSTRAHLANTRIEB ausgerüstet sein müssen, um dort nicht auf unabsehbare Zeit gefangen zu sein. (Vinge 2007)

ULTRANAUT [lat. ultra = jenseits, über ... hinaus + gr. nautes = Seemann, analog zu Astronaut] Weltraumfahrer. (Reynolds 2007)

UNENDLICHER UNWAHRSCHEINLICHKEITSDRIVE [engl. drive = Antrieb] Antriebssystem für Raumschiffe, das die Bewältigung von großen Distanzen ohne Zeitverlust erlaubt. Er basiert auf der UNWAHRSCHEINLICHKEITSPHYSIK, speziell auf der Erzeugung unendlicher Unwahrscheinlichkeit, die sich darin äußert, dass ein Raumschiff nahezu gleichzeitig jeden Punkt des Universums durchfliegt. Ausgangspunkt seiner Entwicklung war die Erzeugung endlicher Unwahrscheinlichkeiten, also von Ereignissen, die unwahrscheinlich, aber möglich sind, mit Hilfe der LOGIKSTROMKREISE eines SUB-MESON-GE-

Raumschiffe/Transportmittel

HIRNS, das mit einem ATOMVEKTOREN-ZEICHNER und einem BROWNSCHEN BEWEGUNGSERZEUGER gekoppelt ist. Der Bau eines Gerätes, welches unendliche Unwahrscheinlichkeit erzeugen und damit die Überwindung riesiger interstellarer Entfernungen in kürzester Zeit erlauben könnte, wurde zunächst für unmöglich gehalten. Indem diese Unmöglichkeit als endliche Unwahrscheinlichkeit auf einem sehr hohen UNWAHRSCHEINLICHKEITSLEVEL erkannt wurde, gelang schließlich die Konstruktion eines U. mit Hilfe der vorhandenen Technologie. Raumschiffe, die mit einem U. ausgestattet sind, können um ein Vielfaches schneller durch das All reisen als mit einem konventionellen PHOTON-DRIVE. Siehe auch BISTR-O-MATIK. (Adams 1992, 2005a, 2005b)

UNTERLICHTSCHIFF Ein Raumschiff, das technologisch beschränkt und deshalb nur zu Flügen mit Geschwindigkeiten unterhalb der des Lichts (UNTERLICHTFLUG) in der Lage ist. (Simon 1982, Niven 1998)

VOLKSRAKETE Ein Raumschifftyp. Zehntausend V.n werden gestartet, um den massenhaften Transport irdischer Kolonisten auf den Mars zu ermöglichen. (Bradbury 1981)

WARP od. WARPANTRIEB [engl. to warp = sich verzerren, verformen] Antriebssystem für Raumschiffe, die mit Überlichtgeschwindigkeit fliegen (Star Trek). Durch seitlich am Schiff aufgehängte WARPGONDELN wird eine RAUM-ZEIT-BLASE (WARPBLASE) erzeugt, durch die das Schiff teilweise in den sogenannten → SUBRAUM (Raum) übergeht und dabei keiner Zeitdilatation unterliegt. Ausgehend von *Star Trek* weit verbreitet in Science-Fiction. Als substantivischer Erstbeleg gilt der Nachweis in *Astounding Stories* (5-1936: 22) durch J. Williamson: „Every atom of ship load and crew was deflected infinitesimally from the space-time continuum of four dimensions, and thus freed of the ordinary limitations of acceleration and velocity, was driven around space, rather than through it, by a direct reaction against the space warp itself." Als Verb bei den Science-Fiction-Autoren Theodore Sturgeon 1949 und Robert A. Heinlein 1950 belegt (vgl. OED 13-32/33).

Waffensysteme

Bewaffnete Auseinandersetzungen aller Art durchziehen die Menschheitsgeschichte im Großen wie im Kleinen. Kriege, Terror, Raub und Mord – ein Ende scheint, trotz vielfältiger Bemühungen, nicht in Sicht. Wird das ewig so weitergehen? Diese Frage ist nicht einfach und schon gar nicht mit Gewissheit zu beantworten. Dementsprechend unterschiedlich sind auch Science-Fiction-Autoren damit umgegangen. Sicher ist nur, dass Krieg und Gewalt von Anfang an zu den zentralen Themen des Genres gehörten, Science-Fiction also auch in dieser Hinsicht immer ein Spiegel ihrer Zeit war und ist. Aus Sicht der Science-Fiction ergeben sich aber auch erweiterte Perspektiven. Der Umgang der Erdenbewohner untereinander ist schon problematisch genug. Doch was geschieht, wenn wir doch einmal auf eine außerirdische Intelligenz stoßen? Bricht dann das Zeitalter eines im wahrsten Sinne des Wortes allumfassenden Friedens aus oder sollten wir uns auf das Schlimmste gefasst machen? Können Krieg führende Zivilisationen überhaupt lange genug überleben, um die technologischen Voraussetzungen für den interstellaren Kontakt zu entwickeln? Auch auf diese Fragen hat die Science-Fiction sehr unterschiedliche Antworten gefunden und diese sagen vielleicht mehr über uns selbst aus als über eventuell vorhandene Nachbarn im All.

Die Vision einer friedlich geeinten Menschheit hatte in der Science-Fiction stets ihren Platz. In Jules Vernes *Von der Erde zum Mond* (*De la terre á la lune*, 1865) sind es gerade überflüssig gewordene Kriegsveteranen, die mit dem Projekt der Mondreise eine neue, friedlichere Aufgabe erhalten, und um dieses gewaltige Vorhaben in die Tat umsetzen zu können, entwickelt sich eine globale Zusammenarbeit. Kommunistische Zukunftsentwürfe, wie sie die Science-Fiction der DDR hervorgebracht hat, kamen meist ebenso ohne Krieg aus wie die technokratische Leistungsgesellschaft eines Hugo Gernsback in *Ralph 124 C 41+* (1925). Auch der Kontakt zu Außerirdischen bietet neue Chancen: Kurd Laßwitz lässt in seinem Roman *Auf zwei Planeten* (1897) Erdbewohner und Marsianer nach anfänglichen Schwierigkeiten am Ende eine interplanetare Partnerschaft des Friedens schließen. In H.G. Wells' fast gleichzeitig erschienenem Klassiker *Krieg der Welten* (*The War of the Worlds*, 1898) sah das freilich ganz anders aus. Hier stemmt sich eine menschliche Notgemeinschaft gegen einen übermächtigen Feind vom Mars – vergeblich, wenn nicht eine Lappalie doch noch hilfreich eingegriffen hätte. Überhaupt bietet ein Blick auf das Genre ein insgesamt weniger friedvolles Bild. Kampf und Gewalt werden allerdings in unterschiedlichster Weise funktionalisiert. Die Space Opera hat den interstellaren Krieg oft genug als Element spannender Unterhaltung inszeniert, mit klar verteilten Rollen in Sachen Gut und Böse. Dem gegenüber stehen düstere

Waffensysteme 69

geschichtspessimistische Visionen wie Walther M. Millers Roman *Lobgesang auf Leibowitz* (*A Canticle for Leibowitz*, 1959), der ein ewiges, unentrinnbares Rad atomarer Selbstvernichtung auf der Erde in Gang setzt, oder Joe Haldemans durch die Erfahrungen des Vietnamkrieges inspirierter Antikriegsroman *Der ewige Krieg* (*The Forever War*, 1975), dessen Helden längst vergessen haben, welchem Zweck ihr Krieg eigentlich dienen soll. Viele Werke des Genres zeigen den Krieg aber als mehr oder weniger normale Begleiterscheinung politischer Auseinandersetzungen, die zum Leben von Menschen und Aliens notgedrungen dazugehört.

Was die Zerstörungskraft futuristischer Waffensysteme betrifft, sind der Phantasie kaum Grenzen gesetzt, auch wenn die Möglichkeiten realer Rüstungstechnologie ihnen gar nicht so weit hinterherhinken. Wirkungsvolle ANTIMATERIEBOMBEN oder PHOTONENTORPEDOS gehören zur Grundausstattung des interstellaren Krieges, den Extremfall bildet der Einsatz PLANETENKNACKENDER BOMBEN, die ganze Welten in einem Atemzug auszulöschen vermögen. Im Nahkampf werden STRAHLENWAFFEN aller Art bevorzugt. Der PHASER und das LICHTSCHWERT, bekannt aus *Star Trek* bzw. *Star Wars*, dürfen hier als Prototypen gelten. Andere Zukunftswaffen, etwa der NERVENDISRUPTOR, setzen nicht auf physische Zerstörung, sondern auf raffiniertere Mittel, oder sie entpuppen sich als Varianten archaischer Tötungswerkzeuge, wie der ELEKTRODOLCH. Und hat die marsianische INSEKTENWAFFE, mit der goldene Bienen verschossen werden, nicht etwas Poetisches an sich? Wie auch immer, oftmals steckt hinter all der Zerstörungskraft auch eine gehörige Portion technizistischen Wortgeklingels: Der 30-MEGATÖT-DEFINIT-KILL-PHOTRAZON-KANONE ist zwar nicht viel entgegenzusetzen, aber eigentlich hat ihr Erfinder, Douglas Adams, sie augenzwinkernd auf die Science-Fiction selbst gerichtet.

ANNIHILATIONSGRANATE [Annihilation = das Zunichtemachen, Vernichten, Ungültigerklären, lat. ad (an-) = zu + nihil = nichts] Geschoss mit hoher Durchschlagskraft und großer Reichweite. (Hartmann 1989)

ANNULLIERUNGSSTRAHLEN [Annullierung = Subst. zu annullieren = für ungültig, nichtig erklären, lat. annullare, zu nullus = keiner] Materie vernichtende Strahlen als Ausstoß von Waffen. (Brin 2000)

ANTIMATERIEBOMBE [physik. Antimaterie = aus Antiteilchen aufgebaute Materie, gr. anti- = gegenüber, anstelle von, da-/entgegen + lat. materia = Stoff] Durchschlagskräftiger Sprengkörper. Kann auch metaphorisch gebraucht werden: „Die Mitteilung schlug ein wie eine Antimateriebombe." (Simon 1982: 65)

ANTIMATERIEWERFER kurz ANTIMAT [gr. anti- = gegenüber, anstelle von, da-/ entgegen + lat. materia = Stoff] Waffe zur Annihilation von Materie. „Als ein Teil der Wolkenwand bereits in die Zone der Radiowellen geraten war und die Verbindung zwischen Maschine und Bodenstation schlechter wurde, gebrauchte der Pilot wahrscheinlich zum ersten Mal den Antimateriewerfer. Schlagartig verwandelte sich die ganze Atmosphäre des Planeten in ein einziges Feuermeer." (Lem 1973: 75)

ANTINEUTRINOSTRAHLER [gr. anti- = gegenüber, anstelle von, da-/entgegen + Neutrino = Elementarteilchen, Neutron = physik. Teilchen ohne Ladung + -ino = Dim.] Strahlenwaffe mit hoher Durchschlagskraft. Erzeugt PARAGRAVITATIONSWELLEN. (Ehrhardt 1975)

ATOMPISTOLE [lat. atomus = kleinster, unteilbarer Bestandteil der Materie] Durchschlagskräftige Handfeuerwaffe, die auch als Feuerzeug verwendet werden kann. (Simak 1978)

ATOM-WERFER [lat. atomus = kleinster, unteilbarer Bestandteil der Materie] Mit atomaren Geschossen ausgerüstete Waffe. (Lem 1986b)

AUTOKANONE [gr. autos = selbst, eigen] Automatische Schnellfeuerkanone. (Stackpole 1997)

BATTLEMECH, kurz → MECH (Roboter) [engl. battle = Kampf, Schlacht + jap. mecha = mechanisch od. lat. mechanicus > gr. mechanikos = die Maschine betreffend, erfinderisch] Vorwiegend humanoide Kampfmaschinen. „Sie ragen zehn bis zwölf Meter hoch auf und sind bestückt mit → PARTIKELPROJEKTORKANONEN, Lasergeschützen, Schnellfeuer-Autokanonen (→ AUTOKANONE) und Raketenlafetten." (Stackpole 1977: 521) Ableitungen: MECHKRIEGER, MECHGLADIATOR, → OMNIMECH. (Stackpole 1997)

BETÄUBUNGSSTRAHLER Am Gürtel zu tragende Waffe mit nicht-tödlicher Wirkung. (Adams 1992)

BIFFE KLINGE [orig. engl. vapor blade, Anspielung auf das Nonsense-Gedicht *Jabberwocky* in *Through the Looking-Glass* von Lewis Carroll, wo es in der Übertragung von Christian Enzensberger heißt: ‚Mit eins! Mit zwei! Und bis aufs Bein! Die biffe Klinge ritscheropft!'] Schwert. „Die Klinge ist schnurgerade und etwa einen Zentimeter dick, die Spitze vierkantig abgeflacht. Da das Schwert weder eine Schneide hat noch sich nach oben hin verjüngt, sieht es eher wie eine spiegelglatte Stahlstange aus." (Stross 2008: 156)

BLASTER [engl. blast = Luftstoß, Druckwelle, Explosion, to blast = sprengen, donnern] Flammenwerfer als Handfeuerwaffe (Smith 1985), Laserpistole (Asimov 1987). In *Star Wars* ist der B. die am häufigsten verbreitete Waffe im Imperium. Sowohl die imperiale Armee als auch die Zivilbevölkerung gebrau-

Waffensysteme

chen diese verlässliche, leicht zu handhabende Waffe mit Laser/Partikelstrahl-Technik, die in zahlreichen Varianten auf dem Markt ist. Blaster feuern intensives, fokussiertes Licht in Verbindung mit beschleunigten, energiegeladenen Teilchen. Die dafür nötige Energie liefern kleine, wiederaufladbare Energiezellen (für Pistolen und Gewehre), tragbare Generatoren (für schwere, mobile Artillerie) oder Energie-Konvertoren (für die Bewaffnung von Raumschiffen). Erstbeleg nach OED bei N. Dyalhis, *When Green Star Wanes*, in *Weird Tales* 4-1925: 6/2.

BLITZANZUG Kampfanzug, dient zu Trainingszwecken. Er verleiht seinem Träger Schwerkraft. Wird dieser im Übungsgefecht getroffen, erleidet er keine Verletzungen, sondern wird gleichsam eingefroren, ist also bewegungsunfähig. (Card 2005)

CHAMÄLEONRÜSTUNG Schutz- und Tarnanzug, der sich einem wechselnden Hintergrund anpasst. Eine CHAMÄLEONPOLYMERHÜLLE ist eine Bedeckung, ein Tuch, das zur Tarnung dient. (Simmons 2002) Ein CHAMÄLEON-ANZUG ist ein Anzug, der sich an die Umgebung anpassen kann. (Reynolds 2006)

CHRONOTORPEDO [gr. chronos = Zeit + Torpedo = großes, zigarrenförmiges Geschoss, nach lat. torpedo = Zitterrochen, eigtl. = Erstarrung, Lähmung, zu torpere = betäubt, erstarrt sein] Der C. kann Schutzschilde durchdringen, weil er mit einer ihn dem normalen Zeitfluss entziehenden Hülle umgeben ist. Andere Torpedoarten sind die QUANTENTORPEDOS und TRANSPHASENTORPEDOS. (Star Trek)

DECODERMINE [engl. decoder, zu to decode = entschlüsseln + Mine i.S.v. Sprengkörper] Sprengkörper, der Materie auflöst. (Asher 2007)

DESINTEGRATIONS-RAKETE [Desintegration = Spaltung; Auflösung eines Ganzen in Teile] Materie auflösende Waffe. Ferner: DESINTEGRATIONSPISTOLE. (Kotzwinkle 2007)

DESINTEGRATOR [desintegrieren = spalten, auflösen] Strahlwaffe zur Auflösung von fester Materie. (Perry-Rhodan-Lexikon I, 1991: 230) Laserwaffe: „Dann richtete er den Desintegrator auf das bleiche Gesicht Sri Alexus, worauf der runde Lauf der Waffe einen grell leuchtenden grünen Lichtstrahl ausspie. [...] Von Sri Alexus Körper war bald nichts mehr übrig als eine amorphe graue Masse, die schnell zu einem Häufchen dunkeln Staubs zerfiel." (Bordage 2007: 96) Engl. ‚disintegrator' Erstbeleg nach OED bei N. Dyalhis, *When Green Star Wanes*, in *Weird Tales* 4-1925: 6/2.

DEVOLATOR Kw. zu DEVOLUTIONS-KOMPONENTENWAFFE [Devolution = eigtl. aus der Rechtssprache: Übergang eines Rechtes bzw. einer Sache an einen anderen, hier: Gegensatzbegriff zu Evolution, lat. devolutio, Subst. zu devolvere = herabrollen; korrekte Bildung wäre ‚Devolutor', daher vmtl. analog zu Bildungen mit -ator] Waffe, die durch Schockimpulse evolutionäre Rückentwicklungen auslöst. (Perry-Rhodan-Lexikon III, 1991: 232)

DISRUPTOR [Subst. zu lat. disrumpere = zerbrechen] Waffe, die materielle Strukturen annihiliert. Ableitung: SPIRALWELLENDISRUPTOR (Star Trek). Erstbeleg nach OED bei N. Schachner & A. L. Zagat in *Wonder Stories* 4-1941: 1216/2.

DISSEMINATOR [med. Dissemination = Verbreitung von Krankheitserregern u. Seuchen, Subst. zu lat. disseminare = aussäen, ausstreuen] Geschütz, dient zur Verbreitung von Viren. (Farmer 1998)

ELEKTRISCHES NETZ Unter elektrischer Spannung stehendes Treppengeländer, das Angreifern ein Betreten des Unterseebootes *Nautilus* unmöglich macht. (Verne 1995)

ELEKTRODOLCH Futuristische Version der archaischen Waffe. (Bova 2005)

ELEKTROMAGKANONE [Kw. für elektromagnetisch + Kanone] Auf elektromagnetischer Strahlung basierende Waffe. (Asher 2007)

ENERGIEWERFER Verteidigungs- und Angriffswaffe, die starke energetische Impulse erzeugt. (Ehrhardt 1975)

EXKOMMUNIKATOR [exkommunizieren = aus einer Kirchengemeinschaft ausschließen, lat. excommunicare > ex- = heraus + communicare = gemeinschaftlich tun, mitteilen] Waffe, die im Kampf für den Glauben eingesetzt werden kann, ebenso wie der BANNSTRAHLWERFER. (Lem 1982)

EXOR-PANZERANZUG, kurz EXOR [viel. mit Bezug auf Abk. engl. xOR bzw. selten EXOR für exclusive or = ausschließendes Oder od. Bezug zu exo- = außen, außerhalb] High-Tech-Schutzanzug mit integrierten Waffen wie dem → DISRUPTOR sowie einem Fluggerät, dem DELTAGLEITSCHILD, das „den gesamten Anzug mit einem schwachen Trägheitsschild umgeben und damit den Luftwiderstand auf nahezu Null reduzieren [kann]". (Baier 2005: 305) Ableitung: EXOR-KRAFTVERSTÄRKER. (Baier 2005)

FELDABLENKER Technische Apparatur; dient der Durchführung von Raummanövern unter Ablenkung von Gegnern. (Delany 1997)

FLAMMENTANK od. TANK, FLAMMENWERFER Eine einfache Waffe der → MESKLINITEN (Lebensformen). Sie funktioniert ähnlich wie ein Flammenwerfer. Der Brennstoff auf Chlorbasis wird aus dem Staub im Mark bestimmter Pflanzen gewonnen. In Form großer Kristalle wird er bei völliger Dunkelheit vorsichtig pulverisiert. Die Waffe wird bei der Jagd und zur Verteidigung eingesetzt. (Clement 1978)

Waffensysteme 73

FLASHLASER [engl. flash = Blitz] Laserwaffe. (Niven 1998)

FLESCHETTGEWEHR [frz. flechette = Wurfpfeil]. Gewehr, das (explosive oder toxische) Pfeile verschießt. (Simmons 2002)

FUNKDURCHDRINGER od. FUNKDURCHBOHRER Eine Strahlenwaffe, mit der ein Gegner selbst durch die Wände von Raumschiffen hindurch betäubt oder getötet werden kann. Vor einem F. schützt nur ein SILONIUM-PANZER. (Gernsback 1973)

FUSIONSMINE [Fusion = Vermischung, Verschmelzung, lat. fusio = das Gießen, Schmelzen, zu fundere, fusum = gießen, schmelzen] Ein wirkungsvoller Sprengkörper, der zur Zerstörung eines ganzen Raumschiffs eingesetzt werden kann. (Kober 1984)

GRAVOFUSIONSBOMBE [Gravitation = (physik.) Anziehungskraft zwischen Massen, lat. gravitas = Schwere, zu gravis = schwer] Sprengkörper mit erheblicher Zerstörungskraft (GF-NIHILATION). Eine G. ist zum Beispiel geeignet, einen Schutzschild von planetarem Ausmaß zu durchschlagen. (Kober 1984)

HAND-DISRUPTOR [→ DISRUPTOR] Auf → SUBÄTHER-PRINZIP (Technologien) basierende Waffe. (Asimov 2003)

HEES [Pl.] Hochenergie-Elektronenstrahlen. (Simmons 2002)

HEFOK [Kw. für hochenergetischer Emissionsfokussierer, energetisch > gr. energetikos = wirksam, kräftig + Emission = Ausstoß von Gasen oder Substanzen, lat. emissio = das Herausschicken, Herausströmenlassen + Fokussierer, zu fokussieren = scharf stellen, Strahlen bündeln] Energiewaffe, Handfeuerwaffe. (Brandhorst 2004) Ableitung: HEFOK-KANONEN (Brandhorst 2005b)

HÖLLENPEITSCHE Ungefähr zwanzig Zielstrahlen aussendende Waffe. (Simmons 2002)

HYPERONENWERFER [Hyperon = Elementarteilchen, dessen Masse größer ist als die des Neutrons, gr. hyper = übermäßig + Ion = elektrisch geladenes Atom] Durchschlagskräftige Waffe, die Hyperonen abfeuert. (Simon 1982)

HYPNO-PFEIL [gr. hypnos = Schlaf] Betäubungswaffe. (Dick 2002)

IMPERIALE KAMPFLÄUFER [Pl.; imperial = das Reich, die Herrschaft betreffend, lat. imperialis, zu imperium = Welt-/Kaiserreich, zu imperare = befehlen] Große, für den Bodenkampf eingesetzte Maschinen, die auf zwei Beinen laufen und vom Imperium eingesetzt werden, um die Rebellen zu bekämpfen. (Star Wars)

IMPULSWAFFEN [Impuls, lat. impulsus, zu impellere = einschlagen, antreiben, veranlassen] Waffen, die Angreifer durch Schockwellen außer Gefecht setzen. (Gibson 2000) IMPULSGEWEHR: „Die Waffe in seiner Hand verschoss Impulse aus ionisiertem Gas, war stufenlos regelbar und konnte so alle möglichen Ergebnisse liefern, von einem leichten Schock bis zu einem rauchenden Loch." (Asher 2007: 94)

INCUBUS (der; lat. incubus = nächtlicher Dämon] Ein mit Extremreichweitenlasern, Impulslaser und Maschinengewehren bestückter → BATTLEMECH. (Stackpole 1997)

INSEKTENWAFFE Marsianische Waffe, eine Art Gewehr, das goldene Bienen abfeuert. (Bradbury 1981)

IONENKANONE [Ion = elektrisch geladenes Teilchen] Ionenkanonen gibt es in den verschiedensten Größen und sie dienen, anders als Laser- oder Partikelwaffen, nicht zur Zerstörung, sondern vielmehr zum Ausschalten des feindlichen Raumschiffes. Die hochenergetischen Schüsse entladen ihre gesamte Energie beim Auftreffen auf ein anderes Schiff und legen dessen elektronische Systeme lahm. Häufig werden I. bei Entermissionen eingesetzt oder um feindliche fliehende Schiffe zu stoppen, ohne dass sie einen größeren Schaden davontragen. Die meisten Großkampfschiffe, sowie auch einige Raumjäger, wie zum Beispiel der Y-Wing, sind mit I. ausgestattet. Allerdings gibt es I. auch als feste Installationen und wesentlich größer zur Verteidigung von Planeten, wie z.B. auf Hoth. I. haben allerdings den Nachteil, dass sie mehr Energie verbrauchen und sich langsamer aufladen als normale Laserwaffen. (Star Wars)

JÄGER-SUCHER Kleiner, ferngesteuerter Torpedo, der in den menschlichen Körper eindringt und lebenswichtige Organe zerstört. (Herbert 1993)

KAMPFKORSETT [Korsett = Mieder, Brustharnisch, frz. corset, zu corps = Mieder, eigtl. Oberleib] Maschinelle Vorrichtung, die das Kampfpotenzial einer Person erhöht. „Sieht aus wie ein spinnenartiges Ungetüm aus Metall und Synthomasse: ein Schalensitz, umgeben von Motoren, kompakten Generatoren, Akkumulatoren, speziellen Servo-, Waffen- und Sensorsystemen, Greifarmen und sechs Teleskopbeinen, die kontrollierte Bewegungen in jedem Gelände ermöglichen." (Brandhorst 2005a: 581)

KILLERDROHNE [Killer = Mörder, engl. killer, zu to kill = umbringen + Drohne = Männchen der Arbeitsbiene, hier i.S.v nicht selbständiges, programmiertes Arbeits-/Hilfsgerät] Programmierbare Tötungsmaschine, schwebende Kugel mit vielen Dornen. (Brandhorst 2004)

Waffensysteme

KILL-O-ZAPP-PISTOLE auch KILL-O-ZAPP [engl. to kill = töten + -o- + engl. zapp = ‚zack', auch to zapp = jemandem eine ballern] Handfeuerwaffe, deren Wirkung auf Energiestrahlen beruht. Eine besonders durchschlagskräftige Variante sind die OMNI-DESTRUCT-O-ZAP-STRAHLEN. Schutz bieten lediglich Wände aus ZAP-SICHEREM Kristall. Gegen die 30-MEGATÖT-DEFINIT-KILL-PHOTRAZON-KANONE oder den XANTHIC-RE-STRUCTON-DESTABIL-O-ZENON-STRAHLER helfen diese aber vermutlich auch nicht. (Adams 1992, 2005a, 2005b).

LASERGEWEHR [Laser = Kw. zu engl. Light Amplification by Stimulated Emission of Radiation] Schusswaffe, feuert Laserstrahlen ab. (Card 2005) Der erste Beleg für eine ‚Laser gun' findet sich nach OED bei *Star Trek*: G. Roddenberry *Cage* 29 June in S. E. Whitfield & G. Roddenberry *Making of ‚Star Trek'* 1968: I. iv. 49.

LASERKANONE od. ZEHN-GIGAWATT-LASERKANONE [Laser = Kw. zu engl. Light Amplification by Stimulated Emission of Radiation] Strahlenwaffe; gehört zur Ausstattung von Raumschiffen. (Ehrhardt 1975)

LASERPISTOLE [Laser = Kw. zu engl. Light Amplification by Stimulated Emission of Radiation] Schusswaffe, die Laserstrahlen abfeuert. (Dick 1984)

LASGUN [Laser = Kw. zu engl. Light Amplification by Stimulated Emission of Radiation + engl. gun = Geschütz, Schusswaffe] Eine Schusswaffe auf Laserbasis. Das L. bündelt Energie zu einem durchgehenden Strahl, der fast alles außer der Haut von → SANDWÜRMERN (Lebensformen) zerschneiden kann. Trifft der Strahl aus einem L. auf einen KÖRPERSCHILD, eine transparente, durch einen SCHILDGURT erzeugte Energieladung, kommt es zu einer pseudonuklearen Reaktion, so dass der Schild, das L. oder beides unter Freisetzung der gesamten Energie explodiert. (Herbert 1993)

LICHTSCHWERT Das Lichtschwert ist die Waffe eines JEDI-RITTERS, die in vollkommener Harmonie den Bewegungen ihres Meisters folgt. Ein Lichtschwert zu konstruieren ist eine der schwierigsten Aufgaben, die ein angehender → JEDI (Kultur) erledigen muss, bevor er ein echter JEDI-RITTER werden kann. (Star Wars)

LICHTWERFER kurz WERFER Strahlgeschütze der irdischen Raumflotte, ws. auf Lasertechnologie basierend, gegen die die → FROGS (Lebensformen) Lichtabwehrschirme entwickelt haben. (ORION-Lexikon)

MAGICKER [engl. magic = Zauber, Magie] Ein mit EXTREMREICHWEITENLASERN, IMPULSLASER und BLITZ-KSR 2ER-LAFETTEN bestückter → BATTLE-MECH. (Stackpole 1997)

MASER [Kw. zu engl. Microwave Amplification by Stimulated Emission of Radiation] PARTIKELSTRAHLENKANONE, basiert auf der dem Laser entsprechenden Strahlungsquelle für den Mikrowellenbereich. (Asher 2007)

MIKROWELLENKANONE od. MIKROWELLENWERFER, M-KANONE [aus gr. mikros = klein] Waffe, die mit elektromagnetischen Wellen (Mikrowellen) schießt. Auch in kleinerer Ausführung als MIKROWELLENREVOLVER. (Hartmann 1989)

MOLEKULAR-DETACHMENT-GERÄT kurz auch M.D.-GERÄT od. CHIRURG [molekular = Adj. zu Molekül = Atomverband = kleinste aus verschiedenen Atomen bestehende Einheit, die noch die charakteristischen Merkmale dieser Einheit aufweist, frz. molécule = Molekül, zu lat. moles = Masse + engl. detachment = Abtrennung, Loslösung] Waffe, von der Menschheit speziell für den Kampf gegen die → KRABBLER (Lebensformen) entwickelt. Das M. zersetzt mittels Strahlen die Molekularstruktur eines anvisierten Ziels, von dort breitet sich die Welle der Zerstörung auf andere Molekülansammlungen in der Nachbarschaft aus. Die Kurzform M.D. steht auch für Medicianae Doctor, deshalb im Raumfahrerjargon auch die Bezeichnung CHIRURG. (Card 2005)

MOSKITOIMPULSWAFFE Eine „Semi-KI-Waffe, die auf sechs Beinen herumspazierte und tatsächlich eine gewisse Ähnlichkeit mit diesem blutsaugenden Insekt aufwies". (Asher 2007: 60)

MULTIPLEXE-KANONE [lat. multiplex = vielfältig] Verschiedene Strahlen aussendendes Geschütz. (Smith 1985)

MUSKY od. CHAUMURKY [engl. musky = moschusartig] Mit einem Getränk verabreichtes Gift. Fester Nahrung beigemischtes Gift wird AUMAS genannt. Das schwer aufzuspürende RESIDUALGIFT entfaltet seine Wirkung erst, nachdem auch sein Gegenmittel verabreicht wurde und dieses sich verflüchtigt hat. Ein Gerät, das, befestigt unter dem Tisch, Gifte erkennt und bedrohte Personen warnt, ist der GIFTAUFSPÜRER oder GIFTSCHNÜFFLER. (Herbert 1993)

NERVENDISRUPTOR (→ DISRUPTOR) Waffe, welche bei empfindungsfähigen Wesen die Nervenbahnen zerstört, äußerlich aber keinen größeren Schaden anrichtet. (Bujold 2005)

NERVENKITZLER Handliche Waffe, die Nerven stimuliert. (Asimov 2003)

NEUTRONENPEITSCHE [Neutron = physik. Teilchen ohne Ladung] Eine Vibrationen aussendende Waffe, die jene Nervenenden stimuliert, die für die Schmerzempfindung zuständig sind. (Asimov 1987)

Waffensysteme 77

NIEDERVOLTSTRAHLER Elektrowaffe. (Simmons 2002)

NUKLEOREVOLVER [Nukleon = Teilchen, aus denen Atomkerne bestehen, d.h. Protonen und Neutronen, bzw. aus nukleo- = auf Kerntechnik beruhend, zu lat. nucleus = Kern] Eine durchschlagskräftige Handfeuerwaffe. (Curtis 1979)

OMIKRONSTRAHLER [Omikron = 15. Buchstabe des gr. Alphabets, kleines o] Handstrahlenwaffe mittlerer Leistung. (ORION-Lexikon)

OMNIMECH [lat. omnis = jeder, all + → MECH (ROBOTER)] Modular aufgebaute und nach Bedarf konfigurierbare Kampfmaschine. (Stackpole 1997)

PANZERGLEITER Bewaffnetes Luftfahrzeug, z.b. als Begleitschutz für TITAN-MOBILE (ALLZWECK-RAUPENFAHRZEUGE) eingesetzt. (Ehrhardt 1975)

PARALYSATOR [Paralyse = vollständige motorische Lähmung, lat. paralysis > gr. paralysis = Auflösung] Eine Waffe, mit deren Strahl das periphere Nervensystem einer Person gelähmt wird. (Perry-Rhodan-Lexikon III, 1991: 239)

PARTIKELPROJEKTORKANONE, auch kurz PPK [Partikel = physik. Elementarteilchen, lat. particula = Teilchen, Stück + Projektor = Gerät, das mit Hilfe von Licht Bilder auf einer Fläche sichtbar macht] Magnetischer Teilchenbeschleuniger in Waffenform, der hochenergiegeladene Protonen- und Ionenblitze verschießt. (Stackpole 1997)

PHASER [Kw. zu Phasen-Energie-Rektifikation, analog zu Laser = Kw. zu Light Amplification by Stimulated Emission of Radiation] Energiewaffe, dem Laser von der Konzeption sehr ähnlich. Ableitung: HANDPHASER (Star Trek). Nach OED als Waffe erstmals 1966 bei G. Roddenberry (Star Trek) zitiert, im anderen Sinne bereits 1953 bei Robert A. Heinlein.

PHOTONENTORPEDO [Photon = Elementarteilchen elektromagnetischer Felder, gr. phos = Licht + Torpedo = großes, zigarrenförmiges Geschoss, nach lat. torpedo = Zitterrochen, eigtl. = Erstarrung, Lähmung, zu torpere = betäubt, erstarrt sein] Torpedo, der aus Materie und Antimaterie besteht. (Star Trek)

PIKOSEKUNDEN-LASERPULS [piko- = das 10^{-25}-fache, ital. piccolo = klein; Laser = Kw. zu engl. Light Amplification by Stimulated Emission of Radiation] Sehr schnelle, für den Menschen tödliche Strahlen, die nicht die Hautoberfläche, sondern innere Organe verletzen: „Der Pikosekunden-Laserpuls verkochte den größten Teil seines Gehirns zu Gelee." (Bova 2005:120)

PLANETENFESTUNG [Planet = Wandelstern, nicht selbst leuchtender Himmelskörper, der sich um eine Sonne dreht, gr. planetes = Pl. von planes = der Umherschweifende] Große, stark bewehrte militärische Einrichtung auf einem Planeten, die oft im Brennpunkt intergalaktischer Kampfhandlungen steht. (Simon 1982)

PLASMABOGEN [Plasma = elektrisch leitendes Gasgemisch, gr. plasma = Gebilde] Handfeuerwaffe für den Nahbereich, wird mit PLASMABOGENPATRONEN geladen und schießt PLASMALADUNGEN ab. (Bujold 2005)

PLASMAGRANATE [Plasma = elektrisch leitendes Gasgemisch, gr. plasma = Gebilde, hier Bezug zu leuchtendem, elektrisch leitendem Gasgemisch, das u.a. in elektrischen Entladungen von Gas, in heißen Flammen u. bei der Explosion von Wasserstoffbomben entsteht] Granate auf der Basis von Gasentladungen. (Simmons 2002)

POLYZYKLISCHER SCHIRM [gr. poly = viel, mehr + zyklisch, lat. cyclicus > gr. kyklikos, zu kyklos = Kreis(lauf), Rad, Ring] Schutzschild, der Frequenzen aller Bereiche abwehren kann. (Smith 1985)

PSYCHO-DEMOLITIONS-VEXIERER [psycho- = auf die Seele bezogen, gr. psyche = Seele, Atem, Hauch + engl. demolition = Abbruch, Abriss, lat. demolitio = das Niederreißen] Kleine, kompakte einhändige Handwaffe. Ein Nebeneffekt ihrer Wirkung ist, dass das Opfer mental paralysiert wird. Mit der Waffe lassen sich die Erinnerungen des Opfers nach Belieben umstellen und verändern. (Perrypedia)

RAILGUNS [Pl.; engl. rail = Schiene + engl. gun = Geschütz] Tausend Kilometer lange Linearbeschleuniger, die ihre Energie aus der Zündung einer Kette von Kobalt-Fusionsbomben beziehen. (Reynolds 2007)

QUARREL [engl. quarrel = Streit, Zerwürfnis] Energieprojektil, das von den Blitzwerfern der → WOOKIEES (Lebensformen) abgefeuert wird und beim Aufprall explodiert. (Star Wars)

SABREDART [engl. sabre = Säbel + engl. dart = Pfeil] Giftiger Pfeil, der von den KAMINOANERN hergestellt wird. Verschiedene Kopfgeldjäger und andere Verbrecher der Galaxis benutzen ihn, um damit ihre Opfer zu töten. (Star Wars)

SCRAMBLER [engl. scrambler = Verschlüsselungs-, Chiffriergerät, engl. to scramble = verschlüsseln, aber auch: verquirlen, durcheinanderbringen] Metallische Handfeuerwaffe. Der S. ist „imstande, jemanden für ungefähr eine halbe Stunde oder so auszuschalten, indem er seinen Kreislauf matt setzt". (McDevitt 2006: 313)

SCHALLGRANATE Munition, die Schallwellen hervorbringt. (Bujold 2005)

SCHMALPISTOLE Eine S. „hat die Komponenten einer typischen Gasdrucklader- oder Alustaub-Impulswaffe" und ist flach. […] „Manche Schmalpistolen enthalten Sub-KI-Mikrohirne, die verhindern, dass irgendjemand anders als der rechtmäßige Besitzer damit feuert, oder die den eigenen Energievorrat de-

Waffensysteme

tonieren können, falls die Waffe auf den Besitzer gerichtet wird." (Asher 2007: 440)

SCHWERKRAFTPISTOLE Kleine Schusswaffe, mit der SCHWERKRAFTIMPULSE bzw. GRAVITONENSTÖSSE abgegeben werden können. (Ehrhardt 1975)

SCHWERKRAFTWAFFE Technologisch avancierte außerirdische Waffe, die ihre Wirkung mit Mitteln der Schwerkraft erzeugt. (Gustafsson 1995) Eine Waffe, die eine drastische Erhöhung der lokalen Schwerkraft ermöglicht, so dass sich eine getroffene Person nicht mehr bewegen kann. (Card 2005)

SCORCHER [engl. to scorch = versengen] Feuerwaffe, die mit einer elektrischen Entladung das Ziel verbrennt. (Strugatzki/Strugatzki 1992)

SEISMISCHE BOMBE [seismisch = Erderschütterungen betreffend oder bewirkend, gr. seismos = (Erd-)Erschütterung, zu seiein = erschüttern] Eine S. B. wird im Weltraum von einem Raumschiff abgeworfen und detoniert zeitversetzt. Ihre Zerstörungskraft reicht aus, um auch ganze Asteroiden zu vernichten. (Star Wars)

STANDISH [die; vmtl. nach Miles Standish (1584-1656), Soldat] Einer übergroßen Maschinenpistole ähnliche Waffe, die sowohl als Strahlen- als auch als Explosivwaffe benutzt werden kann. (Smith 1985)

STRAHLENGESCHÜTZ Durchschlagskräftige Waffe, die Strahlen abfeuert. (Simon 1982)

STRAHLENKANONE kurz auch STRAHLER Waffe, deren Zerstörungskraft auf hochenergetischen Strahlen beruht. Die S. gehört zur Ausrüstung kleinerer Raum- und Luftfahrzeuge. (Vinge 2007)

STRAHLENPISTOLE Handfeuerwaffe, die Strahlen verschießt. (Heinlein 1983, Henneberg 1979, Delany 1997) Die STRAHLPISTOLE, auch ENERGIEWAFFE, ENERGIESTRAHLER, ist eine Handfeuerwaffe, deren Wirkung auf ENERGIESTRAHLEN beruht. (van Vogt 1968)

STUNNER [engl. stunner = eigtl. Mordsding, hier Subst. zu to stun = betäuben, niederschmettern] Betäubungsgewehr, → IMPULSGEWEHR. (Asher 2007) Nach OED Erstbeleg 1941.

SUB-CYCLIC-NORMALITÄTS-BESTIMM-O-TRON [lat. sub- = unter + engl. cyclic = zyklisch, kreisförmig; -o- + -tron = Wortbildungselement für geladene Teilchen, analog zu dem von G.J. Stoney (1836-1911) so benannten Elektron] Ein Regulationssystem, das eingesetzt wird, um feindliche Raumschiffe auf Distanz zu halten. (Adams 2005a)

TASP [Kunstwort] Dem → PIERSON-PUPPENSPIELER (Lebensformen) implantiertes Gerät, mit dem dieser das Lustzentrum einer anderen Person so stark stimulieren kann, dass es Schmerzen verursacht. (Niven 1998)

TAZZER [Tazer / Taser = Elektroschocker; analog zu Laser gebildetes Akronym zu Thomas A. Swifts Electric Rifle; dies aus einem Buch von Victor Appleton, 1911] Nahdistanzwaffe, die gepulste Elektronen und Metallionen verschießt. Sie wird vor allem verwendet, um Personen vorübergehend kampfunfähig zu machen (Betäubungswaffe). (McCarthy 2007)

THERMOTOM-SPRENGSATZ [gr. thermos = warm + Atom, lat. atomus = kleinster, unteilbarer Bestandteil der Materie] Sprengsatz, der bei seiner Aktivierung durch einen nicht-radioaktiven, nuklearen Abbrandprozess thermische Energie in Form einer Hitzewelle freisetzt. (Perrypedia)

THETA-FELD od. THETA-SCHIRM [Theta = Buchstabe des gr. Alphabets + Feld i.S.v. Wirkungsbereich einer physikalischen Größe] Schutzfeld vor Angriffen mit energetischen Waffen im Weltraum. (Simon 1982)

TRACTOR-STRAHL [engl. tractor = Zugmaschine, lat. trahere, tractum = ziehen, schleppen] Strahl, der bei Verfolgungsjagden im Weltall eingesetzt wird. (Adams 2005a) Der ‚tractor beam' tritt nach OED erstmalig auf bei E. E. Smith, *Spacehounds of IPC*, in *Amazing Stories* 9-1931: 549/1: „We'll carry off the pieces of that ship, too, Quince – we may be able to get a lot of pointers from it,' and Brandon swung mighty tractor beams upon the severed halves of the Jovian vessel, then extended a couple of smaller rays to meet the two little figures racing across the smooth green meadow toward the *Sirius*."

ULTRASCHALLKEULE [Ultraschall = Schallschwingungen mit einem Frequenzbereich oberhalb der menschlichen Hörschwelle mit Frequenzen zwischen 20 kHz und 1 GHz, lat. ultra = jenseits, über, über ... hinaus, äußerst] Durchschlagskräftige Waffe, zugleich hypermodern und archaisch. (Sterling 1996)

ULTRASCHALLPISTOLE [Schallschwingungen mit einem Frequenzbereich oberhalb der menschlichen Hörschwelle mit Frequenzen zwischen 20 kHz und 1 GHz, lat. ultra = jenseits, über, über ... hinaus, äußerst]. Strahlenhandfeuerwaffe. (Simmons 2002)

ULTRASCHALLSTUNNER [Schallschwingungen mit einem Frequenzbereich oberhalb der menschlichen Hörschwelle mit Frequenzen zwischen 20 kHz und 1 GHz, lat. ultra = jenseits, über, über ... hinaus, äußerst + → STUNNER]. Strahlenpistole. (Simmons 2002)

UNITARD [engl. unitard = Gymnastikanzug] Kampfanzug, „der den gesamten Körper von selbst umschließt und nur das Gesicht frei lässt. Der Unitard ist konstruiert, dass man seinen Körper für die gesamte Dauer des Kampfes vergisst." (Scalzi 2007: 198)

UNWAHRSCHEINLICHKEITS-MINE Waffe, die Raumschiffe dadurch eliminiert, dass sie sie in ein anderes Raum-Zeit-Gefüge befördert. (Brin 2000)

VARIOSCHWERT [lat. variare = verändern, wechseln] Handwaffe. „In einer seiner krallenbewehrten Fäuste hielt er etwas, das an den Griff eines überdimensionierten Springseils erinnerte. Drei Meter vom Griff entfernt […] schwebte eine kleine, rot leuchtende Kugel. Der Draht, der die Kugel mit dem Griff verband, war viel zu dünn, als daß man ihn mit bloßen Augen hätte sehen können, doch Louis zweifelte keinen Augenblick daran, daß er da war. Umhüllt und in Form gehalten von einem Slaver-Stasisfeld, durchschnitt dieser Draht so gut wie jedes Metall –." (Niven 1998: 71)

VIBRA-BLASTER od. VIBRAGEWEHR [vibra- > vibrieren = in kurzer Frequenz schwingen, lat. vibrare = schwingen, zittern + → STUNNER] Waffe, die vibrierende Munition abfeuert (VIBRA-SCHUSS). (Delany 1997)

VIBROSTRAHLEN [lat. vibrare = schwingen, zittern] Materie vernichtende Strahlen. (Dick 2007c)

VIERERGLEITSTRAHL Eine Waffe der TOPIANER → ESSEFF (Kultur). Zwei Personen fassen sich bei den Händen und schießen aus den anderen, geöffneten Händen orange Strahlen ab, die das Zielobjekt in eine zitternde Kugel verwandeln und schließlich in Luft auflösen. (Mathon 1979)

WAHRSCHEINLICHKEITSVERZERRER Technologisch avancierte außerirdische Waffe. (Gustafsson 1995)

WELTENKNACKER od. PLANETENKNACKER Ein militärischer Raumschifftyp, der aufgrund seiner Ausrüstung mit PLANETENKNACKENDEN BOMBEN dazu in der Lage ist, ganze Planeten auszulöschen. (Vinge 2007)

WEYR-WERFER [vmtl. nach dem dt. Mathematiker Herrmann Weyl, der in seinem Werk *Gruppentheorie und Quantenmechanik* (1928) über die Eigenschaften von → WURMLÖCHERN (Raum) spekulierte, od. Emil Weyr = österr. Mathematiker, dieser beschrieb ein-zweideutige Gebilde wie z.B. Strahlenbüschel]. Handlaserfeuerwaffe. (Lem 1973)

WURFDRAHT Ballen aus Stacheldraht, dessen Hülle beim Aufprall platzt, so dass sich der Draht von selbst entrollen kann. Von der Polizei eingesetzt als Straßensperre zur Abwehr von Demonstranten. (Harrison 1992)

XASER [Kw. zu engl. X-Ray = Röntgenstrahlung + (und analog zu) Laser = Kw. zu Light Amplification by Stimulated Emission of Radiation] Strahlenwaffe. (Asher 2007)

ZIELVISIO [zu lat. visio = das Sehen; Anblick] Peilsystem der Waffensysteme. (ORION-Lexikon)

Roboter/Cyborgs/Androiden

Wenn wir heute an Roboter denken, dann verstehen wir darunter menschen- oder tierähnliche Automaten mit einem Computer, die sich in einem künstlichen Gehäuse befinden und sich bewegen können, die Informationen verarbeiten und in Handlungen umsetzen. Klassische Beispiele sind Aibo, der Roboterhund von Sony, oder R2-D2 und C-3PO, die wohl berühmtesten Roboter der Filmgeschichte. R2-D2 ist ein ASTROMECH-DROIDE, der Raumschiffe reparieren und auch kommunizieren kann, C-3PO ein ‚Protokolldroide', dessen Hauptaufgabe die Sprachübersetzung ist. Die ersten Vorläufer eines Roboters in der Literatur finden sich im Land von OZ, das von dem Schriftsteller L. Frank Baum 1900 in seiner Erzählung *The Wonderful Wizard of Oz* geschaffen wurde. Ein Beispiel ist Tik-Tok (dt. Tik Tak), ein mechanisches Männlein mit einem Wecker als zentraler Funktionseinheit.

Der Begriff ROBOTER stammt von dem tschechischen Schriftsteller Karel Capek (1890-1930) und geht zurück auf dessen 1921 in New York uraufgeführtes Theaterstück *R.U.R.* (Rossums's Universal Robots). Der Begriff leitet sich von tschech. robota = (Fron)Arbeit, robotnik = Sklave her. In seinem Stück greift Capek das klassische Motiv des Golems auf. In Tanks gezüchtete menschenähnliche künstliche Arbeiter – man würde heute eher von ANDROIDEN als von Robotern sprechen – rebellieren gegen ihre menschlichen Schöpfer und löschen deren Kultur aus. Am Ende heißt es: „Die Macht der Menschen ist gebrochen. Ein neues Zeitalter hat begonnen – das der Roboter."

Wimmelte es in der Pulp-Science-Fiction der 1920er und 1930er Jahre einerseits vor Kriegsmaschinen und Terminatoren einhergehend mit entsprechenden pessimistischen Sichtweisen auf Roboter, so gibt es andererseits überaus optimistische Sichtweisen. Die eigentliche Roboterfiction beginnt mit den Kurzgeschichten von Isaac Asimov (1920-1992), insbesondere durch den 1950 erschienenen Sammelband *I, Robot*. Besonders das Handeln der ‚Robots' im Hinblick auf die drei Robotergesetze steht im Zentrum der Erzählungen. Die drei weltberühmten Gesetze der Robotik besagen: 1. Ein Roboter darf niemals einen Menschen verletzen oder durch Nichthandeln zulassen, dass ein Mensch zu Schaden kommt. 2. Ein Roboter muss den Befehlen, die ihm von Menschen gegeben werden, gehorchen, außer wenn sie mit dem ersten Gesetz in Widerspruch stehen. 3. Ein Roboter muss seine eigene Existenz schützen, solange der Selbstschutz nicht gegen das erste oder zweite Gesetz verstößt. Mit der Roboterpsychologin Susan Calvin schafft Asimov eine Figur, die mit „ätzendem Charme" dem Anschein nach unerklärliche Verstöße gegen die Robotergesetze aufklärt. Asimovs Lieblingsgeschichte selbst war ‚The Bicentennial Man', in der ein Roboter seine Unsterblichkeit aufgibt, um ein Mensch zu werden und schließlich sterben zu können.

Ob Maschinen Denken und Geist entwickeln können, ist eine offene Frage. Der Mathematiker Roger Penrose hat die Hypothese formuliert, dass im Gehirn quantenphysikalische Prozesse abliefen, mit der Konsequenz, dass eine dem Menschen vergleichbare ‚Maschinenintelligenz' unmöglich sei. Gegenüber absolut skeptischen oder naiv euphoristischen Positionen sind jene zu setzen, die vorsichtig optimistisch sind. Trotz aller hervorragenden Leistungen der maschinellen Datenverarbeitung stoßen diese sehr schnell an ihre Grenzen. Menschliches Denken und menschliche Sprache könne nicht einfach auf die Regelsprache von Computerprogrammen reduziert werden. Und trotz der Popularität von neuronalen Netzen und Fuzzy-Logik, durch die sich die Unschärfe und Ungenauigkeiten menschlichen Denkens besser fassen lassen, sei die KI-Forschung nicht viel weiter gekommen bzw. habe man gelernt, wie es nicht geht. Aber: Wenn erst die Neurobiologen wissen, wie das menschliche Gehirn funktioniert, wie die Sprache des Gehirns in Form elektrischer Signale in digitale umgewandelt werden kann, dann könnten Techniker und Ingenieure Maschinen bauen, die vergleichbare Leistungen erbringen. Nehmen wir an, dass zu einem zukünftigen Zeitpunkt das Funktionieren des Gehirns und in Folge das Denken erforscht ist und analoge Maschinen gebaut werden. Dann stellt sich die interessante Frage, ob Maschinen Sprache auch ironisch, kreativ und innovativ gebrauchen können und ob sie Bewusstsein entwickeln – so wie es in zahlreichen Science-Fiction-Geschichten angenommen wird. Solange dies aber noch spekulative Wissenschaft ist, bleiben DROIDEN und ANDYS vorerst reine Science-Fiction.

AKROBATH [Akrobat, gr. akrobatos = auf den Fußspitzen gehend, zu. akros = äußerst, oberst-, spitz + gr. bathys = niedrig, tief] Spezialroboter, der neben seinen normalen robotischen Fähigkeiten eine sogenannte MENSCHLICHKEITSSCHALTUNG besitzt, die ihn befähigt, menschenähnlich zu empfinden, zu handeln und zu reden. Äußerlich gleicht A. einer flachen Scheibe von 56 cm Durchmesser. Aus dem oberen Teil des hellgrün leuchtenden Diskuskörpers kann ein Menschengesicht ausgefahren werden, das wie das eines ziemlich runzeligen Neugeborenen wirkt, nur faustgroß und mit fast stirnlosem Schädel. (Perry Rhodan, http://www.fischbohne.de/wanderer_online/index_nathan.html/)

ALPHA-ANDROID [Alpha = 1. Buchstabe des gr. Alphabets + → ANDROID] In der deutschen TV-Serie *Raumpatrouille Orion* Bezeichnung für mittelschwere Arbeits- und Kampfroboter in Einrichtungen der terrestrischen Raumstreitkräfte. In der Serie wird (fälschlicherweise) Android für → ROBOTER verwendet. (ORION-Lexikon)

ANDROID [engl. android = menschenförmig, gr. andros = Mann + -id = ähnlich] Allgemeine Bezeichnung für menschenähnliche Roboter. Erstbeleg des Wortes ‚android' 1727 (OED 1-11). Auch → HUMANOID.

ANDY [Kw. zu → ANDROID und zugleich ein engl. Vorname] Humanoider Roboter. (Dick 2002)

ANTHROPOMORPHISIEREN [gr. anthropos = Mensch + gr. morphe = Gestalt, Äußeres + -isieren] Prozess, in dessen Verlauf ein mit künstlicher Intelligenz ausgestatteter Roboter zunehmend menschliche Züge entwickelt. (Pohl 2004)

APPROXIMAT od. ALSOBBI, PSEUDOT, PSEUDOLACKE [Approximation = Annäherung, lat. approximatio, zu lat. approximare = sich nähern] Täuschend ähnliche Simulation einer verstorbenen Person, die im Kreise ihrer Hinterbliebenen deren Platz einnimmt. Je nach der Beziehung zu den noch Lebenden treten A. zum Beispiel als AMORROIDEN, MAMALEN, PAPIDEN, SCHMUSETTEN, SCHWULOTTEN auf. Ganze Familien (FALSIFAMILIEN, FAMILIENPRÄPARATE) können durch FAMILIENPÜPPELUNG erstellt werden. Die A. sind eine weitere Maßnahme zur umfassenden Beglückung der Einwohner → LOSANNIENS (Kultur). Allerdings gibt es Gerüchte, dass der losannischen Gesellschaft gegenüber unloyale Bürger ebenfalls schon durch PÜPPLEN ersetzt worden sein sollen. (Lem 1986a)

ASTROMECH-DROIDEN [Pl.; Astromechanik, astro- = die Sterne betreffend, lat. astrum = Stern + Mechanik, zu lat. (ars) mechanica > gr. mechanike (techne) = Maschinenbaukunst) + → DROID(E)] Droiden, in Raumschiffen und STERNENJÄGERN als Autopiloten, Reparatureinheiten oder zur Unterstützung bei der Navigation eingesetzt. Der bekannteste ist R2-D2. (Star Wars)

AUFSICHTSDROHNE [Aufsicht + Drohne = Männchen der Arbeitsbiene, hier i.S.v nicht selbständiges, programmiertes Arbeits-/Hilfsgerät] Maschineller Babysitter. „Zwei Kinder planschten in der Nähe des Ufers, unter der diskreten Obhut einer auf Levitationskissen schwebenden Aufsichtsdrohne." (Brandhorst 2004: 400)

AUTOMAT [frz. automate > gr. automatos = sich von selbst bewegend] In Günther Krupkats Roman *Nabou* im Sinne von → ROBOTER gebraucht. Z.B. CHEFAUTOMAT = Roboter, der als Bediensteter eines Hotels Auskünfte an Gäste erteilt, oder EMPFANGSAUTOMAT = Roboter, der als Bediensteter eines Hotels die Gäste empfängt. „Im Hotel empfing mich der Chefautomat der Rezeption ebenfalls in deutscher Sprache. ‚Wir begrüßen Sie in Beirut, Monsieur, [...].' ‚Wenigstens Ausblick zur See?', fragte ich skeptisch. ‚Jawohl,

Monsieur. Beste Mittellage. Begeben Sie sich bitte zum Expreßlift eins-sieben. Boyautomat Nummer sechs-drei geleitet Sie zum Apartment.'" (Krupkat 1970: 10).

AUTOMATOBIL [Automat > frz. automate > gr. automatos = sich von selbst bewegend + frz. mobile = beweglich, marschbereit > lat. mobilis = beweglich, zu movere = bewegen] Selbstständig handelndes Auto mit einem Positron-Motor (→ POSITRONENGEHIRN). Analog auch der AUTOMATOBUS. (Asimov 2004b)

BAU-SUBALTERNE [Pl., Subalterner = Untergebener, lat. subalternus = untergeordnet] Roboter zum Bau von Raumschiffen. (Brandhorst 2004).

BIAIOID [lat. bi-, zu bis = zweimal + engl. AI = Artificial Intelligence + gr. -oid = ähnlich, analog zu → ANDROID] Ein mit Künstlicher Intelligenz ausgestatteter → CYBORG. (Encyclopaedia Galactica)

BIOMAT [Wkr. aus bio-, zu gr. bios = das Leben + → AUTOMAT] Imitation des menschlichen Organismus durch Herstellung komplizierter Eiweiße und Aufbau lebender Zellen aus anorganischem Material, also ein biologischer Automat. (Krupkat 1970)

BIOROIDE [Wkr. aus bio-, zu gr. bios = das Leben + → ANDROID] Automat, der einem den Weg zeigt. Vergleichbar einem → ANDROIDEN. (Kober 1984)

BIOTRON [Bio-, zu gr. bios = das Leben + -tron, analog zu Synchrotron = ein Teilchenbeschleunigertyp, hier: TRON = leistungsstarker Datenservo] Autonom arbeitendes Computersystem zur Überwachung komplexer biologischer Funktionen. (Brandhorst 2008)

BLECHLER [Blech + dt. Abstammungssuffix -ler] Roboter. Eine Untergruppe sind die SCHAUFLER, Roboter, die Bergarbeiten auf dem Mond durchführen. Die Menschen werden von den B.n als FLEISCHLER bezeichnet. (Rucker 1988)

BLEIMANN → ROBOTER. Ableitungen: OBERFLÄCHEN-BLEIMANN, A-KLASSE-BLEIMANN . (Dick 2007b)

BOT [Kw. zu → ROBOTER] Roboter. Erstbeleg nach OED bei Richard Meredith, *We All Died at Breakaway Station,* in *Amazing Stories* 1-1969: 130/2.

CYBORG od. KYBORG, Kurzwort BORG. [Kw. aus cybernetic organism, engl. cybernetic > gr. kybernetike techne = Steuermanskunst, zu kybernetes = Steuermann, zu kybernan = steuern + engl. organism > frz. organisme > lat. organum = Werkzeug > gr. organon = Werkzeug] Allgemein für lebenden Organismus mit biologischen und Maschinenkomponenten, in der Regel Menschen mit biologischen und künstlichen Teilen. „Seitlich von ihm stand Fethan, ein scheinbar alter Mann mit vorstehenden Zähnen, einem dichten

Roboter/Cyborgs/Androiden

dunkelblonden Bart und dünnem Haar über einer drahtigen Gestalt, die in einem Umweltanzug steckte. Fethan zog ein optisches Kabel aus der Kuppe des rechten Zeigefingers und ließ zu, dass es sich wieder in die Wand hinein aufrollte. Dann holte er eine Synthohaut-Fingerkuppe [synthetische Haut, d.Verf.] aus der Tasche und drückte sie wieder auf die Metallfingerspitze, die als Mehrzweckstecker diente. [...] Fethan war ein Cyborg, denn in einer Keramalhülle verfügte er nach wie vor über das eigene Gehirn und das eigene Rückgrat, beides blitzgefroren und biovernetzt." (Asher 2007: 33) Als Begriff 1960 erstmalig belegt. Der berühmteste Cyborg ist der →TERMINATOR, ferner der → ROBOCOP. BORG ist in *Star Trek* eine Kollektiv-Spezies, die sich an veränderte Umweltbedingungen anpasst, indem sie das Wissen anderer Rassen/Spezies assimiliert.

CYBRID [der; Wkr. aus cyber- → CYBORG + Hybrid = Mischung, Kreuzung > lat. hybrida = Mischling, Bastard] Eine bestimmte Lebensform der KI (Künstliche Intelligenz). Sie ist aus menschlichem genetischen Material geschaffen und menschenähnlich in Aussehen und Verhalten. (Simmons 1989)

CYMEK [Wkr. aus → CYBORG + engl. mechanical] Im Dune-Universum (Frank Herbert 1965f.) ein Cyborg, dessen einzige biologische Komponente das Gehirn ist.

CYROBOT-ARBEITER [Wkr. aus gr. kryos = kalt + → ROBOTER] Roboter, der seine Arbeit in Kälte-Umgebungen verrichten kann. (Simmons 2005)

DOCBOT [doc = Kw. für engl. doctor + → BOT] In der Matrix-Filmtrilogie (1999) eine Maschine, die an die Matrix angeschlossene Menschen aus ihren mit einer Nährflüssigkeit gefüllten Behältern wirft.

DROHNEN-ROBOT [Drohne = Männchen der Arbeitsbiene, hier i.S.v nicht selbständiges, programmiertes Arbeits-/Hilfsgerät + → ROBOTER] INSEKTOIDER ROBOTER, BIENENROBOTER. „Drohnen-Robots krochen über die desolate Oberfläche der Eiswelt und beschickten die EFT-Triebwerke mit Wassereis." (Baxter 2001: 190)

DROID(E) [der; Kw. zu → ANDROID] Der Begriff wird in *Star Wars* verwendet und bezeichnet dort jede Art von Roboter, ob menschenähnlich oder nicht, von einfachen Maschinen bis hin zu künstlichen Wesen. Z.B. KAMPFDROIDE, SERVICEDROIDE, PROTOKOLLDROIDE, ZWERGSPINNENDROIDE usw. Am bekanntesten ist R2-D2, ein → ASTROMECH-DROID, ein Vielzweck-Computerreparatur- und Informationssystem. (Star Wars)

DROIDEKA [der; Wkr. aus → DROID(E) + gr. deka = zehn] Stärkere Version des KAMPFDROIDEN, der von einer gehärteten Bronzium-Panzerung und einem leistungsfähigen Energieschild geschützt wird. Eine Vielzahl von Sensoren ermöglicht das Aufspüren von Gegnern. (Star Wars)

ELEKTRISCHE AMEISE Organischer → ROBOTER. Ableitung: AMEISENKLEMPNER. (Dick 2007e)

ELEKTRITTER [Wkr. aus elektrisch + Ritter] Angehöriger einer Ritterkaste aus hoch entwickelten, intelligenten Robotern. Die ‚Drei Elektritter' namens Messinger, Eiserner und Quarzer versuchen, dem Volk der → KRYONIDEN (Lebensformen) Edelsteine aus gefrorenen Gasen zu rauben. (Lem 1999)

ELEKTRODRACH [elektr(o)-, zu elektrisch + Drach(e)] Von einer Rechenmaschine erschaffener künstlicher Drache, der für einen ganzen Planeten zur Bedrohung wird. Um der Gefahr zu begegnen, wird ein ANTIDRACHE erbaut. Am Ende bleibt vom E. nur ELEKTRODRECK. (Lem 1999)

ELEKTROWISSER [Wisser = Subst. zu wissen] Weiser Roboter, der als Ratgeber bei Hofe hinzugezogen wird. (Lem 1999)

ENERGOBOTER [Wkr. aus Energie + → ROBOTER] Energieroboter. (Lem 1973)

FEMBOT/FEMMEBOT/FEMINOID [Fem- > frz. femme > lat. femina = Weib, Frau] → GYNOID

FLIEGEN [Pl.] In dem klassischen Science-Fiction-Roman von Stanislaw Lem *Der Unbesiegbare* (1969) metallene Insektoide in Form eines Y und mit einem mikrokristallinen Steuerungssystem, die sich zu größeren Aggregaten (einer „schwarzen Wolke") zusammenschließen können. „Jeder Kristall verband sich mit drei anderen; außerdem konnte sich sein Arm mit dem Mittelteil eines andern verbinden und so einen vielschichtigen Bau der sich auf diese Weise vergrößernden Systeme ermöglichen. […] Ballte sich eine bestimmte Menge von ‚Insekten' zusammen, so wies das Aggregat zahlreiche Gesetzmäßigkeiten auf. Wenn es durch äußere Reize ‚aufgestachelt' wurde, dann konnte es seine Bewegungsrichtung, seine Form und Gestalt und die Häufigkeit der inneren Impulse ändern". (Lem 1973: 104) Die ‚Fliegenroboter' sind Resultat einer maschinellen Evolution auf dem Planeten REGIS III. Zusammen bilden sie ein komplexes, hochadaptives System. Lem hat in seinem Roman das vorweggenommen, was in der modernen Robotik als ‚Roboterschwärme' diskutiert wird. Roboterfliegen, „groß und haarig, einer Proxima-B-Bandfliege nicht unähnlich", spielen auch eine Rolle in Philip K. Dicks Roman *Irrgarten des Todes*. Es handelt sich um autonome Musikroboter, das von ihnen erzeugte akustische „Signal wird von einem Miniaturgenerator in der Fliege selbst erzeugt – ein elektrischer Impuls ähnlich dem Nervenimpuls in einem organischen Lebewesen." (Dick 2005: 103)

FREEZA auch FRIEZA, FREEZER [jap. Furiza (フリーザ) von engl. freeze = Frost] Cyborg und fiktionaler Charakter (Kämpfer) aus dem Manga und Anime *Dragon Ball Z*.

GYNOID [gr. gyne = Frau + -oid = ähnlich, analog zu → ANDROID] Roboter, der einer Frau ähnlich sieht. Begriff, der in englischsprachiger Science-Fiction gebraucht wird und von der Science-Fiction-Autorin Gwyneth Jones kreiert wurde. Im Englischen werden auch die Begriffe FEMBOT [engl. female = weiblich + robot], FEMMEBOT [frz. femme] und FEMINOID gebraucht.

HUMANIFORMEN [Pl.; lat. humanus = menschlich + Form] Humanoide Roboter. (Asimov 1987)

HUMANOID [der; Subst. zu humanoid > lat. humanum = menschlich + -oid, gr. -oiedes = ähnlich, analog zu → ANDROID] Menschenähnlicher Roboter, in Science-Fiction die am häufigsten vertretene Form von Robotern.

INFO-HOG [Info = Kw. für Information + engl. hog, viel. HOG = Higher order grammar od. von server hog od. hog = Schwein] INFORMATIONS-HIGH-END-ROBOTER. (Kotzwinkle 2007)

INSPOBOT [Wkr. aus Inspektor, lat. inspector = Besichtiger, Untersucher, zu inspicere = hineinsehen + → BOT] Inspektor-Roboter; Roboter, der Inspektionen durchführt. (Bordage 2007)

JAGDROBOTER [→ ROBOTER] Nicht intelligenter Roboter, möglicherweise zoomorph (Hund), zur Treibjagd eingesetzt. „Ich werde die Stadttore öffnen, du sollst hinauslaufen, und auf deine Spur hetzte ich eine Meute von Jagdrobotern." (Lem 1999: 42)

KAPUTER [kaputt = defekt, nicht mehr funktionierend; Einzel-t-Schreibung analog zu → ROBOTER] Nicht mehr funktionsfähiger, als Altmüll aussortierter Roboter. (Lem 1979)

KARELIRIEN od. KALKULATORS RELIKT-REVINDIKATION [Kalkulator = Rechner, Rechenführer, lat. calculare = berechnen + Relikt = Hinterlassenschaft, lat. relinquere, relictum = zurücklassen + Revindikation = Rückforderung, lat. re- = zurück + vindicare = als Eigentümer einer Sache deren Herausgabe verlangen] Die Selbstvervielfältigung eines intelligenten Roboters, der sich auf einem von der Erde weit entfernten Planeten niedergelassen hat. Die Kopien bilden die Untertanen einer ROBOTERKOLONIE, auch KALKOROB genannt, anderen Interpretationen zufolge die eines autokratischen Staates, der von seinen Einwohnern WUNDERBARIEN genannt wird. Der Geheimdienst dieses Staates ist die ROBOTERABWEHR, seine Mitarbeiter fungieren unter anderem als GEHEIMHELLEBARDIERE. ROBOTERDRUCKEREIEN vervielfältigen die ROBOTERPRESSE, zum Beispiel die Zeitung „ELEKTRONENKURIER". Ein beliebtes

Sportgerät ist der GRANDEL, eine Art Fußball. Menschen werden von den Robotern LEIMER genannt und als Feinde betrachtet (LEIMERUNGEZIEFER, LEIMERSPITZEL). (Lem 1982)

KEHRSEITLER auch NICHTLINGE, NICHTSCHEWISTEN [Kehrseite + -ler] Hoch entwickelte, intelligente Roboter, die sich durch UMVERKÖRPERUNG ins Nichts dematerialisieren können. „Seit ihrer Frühzeit haben die Kehrseitler alles umgekehrt angefangen als irgendein vernunftbegabtes Wesen." (Lem 1999: 111)

KLETTERROBOTER Automat, der klettern kann. „Fasziniert beobachtete Gareth, wie sich der spinnenförmige Körper mit seinen Haken und Saugnäpfen an der Wand hinaufarbeitete, ohne sich durch Steilstellen oder Überhänge aufhalten zu lassen." (Franke 2004: 277)

KONJUGIEREN [lat. coniugare = verbinden, verheiraten] Kopulieren zwischen Robotern: „Er und Ralph hatten mehrere Male konjugiert, also ihre Prozessoren mit einem blockfreien Koaxialkabel zusammengeschlossen. [...] Es gab so etwas wie sinnliche Liebe zwischen ihnen." (Rucker 1988: 61-62)

KÜCHEN-ROBOT-SYNTH-O-MATIC [Küche + → ROBOTER + syntho > synthetisch = aus mehreren Einzelteile zu einem neuen Ganzen zusammengefügt + engl. automatic > frz. automatique = Adj. zu automate > gr. automatos = sich von selbst bewegend] Avancierte Küchenmaschine. (Adams 1982)

KYBER [der; kyber- aus Kybernetik = Wissenschaft der Struktur, internen Kommunikation sowie Steuerung/Regelung komplexer Systeme, über engl. cybernetics > gr. kybernetike techne = Steuermannskunst, zu kybernetes = Steuermann, zu kybernan = steuern] Insektoider, gesteuerter Roboter. (Strugazki/Strugazki 1983) Kyber- ist in Science-Fiction ein produktives Wortbildungselement nach dem Schema [Kyber-X], z.B. der Personentitel → KYBERGRAF

KYBERGRAF [kyber- aus Kybernetik = Wissenschaft der Struktur, internen Kommunikation sowie Steuerung/Regelung komplexer Systeme, über engl. cybernetics > gr. kybernetike techne = Steuermannskunst, zu kybernetes = Steuermann, zu kybernan = steuern] Ein Adelstitel. Träger ist ein hoch entwickelter, intelligenter Roboter. (Lem 1999)

KYBERNEROS fälschlich auch KABERNORIS, kurz KYB [kyber- aus Kybernetik = Wissenschaft der Struktur, internen Kommunikation sowie Steuerung/ Regelung komplexer Systeme, über engl. cybernetics > gr. kybernetike techne = Steuermannskunst, zu kybernetes = Steuermann, zu kybernan = steuern + Eros = gr. Liebesgott; das Adj. KYBERNEROTISCH legt eine Wkr. aus kybernetisch + erotisch nahe] Maschine, die optisch von einem Menschen kaum zu

Roboter/Cyborgs/Androiden

unterscheiden ist. Ein K. kann in einem KYBERNEROSWARENHAUS erworben werden und dient seinem Besitzer als Begleiter in allen Lebenslagen. Zu den KYBERNEROSBAUTEILEN gehören die TEMPERAMENT-DREI-PHASENSCHALTUNG, der BEKANNTSCHAFTSWIRBEL, der REGULIERWIRBEL und der BESCHWICHTIGUNGSWIRBEL. Den differenzierten Bedürfnissen der Kunden entsprechend gibt es unterschiedliche KYBERNEROSARTEN (QUALITÄTSTYPENKYBERNEROS, LUXUSKYBERNEROS, VOLKSKYBERNEROS, REPRÄSENTATIONSKYBERNEROS, FERTIGKYBERNEROS). Eine Ausführung mit speziell weiblichen Attributen ist die KYBERNEROSFRAU (auch KYBERNEROSDAME, KYBE, abwertend KYBERNEROSWEIB). Zu Wartungszwecken stehen die Fachleute der HEIL- UND MASSKYBERNETIK (umgangssprachlich auch KYBERNEROTISTEN) vom KYBERNEROSDIENST (KYBWERKSTATT) zur Verfügung. Herstellung und Vertrieb der K. werden vom KYBKARTELL beherrscht. (Gyertyán 1980)

KYBORG → CYBORG

LADYTRON [engl. lady = Dame + -tron = Suffix, das geladenes Elementarteilchen bezeichnet, analog zu Elektron etc.] Weiblicher Cyborg im *Wildstorm*-Comic namens Maxine Manchester, deren meiste Körperteile durch Roboterteile ersetzt wurden.

MASCHINENMENSCH auch SUPERMANN Abfällige Bezeichnung für Menschen, die durch technische Veränderungen des Körpers gegen Krankheiten, radioaktive Strahlung und andere Gefahren immun geworden sind und in einer friedlichen Weltgesellschaft leben. Von älteren, nicht in dieser Form veränderte Zeitgenossen werden sie als verweichlicht, abgestumpft und nicht mehr menschlich empfunden. (Bester 1978)

MASCHINENWESEN Von einem genialen Erfinder erbaute, fortpflanzungsfähige Automaten unterschiedlicher Form und Bewegungsart, die der Lust am Experimentieren entsprungen sind und keinem vom Menschen festgelegten Zweck dienen. Anfänglich harmlos, beginnen sie nach einer globalen, durch einen Meteoriten ausgelösten Katastrophe, die dezimierte und in den Zustand der Wildheit zurückversetzte Menschheit zu bedrohen. Von den Menschen werden sie nun als natürliche Lebewesen betrachtet und mit primitiven Mitteln bekämpft. (Karinthy 1980)

MECH [der; Pl. -s; auch MECHA; jap. meka (メカ) von engl. mechanical = mechanisch > lat. (ars) mechanica > gr. mechanike (techne) = Maschinenbaukunst] Gehende, in der Regel bipedale Großroboter, die durch einen Führer kontrolliert werden. Kommen in japanischen Science-Fiction-Anime vorwiegend als Kampfmaschinen vor.

MECHANICOS [(Pl.; > lat. mechanicus = Mechaniker, lat. (ars) mechanica > gr. mechanike (techne) = Maschinenbaukunst] Bezeichnung für Maschinen und Roboter. (Brin 2000)

MECHANO-GÄRTNER [mechano zu mechanisch = mit Hilfe eines technischen Hilfsmittels, lat. (ars) mechanica > gr. mechanike (techne) = Maschinenbaukunst] Zur Gartenpflege eingesetzter Roboter. (Bester 1978)

MEHRZWECKANDROIDE auch kurz MZ-ANDROIDE, MZ [→ ANDROIDE] Menschenähnlicher Roboter, der unterschiedlichste Aufgaben übernehmen kann. Er ist mit klassischen Gesichtszügen und blauen Augen ausgestattet, auf der Stirn trägt er die Typenbezeichnung MZ (Mehrzweck). Da er aus synthetischen Gewebeschichten besteht, lehnt er es für sich selbst ab, als Roboter bezeichnet zu werden. Emotional ist er eingeschränkt, zumal ihm kein FREUDE-SCHMERZ-SYNDROM eingebaut wurde. Ab einer bestimmten Außentemperatur wird der M. zu einem KILLER-ANDROIDEN und tötet Menschen in seiner Umgebung. (Bester 1978)

MEKTEK [vmtl. Kw. zu Mechanik + Technik] Eine mit Künstlicher Intelligenz ausgestattete Maschine, die sich Menschen implantieren lassen können, kybernetische Verschmelzung von Maschine und KI. „MekTek war im Prinzip ein Produkt der Unentwickelten – die brutale kybernetische Verschmelzung von Maschine und künstlicher Intelligenz mit ihren zerbrechlichen Leibern und Gehirnen." (Robson 2005: 26) Ableitungen: MEKTEK-SICHT, MEKTEK-BUCHSEN, MEKTEK-SELBSTMODIFIKATION, MEKTEK-VERBINDUNGEN, MEKTEK-VIREN, MEKTEK-SCHÄDEN. ANIMAMEKTEK-TYPEN = → CYBORG-Hybride, teils Tier, teils Maschine. (Robson 2005) Im *Dune*-Zyklus von Frank Herbert (1965f.) wird ein Kampfroboter als KAMPFMEK bezeichnet.

MENKI [Wkr. aus Mensch + KI = Kw. zu Künstliche Intelligenz] Verbindung von Mensch und Künstlicher Intelligenz. „Die Definition dieses Begriffes hat sich ebenso schnell verändert wie die beteiligte Technologie. [...] Derzeit ist es Mode, als Menki nur solche Personen zu bezeichnen, die sowohl netzverbunden als auch durch die neuesten kybernetischen Pro-Prothesen ausgerüstet sind – die Panzerschale und die sensorische Kapuze." (Asher 2007: 80) „Orlandine schob sich rückwärts in den Freiraum, der für die Aufnahme ihrer Panzerschale gestaltet war, und spürte, wie die zahlreichen Verschlüsse und optischen Stecker eingeführt wurden und ihre eigene Steuersoftware online ging. Ein Arm mit vier Fingern an der Hand wurde unter ihren rechten Arm geführt und schloss sanft seine Klammern über und unter dem Ellbogen und unmittelbar oberhalb des Handgelenks. Jetzt verfügte ihr rechter Arm im Wesentlichen über acht Finger, vier davon aus Metall. [...] Von einer Stelle unmittelbar über der Taille entfalteten sich zwei zusätzliche Arme, deren Hände

Roboter/Cyborgs/Androiden 93

zwei gegenläufige Daumen aufwiesen. Sie streckte einen dieser Arme nach vorn aus und wackelte mit den Metallfingern. Jetzt war sie vollständig ein Menki." (Asher 2007: 144-45)

MIKRONAUTEN [Pl.; gr. mikro = klein + -naut > gr. nautes = Seefahrer, analog zu Astronaut] Mikroroboter im Nanobereich, die über die Haut in den Menschen eindringen können. (Brandhorst 2004)

MINIATURANDROIDE [Miniatur = kleine Ausfertigung + → ANDROIDE] Kleiner, menschenähnlicher Roboter. Konstruiert hat die M.n ein kleiner Junge, der von ihnen Modellflugzeuge zusammenbauen lässt. (Bester 1978)

MORAVEC auch kurz VEC [Hans Peter Moravec, *1948, Robotologe] Autonomes, empfindungsfähiges und biomechanisches Roboterwesen. Ableitung: STEINVEC = kriegerisch-aggressive Variante eines M. (Simmons 2005)

MULTIPLER ROBOT [multipel = vielfach, vielfältig, lat. multiplex + → ROBOTER] „Meisterrobot, der sechs Unterrobots unter sich hat." (Asimov 2004j: 285)

NANITEN [Pl.; nano- = der 10^{-9}te Teil einer physikalischen Einheit, gr. nanos = Zwerg] Zellorganellengroße Roboter, die im Körper von Lebewesen Reparaturen vornehmen. (Robson 2005)

NANOB [Wkr. aus nano- = der 10^{-9}te Teil einer physikalischen Einheit, gr. nanos = Zwerg + → (R)OB(OTER)] Selbstreplizierendes System von einer Größe unter 500 Nanometern, bezeichnet häufig implantierbare medizinische Geräte. (McCarthy 2007)

NANOBOTS [Pl.; nano- = der 10^{-9}te Teil einer physikalischen Einheit, gr. nanos = Zwerg + → BOT] Mikroskopisch kleine Roboter. (Baxter 2001) Robotertechnologie, die in den nächsten Jahrzehnten eine wichtige Rolle spielen wird. Erstbeleg nach OED bei J. Varley, *Steel Beach*, 1993: 206: „I synthesized a nanobot that goes after the things that would normally rot in your mouth while you are sleeping, and changes them into things that taste good."

NEUMANN [nach Von-Neumann-Computer/Rechner, John von Neumann (1903-1957), bedeutender Mathematiker] Eine sich selbst replizierende, autonom arbeitende Maschine. (Encyclopaedia Galactica)

NEUROLATOR [neuro- > gr. neuron = Sehne, Faser, Nerv + -lator = Subst.bildung] Roboter, der einen Bewusstseinstransfer vornehmen und die Daten auf einem CENTRAL-ERINNERUNGS-NEURODATEN-TRÄGER speichern kann. Das Objekt des Transfers ist katatonisiert → KATATONISIERUNG (Kognition). (Kotzwinkle 2007)

NICHT-ASENIONISCH [asenionisch, evtl. zu engl. aseity = unabhängiges Selbst (a + lat. se + -ity) + Ion, engl. ion > gr. ion = Gehendes, Wanderndes, zu ienai = gehen] Ein nicht-asenionisches → POSITRONENGEHIRN ist eines, in dem die Grundprämissen der drei asimovschen → ROBOTERGESETZE aufgehoben sind. (Asimov 2003)

NICHTROBOT auch NICHTROBOTER [→ ROBOTER] Bezeichnung für Menschen in Asimovs Robotergeschichten. „Zugegeben, daß Nichtrobots keine Denkfähigkeiten besitzen, bleibt immer noch das Problem." (Asimov 1979: 51)

PERMIFLEISCH [permanent = dauernd, anhaltend, ununterbrochen, zu lat. permanere = fortdauern] Dauerhaft haltender organischer Bestandteil eines Roboters. (Simmons 2005)

POLIZEIDROHNE [Drohne = Männchen der Arbeitsbiene, hier i.S.v nicht selbständiges, programmiertes Arbeits-/Hilfsgerät] Unbemanntes militärisches Aufklärungsflugzeug. „Die Maschine bestand nur aus glatten schwarzen Panzerplatten und scharfen Insektengliedern und erinnerte entfernt an eine abstrakte, aus Scherenteilen zusammengesetzte Skulptur. [...] Der Körper der Maschine war ein schwarzes Ei mit zahlreichen Öffnungen, aus denen Gliedmaßen, Greifwerkzeuge und Waffen sprießten." (Reynolds 2007: 33-34)

POLYONTEN auch VIELINGER, VIELISTER [Pl.; gr. poly- = viel + -ont(en) = biol. Fachbezeichnungen für Lebewesen, welche die in der Ableitungsbasis benannte Tätigkeit ausüben] Hoch entwickelte, intelligente Roboter, die ihre Köpfe austauschen können. Je nach Kaufkraft besitzen die P. unterschiedlich viele ALTERNATIVKÖPFE, zum Beispiel einen MORGENKOPF, ABENDKOPF, EXPRESSKOPF. (Lem 1999)

POSITRONENGEHIRN od. POSITRONISCHES GEHIRN [Positron = Elementarteilchen, Antiteilchen des Elektrons, Kunstwort aus positiv + -tron = für Elementarteilchen, analog zu Elektron] In Asimovs Robotergeschichten haben intelligente Roboter ein P., das menschliche Intelligenz nachvollziehen und simulieren kann und auf positronischen Schaltkreisen basiert. POSITRONISCH steht allgemein für eine spezifisch technische Intelligenzkomponente, so gibt es auch den POSITRONENROBOTER oder den POSITRONISCHEN MOTOR/ POSITRON-MOTOR. (Asimov 2004a) Der Begriff ‚positronisch' ist dadurch motiviert, weil „dass Positron erst vier Jahre vor meiner ersten Geschichte entdeckt worden war. ‚Positronisch' statt ‚elektronisch' hörte sich deshalb in meinen Ohren weitaus futuristischer an." (Asimov 1994: 481) Erstbeleg nach OED (VIII-3) bei Asimov im Jahre 1941. Vgl. auch → POSITRONENGEHIRN (Technologien).

Roboter/Cyborgs/Androiden

QT [Kw., im Text nicht motiviert, vmtl. amerikan. cutie = gewitzter Kerl] Ein androider, im Gegensatz zum einfacheren MC-MODELL mit hoch entwickeltem Denkvermögen ausgestatteter Robotertyp. QT-Roboter verfügen unter anderem über ROBOTERAUGEN, einen CHROMSCHÄDEL, ein POSITRONENHIRN, STAHLSCHULTERN und METALLARME. Der auf einer → SOLARSTATION (Raumschiffe) eingesetzte Roboter dieses Typs wird von der menschlichen Besatzung CUTIE genannt, das Kurzwort also wie ein Personenname verwendet. Im Ergebnis philosophischer Überlegungen, für die er von menschlicher Seite verächtlich als ROBOTER-DESCARTES bezeichnet wird, gelangte Cutie zu der Einsicht, gegenüber dem Menschen eine überlegene Stufe der Zivilisation zu repräsentieren, was ihn dazu veranlasst, die Macht über alle NICHTROBOTER auf der Station an sich zu reißen. (Asimov 1980)

QUARZHIRN Körperteil hoch entwickelter, intelligenter Roboter. (Lem 1999)

R [Pl. -s] → ROBOTER (Asimov 2003)

RATIOCINATE [der; engl. ratiocinate = reflektieren, logisch argumentieren, denken, lat. ratiocinari = überlegen, rechnen, schließen, folgern, zu ratio = (Be-) Rechnung, Prinzip, Denkvermögen, Vernunft] Hochintelligenter HIGH-END-ROBOTER. (Kotzwinkle 2007)

REINIGUNGSTIER Roboter in Tiergestalt, der Reinigungsarbeiten verrichtet (z.B. die ROBOTMAUS). Der ALUMINIUM-KÄFER bevölkert hingegen künstliche Wiesen und dient als Kinderspielzeug, die LÖSCHRATTE dient der Bekämpfung von Wohnungsbränden. (Bradbury 1981)

REPLIKANT [engl. to replicate = wiederholen, etw. nachbilden, reproduzieren > lat. replicare = wieder aufrollen] Der Begriff stammt aus dem Film *Blade Runner* (1982), der auf die Buchvorlage *Do Androids Dream of Electric Sheep?* von Philip K. Dick aus dem Jahre 1968 zurückgeht. Replikanten sind → ANDROIDEN, deren Lebenszeit auf wenige Jahre begrenzt ist und die sich äußerlich nicht von Menschen unterscheiden, die aber durch psychologische Tests überführt werden können.

REPLIKATOREN [Pl.; engl. to replicate = wiederholen, etw. nachbilden, reproduzieren > lat. replicare = wieder aufrollen] In der Fernsehserie *Stargate SG-1* handelt es sich um käferähnliche metallische, sich selbst reproduzierende Maschinenwesen. Wie die → FLIEGEN in Lems *Der Unbesiegbare* handeln sie instinktiv kollektiv und greifen bedrohende Wesen an.

ROBANT → ROBOTER. Ableitung: KELLNERROBANT. (Dick 2007c)

ROBOBUTLER [engl. robot → ROBOTER + engl. butler = Diener] Roboter, der Servicefunktionen für den Menschen übernimmt. (Baxter 2001)

ROBOCART [→ ROBOTER + engl. cart = Wagen] Mobiler Transportroboter. (Kotzwinkle 2007)

ROBOCHSE [→ ROBOTER + Ochse] Zoomorpher, nicht intelligenter Roboter, als Transportmittel eingesetzt. (Lem 1999)

ROBOCOP [→ ROBOTER + ugs. engl. cop = Polizist] → CYBORG-Polizeibeamter in dem gleichnamigen Film aus dem Jahre 1987. → HUMANOID (Lebensformen)

ROBOTARZT [→ ROBOTER] Ein Roboter in der Funktion eines Arztes. „Seine Frau war ebenfalls getötet worden, und ihre Verletzungen waren so schlimm, daß keine Organtransplantation sie wieder ins Leben zurückholen konnte; ihr hübscher kleiner Kopf war, wie der Robotarzt Herb erklärt hatte, in Stücke gespalten – eine für Roboter typische Wortwahl." (Dick 1984: 9)

ROBOTDIENER [→ ROBOTER] Roboter in der Funktion eines Butlers. (Dick 1984)

ROBOTER/ROBOT [tschech. robota = (Fron)Arbeit, robotnik = Sklave; engl. robot] Der Begriff Roboter stammt von dem tschechischen Schriftsteller Karel Capek und geht zurück auf dessen Theaterstück *R.U.R.* (Rossums's Universal Robots) aus dem Jahre 1921. Im Englischen erstmals 1925 belegt in dem Roman *City of No Escape* von T. C. Bridges: „,Marse Nick,' he demanded, ,is dey real men or does dey go by machinery?' ,Blessed if I know, Jake ... You'd best ask Mister Jeremy.' ,Sort of Robots I'd say, Nick. But it's a puzzle we shall have to solve later, ' said Jeremy." (S. 58) Im Film wurden Roboter erstmals in *Metropolis* (1926) dargestellt. Nach Duden (2000) ist Roboter ein „(der menschlichen Gestalt nachgebildeter) Automat mit beweglichen Gliedern, der ferngesteuert od. nach Sensorsignalen bzw. einprogrammierten Befehlsfolgen anstelle eines Menschen bestimmte mechanische Tätigkeiten verrichtet; Maschinenmensch". In *Per Anhalter durch die Galaxis* (Adams) definiert die Marketing-Abteilung der Sirius-Kybemetik-Corporation einen Roboter als „deinen Kunststoff-Freund für die schönen Stunden des Lebens". (Anhalter-Lexikon)

ROBOTER-DESCARTES [→ ROBOTER + Eigenname: René Descartes (1596-1650), französischer Philosoph und Begründer des modernen frühneuzeitlichen Rationalismus] Roboter, der philosophische Gedanken anstellt. (Asimov 1980)

ROBOTERGESETZE [→ ROBOTER] Die drei weltberühmten Gesetze der Robotik, 1942 von Isaac Asimov in der Story *Runaround* eingeführt, besagen: 1. Ein Roboter darf niemals einen Menschen verletzen oder durch Nichthandeln zulassen, dass ein Mensch zu Schaden kommt. 2. Ein Roboter muss den Befehlen, die ihm von Menschen gegeben werden, gehorchen, außer wenn sie mit dem ersten Gesetz in Widerspruch stehen. 3. Ein Roboter muss seine eigene Existenz schützen, solange der Selbstschutz nicht gegen das erste oder zweite Gesetz verstößt. Später kommt noch das Nullte Robotergesetz hinzu: Ein Roboter darf der Menschheit keinen Schaden zufügen oder durch seine Untätigkeit gestatten, dass die Menschheit zu Schaden kommt.

ROBOTERIN [→ ROBOTER + -in = fem.] Weiblicher Roboter. Dass Roboter in der Science-Fiction oft zu Quasilebewesen werden, zeigt nicht nur die Tatsache, dass sie mit einem biologischen Geschlecht ausgestattet sein, sondern, wie in diesem Fall, auch Gegenstand von Liebeslyrik werden können: „Es liebte dereinst ein Roboter/ die schöne Roboterin,/ er sang ihr eine Kathotter,/ da war ihre Spule dahin." (Lem 1982:337 Roboter können auch andere typisch menschliche Eigenschaften aufweisen, zum Beispiel Nervenschwäche, wie der von fixen Ideen geplagte ELEKTROSTHENIKER oder der HYPOCHONDER-ROBOTER. (Lem 1982)

ROBOTERKELLNER [→ ROBOTER] Maschine, die als Kellner in einem Restaurant fungiert und ROBOTERGÄSTE bedient. Spezielle R. sind der ROBOTER-OBERKELLNER und der ROBOTER-WEINKELLNER. (Adams 2005b)

ROBOTERLAGER [→ ROBOTER] Eine Siedlung der so genannten WILDEN ROBOTER. Diese sind funktionslos geworden, nachdem sich die Menschheit als Spezies von der Erde verabschiedet hat → LOPER (Lebensformen), → TRAUMKAPPE (Technologien), → JUWAINISMUS (Kultur). Deshalb haben sich die Roboter in die Wälder zurückgezogen, um dort ein neues, eigenständiges Dasein aufzubauen. Die Roboter können im Freien überdauern, in einem R. gibt es daher keine Gebäude, ebenso wenig wie eine soziale Hierarchie. (Simak 1978)

ROBOTERMÄDCHEN [→ ROBOTER] Vorstellung eines Zeitreisenden von einer möglichen Erdbewohnerin der Zukunft: „Wäre ein Robotermädchen vom Mars im Aluminiumkleid, mit Flügeln und mit Elektromotoren vor mir aufgetaucht – ich hätte keinen Moment gezögert, in ihr einen späten Mitmenschen zu erkennen, gerade weil ich wegen der vergangenen fünftausend Jahre damit rechnen durfte. Aber ein sonnengebräunter, nackter Mann mit struppigem Bart wie ein Urmensch – in dieser Zeit, dieser Umgebung?" (Karinthy 1980: 18)

ROBOTIK Allgemeiner Begriff für jene wiss. Disziplin, die sich mit der Steuerung und Entwicklung von → ROBOTERN beschäftigt. Der Begriff stammt von dem Science-Fiction-Autor Isaac Asimov und ist erstmalig im Mai 1941 belegt. (OED 8-32)

ROBOTKASSIERER [→ ROBOTER + Kassierer = Rechnungsführer] Roboter in der Funktion eines Bankangestellten. (Dick 1984)

ROBOTOMAT [Wkr. aus → ROBOTER + Automat, frz. automate > gr. automatos = sich von selbst bewegend] Bezeichnung für „altertümliche Roboter, die leicht zu täuschen sind: Man muss nur eine alte Memodisk in den Schlitz ihres Plastrons stecken, dann legt ein Kurzschluss sie lahm ..." (Bordage 2007: 477)

ROBOT-ORGANISMEN [→ ROBOTER + Organismus] Künstliche Organismen. (Franke 2004)

ROBOTVERMITTLER [→ ROBOTER] Roboter in der Funktion eines Telefonisten. (Dick 1984)

ROBOT-VOGEL [→ ROBOTER] Künstlicher Vogel: „Die Vertilgung von Insekten ist nach wie vor nicht möglich, ohne ökologischen Schaden anzurichten. Chemische Mittel streuen zu breit, und Hormone reichen nicht aus. Der Robot-Vogel hingegen kann große Gebiete vor dem Schaden durch Insekten bewahren, ohne selbst aufgebraucht zu werden. Er kann so gezielt programmiert werden, wie sie wollen. Je einen speziellen Robot-Vogel für eine spezielle Schädlingsart. Der Robot-Vogel reagiert auf Größe, Farbe, Form, Geräusch und Verhaltensweise des jeweiligen Insekts. Er ist auch in der Lage, auf molekulare Wahrnehmung, sprich Geruch, zu reagieren." (Asimov 2004m: 595)

ROIDE [Kw. zu → ANDROID] Menschenähnlicher Automat, der zu verschiedenen Arbeiten eingesetzt werden kann (z.B. TRANSPORTROIDE). Eine Weiterentwicklung stellt der mit organischen Komponenten ausgestattete BIOROIDE dar. Dieser kann wiederum als Kopie von Personen auftreten, zum Beispiel der MARDROID die Rolle des Raumschiffkommandanten Mardom (MENSCH-MARDOM) einnehmen. (Kober 1984)

SAPHIR-AUGE [Saphir = Edelstein] Sehorgan von Robotern. (Lem 1999)

SERVITOR [lat. servitor = Diener, Subst. zu servire = dienen, servus = Sklave] Schwebender Roboter, der für den Menschen unterschiedlichste Servicefunktionen übernimmt. (Simmons 2005)

SERVOMAT [Wkr. aus servo- > lat. servus = Sklave, Diener + Automat, frz. automate > gr. automatos = sich selbst bewegend, aus eigenem Antrieb, analog zu Automat] Uraltroboter. (Reynolds 2007)

SERVOROBOTER auch SERVOMAT, DIENSTLEISTUNGSROBOTER [servo- > lat. servus = Sklave, Diener + → ROBOTER] Automat, der Hausarbeiten verschiedenster Art verrichtet. (Simon 1982)

SIMULACRUM [lat. simulo = Bild, Abbild] Mensch-Maschine. „Simulacra sind diese künstlichen Menschen, die ich immer als Roboter bezeichnet habe; sie werden für die Erforschung des Mondes eingesetzt und dazu vom Cape aus hochgeschossen." (Dick 2007h: 12) In Dick (2004) sind die Schullehrer auf dem Mars S., Lehrmaschinen: „Diese Maschine, wußte er, spulte ihr aufwendiges Programm als Antwort auf ein Unterrichtsband ab, aber ihr Benehmen war jederzeit offen für Änderungen, je nach dem Verhalten des Publikums. Sie war kein geschlossenes System; sie verglich die Antworten der Kinder mit ihrem Band, ordnete zu, gruppierte und reagierte dann. Für eigenwillige Antworten war jedoch kein Platz, weil die Lehrmaschine nur eine begrenzte Anzahl von Kategorien erkannte. Dennoch bot sie die überzeugende Illusion, lebendig und lebensfähig zu sein; sie war ein Triumph des Ingenieurswesens. Ihr Vorteil gegenüber einem menschlichen Lehrer bestand darin, daß sie sich mit jedem Kind einzeln befassen konnte. Sie erzog, statt lediglich zu unterrichten. Eine Lehrmaschine konnte mit bis zu tausend Schülern gleichzeitig umgehen und würde doch nie den einen mit dem anderen verwechseln; bei jedem Kind änderte sich ihre Reaktion, so daß sie eine etwas andere Person wurde. Mechanisch, ja – aber fast unbegrenzt vielfältig." (Dick 2004: 96)

SKELETTGOLEM od. kurz GOLEM [Golem = im aschkenasisch-jüdischen Volksglauben seelenloses anthropomorphes Wesen aus feuchter Erde, hebr. golem = ungeformte, formlose Masse, ungeschlachter Mensch] Hautlose ANDROIDen, einem verchromten Skelett gleich. (Asher 2007)

SOBOT [Wkr. aus SONDENDROIDE (→ DROIDE) + → BOT] Fliegender SONDENDROIDE, der nach Rebellenstützpunkten sucht und mit verschiedenen Scansystemen ausgestattet ist. (Star Wars)

SOHNSMATRIZE [Matrize, frz. matrice = Gussform für Druckbuchstaben] Vorlage für die Erzeugung eines Thronfolgers am Hof hoch entwickelter intelligenter Roboter. Der Thronerbe reift im KINDSOFEN heran, seine Geburt erfolgt am Festtag der SOHNESPFLÜCKE. (Lem 1999)

SPRINGROBOTER [→ ROBOTER] Maschine, die sich hüpfend fortbewegt und vor allem Transportzwecken dient. Der Rumpf eines S. ist kugelförmig und ruht auf einem Metallbein mit Kolbenventilen. Dieses ermöglicht dem S. Sätze von bis zu 20 Metern Länge. In Ruheposition lagert ein S. auf einem Dreibein aus Metall. (Sterling 1996)

STAATSROBOTER [→ ROBOTER] Automatische Maschinen, die vom Bundesstaat Texas eingesetzt werden, um unterschiedliche Aufgaben zu erfüllen. Zum Beispiel führt der STRASSENINSTANDSETZUNGSKOLOSS (auch WARTUNGSKOLOSS) die Reparatur von Straßen durch, der ROBOTBULLDOZER leistet Abrissarbeiten. Die S. sind technisch oft nicht ausgereift und störanfällig. (Sterling 1996)

TELEFAKTOR [gr. tele = fern, weit + lat. factor = Macher, Verfertiger, Subst. zu facere = machen, tun] Autonom arbeitende Maschine. Der einem Zylinder ähnelnde Telefaktor „streckte einen seiner vielen Arme aus sowie anschließend aus dessen Spitze ein simples Werkzeug, mit dessen Hilfe er sehr schnell sämtliche Schrauben der Türangel entfernte. Dann reichte er die Tür an einen seiner Gefährten durch, der sie in dünne, transparente Monofaser wickelte, ehe er sie zu einem Stapel ähnlich eingewickelter Gegenstände trug." (Asher 2007: 116)

TERMINATOR [engl. to terminate = beenden > lat. terminare = abgrenzen, beenden; spätlat. belegte Subst.bildung terminator = Abgrenzer] → CYBORG, der Menschen auf Befehl tötet bzw. ‚terminiert'. Berühmt durch den gleichnamigen Film aus dem Jahre 1984 mit Arnold Schwarzenegger in der Hauptrolle. Der Terminator besitzt ein metallisches Endoskelett, ummantelt von organischem Gewebe.

THROPIS [Pl.; möglicherweise Zusammenhang mit gr. trophe = Ernährung] Für verschiedene Einsatzbereiche bestimmte Roboter, die äußerlich ihren Erbauern, den → SIRIANERN (Lebensformen), und damit auch dem Menschen ähneln. Es gibt unterschiedlich große Versionen (MINITHROPI, KLEINTHROPI, NORMALTHROPI, RIESENTHROPI). Die T. werden durch eine SCHWERMATERIEBATTERIE angetrieben und sind mit schlichten kognitiven Fähigkeiten ausgestattet (PRIMITIVHIRN). Der extensive Einsatz der T. hatte eine zunehmend einseitige technologische Weiterentwicklung der Sirianer zur Folge, weshalb in der Folgezeit keine T. mehr gebaut wurden (THROPIUNWESEN). Die technokratische Gesellschaft der Sirianer auf → CANIP (Raum) ist jedoch weiterhin stark durch die T. bestimmt. Hier wurde auch ein neuer, mit Intelligenz ausgestatteter THROPITYP, der PENSER, entwickelt. Als HYBRIDAUTOMAT vereint er Eigenschaften eines mechanischen Arbeitsroboters mit der kognitiven Flexibilität natürlicher intelligenter Lebensformen. (Ehrhardt 1975)

UNROBOTERHAFT [→ ROBOTER] Dem erwartbaren Verhalten eines Roboters nicht angemessen. U. sind zum Beispiel sentimentale Gefühle oder das Erleben von Überraschung. (Simak 1978)

VACUBOTER [Wkr. aus Vakuum, lat. vacuum = entblößt, frei, leer + → ROBOTER] Eine Art Staubsauger-Roboter. „Er suchte nach einem Ausgang, aber eine Ansammlung von Vacubotern, die blindlings alles ansaugten, was sich bewegte, zog ihn in ihren verbeulten Kreis." (Kotzwinkle 2007: 148)

Roboter/Cyborgs/Androiden

WÄCHTER [orig. engl. sentinel = Wächter, Wachposten] In der Matrix-Filmtrilogie (1999) autonom arbeitende Tötungsmaschine in der Form eines Kraken mit vielen Tentakeln. „Trinity: ‚Ein Wächter – eine Killermaschine, die nur ein Ziel hat ...' Dozer: ‚Suchen und vernichten'." (Matrix)

ZÄIDE od. pejorativ ugs. EMM-ZETT [fiktiv Zäus = Vater der Maschinenzivilisation > Zeus = olympischer Gott in der gr. Mythologie, Göttervater; Emm-Zett = phonetisch motivierte graphische Variante zu MZ = Maschinenzivilisation] Angehöriger der Maschinenzivilisation. (Brandhorst 2008)

ZENTAUR [lat. centaurus > gr. kentauros = vierbeiniges Fabelwesen mit Pferdeleib und menschlichem Oberkörper] Vierbeiniger Roboter. (Asimov 1987)

ZYKLOP [nach gr. Zyklop = einäugiger Riese in der gr. Mythologie, lat. cyclops > gr. kyklops vmtl. > gr. kyklos = Kreis, Auge + gr. ops = Auge]. „Den Zyklopen nach etwas aussenden hieß bei den Raumfahrern soviel wie dem Teufel eine Aufgabe übertragen. Von der Niederlage eines Zyklopen hatte bisher keiner gehört. [...] Er besaß außer dem üblichen System der Diracs für die Erzeugung des Kraftfeldes einen Kugelantimateriewerfer [→ ANTIMATERIEWERFER (Waffen)], konnte daher in beliebiger Richtung oder nach allen Seiten zugleich Antiprotonen abschießen. [...] Der Zyklop war zwar mit einer starken Funk- und Fernsehverbindung ausgestattet, aber er war auch dank einem Elektronengehirn, das ihn steuerte, für selbständige Aktionen eingerichtet". (Lem 1973: 105-06)

Technologien

Die Herausbildung der Science-Fiction darf, bei aller Heterogenität ihrer literaturgeschichtlichen Bezugspunkte und Quellen, auch als Reaktion auf die Entfaltung des modernen Industriezeitalters gesehen werden. Technologische Innovationen und das Vordringen der Technik in alle Lebensbereiche prägen den Zeitgeist des späten 19. und frühen 20. Jahrhunderts, also jenes Zeitraums, in dem das Genre sich allmählich konstituiert, entscheidend mit. Die Herausbildung neuer technischer Berufe in Forschung, Entwicklung und Produktion liefert der Science-Fiction nicht zuletzt eine interessierte Leserschaft. Ein früher Text wie Hugo Gernsbacks *Ralph 124 C 41+* (1925) lässt all dies auch heute noch spürbar werden. Gernsback, dem die Science-Fiction immerhin ihren Namen verdankt, bietet eine – literarisch vielleicht nicht besonders anspruchsvolle – Gesamtschau dessen, was zu seiner Zeit an Möglichkeiten in der modernen Technik gesehen wurde. Eine fast naive Begeisterung für das Potential technologischer Innovation, vorangetrieben durch eine Expertenelite, wird hier greifbar.

Die Beziehung der Science-Fiction zur Technik ist allerdings von Anfang an diffiziler. Zum einen dient Technik als Vehikel für die ernst gemeinte und vielfach durch die genaue Kenntnis der dahinter liegenden Zusammenhänge fundierte Spekulation über eine zunächst noch unproblematische, verlockende Zukunft. Zum anderen dienen technisch klingende Ausdrücke oft auch einfach dazu, die Atmosphäre des Avancierten und Futuristischen zu erzeugen und auf diese Weise wie nebenher Erfindungen zu legitimieren, die unter Umständen den uns heute bekannten Naturgesetzen offen widersprechen. Für den Leser ist dann mitunter kaum zu erkennen, wo Versatzstücke realer Fachsprachen enden und der literarische Erfindungsreichtum beginnt. Der Anspruch seriöser naturwissenschaftlicher und technischer Spekulation hat aber lange Zeit einen prägenden Einfluss auf die Entwicklung des Genres ausgeübt und wirkt bis heute nach. Puristen des Genres haben ihn als Messlatte dafür angelegt, was sich überhaupt Science-Fiction nennen darf und was nicht. Das gilt in besonderer Weise für die so genannte *Hard SF*, der Autoren wie Robert A. Heinlein, Hal Clement oder Larry Niven zugerechnet werden können. Die Polemik von dieser Seite, etwa gegenüber den literarischen Experimenten der *New Wave* in den 1970er Jahren, ist ein Indiz dafür, welche Bedeutung der ursprüngliche Bezug zu Naturwissenschaften und Technik für das Genre hatte. Dass dieser Bezug keineswegs aufgegeben wurde, zeigt nicht zuletzt die Intensität, mit der die aktuelle Science-Fiction seit dem Cyberpunk der 1980er Jahre die Möglichkeiten und Folgen der Computertechnologie auslotet. Der euphorische Fortschritts-

Technologien

glaube der frühen Jahre allerdings ist unterwegs doch ein wenig abhandengekommen.
Das enge Verhältnis der Science-Fiction zur Technik hat zur Folge, dass ihre zentralen Themenbereiche immer auch eine technische Seite haben. Zum Beispiel muss sich spätestens seit H.G. Wells' *Die Zeitmaschine (The Time Machine. An Invention*, 1895) niemand mehr auf Eis legen lassen oder in psychedelische Zustände versetzen, um in die Zukunft zu gelangen – das übernimmt nun eine Maschine. Deshalb sind technische Aspekte wichtiger Themen des Genres in den anderen Kapiteln dieses Buches immer mit berücksichtigt worden. Die Vielfalt großer und kleiner technischer Erfindungen der Science-Fiction lässt es jedoch sinnvoll erscheinen, den technologischen Bereich mit dem nachfolgenden Überblick abzurunden und zu komplettieren. Bestimmte Schwerpunkte sind auch in diesem Zusammenhang erkennbar. Die Gentechnologie ist von Interesse, vor allem als Grundlage für das Klonen intelligenter Lebewesen, die Medizin wird zunehmend automatisiert und offeriert Techniken zur Verjüngung oder zur Erlangung ewigen Lebens, die Speicherung und Verarbeitung von Informationen wird leistungsfähiger, viele technische Neuerungen setzen bei der Idee der ANTIGRAVITATION, also der Aufhebung oder Umkehrung der Schwerkraft an. Neben wichtigen Teilbereichen dieser Art steht eine Vielzahl anderer technischer Einfälle, mit denen Science-Fiction-Autoren ihre Welten möblieren und auch das Alltagsleben zukunftstauglich machen. Schließlich ist es doch, um noch einmal auf Gernsbacks eingangs angesprochenen Roman zurückzukommen, überaus praktisch, wenn der simple Ausruf „Lux!" die Zimmerbeleuchtung aktiviert. Der LUMINOR erspart es uns, den Lichtschalter zu suchen – nicht nur um das Jahr 1925 eine revolutionäre Idee!

AGRAV [A = Kw. zu → ANTIGRAVITATION] Gerät zur Erzeugung von → ANTIGRAVITATION, einer der Schwerkraft entgegengesetzt wirksamen physikalischen Kraft. Als Bauteil von Raumschiffen (ANTIGRAVITATIONSKISSEN) federt das A. die Landung auf einem Himmelskörper ab (auch → LANDER (Raumschiffe). A.s können auch dazu genutzt werden, Objekte, bis hin zu riesigen Raumschiffdocks, über der Oberfläche eines Himmelskörpers in der Schwebe zu halten. Mit einem AGRAV-HARNISCH aus AGRAVGEWEBE können sich einzelne Personen durch die Luft fortbewegen. (Vinge 2007) Der A-GRAV-GENERATOR ist ein Gerät, das → ANTIGRAVITATION erzeugt, die der Gravitation etwa eines Himmelskörpers entgegenwirkt und so eine sanfte und sichere Landung eines Raumschiffes ermöglicht. (Kober 1984)

ALPHA-STRAHLER [Alphastrahler = eigtl. Substanz, die ionisierende Strahlung, die bei radioaktivem Zerfall auftritt (Alphastrahlung), abstrahlt, alpha = 1.

Buchstabe des gr. Alphabets] Kleiner, glänzender, eiförmiger Gegenstand, ein „Gehäuse aus einer Blei-Legierung mit einer längs angebrachten Vertiefung, in der ein winziges Stück Plutonium-Salz eingebettet war. Die Höhlung war mit Glimmer abgedeckt, das für Alpha-Partikel durchlässig war. In dieser einen Richtung wurde harte Strahlung abgegeben." (Asimov 2003: 241)

ANNIHILATOR [Annihilation = physik. Umwandlung der Masse aufeinandertreffender Elementarteilchen in einen äquivalenten Energiebetrag, eigtl. das Zunichtemachen, Vernichten, Ungültigerklären, lat. ad (an-) = zu + nihil = nichts, lat. nihil = nichts + -or] Gerät, das Elementarteilchen zerstört, indem es sie in Licht umwandelt. (Lem 1986b)

ANTI-ENTROPIE-KRAFTFELD [physik. Größe als Bezeichnung für den Grad der Nichtumkehrbarkeit physikalischer Vorgänge, anti- = gegen + Entropie, gr. en = innerhalb + trope = Wendung, Umkehr] Bewirkt Umkehrbarkeit physikalischer Vorgänge und zeitlicher Abläufe. (Simmons 2002)

ANTIGRAV [Antigrav = Kw. zu → ANTIGRAVITATION] Gerät, das die Schwerkraft modifizieren und aufheben kann. (Baxter 2001) Das ANTIGRAV-FELD ist ein künstlich erzeugtes physikalisches Feld, das der Schwerkraft eines Himmelskörpers entgegenwirkt. (Clement 1978) Erstbeleg nach OED (I-13) bei T. Sturgeon in *Astounding Science-Fiction* 6-1941: 56/2. → auch ANTIGRAV (Raumschiffe).

ANTIGRAVITATION od. ANTISCHWERE [Antigravitation = negative Schwerkraft, gr. anti- = gegen, gegenüber, anstatt + Gravitation = (physik.) Anziehungskraft zwischen Massen, lat. gravitas = Schwere, zu gravis = schwer] Eine physikalische Kraft, die der Gravitation entgegenwirkt und deshalb technisch genutzt werden kann, um alle möglichen Objekte frei schweben zu lassen oder ihnen eine sanfte und sichere Landung zu ermöglichen. Dazu ist die Erzeugung eines ANTIGRAVFELDES (auch ANTISCHWEREFELD) erforderlich. Raumfahrzeuge und andere Transportmittel sind oft mit A. ausgestattet. (Simon 1982) Adjektivischer Erstbeleg „anti-gravitational" nach OED (I-15) bei G. Griffith *Visit to Moon* in *Pearson's Magazine* Feb. 1910: 141.

ANTIGRAVITATIONSHÜLLE [→ ANTIGRAVITATION] Eine Art Raumanzug, der die Schwerkraft durch die abstoßende Wirkung von Antiteilchen aufhebt und Sprünge über ein paar tausend Kilometer ermöglicht. (Darász 1980)

ANTIGRAVIATIONSPLATTFORM kurz auch AG-PLATTFORM [→ ANTIGRAVITATION] Transportplattform, die durch Antigravitation schwebt. (Asher 2007)

ANTIGRAVSPULE [→ ANTIGRAV] Spule für Antigravitonen. (Franke 1983)

Technologien

ANTI-GRAV-TUNNEL [→ ANTIGRAV] Transportschacht, der mit Hilfe von → ANTIGRAVITATION die Bewegung in der Vertikalen ermöglicht. (Kober 1984)

ANTIMATERIEGENERATOR [gr. anti- = gegen, gegenüber, anstatt + Materie = stoffliche Substanz, Urstoff, lat. materia = Stoff + Generator = Gerät zur Stromerzeugung, lat. generare = erzeugen] Gerät zur Gewinnung von Antimaterie, die zur Zerstörung von Materie eingesetzt werden kann. (Lem 1986b)

ANTI-SCHWERKRAFT-GENERATOR [gr. anti = gegen, gegenüber, anstatt + Schwerkraft + Generator = Gerät zur Stromerzeugung, lat. generare = erzeugen] Apparat, der lokale → ANTIGRAVITATION ermöglicht, von einem Baby geplant und einem ‚Idioten' gebaut, um einen fest gefahrenen Lastwagen freizubekommen. „Der Lastwagen stand draußen in der Vormittagssonne, dem Rost und dem langsamen Zerfall preisgegeben, ein verrottendes Gehäuse um die seltsamen, silbrigen Kabel und den geheimnisvollen kleinen Kasten. Durch die langsame Freisetzung atomarer Bindeenergie von praktisch unerschöpflicher Kraft stellte die Vorrichtung eine einfache Lösung des Fluges ohne Flügel dar, den Schlüssel zu einer neuen Ära im Transportwesen und im interplanetarischen Verkehr. Angefertigt von einem Idioten, montiert, um ein an Kolik eingegangenes Pferd zu ersetzen, einfältig zurückgelassen und stumpfsinnig vergessen – der erste Anti-Schwerkraft-Generator der Erde." (Sturgeon 1985: 70)

ATOMKUGELHEIZUNG [Atom > lat. atomus = kleinster, unteilbarer Bestandteil der Materie] Heizungssystem: „Winzige Reproduktionen leuchtender Sterne sausten summend unter der goldverzierten Zimmerdecke umher und verbreiteten im Raum eine konstante, angenehme Wärme." (Bordage 2007: 180)

AUFGEROLLTES AUDI-VID-MAGAZIN [lat. audire = hören + lat. videre = sehen] E-Paper-Magazin, mit Ton- und Video-Informationen. (Dick 2007e)

AUFPUTSCH-DEALER [Dealer = Drogenhändler, aus engl. dealer = Händler, zu to deal = handeln] „Neben einer Auswahl fragwürdiger Stimulanzien, die er mit sich herumtrug, hatte er auch ein gewerbliches Ladegerät auf Rollen dabei. [...] Jockey deutete auf den kaputten Roboter. ‚Laden Sie ihn auf!'" (Kotzwinkle 2007)

AUTODOZER [auto- zu gr. autos = selbst + engl. shovel dozer = Schaufellader] Selbsttätige Maschinen, die Planeten von Millionen Tonnen Asche säubern. (Asher 2007)

AUTOMATEN-CONSOLE [Automat > frz. automate > gr. automatos = sich von selbst bewegend + Console = Vorrichtung mit Bedienelementen, frz. console

> Kurzform zu consolateur = Gesimsträger > lat. consolator = Stütze] Öffentliches Computerterminal. (Gibson 2000)

BASISSERVO [Basis = Grundlage, lat. basis > gr. basis, zu bainein = gehen, treten + Servo = Hilfsgerät, lat. servus = Sklave, Diener; zu servire = dienen] Hochleistungsfähige Computerbasis. (Brandhorst 2004)

BEAMEN [engl. to beam = strahlen] Objekte werden mittels eines TRANSPORTERS bzw. MATERIETRANSMITTERS von Punkt A nach B teleportiert, ohne dass sie dabei physisch den dazwischen liegenden Raum durchqueren. Das Konzept des B.s wird in Science-Fiction für den blitzschnellen Transport von Personen oder Dingen über riesige Entfernungen hinweg gebraucht. (Star Trek)

BIONISCHER ZUCHTTANK [Bionik = Disziplin, die sich mit der technischen Umsetzung biologischer Prinzipien befasst. Wkr. aus Biologie + Technik] Gerät zur Herstellung von Lebensmitteln. (Eschbach 2005)

BIO-SERVOS [Pl.; gr. bios = Leben + Servo = Hilfsgerät, lat. servus = Sklave, Diener; zu servire = dienen] Technische Körperimplantate, die körperliche Funktionen ausbauen oder ersetzen. (Brandhorst 2004)

BIOWARE [gr. bios = Leben] Unter B. fallen alle Produkte der Bionik, Gliedmaßen ebenso wie innere Organe, um den Körper gewissermaßen zu ‚tunen'. (Gibson 2000)

BLOPP-SCREEN [viel. Blopp = Programmiersprache für Kinder + engl. screen = Bildschirm] Multimedia-PDA-Bildschirm. (Franke 2005)

BOKANOWSKYSIEREN [Bokanowsky = fiktiver Eigenname] Herstellung von genetisch identischen Mehrlingen nach dem BOKANOWSKYVERFAHREN: „Völlig identische Geschwister, aber nicht lumpige Zwillinge oder Drillinge wie in den alten Zeiten des Lebendgebärens, als sich ein Ei manchmal zufällig teilte, sondern Dutzendlinge, viele Dutzendlinge auf einmal." (Huxley 1982: 22)

CHAMÄLEONWARE [Chamäleon = Reptil, das sich als Tarnung ganz natürlich optisch an seine Umgebung anpasst, lat. chamaeleon > gr. chamaileon = eigtl. Erdlöwe + engl. ware = Ware] Am Körper getragene Tarnware, die über den größten Teil des elektromagnetischen Spektrums hinweg unsichtbar macht. (Asher 2007)

COMPDIAGNOST [Kw. zu Computer + Diagostik = Lehre/Fertigkeit der Diagnosestellung, zu Diagnose = Feststellung einer bestimmten Krankheit, gr. diagnosis = unterscheidende Beurteilung, dia- = durch + gnosis = Erkenntnis, zu gignoskein = erkennen] Gerät, das komplette medizinische Diagnosen erstellt und diesbezüglich als fehlerfrei gilt. (Szabó 1980)

Technologien

COPTER [Kw. zu Computer] C. arbeiten in verschiedenen Funktionen: Die übergeordnete Steuerung einer Unternehmung, etwa einer Weltraumexpedition, übernimmt der HAUPT- oder LEITCOPTER, der STEUERUNGSCOPTER reguliert die Umlaufbahn zum Beispiel einer Raumstation, der ZENTRALCOPTER (auch Z-COPTER) stellt Kommunikationsverbindungen her. Fallen diese Geräte aus, kann immer noch auf den NOTCOPTER zurückgegriffen werden. Eine Landebasis auf einem fremden Planeten ist mit einem BASISCOPTER ausgestattet, eine Raumschiffkabine mit einem KABINENCOPTER, als Informationsmedium dient der INFORMATIONSCOPTER. Der MINICOPTER ist eine besonders kleine Version. (Kober 1984)

DATENFOLIE Informationsträger. (Brandhorst 2004)

DESINTEGRATIONSSTRAHL [Desintegration = Spaltung, Auflösung eines Ganzen in Teile, frz. dés- + intégration > lat. dis- + integratio, zu integrare = wiederherstellen, erneuern] Der D. wird durch eine Vakuumröhre erzeugt und ermöglicht die Beobachtung des Sternenhimmels auch durch eine geschlossene Wolkendecke hindurch. (Bester 1978)

DESTABILISATOR [destabilisieren, über engl. to destabilize > lat. de- = Negationspräfix + stabilis = feststehend, standhaft, dauerhaft, zu stare = stehen; + -ator] Gerät, das Materie zerstört, in dem es vorhandene Atomverbindungen zerbricht. (Lem 1986b)

DEUTRELIUM [Deuterium = schwerer Wasserstoff, gr. deuteros = zweiter, nächster + Helium = Edelgas mit großer Wärmeleitfähigkeit, gr. helios = Sonne] Fiktives Element, das aus Deuterium und Helium-3 besteht, in Computerspielen auch als fiktiver Energieträger verwendet. (McCarthy 2007)

DRUCKPLATTE → FAX

DSCHAINATECHNIK, kurz DSCHAINATECH [Dschaina = eine im 1. oder 2. Jh. n. Chr. vom Buddhismus abgezweigte und über Indien verbreitete Sekte] Technik der Dschaina, einer kriegerischen Spezies, die ganze Zivilisationen zerstört hat. Liegt in Form von DSCHAINAKNOTEN vor, die komprimierte Dschainananotechnik enthalten, die bei Körperkontakt mit intelligenten, technisierten Lebewesen aktiviert wird. „Diese Technik war ungeheuer gefährlich, denn einmal vom Wirtsorganismus aktiviert, konnte sie sich mit der Zeit sowohl physisch als auch informationstechnisch Zugang zu weiterer Technik verschaffen und sie steuern lernen, die Kontrolle ergreifen, Zerstörungen anrichten, wachsen und alles oder jeden übernehmen, mit dem sie in Berührung kam." (Asher 2007: 48)

DUFTORGEL „Die Duftorgel spielte ein köstlich erfrischendes Kräuterkapriccio – kleine Arpeggiowellen von Thymian und Lavendel, Rosmarin, Basilikum,

Myrte und Schlangenkraut, eine Folge kühner Modulationen durch die Aromen der Gewürze bis zu Ambra, dann langsam zurück über Sandelholz, Kampfer, Zedernholz und frisch gemähtes Heu [...] zu den schlichten Duftweisen, mit denen das Stück begonnen hatte." (Huxley 1982: 149)

EINHEITS-GESICHTSPLASTIK Mit Hilfe plastischer Chirurgie wiederhergestelltes Gesicht eines Schwerverletzten, das jedoch aufgrund einer fehlenden Zusatzversicherung des Patienten und mangelnder Kapazitäten der behandelnden Klinik nur nach einem einfachen, wenig individualisierten Grundmuster geformt wird. (Disch 1977)

EKTOTECHNIK [gr. ekto(s) = außen, außerhalb; Bezug zu Ektomie = Totaloperation] Eine Technologie, welche die lebendigen Zellen einer Person (EKTOGE) nach und nach durch → GRIPSER ersetzt. Die EKTOGISIERUNG (auch PSEUDOMORPHOSE) lässt den EKTOGISIERTEN unsterblich werden. Ein durch die EKTOLOGIE zu lösendes Problem ist die PSEUDOMORPHISCHE SYNCHRONISIERUNG, die Balance zwischen den Lebensäußerungen noch funktionstüchtiger Körperzellen und ihrem Ersatz. Auch die psychischen Folgen der VERUNSTERBLICHUNG sind nicht in jedem Fall vorher absehbar. Die Technologie kann auch als Waffe eingesetzt werden, indem sie Personen unfreiwillig und ohne ihr Wissen in Ektogen verwandelt (EKTOZID). (Lem 1986a)

ELEKTROBINOCULAR [Binokular = für das Sehen mit beiden Augen eingerichtetes optisches Gerät] Fernglas, das mit Nachtsicht-Sensoren und leistungsstarken Scannern ausgestattet ist. (Star Wars)

ENTKORKUNG Künstliche ‚Geburt' nach dem BOKANOWSKYVERFAHREN (→ BOKANOWSKYSIEREN). Als Verb: ENTKORKEN. Analog zu Geburtstrauma ENTKORKUNGSTRAUMA. (Huxley 1982)

EYE [engl. eye = Auge] Mechanisches Auge. (Baxter 2003)

FAX od. FAXGERÄT [Fax = Kw. für Faksimile, lat. fac simile = mach ähnlich!] Gerät zur Reproduktion physikalischer Objekte anhand gespeicherter Informationen: „Ein Fax konnte Menschen, Orangen, ganze Raumschiffe und die meisten Komponenten eines weiteren Faxgerätes reproduzieren." (McCarthy 2007: 68) Als DURCHGANGSFAX wird ein Faxgerät mit zwei gleichzeitig arbeitenden Platten für In- und Output bezeichnet, mit SCHMALTER [vmtl. aus schmelzen abgeleitet] ein Faxgerät, das zur Gewinnung natürlicher Elemente aus Erz oder Abfall genutzt wird. Ein FAXBORN (engl. born = geboren) ist ein künstlich in einem Fax geschaffener Mensch oder eine menschenähnliche Lebensform. FAXWARE (Analogiebildung zu Hard- bzw. Software) bezeichnet, was von einem Fax produziert wurde, und ugs. die Kontrollsysteme und Filter eines Faxes. Elemente der Druckplatte eines Faxgeräts werden als FAXEL be-

Technologien

zeichnet. Mit der DRUCKPLATTE erfolgt die eigentliche Reproduktion: „Bascal näherte sich der Druckplatte [und] schritt hinein. [...] Sie verleibte sich Bascals Körper einfach ein und löste ihn in die einzelnen Atome auf. Und kaum dass Bascal verschwunden war, tauchte auch wieder seine Vorderseite auf, trat aus der Platte hervor und zog den Rest des Körpers hinter sich her." (McCarthy 2007: 82) Druckplatten sind technisch gesehen „eine heterogene Mischung aus Strukturen von Quantenwellen, die von den gleichmäßigen Fluktuationen von Valenzelektronen stabilisiert werden." (McCarthy 2007: 322)

FLOTRON-MOTOR [viel. aus engl. to float = schwimmen + -tron = zur Bezeichnung von Elementarteilchen, analog zu Elektron] Flugzeugmotor. (Asimov 2004i)

FRESNELKONDENSAT [frz. Physiker Augustin Jean Fresnel (1788-1828), Bezug zu sog. Fresnel-Beugung + Kondensat = durch Druck oder Hitze verflüssigtes Gas, lat. condensare = verdichten, zusammenpressen, zu densus = dicht] Kohärente „Materiewelle, die in der Lage ist, hochfrequente elektromagnetische Wellen sowie Gravitation zu fokussieren." (McCarthy 2007: 449)

GEBURTSLABOR Eine Zuchtstätte für geklonte Menschen. Die Soldaten der UNION → ERDKOMPANIE (Kultur) sind LABORGEBOREN. Sie zeichnen sich durch ein attraktives, gleichförmiges Äußeres und ihre Bereitschaft zu unkritischer Befehlserfüllung aus: „Sie jagten ihm am meisten Angst ein, diese jungen, mannequinhaften, verrückt-äugigen, einander allzu gleichen Jugendlichen. Sie waren fanatisch, denn sie wußten nur, was man ihnen eingetrichtert hatte." (Cherryh 1984: 157)

GEDÄCHTNISCHIP [engl. chip = Halbleiterplättchen zur Speicherung von Informationen, eigtl. Schnipsel] In das Gehirn implantiertes Aufnahmegerät, welches das, was der Träger sieht, aufzeichnet. (Bujold 2005)

GEDÄCHTNISRÖHRE Bauteil von Rechenmaschinen, das die Speicherung abrufbarer Daten ermöglicht. (Vian 1979)

GEHIRNSIMULATOR [Simulator = Gerät zur Simulation, Subst. zu lat. simulare = nachahmen, ähnlich machen, zu simul = Adv. zu similis = gleich, ähnlich] „Es handelte sich um eine vollständige elektronische Nachbildung des zentralen Nervensystems, jedes Rückenmarksegment wurde von einem gesonderten Computer verkörpert. Andere Computer enthielten die Gedächtnisbanken, in denen Schlaf, Anspannung, Aggression und andere psychische Funktionen codiert und gespeichert wurden und Blöcke bildeten, die in das ZNS eingespielt werden konnten, um Modelle von Zerfallserscheinungen und Entziehungssyndromen zu rekonstruieren – jeder nur denkbaren Art." (Ballard 2007d: 245-46)

GENSCHNEIDEREI od. GEN-SPLICING [Gen = in den Chromosomen lokalisierter Erbfaktor, gr. genes = hervorbringend, verursachend, zu genos = Geschlecht, Abstammung, zu gignesthai = geboren werden, entstehen + engl. to splice = kleben, verbinden] Gentechnisches Verfahren, das in „Analogie zum Schneiden und Kleben von Filmen etc. gesehen werden [kann]." (Harrison 2004: 71)

GEONAUTEN [Pl.; geo- = zur Erde gehörend, auf die Erde bezogen, gr. ge = Erde + -naut > gr. nautes = Seefahrer, analog zu Astronaut] ‚Erdfahrer', die das Erdinnere in einem eigens dafür konstruierten Schiff erkunden. (Krupkat 1970)

GESCHICHTSSCHREIBER [Geschichte i.S.v. Entwicklung einer Gesellschaft] Computer, der die historische Entwicklung eines ganzen Planeten simulieren kann. Diese enorme Leistung wird möglich durch die Ausstattung des G.s mit MAPSYNTH (SYNTHETISCHER PSYCHOMASSE). Aufgrund inhomogener und unvollständiger Ausgangsdaten entwickelt der G. oft konkurrierende Alternativen, die von DATENSCHLEUDERN in den Simulationsprozess eingebracht werden: BAM (BATTERIE DER APPROBATIVEN MODULE), BOM (BATTERIE DER OPPONENTEN MODULE) und BIM (BATTERIE DER INVIGILITATIVEN MODULE). Das HIRN (HOCHINTELLIGENZREGLERNETZ) versucht, oft wenig erhellend, zwischen den Alternativen zu vermitteln. Als Quellenangaben durchziehen diese Bezeichnungen Texte des G.s wie Glockengeläut, so in einer Überblicksdarstellung zum Planeten ENTIA: „1 künstlicher Satellit (Synthellit) CASTRAT (Camouflage in strategisch-taktischer Absicht /BAM/, Freilichtmuseum und Freizeitzentrum /BIM/), auf eine Umlaufbahn gebrachtes Teilstück des Territoriums von Losannien (s.d.), diametervariabel, da aufblasbar (BAM), infolge von Fata Morganen (BOM), weiß der Teufel (HIRN). Klima gemäßigt, destabilisiert durch die Industrialisierung (BAM), krypotomilitant (BOM), schon immer so gewesen (BIM)." (Lem 1986a: 69) Der G. liefert unter anderem eine Neuinterpretation der „Vierzehnten Reise" in den „STERNTAGEBÜCHERN" (Lem 1982), die deren Autor, Ijon Tichy, zu einem Lokaltermin auf dem Planeten ENTIA veranlasst. (Lem 1986a)

GOM JABBAR [möglw. arab. qaum = Masse, Menschenmasse, im ägypt. Arab. auch Erdhügel; oder arab. muqāwama = Widerstand; oder arab. qiwām = Pfosten, Pfeiler + arab. jabir = Zwang, Zwangsgewalt] Eine mit Metazyanid vergiftete Nadel, mit deren Hilfe die → BENE GESSERIT (Kultur) die Menschlichkeit eines Wesens bestimmen. Die Hand der zu testenden Person wird unerträglichen Schmerzen ausgesetzt. Bei der geringsten Bewegung gerät sie mit dem G. in Berührung und stirbt. Nur ein Mensch kann diese Prozedur überleben. (Herbert 1993)

Technologien 111

GRÄBERABKLOPFER Apparat, bei dem von Verstorbenen Engramme gelesen werden können. „Bei einem Verstorbenen, bei dem der Tod erst kurz vorher eingetreten oder der noch nicht verwest war, wie dieser Leichnam infolge der niedrigen Temperatur, konnte man ‚das Gehirn abhorchen', oder genauer, den letzten Inhalt des Bewußtseins ermitteln." (Lem 1973: 43)

GRASER [Kw. analog zu Laser aus Gravitation = Schwerkraft, lat. gravitas = Schwere, Subst. zu gravis = schwer + Laser] Gravitationsprojektor, dessen Emissionen monochromatisch und phasengleich sind. (McCarthy 2007) Erstbeleg nach OED bei H. Ellison, *Adrift Just Off the Islets of Langerhans: Latitude 38° 54' N, Longitude 77° 00' 13" W*, in *Magazine Fantasy and Science-Fiction* 10-1974: 59/1.

GRAVITATIONS-SCAN [Gravitation = Schwerkraft, lat. gravitas = Schwere, Subst. zu gravis = schwer + Subst. von engl. to scan = abtasten, rastern] Technik zur Klassifizierung der Schwerkraft. (Brin 2000)

GRAVITOR [zu Gravit(ation) = Schwerkraft; zu lat. gravitas = Schwerkraft, Subst. zu lat. gravis = schwer + -or] Gerät zur Herstellung von künstlicher Schwerkraft mit Hilfe von Kernreaktionen und hohen Temperaturen. (Lem 1986b)

GRAVITTOIR [Gravitation = Schwerkraft, lat. gravitas = Schwere, Subst. zu gravis = schwer + Laser + frz. -oir zur Bildung von Instrumenten > lat. -orius] Eine Art Gravitationskran. „Das Gravittoir ist [...] simpel: Von Skyhook Station zielt ein schwacher Gravitationslaser nach unten, der eine Säule mit merkwürdigen Wetterbedingungen erzeugt. Vor allem aber zieht er entsprechend ausgerüstete Raumfahrzeuge von der Planetenoberfläche in den Weltraum hoch." (McCarthy 2007: 201)

GRAV-LASER [Kw. zu Gravitation = Schwerkraft, lat. gravitas = Schwere, Subst. zu gravis = schwer + Laser = Kw. zu Light Amplification by Stimulated Emission of Radiation] Gravitationslaser. (McCarthy 2007)

GRIPSER [Grips = Verstand + -er] Mit bloßem Auge nicht sichtbare elektronische Mikroteilchen, die alle Personen und Gegenstände in → LOSANNIEN (Kultur) komplett durchdringen (GRIPSONIEREN) und miteinander interagieren, um ein festgelegtes Gesellschaftsprogramm durchzusetzen. Die losannische GRIPSOSPHÄRE (das GRIPSERSYSTEM) ist beinahe allumfassend, dennoch treten die G. in unterschiedlichen GRIPSERKONZENTRATIONEN auf und umgeben einzelne Personen als GRIPSERWOLKE oder GRIPSERSCHWARM. Dass ein GRIPSOMETER einmal GRIPSERFREIES Gelände anzeigt, ist allerdings sehr selten. Am Institut für GRIPSONIK werden die G. immer weiterentwickelt und neuen Herausforderungen angepasst, wobei auch dieser Prozess letzten Endes durch die G. selbst gesteuert wird. Hergestellt werden die G. in STRUKTUR-VORGABEBETRIEBEN und GRIPSBRÜTERN. Die G. sind technische Grundlage einer Reihe für das Leben in Losannien wichtiger Einrichtungen → ETHOSPHÄRE, SELBSTVERDUNKLUNG (Kultur), → EKTOTECHNIK. (Lem 1986a)

GUTTAPERCHA-SCHÄDEL [malaiisch Guttapercha = eingetrockneter Milchsaft des Palaquium-Baums > malaiisch getah = Gummi + percha = Baum] Schädelprothese eines Kriegsveteranen. Einzelne Teile des Gesichts können durch die KAUTSCHUK-KINNLADE oder die PLATIN-NASE ersetzt werden. (Verne 1976)

HELIARC-LAMPE [Heliarc: wohl Kw. zu helio- = die Sonne / sonnenähnliches Licht betreffend oder auf Helium (leuchtfähiges Edelgas) basierend, gr. helios = Sonne + -arc, lat. arcus = Bogen] Spezieller, sehr heller Lampentyp, der wohl einen Lichtbogen wirft. (Brin 2000)

HIBERNATION [med. künstlich herbeigeführter, lang dauernder Schlafzustand nach Herabsetzung der Körpertemperatur, lat. hibernatio = das Überwintern, zu hibernum = Winter] In Science-Fiction oft gebrauchtes Konzept bei längeren Zeitreisen. Eschbach unterscheidet in seinem Roman *Quest* Hibernation und Kälteschlaf: „Die erste, leichte Stufe ist tatsächlich ein Schlaf. Man will damit in erster Linie eine ereignislose Zeitspanne hinter sich bringen, die allerdings nicht zu lang sein darf, ein Siebteljahr, maximal ein Fünfteljahr. Dafür erhält man von der Automatik Mittel injiziert, die es ermöglichen, dass die Körpertemperatur weit über die natürliche Grenze hinaus abgesenkt werden kann. Das Herz schlägt noch, aber unglaublich langsam. Atmung, Verdauung, alles funktioniert weiter, aber so langsam, dass man ein Fünfteljahr verschlafen kann und es einem nur wie ein etwas längerer Nachtschlaf vorkommt. […] Die zweite Stufe ist die vollständige Hibernation. Das ist kein Kälteschlaf mehr, das ist ein richtiges physikalisches Einfrieren des Körpers auf eine Temperatur nahe dem absoluten Nullpunkt. Das vollständige Anhalten aller Körperfunktionen. Der Herzschlag, der Stoffwechsel, jedes einzelne Molekül – alles kommt zum Stillstand." (Eschbach 2005: 249)

HIBERNATOR [→ HIBERNATION] Gerät, um Personen in den Kälteschlaf zu versetzen. (Lem 1973)

HI-OX [Hi = engl. high = hoch + Kw. von Oxygen = Sauerstoff] Sauerstoffkonzentrat, um sich für den Weltraumaufenthalt zu wappnen, auch als Stimulans gebraucht. (Robson 2005)

HÜTLING od. INDER [Hut = Wacht + -ling] Ein Gerät, das Touristen in GRIPSERFREIEN Gebieten vor bösen Absichten anderer schützt → GRIPSER, → ETHOSPHÄRE (Kultur). Der H. wird der betreffenden Person um den Hals

Technologien 113

gehängt und speziell für sie eingerichtet. In seiner neutralen Ausgangsform heißt der H. auch INDER. Mit der Anpassung an eine Person wird diese Bezeichnung durch ein losannisches Namenspräfix ergänzt, zum Beispiel XX- = Ijon Tichy (XXINDER). (Lem 1986a)

HYDROGENMOTOR [Hydrogen = Wasserstoff, lat. hydrogenium = Wassererzeuger, zu gr. hydor = Wasser + gr. -genes = hervorbringend, verursachend] Wasserstoffmotor für Autos. (Rucker 1988)

HYDROPONIKGARTEN [Hydroponik = Pflanzenaufzucht in Nährlösung, gr. hydor = Wasser und gr. ponos = Arbeit] Ein Garten in einem Raumschiff, in dem z.T. Pflanzen zur Ernährung der Besatzung gezüchtet werden. (Rhodan 2008)

HYPNOBIOSKOP [hypno-, lat. hypnoticus > gr. hypnoticos = schläfrig, einschläfernd + bio- = das Leben/die Biologie betreffend, gr. bios = Leben + -skop, gr. skopein = betrachten] Ein technisches Gerät, das Filmaufzeichnungen in Bild und Ton in das Gehirn eines Schlafenden überträgt. Träume bleiben auf diese Weise nicht mehr dem Zufall überlassen. Stattdessen kann die negative Zeit des Schlafs produktiv genutzt werden, vor allem zum HYPNO-UNTERRICHT, durch den man studieren, Sprachen lernen oder sich Werke der Weltliteratur aneignen kann. Auch Tageszeitungen werden an SCHLAFABONNENTEN übermittelt. (Gernsback 1973)

HYPNOLATOR [gr. hypnos = Schlaf + Ventilator, engl. ventilator, zu lat. Ventilare = in der Luft schwenken, fächeln, lüften] Einschlafgerät. (Krupkat 1970)

INFONAUT [Kw. zu Information + -naut > gr. nautes = Seefahrer, analog zu Astronaut] Mini-Hochleistungscomputer, Mini-Datenservo, Mini-Hochleistungscomputer. S. auch → BASISSERVO. (Brandhorst 2004, 2005a)

INFORMATIONSKRISTALL Speichermedium für Informationen. (Hartmann 1989)

INHAUSTOR [antonym zu Exhaustor = Gebläse zum Absaugen von Dampf, Staub o.Ä., lat. exhaustum, zu exhaurire = (her)ausschöpfen, entleeren] Teleskophand, die Bohrungen vornehmen kann. (Lem 1973)

INJEKTORKAPPE [Injektor = Pumpe/Gerät zum Einblasen/Einspritzen von Dampf oder Flüssigkeiten, lat. inicere = hineinwerfen, einflößen] Kappe, durch die das Bewusstsein eines Menschen transferiert werden kann. (Scalzi 2007)

INTRAVISOR [intra- = innerhalb, lat. intra = in ... hinein + Visor = (neolog.) Sichtgerät, lat. videre, visum = sehen] Apparat zum Durchsuchen von geschlossenen undurchsichtigen Räumen, dabei werden i.d.R. Röntgenstrahlen,

Ultraschall und andere elektromagnetische Strahlungen angewendet. (Strugazki/Strugazki 1992)

KÄLTESCHLAF Technisch herbeigeführter Zustand des Eingefrorenseins, der es Personen ermöglicht, in einer KÄLTESCHLAF-ZELLE (KÄLTESCHLAFVORRICHTUNG) lange Zeitspannen zu überdauern, zum Beispiel eine Weltraumreise unterhalb der Lichtgeschwindigkeit. (Vinge 2007)

KATHODENMETALL [Kathode = (physik.) negative Elektrode bei Elektrolyse] Künstlich erzeugtes, stark radioaktives Metall, das sich gegenüber der Schwerkraft verschieden verhält: „‚Wenn das Stück mit dieser Seite nach unten liegt, dann mag es ungefähr ein halbes Kilo wiegen. Wenn die andere nach unten kommt ...' Er drehte das Stück in Tomasoes Hand wieder um, ‚dann wiegt es eben nur noch hundert Gramm.'" (Dominik 1940: 10)

KLIMATECHNIKER Vertreter eines wissenschaftlich-technischen Berufs. Seine Aufgabe ist die künstliche Beeinflussung des Wetters. (Kröger 1981)

KOLLAPSIUM [lat. collapsus, zu lat. collabi, Partizip: collapsum = zusammenbrechen, zusammensinken] Schaum oder Kristall aus winzigen schwarzen Löchern. (McCarthy 2007)

KONSERVIERUNGSMASCHINE Technische Apparatur, mit deren Hilfe ein Mensch über einen langen Zeitraum am Leben erhalten werden kann, indem sein Körper schrittweise eingefroren wird und damit seine Lebensfunktionen zum Stillstand kommen. Ein solcher EISBLOCKSARG (auch EISSARG) ermöglicht es, Jahrtausende zu überdauern. Ab einem zuvor programmierten Zeitpunkt beginnt die Maschine, den Körper wieder aufzutauen, und entlässt die betreffende Person bei bester Gesundheit. In der frühen Science-Fiction ein probates Mittel der Zeitreise. (Karinthy 1980)

KRYONIK-TANK [Kryonik = Konservierung von Organismen durch extreme Kälte, gr. kryos = Kälte, Frost + Tank i.S.v. (Flüssigkeits-)Behälter] Ein Behälter, in dem ein Organismus eingefroren und zu gegebener Zeit wiederbelebt werden kann. Zum Beispiel kann ein Sträfling auf diese Weise eine jahrhundertelange Strafe verbüßen. (Bova 2005)

KRYONISCHE FUGE [gr. kryos = Kälte, Frost] Platz in einem Raumschiff, in dem Menschen in einen Kälteschlaf versetzt werden, damit sie Reisen mit Überlichtgeschwindigkeit ohne körperliche Schäden überstehen. (Simmons 2002) Das KRYOBETT ist ein Behältnis, in dem durch Einfrieren der Molekularbewegungen die menschliche Lebensdauer um mehrere hundert Jahre verlängert werden kann. (Simmons 2005)

KRYONISCHE SUSPENSION [gr. kryos = Kälte, Frost + Supsension = erzwungene Dienstunterbrechung, lat. suspensio = Unterbrechung, zu suspendere = in der

Technologien 115

Schwebe lassen, aufhängen] Eine Technologie, mit deren Hilfe Personen eingefroren über einen langen Zeitraum am Leben erhalten werden können. Durch die Verwahrung in einem dafür eingerichteten Laboratorium, dem KRY-LAB, kann zum Beispiel die Wartezeit eines Unfallopfers auf ein Spenderorgan überbrückt werden. Die kognitiven Aktivitäten der Betroffenen sind in der k.S. nicht vollständig ausgeschaltet. Vielmehr erleben sie in bestimmten Phasen traumähnliche Zustände, die sie als Realität empfinden. Auch ist es möglich, sich in die Erinnerungen solcher Personen hineinzuversetzen und zu RETROZEITEN, d.h. in einer vergangenen Zeit, der RETROZEIT, zu leben. (Dick 1984)

KRYPTWARE [krypt- = verborgen, geheim, gr. kryptos = verborgen, versteckt, zu kryptein = verbergen + engl. ware = Ware; analog zu Software, Hardware] Softwareprogramm, das sich automatisch jeden Monat neu verschlüsselt und erst gegen Zahlung einer Gebühr wieder lesbar wird. (Sterling 1996)

KÜHL(SCHLAF)KAMMER → HIBERNATION (Eschbach 2005)

KYBER-HERZ [kyber- aus Kybernetik = Wissenschaft der Struktur, internen Kommunikation sowie Steuerung/Regelung komplexer Systeme, über engl. cybernetics > gr. kybernetike techne = Steuermannskunst, zu kybernetes = Steuermann, zu kybernan = steuern] Künstliches Herz aus Metall oder einer proteinähnlichen Fiber. (Asimov 2004g)

LASER-ENZEPHALOGRAMM kurz LEG [Laser + Enzephalogramm = (med.) Röntgenbild der Gehirnkammern, gr. egkephalos = Gehirn + gramm = Schrifterzeugnis, gr. gramma in der Bed. Geschriebenes, Schriftzeichen, zu graphein = schreiben] Messmethode, welche eine Million Mal so viele Informationen bestimmen kann wie ein EEG. Ermöglicht die Aufzeichnung abstrakter Gedanken. (Asimov 2004c)

LASERLINK [Laser + engl. link = Verbindung]. Teil des Energieversorgungssystems: „Die Energieversorgung erfolgte mittels Laserlink über eine Schüssel auf dem Dach." (McDevitt 2006: 149)

LEBENSKONSERVIERUNGSCOMPUTER [Konservierung = Subst. zu konservieren = unverändert aufbewahren, lat. conservare = bewahren, erhalten] Eine Rechenmaschine. Sie steuert ein technisches System, das Personen über viele Jahrtausende am Leben erhalten kann. Das Durchbrennen einer Diode im L. kann fatale Folgen haben. (Adams 1992)

LEITSTAB kurz STAB [leiten = hier i.S.v. führen] „Der Stab war ein unauffälliger Gegenstand, den man in der Hand tragen konnte und dessen Spitze sich leicht erwärmte, wenn sie in die Richtung gerichtet war, für die man sie eingestellt hatte, und die schnell abkühlte, wenn man sich davon entfernte. Und die Wärme nahm zu, wenn man sich dem Ziel näherte." (Asimov 2003: 223)

LEMTANK [Lem = Nachname des polnischen Science-Fiction-Autors Stanislaw Lem (1921-2006)] Ein technisches Kommunikationsmittel, das auch zur Raumschiffnavigation geeignet ist. Erfunden wurde der L. von „dem großen Prognostiker des 20. Jahrhunderts, Stanislaw Lem." (Gustafsson 1995: 14) Er enthält Millionen mikroskopisch kleiner INFUSIONSTIERCHEN, die in einer schwach eisenhaltigen Lösung treiben, sich aufgrund der Brown'schen Molekularbewegung in ständiger zufälliger Vibration befinden und auf ungeklärte Weise Raumschiffe exakt auf Kurs halten. Experimente, den L. auch als INTELLIGENZVERSTÄRKER zu nutzen, sind erfolgreich, nachdem die Infusionstierchen in Schwingungen versetzt wurden, die in ihrer Wirkung der von Reimstrukturen auf die Intensität und Ausdruckskraft menschlicher Sprache ähneln. Nach wenigen Minuten wird die REALINTELLIGENZ menschlicher Testpersonen allerdings so weit verstärkt, dass unvorhersehbare Effekte (WARNUNGSANORDNUNGEN) auftreten können. Deshalb sind die Intelligenzverstärker auch als Waffe geeignet (INTELLIGENZKRIEG). Auch durchschaut die Testperson die Welt und verliert dadurch die Fähigkeit, sie als interessant zu empfinden, was schwere Depressionen zur Folge hat. (Gustafsson 1995)

LERNAUTOMAT [Automat > frz. automate > gr. automatos = sich von selbst bewegend] Automat, der einen direkten Wissenstransfer ermöglicht und somit die ‚Lernphase' zeitlich auf ein Minimum reduziert. (Franke 2004)

LICHTGRIFFEL [Griffel = Schreibgerät] Schreibgerät zum direkten Schreiben auf Computerterminals. (Bujold 2005)

LICHTSCHREIBER Schreiber, mit dem man in der Luft schreiben kann. „Ich malte sie. Das Porträt nahm in der Luft zwischen uns Form an, Linien stiegen und fielen und krümmten sich in sich selbst wie Neonstränge einer Drahtskulptur." (Simmons 2002: 707)

LIFTING/LIFTEN [engl. to lift = hochheben] Gentechnisches Aufzuchtverfahren, mit dem ältere raumfahrende Rassen neue Spezies in die Kultur der GALACTICS einführen. (Brin 2000)

LUMINOR [lat. lumen = Licht + -or] Durch die Stimme zu regulierende Zimmerbeleuchtung. Der Ruf „Lux!" aktiviert den L., durch „Lux-Dah!" wird zu grelles LUMINOR-LICHT gedämpft. (Gernsback 1973)

LUX-O-RÖHRE [lat. lux = Licht + Fugenelement -o-] Gerät, mit dem Objekte unsichtbar gemacht werden können, ähnlich auch der REFRACTO-VERNULLER und die SPECTRUM-UMGEHUNG-O-MATIC. (Adams 2005b)

Technologien 117

MACHINA ANALYTICA [lat. machina = Kriegsmaschine + lat. analytica, zu analysis > gr. analysis = Auflösung, Zergliederung, zu analyein = auflösen] Teile einer mythischen Maschine, die vom heidnischen Volksstamm der HÜGELLEUTE als Gottheit verehrt wird. Der Sage nach erlangt ein Schamane, der Teile dieser Maschine verschlingt, Unfehlbarkeit. Eigentlich handelt es sich um Überreste eines Radios, deren Funktion für Menschen nach der → GROSSEN VEREINFACHUNG (Kultur) nicht mehr nachvollziehbar ist. (Miller 1979)

MAGNETSOHLEN M. ermöglichen aufrechte Position in gravitationsfreien Räumen. (McDevitt 2006)

MASCHINEN-NERVEN-INTERFACE [engl. interface = techn. Schaltung zur Anpassung zweier sonst inkompatibler Geräte(teile), lat. inter = zwischen + engl. face = eigtl. Gesicht, Frontfläche > lat. facies = Gesicht] Verbindungsteil zwischen dem menschlichen Nervensystem und technischen Vorrichtungen. „Der Pilot würde die Robotsonde mit seinem direkten Maschinen-Nerven-Interface weit besser steuern können als Toshio." (Brin 2000: 181)

MATERIEUMWANDLER [Materie = stoffliche Substanz, Urstoff, lat. materia = Stoff + Generator = Gerät zur Stromerzeugung, lat. generare = erzeugen] Gerät, das die stoffliche Zusammensetzung von Gegenständen transformieren kann. Konstruiert hat den M. ein kleines Mädchen, das mit seiner Hilfe Spinat in Kirsch- oder Erdbeerkuchen umwandelt. Das Mädchen und befreundete Kinder nennen den M. deswegen auch SPINATHOPSER. (Bester 1978)

MATRIX-BOTTICH [Matrix = eigtl. Schema, das zusammengehörende Einheiten zuordnet, lat. matrix = öffentliches Verzeichnis, Stammrolle, eigtl. = Gebärmutter] Gefäß, in dem Lebensformen gezüchtet werden. (Bordage 2007)

MED-AUTOMAT [Kw. zu Medizin > lat. medicina = Heilkunst + Automat > frz. automate > gr. automatos = sich von selbst bewegend] Selbststeuerndes technisches System, das zum Beispiel an Bord eines Raumschiffs die Diagnose und Therapie von Krankheiten oder Verletzungen ausführt. Eine Untereinheit des M. bildet der AUTOMATISCHE CHIRURG (SCHIFFS-CHIRURG). (Vinge 2007) Der MEDAUTOMAT ist ein selbststeuerndes technisches System, das die Diagnose und Therapie von Krankheiten oder Verletzungen ausführt. (Steinmüller/Steinmüller 1982)

MEDOEINHEIT od. MEDOMAT, MEDOTRONIK [Medizin > lat. medicina = Heilkunst] Vollautomatisches technisches System zur medizinischen Betreuung an Bord eines Raumschiffs. Individuelle medizinische Daten zeichnet der MEDOPUTER auf. Wer sich eine Krankheit zuzieht, ist MEDOMATENREIF. (Kober 1984)

MEMOKRISTALL [lat. memorare = in Erinnerung bringen]. Informationsspeicher. Das Stück eines Memokristalls „von den Ausmaßen einer menschlichen Daumenkuppe war in der Lage, die Erinnerungen eines Menschen über einen Zeitraum von fünfundzwanzig Jahren zu speichern und seine Funktionen nachzuahmen – obwohl Personen mit Memoimplantaten meist öfter hinaufluden, um ihre Seelenbankkopie auf dem jeweils aktuellen Stand zu halten". (Asher 2007: 139) MEMOTAB [s.o. + engl. tab = Registerkarte, Steuerscheibenkarte]. Gerät, das Gegenstände bestimmt und erläutert. „In der Schaumverpackung lag ein mattfarbenes Ei. Daneben sah sie einen Memotab – ein Kristallstück von Fingernagelgröße. Sie zog ihren Palmtop aus dem Gürtel und steckte den Tab in den zuständigen Port. Der Bildschirm zeigte das Ei, und während Orlandine zusah, öffnete er dessen Darstellung wie eine Blume, um ein kleineres Ei freizulegen, auf dem sich kubische Muster langsam verschoben." (Asher 2007: 180)

MEMOREX-BLOCK [lat. memor = eingedenk, sich erinnernd + möglw. Ex. = Exemplar od. aus engl. memory = Gedächtnis, Gedächtnisspeicher > lat. memoria = Gedenken, Gedächtnis + engl. execution = Ausführung] Terminal (Hotel, Flughafen etc.), wo Daten eingegeben werden. (Franke 2004)

MIMIKRID [Mimikry = schützende Nachahmung durch farblich oder gestalthafte Anpassung von Lebewesen an Umwelt, engl. mimicry, zu mimic = fähig nachzuahmen > lat. mimicus > gr. mimikos, zu mimos = Schauspieler, Nachahmer] Chemische Substanz mit der Eigenschaft, sich durch Tarnfärbung an die Umgebung anzupassen. (Strugazki/Strugazki 1992)

MNEMOKRISTALL [zu gr. mneme = Gedächtnis] Ein leistungsfähiges Medium der Informationsspeicherung. Eingegebene Daten selbstständig weiterentwickeln kann der DENKKRISTALL. (Kober 1984)

MÖBIUSKUBUS [Bezug zu Möbiusschleife = zweidimensionale Struktur in der Topologie, die nur eine Kante und eine Fläche hat, zu August Ferdinand Möbius (1790-1868), dt. Mathematiker] Kubischer Behälter, in dem ein → ERG (Lebensformen) transportiert wird, eine „Kohlenstoff-Kohlenstoff-hülle um ein Null-Impedanz-Sperrfeld, das in sich selbst gekrümmt ist. [...] Ein Kubus dieser Größe könnte eine Kernexplosion von einer Kilotonne bändigen, wenn sie während der Nanosekunde der Zündung darin eingeschlossen ist." (Simmons 2002: 463-64)

MOTOSPIRALE [lat. moto = Bewegung, zu movere, motum = bewegen + Spirale = sich um eine Achse windende Linie, lat. (linea) spiralis = schneckenförmig gewundene Linie] Rolltreppe. (Asimov 2003: 223)

Technologien

MÜCKENKAMERA Flugfähiges Kleinstgerät, das in Schwärmen zu Aufklärungszwecken eingesetzt wird und visuelle Daten von einem Zielgebiet übermittelt. (Vinge 2007)

NAHRUNGSFABRIK Eigentlich ein Raumschiff der → HITCHI (Lebensformen). Es ist mit der Technologie für die Herstellung von Nahrung aus den vier Elementen Kohlenstoff, Wasserstoff, Sauerstoff und Stickstoff (CHON-NAHRUNG) ausgerüstet. Die Erschließung dieser Technologie durch die Menschheit ermöglicht die Lösung des Ernährungsproblems auf der Erde. (Pohl 2004)

NAIL-OMAT [engl. nail = (Finger-)nagel + Automat > frz. automate > gr. automatos = sich von selbst bewegend] Automat, der Fingernagelkosmetik und -design übernimmt. (Franke 2004)

NANOMASCHINEN kurz auch NANOS [Pl., gr. nanos = Zwerg] Virengroße technische Kleinstgeräte, die den menschlichen Organismus instand halten, indem sie Fett- und Cholesterinmoleküle im Blut zerlegen, beschädigte Zellen reparieren, die Haut glätten und die Muskeln straff halten. (Bova 2005)

NARKOTOMISIEREN [narkotisieren = in Narkose versetzen, gr. narkosis = Erstarrung, zu narke = Krampf, Erstarrung, Lähmung + gr. tome = der Schnitt, das Schneiden, zu temein = schneiden] Chirurgischer Eingriff, der den Schlaf überflüssig macht. „Normalerweise reguliert der Hypothalamus die Periode des Schlafes, hebt die Schwelle des Bewusstseins, um die venösen Kapillaren im Gehirn zu entspannen und ihnen die angesammelten Giftstoffe zu entziehen. Wenn man jedoch bei einem Menschen einige der Kontrollwindungen abriegelt, so ist er nicht mehr in der Lage, das Stichwort ‚Schlaf' zu empfangen, und die Kapillaren werden gereinigt, während der noch bei vollem Bewusstsein ist. Er spürt lediglich eine vorübergehende Lethargie, aber die ist nach drei oder vier Stunden weg. Physisch gesprochen wurde Kaldrens Leben um zwanzig Jahre verlängert. Doch scheint die Psyche aus nur ihr bekannten Gründen Schlaf zu brauchen; infolgedessen erlebt Kaldren von Zeit zu Zeit Anfälle, die ihm schwer zusetzen." (Ballard 2007f.: 324-25)

NEUBEL [das; Pl. Neubel; viel. Neu(tronium) + -bel] Diamantbeschichtete, explosiv gebildete Neutroniumkugel, die für Teleportationssysteme benötigt wird. „Ein industriell hergestelltes Standardneubel hat eine Masse von einer Milliarde Tonnen und einen Radius von 2,67 Zentimetern." (McCarthy 2007: 456)

NEURO-HOLO [neuro- = die Nerven betreffend, gr. neuron = Sehne, Faser, Nerv + Holo für Hologramm = dreidimensionale Aufnahmen eines Gegenstandes, zu gr. holos = ganz, völlig, vollständig] Gerät, das Hologramme durch neuronalen Input im Gehirn erzeugt. (McCarthy 2007)

NEUTRALISATOR [neutralisieren > frz. neutraliser, lat. neutralis, zu neuter = keiner von beiden] Gerät, um künstlich erzeugte Kraftfelder aufzuheben, zu neutralisieren. (Asimov 2003)

NEUTRINOMIKROSKOP [Neutrino = Elementarteilchen, Neutron = physik. Teilchen ohne Ladung + -ino = Dim. + Mikroskop = optisch vergrößerndes Gerät > gr. mikros = klein + gr. skopein = betrachten] Sehr starkes Mikroskop, das unter Verwendung bestimmter Kraftfelder Objekte bis auf ihre Atomzusammensetzung vergrößern kann. (Lem 1986b)

NULL Artefakt aus der → ZONE (Raum), bildet eine HYDROMAGNETISCHE FALLE [hydro- > gr. hydor = Wasser]. „So'ne *Null* bestand im Grunde bloß aus zwei Kupferscheiben von der Größe einer Untertasse und einer Dicke von fünf Millimetern – der Abstand zwischen den Scheiben betrug ungefähr vierzig Zentimeter. Außer diesem Abstand aber gab es nichts zwischen ihnen, absolut nichts, nur Leere. [...] Und doch mußte was zwischen den Scheiben existieren, irgendeine geheimnisvolle Kraft, wenn ich recht verstehe, denn noch niemandem war es bisher gelungen, sie zusammenzudrücken oder auseinanderzuziehen." (Strugazki/Strugazki 1983: 10-11) Eine VOLLE NULL ist eine Null, die im Innern eine bläuliche Flüssigkeit hat, keine Null im eigentlichen Sinne, „sondern ein Gefäß mit etwas darin, eine Art Glaskonserve mit blauem Sirup". (Strugazki/Strugazki 1983: 39)

NULL-G-DUSCHE [Null-G = Kw. zu Null-Gravitation, Gravitation = Schwerkraft, lat. gravitas = Schwere, Subst. zu lat. gravis = schwer] Dusche, die bei Schwerelosigkeit funktioniert. (Baxter 2001) Erstbeleg für ‚Null-G' nach OED bei Alfred Bester, *The Stars My Destination*, in *Galaxy* 10-1956: 48/1.

OSMOSEMASKE [Osmose = Hindurchdringen von z.B. Wasser durch eine durchlässige, feinporige Scheidewand in eine gleichartige, aber stärker konzentrierte Lösung] Atemmaske, die das Atmen in z.B. Wasser ermöglicht, die Sauerstoff aus Flüssigkeits-/Gasgemischen ausfiltert. (Simmons 2002)

PANTROPIE [Subst. zu pantropisch = überall zu finden, gr. pan = all, ganz, gesamt, völlig, jeder + -tropie, zu trope, eigtl. = (Hin)Wendung, Richtung] Praxis, „das Genom oder die Morphologie eines Organismus zum Zwecke der Anpassung an die Umgebung zu ändern." (McCarthy 2007: 457) Ein PANTROP ist ein Organismus, der im Sinne der Pantropie verändert wurde. (McCarthy 2007)

PENFIELD [vmtl. benannt nach Wilder Graves Penfield = kanadischer Neurologe (1891-1976), der die Verbindungen zwischen verschiedenen Hirnregionen

Technologien

mittels elektrischer Stimulation erforschte] Wecker, der die jeweilige Person mit einem Stromstoß weckt. Die Stärke kann jeweils variiert werden. (Dick 2002)

PERMAGATOL [permanent = anhaltend, ständig, lat. permanere = fortdauern + -gat- = Fugenelement + -ol = für chemische Stoffbezeichnungen] Eine grünliche, gasförmige chemische Subtanz, durch die lebendes Gewebe zeitlich unbegrenzt konserviert werden kann, einschließlich der Möglichkeit, es später wieder zu erwecken, wenn es zusätzlich mit einer RADIUM-K-LÖSUNG haltbar gemacht wurde. (Gernsback 1973)

PHOTOPANTOGRAMM [Photographie = Lichtbild, zu gr. phos, photos = Licht + gr. pan, Gen. pantos = ganz, all, jeder + gr. gramma = Geschriebenes, Schriftzeichen, zu graphein = schreiben, Pantogramm analog zu Pantograph] Exakte Kopie eines dreidimensionalen Objekts. (Heinlein 2002)

POSITRONENGEHIRN [Positron = Elementarteilchen, Antiteilchen des Elektrons, Kunstwort aus positiv + -tron = für Elementarteilchen, analog zu Elektron] Rechenmaschine mit deutlich höherer Leistung als elektronische Computer. Für die Handhabung der Positronen sind HYPERKRISTALLE erforderlich. Eine Weiterentwicklung sind die BIOPOSITRONIKEN, die mit organischen PLASMAZUSÄTZEN ausgerüstet sind. (Andrevon 1979) Vgl. auch → POSITRONENGEHIRN (Roboter).

PRÄDESTINIEREN [lat. praedestinare = im Voraus bestimmen] Manipulation von Embryonen im Hinblick auf spezifische Eigenschaften. „Wenn die Embryos entkorkt wurden (→ ENTKORKUNG), war ihnen das Grauen vor Kälte bereits eingefleischt. Sie waren prädestiniert, in die Tropen auszuwandern, Bergarbeiter, Azetatseidenspinner oder Stahlarbeiter zu werden." (Huxley 1982: 20-30)

PROBLEM-ANDERER-LEUTE-FELD auch kurz PAL Ein Feld, das es ermöglicht, Objekte unsichtbar zu machen oder zu tarnen. Es basiert auf der Annahme, dass Leute Dinge nicht sehen, wenn sie sie nicht sehen wollen, sie also nicht für ihr Problem, sondern für das anderer Leute halten. (Adams 2005b)

PSEUDO-SCHWERKRAFT, auch PSEUDOGRAVITATION [pseudo- = falsch, scheinbar, gr. pseudein = belügen, täuschen] Durch einen FELDGENERATOR simulierte Schwerkraft, um den Zustand der Schwerelosigkeit im Weltraum zu kompensieren. (Asimov 1987)

PSYCHOTRONISCHES ABHÖRGERÄT od. SPIONAGECOMPUTER [psychotronisch = Psychotronen, d.h. eine Form von Elementarteilchen betreffend, psych- = die Seele betreffend, gr. psyché = Seele, Atem, Hauch + -o- + -tron > elektronisch > gr. elektron = Bernstein] Ein technisches Gerät, das die Gedanken einer Person ohne ihr Wissen zugänglich macht. Es wird zum Beispiel von der Einwanderungsbehörde der Erde eingesetzt, um geheime Absichten von Einreisenden aus den Tiefen des Alls zu erfassen. (Dick 1984)

RECYCLER [Subst. zu engl. to recycle = wiederaufbereiten] Apparat, ähnlich dem → REPLIKATOR: Materie wird in Energie zurückverwandelt. Auch → REPLIKATOR (Star Trek).

REPLIKATOR [Replikator = Gerät zur Herstellung einer Nachbildung, Subst. zu lat. replicare = wieder aufrollen, wiederherstellen] Dient dazu aus Energie jegliche atomare Struktur zu duplizieren. Auch → RECYCLER (Star Trek).

RESURREKTION [Resurrektion = Auferstehung, lat. resurrectio, zu resurgere = wiedererstehen] Genetische Verjüngung des Körpers. (Brandhorst 2004)

ROLLBAHN Ebenerdiges Transportband. „Gemächlich glitten die Passanten auf Rollbahnen dahin. Ich beobachtete eine Weile die hin- und herziehenden Menschenströme. Die breiten Transportbänder vermögen zwanzigtausend Menschen in der Stunde zu befördern, ohne das normale Tempo des Fußgängers zu überschreiten." (Krupkat 1970: 12)

RUHMKORFFSCHER APPARAT [Heinrich Daniel Ruhmkorff (eigtl. Rühmkorff, 1803-1877), deutscher Mechaniker und Elektrotechniker] Der von Ruhmkorff 1855 erstmals vorgestellte Induktionsapparat wird hier zur technischen Grundlage einer tragbaren Lichtquelle. Versuche zum Bau einer solchen Lampe wurden um 1862 tatsächlich unternommen, allerdings war das Gerät zu teuer und konnte sich deshalb nicht durchsetzen. (Verne 1995)

SCHALLSEPARATOR [Separator = Trenner, Subst. zu lat. separare = absondern, trennen] Medizinisches Gerät, das in der Hirnchirurgie eingesetzt wird. (Star Trek)

SCHALLUNTERDRÜCKER Gerät, das Schall reduziert und somit Geräusche abdämpft, z.B. Hintergrundgeräusche in einem Restaurant. (Niven 1998)

SCHNELLWACHSFARM Treibhausanlage, in der Gemüse und andere Nahrung liefernde Pflanzen durch den Einsatz des effektiven TERMIDONDÜNGERS innerhalb weniger Tage zur Reife gebracht werden. Die S.en lösen das Welternährungsproblem, nachdem dieses angesichts einer Erdbevölkerung von 15 Milliarden Menschen gravierende Ausmaße angenommen hatte. Zu den Produkten der S.en gehören neben Weizen und Tee auch die APFELBIRNE, die KIRSCHENPFLAUME oder die MELONENORANGE. (Gernsback 1973)

SCHWERKRAFTREDUKTOR [lat. reductor = Zurückführer, Zurückbringer, Wiederhersteller, zu reducere = zurückführen, zurückziehen] Individuell tragbares Gerät, um die Schwerkraft zu reduzieren. (Eschbach 2005)

Technologien

SENSOCORD von Ereignissen [lat. sensus = Sinn, Wahrnehmung + engl. to record = Aufzeichnung, zu to record = aufzeichnen > lat. recordari = sich erinnern] Durch alle Sinne aufgezeichnete Eindrücke. „Sie brauchte nichts weiter tun, als dort zur Stelle zu sein, wo nachrichtenwürdige Ereignisse eintraten, während der neue Verstärker alles aufzeichnete, was sie sah, hörte, roch, ertastete, fühlte ..." (Asher 2006: 369)

SIRIUS-KYBERNETIK-CORPORATION [Sirius = Stern im Sternbild Großer Hund + Kybernetik = Wissenschaft der Struktur, internen Kommunikation sowie Steuerung/Regelung komplexer Systeme, über engl. cybernetics > gr. kybernetike techne = Steuermannskunst, zu kybernetes = Steuermann, zu kybernan = steuern] Ein Großunternehmen, das technische Geräte aller Art herstellt und im gesamten Universum vertreibt. Den Produkten der S. wird eine schlechte Qualität nachgesagt. Die Beschwerdeabteilung der S. umfasst alle größeren zusammenhängenden Landmassen der ersten drei Planeten des Sirius-Tau-Sternensystems. Zu den Produkten der S. gehören zum Beispiel der SIRIUS-KYBERNETIK-BORD-COMPUTER und die NUTRI-MATIC-MASCHINE (auch NUTRI-MATIC-GETRÄNKE-SYNTHESIZER), ein Getränkeautomat, der für jeden Kunden das optimale Getränk kreieren soll, stattdessen jedoch immer nur eine Flüssigkeit ausschenkt, die ein wenig wie Tee schmeckt. Die S. hat auch Marvin konstruiert, einen Roboter, der mit EMP-EIGENSCHAFTEN (für ECHTES MENSCHLICHES PERSÖNLICHKEITSBILD) ausgestattet ist und ein depressives, nörgeliges Verhalten an den Tag legt. Aufgrund seiner überragenden Intelligenz fühlt sich Marvin meist unterfordert und rettet sich in Ironie, die technisch durch IRONIESCHALTKREISE in seinen STIMMMODULATOREN umgesetzt wird. (Adams 1992, 2005a)

SONNENKRAFT-GENERATOR Eine technische Anlage, die Sonnenenergie direkt und verlustfrei in elektrischen Strom umwandelt. Der größte S. misst 20 Quadratkilometer. Er folgt stets dem Stand der Sonne, die über der Anlage aufgrund von Klimamanipulation unablässig scheint. Mit dieser Technologie ist das Energieproblem der Zukunft gelöst. (Gernsback 1973)

SKYROSKOP [analog zu Kyroskop = Gerät zur Bestimmung der molaren Masse von Substanzen] Gerät zur Analyse von Substanzen bis auf die atomare Ebene. (Robson 2005)

SLAVER-DESINTEGRATOR [engl. slave = Sklave, Slaver = Bez. für die Thrintun in Nivens *Known Space*, + Desintegrator = Maschine, die Materialien zerkleinert] Materie auflösendes Gerät. „Wo sein dünner Strahl auftrat, wurde die Ladung der Elektronen vorübergehend neutralisiert. Feste Materie besaß plötzlich eine gewaltige positive Ladung und zerfiel in einen Nebel aus atomarem Staub." (Niven 1998: 187-88)

STEREO-FERNSEHTANK, kurz STEREOTANK [gr. stereos = räumlich] Fernseher. (Heinlein 2002)

STIMULATOR [Stimulator = Vorrichtung, die einen Reiz auslöst, lat. stimulare = mit einem Stachel reizen, zu stimulus = Stachel] Gerät, das bei der Schaffung künstlicher Lebewesen zur Beschleunigung von Zellteilung und Wachstum dient. (Brandhorst 2005b)

STRAHLSTOFF Bezeichnung für das → KATHODENMETALL, das aufgrund seiner radioaktiven Strahlung für einen Raketenantrieb genutzt werden kann. (Dominik 1940)

SUBÄTHER-PRINZIP [lat. sub = unter(halb) + Äther = den Weltraum durchdringendes feines Medium, durch dessen Schwingung sich die elektrischen Wellen ausbreiten, lat. aether > gr. aither = der Brennende, Glühende, Leuchtende] Energiequelle, die auf einer Art elektromagnetischer Strahlung basiert. (Asimov 2003)

SUB-ETHA-SENS-O-MATIC [lat. sub- = unter, nahe + etha zu engl. ether = Äther, Himmel + engl. sens(e) = Sinn, Sinnesorgan + Fugenelement -o- + engl. automatic > gr. automatos = sich selbst bewegend, aus eigenem Antrieb] Gerät, das anzeigt, ob ein Raumschiff in der Nähe ist, und Signale von Lebewesen registriert. Mit einem SUB-ETHA-WINKER können Anhalter dann vorbeifliegende Raumschiffe auf sich aufmerksam machen. (Adams 1992, 2005b)

SUPERCOMPUTER [lat. super- = über] Eine Rechenmaschine mit der größten je da gewesenen Leistung. Erbaut wurde der S., um die Antwort auf die Frage nach dem Leben, dem Universum und allem zu finden. Als der S. diese nach einer Rechenzeit von siebeneinhalb Millionen Jahren verkündet, weiß niemand etwas mit ihr anzufangen, weil die korrekte Fragestellung nicht bekannt ist. Deren Ermittlung erfordert den Bau eines noch leistungsfähigeren Computers und wiederum eine entsprechende Wartezeit, ein ZEHN-MILLIONEN-JAHRE-PROGRAMM. Die durch den S. funktionslos gewordenen Berufsdenker drohen mit einem PHILOSOPHENSTREIK. (Adams 1992, 2005a)

SVARNETIK [Kw. zu STOCHASTIC VERIFICATION OF AUTOMATISED RULES OF NEGATIV ENCHANTMENT = stochastische Verifizierung automatisierter Regeln der Anwendung böser Zaubersprüche, engl. stochastic = vom Zufall abhängig, gr. stochastikos = mutmaßend + engl. verification > lat. verificatio, zu verificare > verum = wahr + facere = machen + engl. automatised = automatisiert + engl. rule = Regel + engl. negativ > lat. negativus = verneinend + engl. enchantment = Zauber] Wissenschaft, die anstrebt, schamanistische Praktiken durch mathematische Berechnungen zu untermauern. Professor Donda, Vordenker der Disziplin, wird von der Scientific Community als Scharlatan ange-

Technologien

sehen und abfällig als KYBERSCHAMANE bezeichnet. Eine SCHAMANENDELE-
GATION ernennt ihn dagegen zum MEDIZINMANN HONORIS CAUSA, unter
anderem für seine Leistungen im Projekt MZIMU (Kw. zu METHODOLOGY
OF ZEROING ILLICIT MURDER), das die Kriminalitätsrate im afrikanischen
Staat LAMBLIA erheblich senkt. Die ungeheuren Datenmengen für SVARNETI-
SCHE Berechnungen werden in TERAGIGAMAGEMEN gemessen. (Lem 1982)

SYNTHETOFON [gr. synthesis zu syntithenai = zusammensetzen, -stellen, -fügen
+ gr. phone = Laut, Ton, Stimme] Gerät, das Musik produziert. „Im Synthetofon begann sich das Tonband zu drehen. Ein Trio für Hypervioline, Super-
cello und Ersatzoboe erfüllte die Luft mit angenehmem Schmachten. Dreißig,
vierzig Takte, dann erhob trällernd sich vor dem Hintergrund der Instrumente eine überirdisch schöne Stimme [...]." (Huxley 1982: 149)

SYNTHOGEBÄRMUTTER [synth- zu synthetisch = Zusammenführung mehrerer
Einzelteile zu einem neuen Ganzen, gr. synthetikos = zum Zusammenstellen
geeignet, zu synthetos = zusammengesetzt + -o- = Fugenelement] Ein Inkubator, in dem Föten, deren leibliche Mutter zum Beispiel infolge eines Unfalls
nicht mehr gebärfähig ist, heranreifen können. (Dick 1984)

SYNTHO-MASCHINE [synth- zu synthetisch = Zusammenführung mehrerer
Einzelteile zu einem neuen Ganzen, gr. synthetikos = zum Zusammenstellen
geeignet, zu synthetos = zusammengesetzt + -o- = Fugenelement] Gerät, das
zur künstlichen Erschaffung von Lebensmitteln dient. „Er hatte drei Crois-
sants und zwei große Päckchen Marmelade aus der Syntho-Maschine der
Hospitalküche gegessen." (Brandhorst 2005b: 90)

TACHYONENDETEKTOR [Tachyonen = hypothetische Elementarteilchen, die
sich schneller als mit Lichtgeschwindigkeit und aus unserer Perspektive aus
der Zukunft in die Vergangenheit bewegen, engl. tachyon > gr. tachys =
schnell + engl. ion > gr. ion = Gehendes, Wanderndes + Detektor = Gerät
zum Nachweis od. Anzeigen nicht unmittelbar zugänglicher bzw. wahrnehm-
barer Stoffe od. Vorgänge, lat. detector = der Offenbarer, Subst. zu detegere =
enthüllen, offenbaren] Gerät, um Tachyonen festzustellen und somit Informationen aus der Zukunft zu erhalten. (Scalzi 2007)

TANK [engl. tank = Behälter] Dreidimensionales maßstabgerechtes Modell des
Sonnensystems. (Smith 1985)

TANKPFLANZUNG [Tank i.S.v. Flüssigkeitsbehälter, von gleichbedeutend engl.
tank] Die groß angelegte Aufzucht von Kulturpflanzen in Flüssigkeitsbehäl-
tern. Die extensive Nutzung der Hydroponie löst die herkömmliche Landwirtschaft ab, so dass ungenutzte Felder als billige Grundstücke für Stadtbewohner zur Verfügung stehen. Das trägt dazu bei, dass sich die Stadt als men-

schliche Siedlungsform überlebt. Dazu auch → FAMILIENFLUGZEUG (Raumschiffe), WELTKOMITEE (Kultur). (Simak 1978)

TASCHENSCHNELLPHOTOGRAPH Schnell zu bedienender Fotoapparat im Taschenformat, auch als Notizbuch genutzt. Ende des 19. Jahrhunderts noch eine Zukunftstechnologie. (Laßwitz 1984)

TASTWELLENBEREICH Physikalischer Bereich von Wellen, mit deren Hilfe taktile Sinneseindrücke simuliert werden können. Erzeugt werden sie durch einen Projektionsapparat, der es ermöglicht, täuschend echte Nachbildungen von Personen oder beliebigen Gegenständen herzustellen. Auch alle anderen Sinne werden durch diese Imitate angesprochen, zum Beispiel mit Hilfe von GERUCHSWELLEN. „Eine Person oder ein Tier oder ein Gegenstand ist im Angesicht meiner Apparate gleichsam die Sendestation, die das Konzert ausstrahlt, das Sie im Radio hören." (Bioy Casares 1984:79)

TELELYT [gr. tele- = fern + -lyt, gr. lyein = lösen] Apparat, mit dem jede beliebige chemische Wirkung erzeugt werden kann, soweit die direkte Bestrahlung des zu beeinflussenden Gegenstandes möglich ist. Kann auch zu militärischen Zwecken eingesetzt werden. (Laßwitz 1984)

TELEVISOR oder HÖRSEHSCHIRM [gr. tele = fern, weit + Visor = (neolog.) Sichtgerät, lat. videre, visum = sehen] Empfangs- und Sendegerät. Ein Überwachungsapparat: Jedes „Geräusch, das über ein ganz leises Flüstern hinaus ging, wurde von ihm registriert. Außerdem konnte Winston, solange er in dem von der Metallplatte beherrschten Sichtfeld blieb, nicht nur gehört, sondern auch gesehen werden. Es bestand natürlich keine Möglichkeit, festzustellen, ob man in einem gegebenen Augenblick überwacht wurde." (Orwell 1964: 6)

TERRAFORMING [lat. terra = Erde + engl. to form = formen, gestalten] Als T. werden alle Prozesse bezeichnet, die geeignet sind, lebensfeindliche Planeten in für Terraner bewohnbare Welten umzuwandeln. (Perrypedia) Als Verb TERRAFORMEN in zahlreichen Science-Fiction-Romanen, als Erstbeleg nach OED bei J. Williamson, *Collision Orbit*, in *Astounding Science-Fiction* 7-1942: 90/1: „Rick was impressed to discover that Pallas, capital of all the Mandate, was not yet completely terraformed – although the city and a score of mining centers had their own paragravity units a few miles beneath the surface, there was as yet no peegee installation at the center of gravity."

THIERAPORT Gerät zur dreidimensionalen Bildübertragung über Lichtjahre hinweg. (Baier 2005)

TI-BONE [Ti = Titan + engl. bone = Knochen; Wortspiel zu T-Bone(-Steak)] Titan-Material, aus dem ein Exoskelett gefertigt ist. (Robson 2005)

Technologien 127

TOTALER DURCHBLICKSSTRUDEL Technisches Gerät, das einer Person die unfassbaren Dimensionen des Universums und im Verhältnis dazu die eigene Bedeutungslosigkeit erkennen lässt, was in den meisten Fällen zu fürchterlichen Qualen und bleibenden seelischen Schäden führt. (Adams 2005a)

TRAKTORSTRAHL [Traktor = Zugmaschine, engl. tractor, lat. trahere, tractum = ziehen] Von einem entsprechenden Projektor ausgestrahltes gebündeltes Kraftfeld, welches auf ein Zielobjekt fokussiert wird und dieses ähnlich einem Schleppseil räumlich in bestimmter Entfernung zum Projektor zu halten imstande ist bzw. es auf die Position des Projektors heranzuziehen vermag. (Smith 1985) Je stärker ein T., desto höher ist seine Reichweite und umso größere Lasten kann er transportieren. Das Kraftfeld wird von einem TRAKTORSTRAHLGENERATOR erzeugt, dann wird es von dem Projektor in die gewünschte Richtung projiziert. Den Projektor nennt man auch EMITTERTURM, da er gewöhnlich auf einem rotierenden Turm montiert ist. (Star Wars)

TRANSFORMER-PUPPE [engl. transformer = Umwandler, Umgestalter, zu to transform = umwandeln, umformen, umgestalten > lat. transformare > trans- = hinüber + formare = gestalten, bilden] Soldatenpuppe, die sich situationsbezogen verändert: „Jetzt merkte sie erst, dass sie noch die Transformer-Puppe in der Hand hielt, doch es war keine Puppe mehr, die Arme verkürzten sich, aus dem Körper wuchs ein Lauf heraus, der Rumpf verjüngte sich zu einem Handgriff, und an den Fingern spürte Majda einen Abzugshebel." (Franke 2004: 11)

TRANSPORTERSTRAHL [Transporter = Vorrichtung zur Beförderung einer Fracht oder von Personen von einem Ort zum anderen, lat. transportare = hinüberbringen, hinüberschaffen] Gerät, das Personen und Objekten einen Ort-zu-Ort-Transport ermöglicht. (Star Trek)

TRANSSUBSTANTIATION [Transsubstantiation = (philosoph.) Änderung der wesentlichen Eigenheit einer Sache, lat. trans- = über, hinüber + Substantiation, zu substantiieren = mit Substanz erfüllen, durch Tatsachen belegen, begründen, zu Substanz = Stoff, Materie > lat. substantia = Bestand, Wesenheit] Übertragung des menschlichen Geistes auf einen Roboter: „Das Gehirn ist Hardware, aber die Information im Gehirn ist Software. Der Geist – Erinnerungen, Gewohnheiten, Meinungen, Fähigkeiten – alles Software. Die Blechler hatten Cobbs Software herausgeholt und sie in seinen Roboterkörper versetzt." (Rucker 1988: 136)

TRAUMKAPPE Technische Vorrichtung, die einen schlafenden Menschen in ein von diesem selbst ausgewähltes simuliertes Leben versetzt. Die Möglichkeit, unter einer T. in einem von TEMPELROBOTERN gewarteten Flüssigkeitstank jahrhundertelang zu schlafen und nach dem Erwachen ein neues, sinnerfülltes Leben zu führen, erscheint vielen Menschen als reizvolle Alternative zu einem müßigen Dasein in einer übersättigten, lustlosen, an ihr Ende gelangten Zivilisation. (Simak 1978)

TRAUMTANK Behälter, in dem Gefangene gehalten und in ein imaginäres Dasein versetzt werden. (Gustafsson 1995)

TRAWL(EN) [engl. trawl = Schleppnetz, zu to trawl = mit dem Netz fischen] Verbal: auf Gedankeninhalte anderer Personen zugreifen. Ein T. ist 1. eine Technologie, Bewusstseinsinhalte anderer aufzufangen und sie in Form von elektrischen Signalen weiterzuleiten, und bezeichnet 2. den Akt des Trawlens: „Der spürte, wie die Maschine gnadenlos methodisch sein Denken durchwühlte. Während des Trawls brach ein Strom von Erinnerungen – Gerüchen, Geräuschen und visuellen Bildern – über ihn herein." (Reynolds 2007: 237)

TRICORDER [tri- evtl. zu lat. tris = dreifach + Recorder = Aufzeichnungsgerät, engl. record = Aufzeichnung, zu to record = aufzeichnen > lat. recordari = sich erinnern] Ein tragbarer Handscanner der STERNENFLOTTE, dient zur Untersuchung von Objekten. Gerät, das verschiedenste physikalische oder auch medizinische Größen messen kann. Ein Spezialgerät ist der PSYCHOTRICORDER. „According to Stephen Whitfield in *The Making of Star Trek*, Gene Roddenberry originally came up with the idea of the tricorder not only as a useful device but as ‚a potentially popular toy for female-type children'. The first ‚real-world' tricorder was developed by a Canadian company called the Vital Technologies Corporation in 1996." (Star Trek: http://memory-alpha.org/en/wiki/Tricorder)

ÜBERSETZUNGSKOPPLER [Koppler = Verbindungsgerät] Gerät, welches einem Piloten ermöglicht mit einem Implantat auf ein fremdes, nicht kompatibles Schiff zuzugreifen und es zu steuern. (Bujold 2005)

UNSTERBLICHKEITSTECHNOLOGIE Technologie, die das Altern verhindert und dadurch Personen unsterblich macht. Grundlage ist die Entdeckung, dass das Altern auf dem Informationsverlust in Körperzellen basiert: Die Zellen vergessen, was sie tun müssen, um nicht zu zerfallen. Dieser Prozess wird durch technische Apparate gestoppt, so durch den IMMORTALISATOR oder den PUAP (PERSÖNLICHER UNSTERBLICHMACHER, DER AUTOMATISCH PERPETUIERT). (Lem 1982)

USER [Kw. zu engl. Underspace Interference Emitter] Subraum-Interferenz-Emitter, ein Gerät, mit dem man etwas in einen Subraumsektor → SUBRAUM (Raum) einschließen oder in den Realraum zurückbringen kann. „Die Arbeitsweise dieses Geräts besteht darin, eine massive Singularität in einem fort

Technologien

abwechselnd durch ein Runcibletor [→ RUNCIBLE (Zeit)] zu schieben und wieder herauszuziehen." (Asher 2007: 468)

UTERUSREPLIKATOR [lat. uterus = Gebärmutter + Replikator = Gerät zur Herstellung einer Nachbildung, lat. replicare = wieder aufrollen] Gerät, in welchem die menschliche Gebärmutter simuliert wird und in dem Babys heranreifen. (Bujold 2005)

VERJÜNGUNGSBEHANDLUNG Ein medikamentöses Verfahren zur künstlichen Erweiterung der menschlichen Lebensspanne. Personen, die sich einer V. unterzogen haben, sind an ihren charakteristischen silbergrauen Haaren zu erkennen. Eine V. auf legalem Wege ist teuer, weshalb auf dem schwarzen Markt rege mit VERJÜNGUNGSDROGEN gehandelt wird. (Cherryh 1984)

VERJÜNGUNGSTANK [Tank = Behälter für flüssige und gasförmige Substanzen] Technische Apparatur, die eine vollständige Regeneration des Körpers ermöglicht, zum Beispiel wenn dieser durch den jahrelangen Missbrauch von Drogen in Mitleidenschaft gezogen wurde. (Gustafsson 1995)

VERSIFICATOR [Vershersteller, orig. engl. versificator; Vers = Zeile eines Gedichts, lat. vertere, versus = wenden] Maschine zur Herstellung minderwertiger Zeitungen, Musik und Filme. (Orwell 1964)

VERS-TRANSKRIPTOR kurz VT-GERÄT [Vers = Zeile eines Gedichts, lat. vertere, versus = wenden + Transkriptor = Subst. zu lat. transcribere = schriftlich übertragen] Maschine, die Verse produziert. „Wie die meisten Schriftsteller und Dichter hatte er so lange vor seinem VT-Gerät gesessen und ausdruckslos vor sich hingestarrt, bis ihm entfallen war, dass es einmal Zeiten gegeben hatte, in denen Lyrik noch von Hand gemacht wurde." (Ballard 2007: 380g)

VERZERRER Ein von Außerirdischen hergestelltes technisches Gerät mit vielfältigen Anwendungsmöglichkeiten. Der V. beeinträchtigt die Funktion der → MASCHINE (Kultur) und den Austausch von Radiosendungen zwischen der Erde und den → VENUSIANERN (Kultur). Außerdem kann es Personen blitzschnell von einem Ort zum anderen, zum Beispiel von der Erde auf die Venus transportieren. Das mutierte Gehirn eines Menschen zeigt vergleichbare Fähigkeiten, es wird zu einem organischen V., was neue evolutionäre Entwicklungsmöglichkeiten des Homo sapiens andeutet. (van Vogt 1968)

VISI-PROJEKTOR [lat. visio = das Sehen, Anblick + Projektor, zu lat. proicere, proiectum = nach vorne werfen] Suchstrahlgerät, mit dem man abgeschlossene Räume usw. über eine größere Entfernung absuchen kann (VISI-STRAHL). (Smith 1985)

VISOR [(neolog.) Sichtgerät, lat. videre, visum = sehen] Teleskopisches System auf Raumschiffen. (Eschbach 2005)

WALDO Steuerungselement, um Objekte zu manipulieren, „a device for handling or manipulating objects by remote control." (OED) Teleoperationssystem, „eines dieser Geräte, in die man die Arme hineinsteckte, um mit Robotarmen im Reaktorinnern zu arbeiten." (McCarthy 2007: 64) Bei Baxter (2001) eine handschuhähnliche Vorrichtung, um ein Raumschiff zu kontrollieren und zu fliegen. Der Begriff geht zurück auf die Novelle *Waldo* (1942) von Robert A. Heinlein. In der Novelle wird die Erfindung eines Telemanipulators nach dem Erfinder als ,Waldo F. Jones' Synchronous Reduplicating Pantograph' patentiert.

WASER [analog zu Laser = Kw. zu engl. Light Amplification by Stimulated Emission of Radiation, Maser = Kw. zu engl. Microwave Amplification by Stimulated Emission of Radiation] Technische Vorrichtung zur Verstärkung des magnetischen Kraftflusses. „,Und – ich kenne Laser und Maser – was ist ein Waser?' [...] ,Eine feine neue Sache. Laser sind Lichtverstärkung, Maser sind Mikrowellen, und das hier [...] verstärkt den magnetischen Kraftfluß.' ,Wusste nicht, daß Magnet mit W geschrieben wird', frotzelte Iwan mit unschuldigem Blick. Hai lachte. ,Kommt von Weber, der entsprechenden Maßeinheit.'" (Kröger 1981:198f)

WELLENEMITTER [Emitter = Teil des Transistors, der die Elektronen emittiert, Subst. zu engl. to emit > lat. emittere = herausschicken] Gerät, das einen direkten, über Gedanken vermittelten Kontakt mit einem Intranet ermöglicht. (Lukianenko 2007)

WETTERINGENIEUR Ein technischer Beruf. Die W.e regulieren mittels großer METEORO-TÜRME das Wetter in jedem Distrikt auf der Erde. (Gernsback 1973)

WUNSCHTRAUMERZEUGER od. SLEEP-INHALATOR [engl. to sleep = schlafen + Inhalator, Subst. zu lat. inhalare = anhauchen] Ein Gerät, mit dem wunschgerechte Träume erzeugt werden können. Es diente ursprünglich zu Lehrzwecken (HYPNOSCHULUNG), ist mittlerweile aber zu einem Konsumgut geworden, das Bedürfnisse nach Zerstreuung erfüllt. (Kober 1984)

ZELLVERSCHWEIßUNG Operationstechnik. „Zellverschweißungen in allen Teilen des Körpers; nanozelluläre Reparaturen und genetisch rekonstruiertes Neuwachstum sind derzeit in Gang." (Asher 2007: 29)

ZEREBRALANALYSE [zerebral = das Großhirn betreffend, zum Großhirn gehörend, von ihm ausgehend, lat. cerebrum = Gehirn] „Interpretation der elektromagnetischen Felder der lebenden Gehirnzellen" (Asimov 2003: 140), die von Robotern ohne invasive Eingriffe durchgeführt werden kann. (Asimov 2003)

ZUFALLS-IDENT-DARTS [Pl.; Identität + engl. dart = Pfeil] Pfeile, „die ihre Beute im Umkreis von tausend Meilen aufspüren, anhand der unverwechselbaren Hirnstrommuster." (Dick 2007e: 680)

Virtuelle Welten/Künstliche Intelligenz

In dem Zukunftsroman *Simulacron 3* von Daniel F. Galouye, 1973 von Rainer Werner Fassbinder unter dem Titel *Welt am Draht* verfilmt und Ende der neunziger Jahre durch die Neuverfilmung von Roland Emmerich unter dem Titel *The 13th Floor* weltweit bekannt geworden, wird eine Welt geschildert, in der die Menschen einen Rechner geschaffen haben, der alle Handlungen und Ereignisse auf der Erde simuliert, um das Konsumverhalten prognostizieren zu können. Der Simulator „ist das elektromathematische Modell eines durchschnittlichen Gemeinwesens. Er erlaubt Vorhersagen auf weite Sicht. Diese Vorhersagen sind noch um ein Vielfaches präziser als die Ergebnisse einer ganzen Armee von Meinungsforschern – Schnüfflern –, die unsere Stadt durchkämmen." (Galouye 1965: 10) Die in der simulierten Welt implementierten Einheiten glauben selbst, dass sie wirkliche, lebendige, denkende Persönlichkeiten sind. Die Hauptfigur des Romans, der Simulelektroniker und Programmierer der simulierten Welt Douglas Hall, stellt nun fest, dass er selbst nichts weiter ist als ein Schaltkreis in einer virtuellen Welt, ein AVATAR in einem Simulationssystem einer höheren Realität. Am Ende wird Halls ‚Bewusstsein' in die höhere Welt transferiert, aber ist diese Welt nur die nächsthöhere in einer unendlichen Abfolge von Phantomwelten?

In *Welt am Draht* wird wie in neueren Zukunftsvisionen (z.B. *Neuromancer, Matrix-Filmtrilogie, Otherland*) das Verhältnis von Mensch und Computer zu einem Schreckensszenario verdichtet, in dem die Suche nach Realität und Virtualität (Cyberspace), nach Wahrheit und Täuschung, nach Schein und Sein im Zentrum steht. Hier wird der Computer oder ein Netz von Computern als eine Art neue Spezies gesehen, ein *Apparatus sapiens*, der sich koevolutionär mit dem *Homo technicus* entwickelt hat. Sprach- und Denkfähigkeit, geistige Kompetenz der Maschine werden als selbstverständlich vorausgesetzt. Der Grundsatz ‚Der Mensch ist klug, die Maschine ist dumm' wird ersetzt durch die Annahme ‚Der Mensch ist klug, die Maschine ebenso'. Der Computer wird nicht mehr als Artefakt, sondern als ‚Extra-Hirn' außerhalb des Körpers gesehen, das Fähigkeiten des menschlichen Gehirns genauso gut oder gar besser beherrscht und möglicherweise Bewusstsein entwickeln kann.

Für den Anschluss aller Sinne eines Menschen an einen Computer und das Eintauchen in eine fiktive Wirklichkeit hat Stanislaw Lem bereits Anfang der 60er Jahre des letzten Jahrhunderts den Begriff ‚Phantomatisierung' geprägt. Und Filme wie *Star Wars* und entsprechende Computerspiele lassen die Grenzen zwischen authentischer und virtueller Welt zunehmend verschwimmen. Aber funktioniert möglicherweise unser ‚reales' Universum selbst wie ein gigantischer Computer, ist die Welt nichts anderes als ein ‚rechnender Raum', wie es

Virtuelle Welten/Künstliche Intelligenz

Konrad Zuse bereits in den 40er Jahren formuliert hat? Diese Fragen und Themen in Science-Fiction – bei Douglas Adams' *Per Anhalter durch die Galaxis* wird der Computer Erde als Rechner zum Finden der Frage nach allem, nach dem Sinn des Universums, eingesetzt – werden in der modernen Physik diskutiert. Indem die Brücke zwischen Physik und Informationstheorie geschlagen und die physikalische Welt diskret, digitalisiert gedacht wird, können physikalische Gesetze als auf einem Quantencomputer laufende Programme angesehen werden. Ob allerdings „die Rede vom ‚rechnenden Raum' oder von der Welt als Rechenmaschine jemals mehr sein kann als eine heuristisch fruchtbare Metapher, steht buchstäblich in den Sternen." (Falkenburg/Huber 2007: 26)

ABACAND [Abakus = Rechengerät, bei dem die Zahlen durch auf Stäben verschiebbare Kugeln dargestellt werden, lat. abacus > gr. abax = Brett] Rechner „mit frei laufenden Persönlichkeitsprogrammen, die alles Wissen aus allen Quellen besaßen, die gerade über das Netz verfügbar waren." (Robson 2005: 49)

AIOID [AI = Abk. für engl. artificial intelligence = künstliche Intelligenz + -oid = ähnlich, -förmig > gr. oiedes = ähnlich] Generischer Begriff für alle künstlich intelligenten Systeme. (Encyclopaedia Galactica)

ANDERSWELT Virtuelle Realität. (Brandhorst 2004, 2005b)

AVATAR [sanskr. avatara = Herabstieg, Herabkunft]. Eigentlich künstliche Person oder eine grafische Repräsentation einer echten Person in der virtuellen Welt. Die Verwendung des Begriffes A. wurde bekannt durch den Science-Fiction-Roman *Snow Crash* (1992) von Neal Stephenson und ist mittlerweile ein fester Begriff im Netslang. In dem Roman *Polaris* (2006) von Jack McDewitt kann man zum einen über Avatare miteinander kommunizieren, zum anderen sind Wissensstrukturen von Verstorbenen gespeichert, die über die entsprechenden Avatare in quasi-interpersonaler Kommunikation abgerufen werden können: „Du weißt, dass wir eine *Polaris*-Ausstellung planen. Ein lebensgroßes Modell der Brücke. Avatare. Die Leute können sich mit Tom Dunninger oder Maddy English oder wem auch immer persönlich unterhalten." (McDevitt 2006: 115) „Ein Gespräch mit einem Avatar bringt natürlich stets ein Problem. Es sieht aus wie eine Person, die er repräsentiert, aber wir wissen, dass es sich lediglich um eine Projektion handelt." (McDevitt 2006: 190) Ferner gibt es A. als KI-Bots, die bestimmte Aufgaben übernehmen wie z.B. ein Raumschiff zu führen: „‚Ich bin Captain Pinchot.' Er war groß und gepflegt, hatte weißes Haar, zerklüftete Züge und ein sympathisches Lächeln. […] Der Avatar tippte sich mit dem Zeigefinger an die Lippen, scheinbar gedankenverloren. ‚Ich wurde im Jahr 1321 Ihrer Zeitrechnung installiert.' Vor etwas mehr als einem Jahrhundert. ‚Ich bin ein Upgrade.'" (McDevitt 2006: 447-48) Vgl. auch SIMULOID.

AW-DATENSERVO [AW = Kw. zu → ANDERSWELT + Daten + Servo = Hilfsgerät, lat. servus = Sklave, Diener; zu servire = dienen] Gerät zur Nutzung von Virtueller Realität. (Brandhorst 2005b)

BACK-UP [Backup = Sicherungskopie (EDV)] Mittels Nanotechnologie erstellte Kopie eines Menschen. (Stross 2008)

BEAMEN [engl. to beam = strahlen] Sich in einer virtuellen Umgebung direkt von einem Ort zum anderen ‚bewegen'. (Williams 1998)

BORGANISMUS [Wkr. aus → CYBORG (Roboter) + Organismus] Kollektiver Verstand. (Stross 2008)

BÜRGER → REPLIKANT (Williams 1998)

CANS [Pl.; Kw. für engl. cannula = Kanüle, aus frz. canule > lat. cannula = kleines Rohr] Neurokanulare Implantate, mit denen computersimulierte Empfindungen direkt ins Nervensystem eingespeist werden können. (Williams 1998)

COWBOY [engl. cowboy = eigtl. berittener Kuhhirte in Amerika, als solcher Held des Frontier-Amerika-Mythos, dem besondere Abenteuerlust zugeschrieben wird] Hacker. Pejorativ auch CONSOLE-GEIER. „Mit ständigem Adrenalinüberschuß [...] hing er an einem speziellen Cyberspace-Deck, das sein entkörpertes Bewußtsein in die Konsensprojektion der Matrix projizierte – ein Dieb, der für andere, reichere Diebe arbeitete, für Auftraggeber, die die erforderliche exotische Software lieferten, um schimmernde Firmenfassaden zu durchdringen und Fenster zu reichen Datenfeldern aufzutun." (Gibson 2000: 32)

CYBERSPACE od. KYBERSPACE [engl. cyberspace = kybernetischer Raum, engl. cybernetics > gr. kybernetike techne = Steuermannskunst > kybernetes = Steuermann, zu kybernan = steuern + space = Raum] Bezeichnung für die virtuelle Realität bzw. den virtuellen Raum, der durch die Vernetzung mit einem Computer bzw. Computernetzwerken erlebt werden kann. „Cyberspace. Eine Konsens-Halluzination, tagtäglich erlebt von Milliarden zugriffsberechtigter Nutzer in allen Ländern, von Kindern, denen man mathematische Begriffe erklärt ... Eine grafische Wiedergabe von Daten aus den Banken sämtlicher Computer im menschlichen System. Unvorstellbare Komplexität. Lichtzeilen im Nicht-Raum des Verstands, Datencluster und -konstellationen. Wie die zurückweichenden Lichter einer Stadt ...". (Gibson 2000: 87) Erstbeleg nach OED 1982. Der Begriff wurde von Gibson in seinen Romanen und Kurzge-

Virtuelle Welten/Künstliche Intelligenz

schichten populär gemacht, insbesondere durch den 1984 erschienenen Roman *Neuromancer*. Das Konzept des C. findet sich jedoch bereits bei Lem in seinem Buch *Summa technologiae* (1964) unter dem Terminus „Phantomatisierung" ausgearbeitet, wo „es um den Anschluss aller Sinne eines Menschen an einen Computer, der ihn ‚phantomatisiert', [geht], also ihn scheinbar in die fiktive Wirklichkeit eintaucht." (Lem 2003: 95)

CYBRID [cyber-, zu engl. cybernetics = Kybernetik > gr. kybernetike techne = Steuermannskunst > kybernetes = Steuermann, zu kybernan = steuern + hybrid = aus Kreuzung hervorgegangen, zu lat. hybrida = Mischling, Bastard; s. auch → CYBORG (Roboter)] Lebensform der KI (künstliche Intelligenz): „Johnny war eine KI. Sein Bewusstsein oder Ego oder wie man es immer nennen will, schwebte irgendwo in der Megadatensphäre-Dateiebene von TechnoCore." (Simmons 2002: 480) C. sind aus menschlichem genetischen Material geschaffen und menschenähnlich in Aussehen und Verhalten. (Simmons 2002)

DATIO [zu Daten od. Datei, engl. data > lat. Pl. von datum = Gegebenes] Avancierter Computer, eine Art persönliches Notebook, das alle möglichen Informationen speichert, überträgt und wie ein Nachschlagewerk abrufbereit hält. In kleinerer Ausführung auch als ARMBAND-DATIO verfügbar. (Vinge 2007)

DECKIDENTITÄT Individuelle Erscheinungsform einer Person innerhalb einer computergenerierten Umwelt. Die Bezeichnung D. beschränkt sich im Gegensatz zum → SIMULOID nicht allein auf die äußere Gestalt, sondern umfasst den computergenerierten Charakter in seiner Gesamtheit. (Williams 1998)

DERM od. DERMATRODE auch TRODE [gr. derma = Haut; Trode = Kw. zu Elektrode] Haut-Interface für Cyberspace-Konsolen. (Gibson 2000)

DISCUTER od. DISCUTERCOMPUTER [Wkr. aus engl. to discuss = diskutieren, zu lat. discutere = zerschlagen, zerteilen, zerlegen + Computer] Ein Computer, der während langer Reisen durch den Weltraum zum intelligenten Zeitvertreib genutzt werden kann. Durch ihn können Diskussionen über anspruchsvolle Themen mit bioelektrischen Porträts berühmter Persönlichkeiten wie Karl Popper, Bertrand Russell oder William Shakespeare geführt werden. Die Diskussionsrunde kann aus einer PSYCHOTHEK zusammengestellt werden. Diese enthält entsprechende Kassetten, von den gespeicherten Persönlichkeiten (KASSETTONS) auch als KASSETTENGRAB empfunden. (Lem 1986a)

EINSWERDUNGSBOX [engl. box = Kiste] Gerät, das ein empathisches, identifikatorisches Nacherleben ermöglicht. „Er holte tief Luft, sammelte sich und nahm die beiden Griffe fest in die Hände. Ein Bild formte sich. [...] Er wurde physisch eins mit Wilbur Mercer [→ MERCERISMUS (Kultur)] und identifizierte sich auch geistig und seelisch mit ihm. Genau dasselbe Wunder erlebte im gleichen Augenblick jeder, der hier auf der Erde oder auf einem der Kolonialplaneten in dieser Sekunde die beiden Griffe packte." (Dick 2002: 30-31)

EIS [Abk. von Elektronisches Invasionsabwehr-System, orig. engl. ICE = Intrusion Countermeasures Electronics] Firewall zum Schutz von Daten und vor Eindringlingen. SCHWARZES EIS ist die illegale Variante von E. und kann durch neurales Feedback Eindringlinge und Hacker töten. „Genau. Datenkern der Tessier-Ashpool SA, und das Eis wird von ihren zwei netten KIs produziert. Scheint mir vom gleichen Niveau zu sein, wie das Zeug auf dem Militärsektor. Teuflisches Eis, Case, schwarz wie'n Grab und glatt wie Glas. Brät dir das Hirn, sobald es dich sieht. Wenn wir näher rangehen, hetzt es uns sofort die Tracer auf den Hals. Die knallen dir in den Arsch und kommen dir zu den Ohren wieder raus, und dann erzählen sie den Burschen in der T-A-Zentrale deine Schuhgröße und wie lang dein Pimmel ist." (Gibson 2000: 214)

FLATLINE auch ROM-PERSÖNLICHKEITSMATRIX [engl. flatline = Nulllinie beim EEG, die anzeigt, dass keine Gehirntätigkeit mehr stattfindet, engl. flat = flach, platt + line = Linie] Bewusstsein eines Menschen, das auf einer Festplatte gespeichert ist. „Es war ihm zuwider, sich die Flatline als Konstruktion vorzustellen, eine festverdrahtete ROM-Kassette, die das Können eines Toten reproduzierte, seine Leidenschaften, seinen Kniesehnenreflex ..." (Gibson 2000: 116)

GEAR [engl. gear = hier i.S.v. Ausrüstung] Sammelbezeichnung für unterschiedliche Hardware- und KI-Komponenten, welche zum Erleben einer dreidimensionalen virtuellen Realität notwendig sind. Ableitung: PHAGE-GEAR, CHARGEGEAR, SABOTAGEGEAR, GEARFARM, WIEDERGEWINNUNGSGEAR. (Williams 1998)

GOGGLES [engl. goggle = Glotze, Schutzbrille, zu to goggle = glotzen] Datenbrillen zur visuellen Wahrnehmung einer Umgebung innerhalb der VR. (Williams 1998)

HI [analog zu KI = künstliche Intelligenz] Höchste Intelligenz. Von einem KI-Netz geschaffene Super-KI. (Simmons 2002)

HOLOCRON [holo-, zu gr. holos = ganz, völlig + gr. chronos = Zeit, analog zu Holographie = Technik zur Speicherung und Wiedergabe dreidimensionaler

Virtuelle Welten/Künstliche Intelligenz 137

Bilder durch Laser] Speicher- und Informationsmedium machtsensitiver Lebewesen (JEDI-RITTER und -MEISTER → JEDI (Kultur)), das über die Möglichkeiten traditioneller Datenspeicher und Holobücher hinausgeht. (Star Wars)

HOLODECK [holo-, zu gr. holos = ganz, völlig] Raum, in dem beliebige virtuelle Welten mittels Holografien simuliert werden können. (Star Trek)

HOLOFENSTER [holo-, zu gr. holos = ganz, völlig, analog zu Holographie = Technik zur Speicherung und Wiedergabe dreidimensionaler Bilder durch Laser] Fenster, das eine simulierte Landschaft zeigt und dadurch in einem Raum eine angenehme Atmosphäre erzeugt. (Bova 2005)

HOLO-GERÄT [Holo = Kw. zu Hologramm = gespeicherte, dreidimensionale Aufnahme eines Gegenstandes, zu gr. holos = ganz, völlig] Gerät zur Erzeugung von Hologrammen. (Gibson 2000)

HOLO-ORDNER [holo-, zu gr. holos = ganz, völlig] Ordner i.S.v. Aktenordner als Hologramm. (Kotzwinkle 2007)

HOLOPHANTOM [holo-, zu gr. holos = ganz, völlig + Phantom > frz. fantôme > gr. phantasma = Sinnestäuschung, Trugbild] Computergenerierte Projektion, die als Vertretung einer Person auftreten und in begrenztem Maß festgelegte Aufgaben erfüllen kann. Auch andere Computerprogramme treten personifiziert auf und ermöglichen Unterhaltungen über bestimmte Themen, zum Beispiel ein WISSENSCHAFTSPROGRAMM in Gestalt Albert Einsteins. (Pohl 2004)

HOLOPROJEKTOR [holo-, zu gr. holos = ganz, völlig + Projektor, zu lat. proicere, proiectum = nach vorne werfen] „Sie holte sich das Bild der Ermittlerin in ihren Holoprojektor – ein lebensgroßer, durchsichtiger Zylinder, in dem die Ermittlerin wie in einen Glaskäfig eingeschlossen wirkte." (Kotzwinkle 2007: 203)

HOLOVID [holo-, zu gr. holos = ganz, vollständig + vid = Kw. für Video = optische Aufzeichnung bzw. Gerät zur Aufzeichnung und Wiedergabe von Filmen, zu lat. videre = sehen] Hologramm in Videoform. Ableitung: HOLOVIDBOTSCHAFT, HOLOVIDBETRACHTER (Gerät zum Betrachten von H.s), HOLOVIDSPOT, HOLOVIDGRAPHER (Kamerateam, gr. graphe = Schrift, Darstellung]). (Stackpole 1997) Entsprechung eines Fernsehsystems, auf der Basis von Hologrammen. Mittels H. aufgezeichnete Dateien heißen VID-DATEIEN. (Bujold 2005)

HOLO-ZIMMER [holo-, zu gr. holos = ganz, völlig] Dient der Entspannung. Es lassen sich lebensechte Simulationen erzeugen. (Star Trek)

INTERFACEN [engl. interface = techn. Schaltung zur Anpassung zweier sonst inkompatibler Geräte(teile), lat. inter = zwischen + engl. face = eigtl. Gesicht, Frontfläche > lat. facies = Gesicht] Mittels einer Computerschnittstelle eine Verbindung herstellen. (Gibson 2000)

KREDITPOLLEN [Kredit = Darlehen + Pollen = Blütenstaub] Abwertende Bezeichnung für Geldwerte elektronisch geregelter Handels- und Finanzmärkte innerhalb einer VR. (Williams 1998)

MATRIX [Matrix = eigtl. Schema, das zusammengehörende Einheiten zuordnet, lat. matrix = öffentliches Verzeichnis, Stammrolle, eigtl. = Gebärmutter] Durch vernetzte Computer geschaffener, virtueller Raum, andere Bezeichnung für → CYBERSPACE. Bezeichnung nach der Bedeutung in der Mathematik: System von mathematischen Größen, das in einem Schema von waagerechten Zeilen und senkrechten Spalten geordnet ist. MATRIXGEFÜGE = Gesamtheit des virtuellen Raums. (Gibson 2000)

NEONDUPLIKAT [gr. neon = das Neue + Duplikat = Zweitschrift, Abschrift, zu lat. duplicare, duplicatum = verdoppeln] Kopie eines realen Gegenstandes in der virtuellen Welt. (Gibson 2000)

NEO-NEON [gr. neos = neu, jung + Neon = chem. Element, zu gr. neon = das Neue] Sammelbezeichnung für futuristische Leuchtreklamen. (Williams 1998)

ODOROPHONE [Pl.; lat. odor = Geructh, Duft + gr. phone = Laut, Ton, Stimme] Gerüche und Töne nachbildende Geräte in einem Kinderzimmer, das die telepathischen Gedankenströme der Kinder auffängt, um alle ihre Wünsche zu erfüllen. „Die verborgenen Odorophone begannen jetzt den beiden in der Mitte der ausgedörrten Steppe stehenden Menschen Gerüche entgegenzublasen: den heißen, strohigen Geruch trockenen Grases, den Duft nach kühlem Grün von dem versteckten Wasserloch, die strenge, harte Ausdünstung von Tieren [...] Und dann die Geräusche: das dumpfe Dröhnen von Antilopenhufen in der Ferne, das papierartige Rauschen von Geierschwingen." (Bradbury 1977: 16)

PANTHEON DER LEBENDEN [Pantheon = Ehrentempel, gr. pantheion, zu pan = all, ganz, jeder + theios = göttlich, zu theos = Gott] Hoher, kuppelartiger Saal, in dem die Gehirne genialer Menschen künstlich am Leben gehalten und durch technisch erzeugte Sinneseindrücke wie Gerüche und Geräusche stimuliert werden, um ihre Erfindungsgabe weiterhin im Dienste der Menschheit einsetzen zu können. Auf ungeklärte Weise treten die konservierten Gehirne in Kontakt zueinander und erkennen ihre Situation, woraufhin sie beschließen, ihrem Dasein kollektiv ein Ende zu setzen. (Laczkó 1980)

Virtuelle Welten/Künstliche Intelligenz

PLASMODALES GEL [plasmodal (eigtl. häufiger plasmodial) = Adj. zu Plasmodium = Produkt unvollständiger Zellteilung: Masse aus Zellplasma, die viele Zellkerne enthält, welche nicht durch Zellwände voneinander getrennt sind, da nur die Kerne, aber nicht das Plasma geteilt wurden; zu gr. plasma = Gebilde + Gel = gallertartige Masse, Kw. zu Gelatine, lat. gelatina, zu gelatus = gefroren, erstarrt, zu gelare = zum Erstarren bringen, gefrieren machen] Gel, mit dem → V-TANKS gefüllt sind. Das Gel vermittelt dem Körper das, was man gerade im Netz bzw. innerhalb einer virtuellen Realität zu erleben glaubt: Wind, Kälte, Wasser, Sonnenschein usw. (Williams 1998)

REALITÄTSGENERATOR Ein Satellit, der mit Hilfe von Hologrammen eine umfassende, täuschend echt wirkende Illusion von Realität erzeugt. (Dick 1984)

REPLIKANT auch kurz REP [Replikant = wörtl. ein einem Original Nachgebildeter, zu lat. replicare = wieder aufrollen] Programmierte Datenmengen, „Programm mit dem Aussehen eines Menschen." (Williams 1998: 54) Sie können innerhalb einer virtuellen Realität aussehen wie echte Menschen, andere Lebewesen oder Gestalten/Formen. Je nach Qualität verfügen sie über beschränkte Fähigkeiten. „Im Netz nennt man richtige Menschen ‚Bürger'. Das da waren Replikanten – Konstrukture, die wie Menschen aussehen." (Williams 1998: 77)

SCHÄDELELEKTRODEN od. EINGABEELEKTRODEN auch kurz (E-)TRODEN. [Pl.; Elektrode = eines der Enden eines Stromkreises, zwischen denen elektrischer Strom durch ein anderes Medium geleitet wird; engl. electrode, zu electric > lat. electricus = durch elektrische Ladung magnetisch] Verbindungskontakte, mittels derer ein Zugang in den virtuellen Raum möglich wird. (Gibson 2000)

SIMSTIM-DECK [simulierte Stimulation, lat. simul = Adv. zu similis = gleich, ähnlich + Stimulation = Anregung, Reizung, lat. stimulatio, zu stimulare = mit einem Stachel reizen] Simulations- und Stimulations-Abspiel- und Aufnahmegerät, das den kompletten Sinnesapparat einer Person umfasst. Mittels → BIOWARE (Technologien) kann so theoretisch eine unbegrenzte Anzahl von Menschen an den Sinneswahrnehmungen einer anderen Person teilhaben. Es herrscht ein einseitiges Sender-Empfänger-Prinzip vor. (Gibson 2000)

SIMULOID kurz SIM [lat. simul = Adv. zu similis = gleich, ähnlich + -oid = ähnlich, -förmig > gr. oiedes = ähnlich] Individuelle Erscheinungsform einer Person innerhalb einer computergenerierten Umwelt. Ableitung: SIMOBJEKTE, SIMFINGER, BODYBUILDERSIM, SIMMASKE, SIMWELT, HUMANOIDER SIM. (Williams 1998) Auch → AVATAR.

SQUEEZER [engl. squeezer = Presse, to squeeze = (aus)drücken, (aus)pressen] Eine Art Handschuh und Bestandteil eines → GEAR. Ermöglicht die Berührung virtueller Gegenstände innerhalb des Netzes. (Williams 1998)

STIMSIM [Stimulation + Simulation, Stimulation = Anregung, Reizung, aus lat. stimulatio, zu lat. stimulare = mit einem Stachel reizen + (techn.) Simulation = Sachverhalte, Vorgänge modellhaft nachbilden, lat. simul = Adv. zu similis = gleich, ähnlich] Gerät, das Simulationen zur Stimulierung von Menschen erzeugt, allgemein Gerät zur Erzeugung virtueller Realität. (Simmons 2002)

TOTALOSKOP [total = ganz und gar, vollständig, lat. totalis = gänzlich, zu totus = ganz, gänzlich + -(o)skop = für Bezeichnungen für Geräte zur Unterstützung sinnlicher Wahrnehmung, zu gr. skopein = betrachten] Ein Gerät, das Aufzeichnungen realer oder fiktionaler Geschehnisse mit allen Sinnen erfahrbar macht und so eine perfekte Illusion von Authentizität erzeugt. Der Benutzer liegt im TOTALOSKOPGEHÄUSE auf einem FORMBETT und ist mit zahlreichen sensorischen Effektoren verbunden, die ihm Wärme, Druck, Schmerz und andere Sinneseindrücke vermitteln. Ein TOTALOSKOPTRIP oder TOTALOSKOPTRAUM kann lehrreich, entspannend, manchmal irritierend sein. Die Möglichkeit, dass sich mehrere Personen über das T. geistig zu einem SUPERWESEN (GRUPPENGEHIRN) vereinen, ist eigentlich nicht vorgesehen, wird aber entdeckt und zu problematischen Selbstversuchen genutzt. (Steinmüller/Steinmüller 1982)

TRÄUMERTANK Ort zum Abtauchen in eine Pseudorealität; → VIRTU-SERVO und → BIO-SERVO (Technologien) werden aneinandergeschlossen und schaffen so im Gehirn des Träumers die Pseudorealität. Die Person wird durch angelegte Schläuche am Leben erhalten. (Brandhorst 2004)

TURING-BULLEN [Pl.; nach dem Mathematiker Alan Turing (1912-1954), der grundlegende Konzepte für die Informatik und die künstliche Intelligenz entwickelt hat + Bulle = abwertend für Polizist] → CYBERSPACE-Polizei. Ableitung: TURING-AGENT. (Gibson 2000)

TWINK [Im Rollenspieljargon bezeichnet *twink* einen alternativen Charakter bzw. Nebencharakter eines Spielers. Herkunft des Begriffs ist unklar, möglicherweise mit Bezug zu engl. twin = doppelt] Ein Twink ist eine Person, die TWINKT, d.h. „die Persönlichkeit eines anderen simuliert, bis die Simulation von einem Besitz ergreift (Begriff von Rudi Rucker [Cyberpunkautor, d. Verf.])." (Harrison 2004: 56, FN *) Ein T. liegt in einem TANK und wird mit einem TANKPROTEOM ernährt, einem „Schleim aus Nährstoffen und maßgeschneiderten Hormonen". (Harrison 2004: 59)

Virtuelle Welten/Künstliche Intelligenz

ULURU [Bez. der austral. Aborigines für Ayers Rock] Spezifische Form der virtuellen Realität. „Uluru war das Host-System der Traumzeit, eine virtuelle Realität, die für kindliche Abgestimmte eingerichtet worden war, damit sie dort lebten, bevor sie mit dem Körper verbunden wurden, der eines Tages ihre einzige physische Existenz bilden würde." (Robson 2005: 142)

VIRTUELLE-REALITÄTSKONFERENZ [Virtuelle Realität = computergestützte Technologie zur Darstellung und gleichzeitigen Wahrnehmung der Wirklichkeit, aus virtuell = nicht echt, aber Echtheit vortäuschend] Technologisch avancierte Form der Zusammenkunft zu Zwecken der Beratung. Nicht reale Teilnehmer sitzen sich gegenüber, sondern Simulationen an einem ebenso simulierten Konferenztisch. Eine andere Form der Begegnung in einer Virtuellen Realität ist die DREIWEGE-PHANTASIE. Hierbei leben drei Personen eine gemeinsame, oft sexuelle Phantasie aus. (Bova 2005)

VIRTU-SERVO [zu virtuell = nicht echt, aber Echtheit vortäuschend, Bedeutungswandel von ‚aufgrund seiner Anlagen ein Potential besitzend' zu lat. virtus = Tüchtigkeit + servo-, lat. servus = Sklave, Diener] Gerät zur Erzeugung virtueller Realität. (Brandhorst 2004)

V-TANK [engl. virtual = virtuell = nicht echt, aber Echtheit vortäuschend, Bedeutungswandel von ‚aufgrund seiner Anlagen ein Potential besitzend' zu lat. virtus = Tüchtigkeit] Mit (neuronalem) Gel gefüllter Behälter, der es der im Tank befindlichen Person ermöglicht, möglichst lange im Netz zu bleiben. „Die V-Tanks waren zwar im Vergleich zu neueren Interface-Teilen umständlich zu benutzen, aber schienen ihr verschaffen zu können, was sie brauchte – langfristigen Netzzugang und zudem viel feinere sensorische Eingaben und Ausgaben." (Williams 1998: 673)

Kulturen/Gesellschaftsformen/Lebenswelten

Die Begegnung unterschiedlicher Kulturen gehört zu den großen Themen unserer Zeit. Für die Science-Fiction hat dieses Thema immer schon eine besondere Bedeutung gehabt. Der Kontakt mit außerirdischen Intelligenzen wird ja erst interessant, wenn weiter gefragt wird: Wie leben unsere Nachbarn im All? Welche Gesellschaftsstrukturen haben sie hervorgebracht, welche Wertvorstellungen bestimmen ihr Denken und Handeln, wie sieht ihre materielle Kultur aus, was essen und trinken, womit musizieren sie? Und wie entwickeln sich irdische Kulturen und Gesellschaftsformationen selbst weiter? In alternative Lebenswelten einzutauchen gehört ganz sicher zu den wichtigsten Anreizen, Science-Fiction zu lesen, und solche Welten glaubwürdig und nachvollziehbar zu gestalten, zu den großen Herausforderungen an Autoren des Genres. Die eigene Lebenswirklichkeit kann dabei stets als Vergleichsfolie herangezogen werden. Bei aller Exotik ermöglichen die Welten der Science-Fiction deshalb immer auch Einblicke in gegenwärtige, irdische Zustände, mal mit nüchtern sezierendem Blick, mal voller Optimismus, mal als düsteres Menetekel.

Was bedeutet Glaubwürdigkeit in Bezug auf alternative Lebenswelten? Eine wesentliche Voraussetzung ist, wie Autoren des Genres selbst mehr als einmal herausgestellt haben, der Entwurf eines in sich stimmigen Modells, in dem unterschiedlichste Aspekte systematisch in Beziehung zueinander gesetzt werden können. Die Entwicklung solcher Modelle war und ist keineswegs der Science-Fiction allein vorbehalten, doch geraten anderweitige Versuche schnell in ihre Nähe. Ein gutes Beispiel hierfür ist Giovanni Schiaparellis Versuch über *Das Leben auf dem Planeten Mars* (*La vita sul pianeta Marte*, 1895). Schiaparelli ist für die Entdeckung der Marskanäle berühmt geworden, eine Leistung, die er selbst etwas differenzierter gesehen hat. Jene von der Erde aus zu beobachtenden Rinnen (it. *canali*) auf dem Mars seien gar keine künstlich angelegten Kanäle, sondern breite Täler. Dass diese ihre Gestalt verändern, stärker oder schwächer, manchmal gar nicht oder verdoppelt zu sehen sind, ist aber laut Schiaparelli doch nur durch den Eingriff intelligenter Wesen in die Natur plausibel zu erklären. Ausführlich legt er die Beschaffenheit des marsianischen Ökosystems dar und leitet daraus Schlussfolgerungen über die Notwendigkeit ab, auf dem Mars ein umfassendes Bewässerungssystem aufrechtzuerhalten, damit Landwirtschaft als Grundlage für intelligentes Leben möglich ist. Zu diesem System gehören nun doch echte Kanäle, welche die Marstäler durchziehen, für uns aber nicht sichtbar sind. Was wir von der Erde aus beobachten können, sind die Vegetationszonen an ihren Ufern. Der Mars, so Schiaparelli, „muß zweifellos das Paradies der Wasserbauingenieure sein!" (Schiaparelli 1997: 126) Im Weiteren macht sich Schiaparelli Gedanken darüber, wie eine Gesellschaft

Kulturen/Gesellschaftsformen/Lebenswelten 143

beschaffen ist, die ein so großes Bewässerungsprojekt effektiv umsetzen kann. Vielleicht „die Universalmonarchie Dantes" eher als ein „Staatenbund [...], in dem jedes Tal einen unabhängigen Staat bildet". (ebd.) Es könnte auch sein, dass „die Einrichtung des kollektiven Sozialismus viel praktischer und zweckmäßiger ist als auf der Erde, [...] der Mars auch das Paradies der Sozialisten werden könnte". (ebd.) Weiterhin bewundert Schiaparelli das umfassende mathematische, meteorologische und hydraulische Wissen seiner Marsianer, wie auch ihre Disziplin, Eintracht und Gesetzestreue. Bei alledem ist er sich durchaus bewusst, dass seine Überlegungen, trotz aller Überzeugungskraft, zumindest „teilweise an einen Roman grenzen". (ebd.: 117)

Schiaparelli gründet seine Modellierung einer alternativen Lebenswelt auf systematisch erarbeitete, wenn auch inzwischen widerlegte naturwissenschaftliche Voraussetzungen. Die Science-Fiction hat aber auch auf andere Disziplinen, etwa die Soziologie, die Geschichtswissenschaft, die Anthropologie oder die Psychologie Bezug genommen, *Soft sciences*, die Verfechter einer naturwissenschaftlich-technisch orientierten *Hard SF* überaus skeptisch betrachtet haben. Doch der erste Teil der Genrebezeichnung, *Science*, steht letztlich für das gesamte Spektrum möglicher Wissenschaften.

Allerdings geht es keineswegs in jedem Fall darum, wirklich eine glaubhafte alternative Lebenswelt auf der Grundlage systematisch ausgearbeiteter Vorstellungen zu modellieren. Der Leser kann in der Science-Fiction manch einer bizarren oder absurden Welt begegnen, die gar nicht vordergründig glaubhaft sein will. Im Hintergrund steht dann die Lust am Spiel mit dem Möglichen und dem Unmöglichen, oft auch eine humoristische oder satirische Absicht. Was etwa treibt den Großen Wassermann Ermesineus den Hechter, den tyrannischen Herrscher auf dem Planeten PINTA, um, wenn er seine menschenähnlichen – und damit auch Luft atmenden – Untertanen mit aller Gewalt in Fische verwandeln möchte? Man stelle sich das vor: Alle uns umgebenden Gebäude und Straßen sind ständig geflutet und der Wasserspiegel wird langsam erhöht, bis wir endlich die Fähigkeit zum UNTERWASSERATMEN entwickelt haben ... Es könnte dann erholsam, wenn nicht dringend geraten sein, sich gegen das Projekt der FISCHWERDUNG aufzulehnen, um von der FREIHEITLICHEN FIPO, der Fischpolizei von Pinta, zur Strafe in eine TROCKENZELLE gesperrt zu werden.

ABDIKATOR [Subst.bildung zu engl. to abdicate = entsagen, verzichten lat. abdicare = entsagen, verzichten > ab- = von, weg, los + Kompositaform von dicere = sagen] Glaube, dass die → PROGENITOREN (Lebensformen) zurückkehren werden. „Abdikator ist ein dem Anglischen → ANGLISCH (Kommunikation) entlehnter Ausdruck, mit dem eine der größeren philosophischen

Gruppierungen der galaktischen Gesellschaft bezeichnet wird." (Brin 2000: 208)

ALPHAS sowie BETAS, GAMMAS, DELTAS, EPSILONS [Pl. Buchstaben des gr. Alphabets] Mitglieder der jeweiligen Kasten, die nach dem BOKANOWSKY-VERFAHREN → BOKANOWSKYSIEREN (Technologien) prädestiniert → PRÄDESTINIEREN (Technologien) und normiert wurden. Sie unterscheiden sich äußerlich und sind für unterschiedliche Aufgaben in der BRUT- UND NORMZENTRALE gezüchtet worden. Während Alphas die Führungskaste bilden, sind Epsilons für die niedrigsten Arbeiten vorgesehen. (Huxley 1982)

AMT FÜR BEVÖLKERUNGSPLANUNG Einflussreiche Behörde in einem von Überbevölkerung geplagten New York. Das von diesem Amt verwaltete System der Bevölkerungsplanung basiert auf umfassenden psychologischen Tests, mit deren Hilfe die vermeintlich wertvollsten Mitglieder der Gesellschaft ermittelt werden. Wer diese Tests nicht erfolgreich besteht, darf weder eine Familie gründen noch Nachkommen zeugen. Je besser die Tests bewältigt werden, desto höher ist die individuelle KINDERQUOTE. (Disch 1977)

ANTIBATENPARTEI [gr. anti- = gegen] Politische Partei der → MARTIER (Lebensformen). Sie setzt sich für die Unterwerfung und Versklavung der Menschheit auf der Erde ein. Dank einer Mehrheit im ZENTRALRAT DES MARS gelingt es, Teile der Erde einer direkten Regierung durch die MARSSTAATEN zu unterwerfen. Die durch den ERDENBUND repräsentierten Menschen setzen dieser Entwicklung jedoch, unterstützt durch ihnen wohlgesonnene Martier, Widerstand entgegen. (Laßwitz 1984)

APPETIT-SALON Räumlichkeit in Restaurants. Die Gäste können sich hier unterhalten oder Fernsehprogramme verfolgen, während chemische Substanzen in der Luft unmerklich ihren Appetit anregen. (Gernsback 1973)

ARKTURANISCHES MEGA-ESELSPÜREE [arkturanisch, Adj. zu Arkturus = Stern im Sternbild Bootes; gr. mega = groß, riesig] Eine außerirdische Speise, die in Schüsseln serviert wird. Ebenfalls auf extraterrestrischen Menüs zu finden sind NASHORNRIPPCHEN À LA WEGA, aus menschlicher Perspektive als übel riechender Brocken Fleisch beschrieben. (Adams 1992)

ASTRIDEN [Pl.; astro- = die Sterne betreffend, lat. astrum = Stern > gr. astron + -id = ähnlich] Eine Gruppe irdischer Kolonisten, die das ferne GRUNA-SYSTEM besiedelt hat. Unter den Kolonisten entwickelt sich ein heftiger Streit um die weitere Entwicklung des Planetensystems, in dessen Folge die Anhänger des Ökologen Ferokee, die FREES, die A. mit Waffengewalt bedrohen, mehrere Raumstationen zerstören und damit die längst überwunden geglaubte Praxis des Krieges wiederaufleben lassen. (Kober 1984)

Kulturen/Gesellschaftsformen/Lebenswelten 145

ATAIR-DOLLAR [Atair = Stern im Sternbild Adler + Dollar = US-amerikanische Währungseinheit] Außerirdisches Zahlungsmittel. (Adams 1992, 2005a)

AUSSENWELTLER Bezeichnung für alle Fremden, Nicht-Bewohner des Heimatplaneten. (Le Guin 1976) Bezeichnung für Menschen, die nicht auf der Erde geboren wurden. (McDevitt 2006)

AUTARKE [Pl. autark = (wirtschaftlich) unabhängig, gr. autarkes = materiell unabhängig] Bezeichnung für Personen, die keiner abhängigen Arbeit nachgehen; gehobene Kaste der menschlichen Gesellschaft seit dem 5. Jahrtausend. (Brandhorst 2004)

BARMHERZIGER SERAPHIM [Seraphim = sechsflügelige Engel, zu hebr. Seraph = der Läuternde, eigtl. brennen, zu saraph = verbrennen; die Wortherkunft ist nicht eindeutig geklärt] Zigarettenmarke. „Hal folgte ihnen, während Pornsen sitzen blieb und eine Packung Barmherziger Seraphim (falls Engel rauchten, dann rauchten sie BS) aus seiner Uniformtasche holte und sich eine Zigarette ansteckte." (Farmer 1998: 62)

BENE GESSERIT [lat. bene = gut, hier auch i.S.v. ordensartige Gemeinschaft + Gesserit, lat. gerere = tragen, ausführen, 3. Pers. Sg. Futur II Indik. Akt., wörtl. ‚sie wird sich gut/richtig verhalten haben'] Traditionsreiche Schule auf dem Planeten WALLACH IX, die ausschließlich weibliche Studenten (BENE-GESSERIT-ABSOLVENTEN) ausbildet und ihnen charakteristische Eigenschaften anerzieht. Dazu gehören die Fähigkeit zur geschickten Beeinflussung anderer Personen sowie ein ausgeprägter Korpsgeist. Auf dieser Grundlage ist es der B. möglich, sich aktiv in politische Zusammenhänge von großer Tragweite einzumischen. Um ihrem Einfluss auf einem bestimmten Planeten den Weg zu ebnen, kann eine von den B. entsandte MISSIONARIA PROTECTIVA dafür geeignete religiöse Überzeugungen verbreiten. Gewinnt eine B. Macht über den Willen einer Person, wird dies auch SCHOCK genannt. Eigentliches Ziel der B. ist es, im Ergebnis eines verdeckt unter der Menschheit durchgeführten Zuchtprogramms den → KWISATZ HADERACH (Lebensformen) hervorzubringen. (Herbert 1993)

BENE TLEILAX od TLEILAXU, ZENSUFIS [Pl.; lat. bene = gut, hier auch i.S.v. ordensartige Gemeinschaft + Tleilax = Name eines fiktiven Planeten; Zen = Zen-Buddhismus, jap. zen = Meditation + Sufi = hier Vertreter des Sufismus, arab. sufi, zu suf = grober Wollstoff, nach der Kleidung] Eine religiöse Sekte, deren Glaube zen-buddhistische und sufistische (islamisch-mystische) Elemente vereint. Die B. stammen ursprünglich vom Planeten TLEILAX und sind in der gesamten Galaxis als Wissenschaftler ohne moralische Skrupel bekannt. Sie haben sich insbesondere auf die Züchtung von Menschen zu besonderen Zwecken spezialisiert → GHOLA (Lebensformen). Ihre Aktivitäten werden oft als ethisch abstoßend empfunden, die B. deshalb auch verfolgt und dezimiert, jedoch nie ganz besiegt. Hinter ihrem Wirken steht eigentlich das Ziel, alle Ungläubigen, d.h. alle Nicht-Tleilaxu (von ihnen POWINDAH genannt) im Universum zu vernichten. Ihr elaboriertes technologisches Wissen ermöglicht es den B. auch, mit Hilfe von AXLOTL-TANKS → GEWÜRZ (Kognition) künstlich herzustellen. (Herbert 1993)

BESTELLTABLEAU [Tableau, frz. tableau > lat. tabula = Brett, Tafel] Tastatur zur Eingabe von Bestellungen in einem Restaurant. „Ich betätigte die Speisekarte. Auf dem hauchdünnen Belag der Tischplatte präsentierten sich in rascher Folge die Vorschläge des Tages. Aber ich fand kein Bestelltableau." (Hartmann 1989: 59)

BLADE RUNNER [engl. blade = Klinge, Schwert + engl. runner = Läufer] Speziell ausgebildete Personen der Polizei, die Androiden aufspüren und umbringen, um Menschen vor den Robotern zu schützen. In Dicks gleichnamigen Roman auch als PRÄMIENJÄGER bezeichnet, da es für einen liquidierten Androiden 1000 $ Prämie gibt. (Dick 2002)

BLUMENKÄFIG Käfig, in dem auf dem Mars Blumen haustierähnlich gehalten werden. (Bradbury 1981)

BROCKIANISCHES ULTRA-KRICKET [brockianisch = vmtl. zu einer außerirdischen Kultur, lat. ultra = über ... hinaus + engl. Kricket = eine Ballsportart] Eine Sportart, bei der es darauf ankommt, einer Person unvermittelt einen Schlag auf den Kopf zu versetzen und dann fortzulaufen. (Adams 1992)

BRRBRRDL [brr = Interjektion + -d(e)l von → KURDEL = fiktive Tierbezeichnung] Eine Suppe aus fauligen Moosen und Flechten, die zur rustikalen Küche → KURDLANDS gehört. (Lem 1986a)

BÜPROKÖPS [Kw. zu BÜRO FÜR PROJEKTE DES KÖRPERS UND DER PSYCHE] Staatliche Einrichtung, die in einem Zeitalter beliebiger körperlicher Selbstgestaltung (AUTOMORPHIE, KÖRPERFORMISMUS) zur Aufgabe hat, eine AUTOMORPHE EXPLOSION (kurz AU) zu verhindern und so die kulturelle Entwicklung zu stabilisieren. Unterabteilungen bzw. eigenständige Institute sind: KWUG (KOMMISSION FÜR FRAGEN WUNDERVOLLER GESICHTER), ZIVÄEX (ZENTRALES INSTITUT FÜR VOLLE ÄSTHETISIERUNG DER EXTREMITÄTEN) und IVRANA (INSTITUT FÜR VERALLGEMEINERUNG EINER RADIKAL NEUEN ANATOMIE). Eine spätere Neugründung ist die KAKÖPSYP (KOMMISSION ZUR ABSTIMMUNG DER KÖRPERLICH-PSYCHISCHEN PROJEKTE). Die vom B. vorgeschlagenen KÖRPERGESTALTUNGSPLÄNE werden von den Möglichkeiten der Realität immer wieder überholt, was eine effiziente KÖRPER- UND GEISTESVERWALTUNG konterkariert. Bewegungen wie die BELIEBER propagieren erfolgreich die vollständige Privatisierung der Automorphie. Beispiele für deren Produkte sind die NICHTENDER (auch PENTER oder POLY-N-TER), die über eine Vielzahl von Körpern verfügen, die im Geist des Barock gestaltete KOKETTE TABURETTE oder die mit KLANGORGANEN ausgestatteten TRÖMMLER, HARFENSTRÄHNER, GULGONGS und MANDOLKLIMPER. Auch die geistige Leistungsfähigkeit kann auf diesem Weg bewusst gestaltet werden. Die AUTOPSYCHISCHE Bewegung der GENIALITEN möchte alle Lebenden in Weise verwandeln. So entwickeln sich SUPERFESSOREN, ULTRAFESSOREN und KONTRAFESSOREN, DOPPELTDENKENDE transportieren ihre Denkorgane auf Schubkarren. Die ungesteuerte Automorphie führt zu Dekadenzerscheinungen, zur MONSTROLYSE, vertreten durch Formen wie den EINREISSER, den ZERSPLITTERER, die KRIECHERIN und den SCHWABBLER. (Lem 1982)

CHARGE [engl. charge = (Spreng-)Ladung] Oberbegriff für Designer-Drogen der Zukunft. Hierunter fallen nicht nur chemische Substanzen, sondern auch Computer-Software mit hypnotischer bzw. bewusstseinserweiternder Wirkung. (Williams 1998)

CHEOPS [Cheops = gr. Name des zweiten altägypt. Pharaos der 4. Dynastie im Alten Reich] Eine Art Schach, das auf neun Brettern gleichzeitig gespielt wird. (Herbert 1993)

CLAN [Pl. -s; aus neuiranisch clan(n) = Abkömmling, Sprössling, Nachkommenschaft, Familie > altiranisch cland > lat. planta = Pflanze, Sproß] Die C. sind Abkömmlinge der Menschen, die auf Lichtjahre von der Erde entfernten Sternen leben und die Terra einzunehmen suchen. (Stackpole 1997)

CHRISTLICH-ISLAMISCHE KIRCHE auch kurz CIK [christlich = zum Christentum gehörig, zu Christus, gr. christos = gesalbt + islamisch = zum Islam gehörig, arab. Islam = Unterwerfung, Hingabe an Gott + Kirche i.S.v. religiöse Gemeinschaft] Eine der beiden bestimmenden politischen und ideologischen Einflussgrößen auf der Erde, geführt durch Kardinal Fulton Statler Harms. Gegenspieler der CIK ist der WISSENSCHAFTLICHE LEGAT (kurz WL) unter seinem Vorsitzenden N. Bulkowsky. Ein antagonistisches Verhältnis zwischen diesen Organisationen besteht vor allem nach außen hin. Intern werden zwar Intrigen gesponnen, zum Beispiel Agenten in die Reihen des Gegenübers eingeschleust (WL-AGENTIN, WL-GEHEIMDIENST), eine widerwillige Kooperation sichert aber die gemeinsame Ausübung weltlicher und religiöser Macht. Die praktische Regierungsarbeit bricht freilich ohne die Unterstützung durch MEISTER DEPP, eine künstliche Intelligenz, schnell zusammen. Eine nicht allzu wirkungsvolle demokratische Kontrolle gegenüber der CIK und dem Wissenschaftlichen Legat übt das WELTBÜRGERRECHTSFORUM (WBR) aus. (Dick 1984)

CHRONO-SYNKLASTISCHES INFUNDIBULUM [Pl. -a; gr. chronos = Zeit + synklastisch = gleichsinnige Krümmung einer Kuppel, gr. syn- = zusammen + gr. klastos = (ab)gebrochen; lat. infundibulum = Trichter] Stellen im Universum, wo verschiedene (subjektive) Wahrheiten gleichzeitig gelten. „Das Sonnensystem scheint voller chrono-synklastischer Infundibula zu sein. Es gibt ein ganz großes, von dem wir wissen, daß es sich am liebsten zwischen Erde und Mars aufhält. Von diesem Infundibulum wissen wir, weil ein Erdenmensch und sein Erdenhund einen Zusammenstoß damit hatten." (Vonnegut 1984: 16)

DATENVERSTAATLICHUNG Vereinnahmung aller Daten im Internet durch den Staat, in deren Folge sämtliche Netzinhalte jedem Nutzer gleichermaßen zugänglich werden und es kein persönliches Copyright mehr gibt. Die D. wird zwar wieder rückgängig gemacht und große Datenmengen werden beschlagnahmt, um ursprüngliche Schutzrechte wieder herzustellen. Restbestände kursieren jedoch nach wie vor in geheimen Kanälen. (Sterling 1996)

DEKARNIERUNG [antonym zu KARNIERUNG = Inkarnation = Fleischwerdung, Menschwerdung, Verkörperung, über kirchenlateinisch incarnatio zu ital. carne = Fleisch > lat. caro, carnis] Sterben. (Heinlein 2002)

DOMI [Kw. zu Domizil, lat. domus = Haus] Wohnappartement. (Simmons 2005)

DRITT [von drei, drittes Kind] Das dritte Kind einer Familie. Infolge strenger Geburtenkontrolle gilt es als Verstoß gegen gesellschaftliche Normen, mehr als zwei Kinder großzuziehen. Ein D. ist deshalb von Geburt an sozial stigmatisiert und wird z.B. durch das Bildungssystem benachteiligt. (Card 2005)

EGOISIEREN [V. zu Ego, lat. ego = ich] Streben nach Erlangung von Vorteilen für die eigene Person, Ich-Sucht. (Le Guin 1976)

ENTARTET 1. unnormal: „Ihr Organismus aber ist unnormal, entartet. Hat so einer Angst, beispielsweise, oder auf jemanden Wut oder sonst was – gleich kriegt er wahnsinnige Schmerzen im Kopf und im ganzen Körper. Bis zur Ohnmacht." (Strugazki/Strugazki 1992: 92) 2. Gegen zombierende Strahlen immun und infolgedessen fähig, die Welt realistisch wahrzunehmen und kritisch zu denken: „Gefährlich aber konnten den Schöpfern solche Leute werden, die infolge psychischer Besonderheiten gegen die Strahlen immun waren. Man nannte sie ‚entartet'. Das ständige Feld zeigte bei ihnen überhaupt keine Wirkung, und die Schübe riefen lediglich unerträgliche Schmerzen hervor." (Strugazki/Strugazki 1992: 210) Ableitung: ENTARTETER (Dissident), ENTARTUNG (Empfindlichkeit des Organismus, auf Bestrahlung durch Schmerzen zu reagieren). (Strugazki/Strugazki 1992)

Kulturen/Gesellschaftsformen/Lebenswelten 149

ERBZIEL Bei Menschen einprogrammiertes Missionsziel, z.B. Herstellen von Erstkontakt mit fremden Zivilisationen. (Robson 2005)

ERDKOMPANIE ursprünglich SOL-KOMPANIE auch kurz KOMPANIE Eine Handelsorganisation, die von der Erde aus operiert und weite Teile des Weltalls wirtschaftlich erschließt. Die Niederlassungen im DRAUSSEN beginnen sich jedoch zunehmend von der E. zu emanzipieren und eigene Interessen zu verfolgen. Die von ihnen gegründete UNION tritt schließlich in einen interstellaren Krieg gegen die E. ein. Ihre militärischen Aktionen führen schnell zu einem Übergewicht, während die Streitmacht der E., MAZIANS FLOTTE, benannt nach ihrem Kommandanten, durch Verluste immer weiter reduziert wird. (Cherryh 1984)

ESSEFF [phonetisch motivierte graphische Variante zu SF = Science-Fiction, engl. science = Wissenschaft, lat. scientia + engl. fiction > lat. fictio = Einbildung, Annahme] Wesentliches Element der irdischen Kultur aus Sicht eines Raumfahrers vom Planeten TOPIA (Wortspiel mit *Utopia*). Die E. sieht der betreffende TOPIANER als wichtigste menschliche Kulturleistung an, was von seinen Kollegen allerdings als SCIENCE-FICTION-SCHERZE und ESSEFFOMANIE abgetan wird. (Mathon 1979)

ETHOSPHÄRE [gr. ethos = Gewohnheit, Gesittung, Charakter + Sphäre = Bereich, kugelförmiges (Himmels-)Gewölbe, lat. sphaera > gr. sphaira = (Himmels-)Kugel] Die sittlich-moralische, durch → GRIPSER (Technologien) umgesetzte Seite der Syntur in → LOSANNIEN. Die Gripser sind mit MORSCHELN (MORALSCHLEUSEN) ausgestattet und führen ICHUMGREIFENDE LUSTABFANGTECHNIKEN aus. Zum Beispiel ist jegliche Unterwäsche mit DOLOROSALSENSOREN (WEHGRIEMELN) versehen, die PÖNITENTIÄRPRÄVENTIV PROGRAMMIERT (PPP) sind und im Fall böser Absichten schmerzhafte Anfälle von Ischias auslösen. Verbrechen wie zum Beispiel die ABPELLATION (Abpellen der Haut eines Opfers) werden in Losannien nur noch begangen, um die festgelegten SCHRANKEN DER MORAL (SCHMOREN) herauszufordern. Personen, die versuchen, die E. zu hintergehen, werden TOBLATEN (TOBSUCHTSDEMOLATEN) genannt. Eine extremistische Variante dazu sind die INDISTEN (INDIFFERENTISTEN). Da die Gripser kriminelle Handlungen in der Regel verhindern, bedarf es zu ihrer Ausführung eines freiwilligen Opfers, der POP (PIKANT OPULENTE PERSON), im Gaunerjargon auch FIXAK, TRAMBOSS, LAPPSÜLZ, SPRATZ, QUETSCHNÜLLE, TRETBÖCKEL, SCHLAPPSUS. Ist doch einmal ein Verstoß gegen die E. gelungen, drohen dem Täter ENTHIRNUNG oder die Ausstellung am ELEKTROPRANGER. Freiwillig können aggressive Stimmungen in RAPPELSCHLUCKENDEN EINRICHTUNGEN ausgelebt werden, ohne für die Umwelt zur Gefahr zu werden (RAPPEL-

SCHLUCKER, AUTOKLAS). Auch eigentlich moralisch einwandfreie Gefühlsregungen wie Erbarmen werden in der E. durch Surrogate ersetzt (SYNTHESENTIMENT). (Lem 1986a)

EXSTIRPATION [lat. exstirpatio = Ausrottung, zu lat. exstirpare = ausreißen, beseitigen, med. etwas vollständig operativ entfernen] Vernichtung, Auslöschung der menschlichen Rasse durch eine fremde Spezies. (Baxter 2003)

EXTRAKTION [lat. extractio = das Herausziehen] Integration anderer Zivilisationen/Kulturen in die Herrschaftszivilisation ggf. mit Gewalt. (Baier 2005)

FASCHISSAPO [Faschi = Kw. zu Faschismus, ital. fascismo > lat. fasces = Bündel + SS = Kw. zu Schutzstaffel = urspr. Leibgarde Adolf Hitlers, später Organisation mit Polizeifunktion für besondere Aufgaben + SA = Kw. zu Sturmabteilung = paramilitärische Einsatztruppe der NSDAP mit polizeiähnlicher Funktion + Gestapo = Kw. zu Geheime Staatspolizei = politische Polizei bzw. Inlandsgeheimdienst im Nationalsozialismus] Faschistoider Mensch, nicht nur in seiner nationalsozialistischen Ausprägung. „Faschissapo ist ein Wort, das Silben und Buchstaben aus den Begriffen Faschismus, SS, SA und Gestapo in sich trägt. Es ist ein Sammelname für faschistische Massenmörder und Folterknechte. Klein geschrieben (faschissapo) bringt es als Eigenschaftswort eine Zusammenfassung und Steigerung von grausam, entsetzlich, furchtbar usw. als internationaler Ausdruck für die millionenfachen Mordtaten und Scheußlichkeiten des Faschismus." (Turek 1949: 141)

FEUERTISCH Ein marsianisches Möbel. Der F. umfasst ein mit silbriger Lava gefülltes Feuerbecken, in dem Nahrungsmittel gegart werden. (Bradbury 1981)

FISCHWERDUNG Angestrebte Entwicklung auf dem Planeten PINTA. Ein tyrannischer Herrscher, der große Wassermann Ermesineus der Hechter, versucht, seine menschenähnlichen Untertanen in Fische zu verwandeln. Die Gebäude und Straßen auf dem Planeten sind deshalb ständig geflutet und der Wasserspiegel wird langsam erhöht, um die Fähigkeit zum UNTERWASSERATMEN hervorzulocken. Die F. schlägt aus natürlichen Gründen fehl, weshalb zur Aufrechterhaltung des Systems ein erheblicher Aufwand an ideologischer Indoktrination und Polizeiterror notwendig ist. Politische Schulung soll Einsicht in die Vorzüge der FLOSSENHAFTIGKEIT mit all ihren UNTERWASSERFREIHEITEN vermitteln. Für Ruhe und Ordnung sorgt die FREIHEITLICHE FIPO (vmtl. = Fischpolizei) von Pinta, die Delinquenten zur Strafe in die TROCKENZELLE sperrt. (Lem 1982)

FLENSERISTEN auch FLENSER-BEWEGUNG [Pl.; Flenser = Personenname, flensen = zerstückeln, zerhauen, einen Wal abspecken + -ist] Anhänger des Flensers, eines Staatsgründers auf der KLAUENWELT, dem Heimatplaneten der

Kulturen/Gesellschaftsformen/Lebenswelten

→ RUDELWESEN (Lebensformen). Der Flenser betreibt mit seinen Untertanen grausame Zuchtexperimente, indem er einzelne Glieder von Rudeln eliminiert (FLENST) und diese neu kombiniert. Ziel der F. ist es, den Einflussbereich der Holzschnitzerin (HOLZSCHNITZERHEIM) zu erobern, einer Herrscherin, deren Name ebenfalls auf Techniken der Rudelzucht hinweist. (Vinge 2007)

FORMIERER [Subst. zu formieren = bilden, gestalten, lat. formare = formen] Ein Beruf. Der F. programmiert im Auftrag des PSYCHOLOGISCHEN EXPERIMENTIERDIENSTES Personen mit speziell angepassten Erinnerungen, um so ihre Wahrnehmung einer von Armut und Ausbeutung geprägten Wirklichkeit positiv zu beeinflussen. Unter anderem werden die Mitarbeiter des HANS-K.-HAUSER-KONZERNS (kurz H.K.H.) auf diese Weise angepasst. (Jeury 1979)

FORTSCHRITTSBUND Internationale Vereinigung mit nationalen Verbänden (z.B. OBF = OSTEUROPÄISCHER BUND DES FORTSCHRITTS), die den Fortschritt propagiert, gegen Stagnation kämpft und sich für den Erhalt und die Weiterentwicklung von Normen des Zusammenlebens einsetzt mit dem Ziel, die Menschheit zu stets höheren Erkenntnissen zu führen. Gehört zur ORGANISATION DER VEREINTEN NATIONEN DER ERDE, die eine Weltgesellschaft unter sozialistischen Vorzeichen verwirklicht. (Kröger 1981)

FREIGEBORENER Im Gegensatz zu gezüchteten Menschen (WAHRGEBORENER) ein Mensch, der auf natürlichem Wege gezeugt und geboren wurde. (Stackpole 1997)

FREMEN [Pl.; engl. free = frei + engl. men = Menschen] Freie Volksstämme auf dem WÜSTENPLANETEN ARRAKIS. Die F. leben in kleinen SIETCH-GEMEINSCHAFTEN in den unzugänglichsten Wüstenregionen. Sie sind Nachkommen der ZENSUNNI-WANDERER, einer religiösen Sekte, deren Glaube zen-buddhistische und islamisch-sunnitische Elemente vereint. Die F. beherrschen die → SANDWÜRMER (Lebensformen) als Transportmittel und konsumieren das von ihnen produzierte → GEWÜRZ (Kognition). Gegenüber Fremden verhalten sich die F. stolz und unzugänglich. Das Leben in der Wüste zwingt sie zu einer selbstdisziplinierten und sparsamen Lebensweise, besonders im Umgang mit Wasser. Um vorhandene Wasservorräte optimal nutzen zu können, tragen die F. DESTILL-ANZÜGE, die den gesamten Körper umhüllen, Wasser in Form von Körperausscheidungen auffangen und wieder aufbereiten. Nach diesem Prinzip funktionieren auch die DESTILLZELTE. Dennoch ist eine strenge WASSERDISZIPLIN ein überlebenswichtiges Element der Ausbildung jedes F. und eine WASSERSCHULD die höchste Form einer Verpflichtung. (Herbert 1993)

FREUNDESBÜNDE auch FREUNDESKORPORATIONEN [Pl. Korporation = Körperschaft, frz. corporation, zu lat. corporare, corporatum = zum Körper machen, zu corpus = Körper] Zusammenschlüsse von Menschen mit gleichen, oft allerdings wenig bedeutungsvollen Interessen. Zum Beispiel gibt es die NICHTANTWORTER, ZUMITTAGAUFSTEHER, SEKTAUFNÜCHTERNENMAGENTRINKER, MUNDUNDNASEAUFSPERRER, PROSAMITDERHAND- UND GEDICHTEMITDERMASCHINESCHREIBER. Einzelne Personen können Mitglied in über hundert solcher F. sein. Sie tauschen auf diese Weise individuelle Freiheit gegen die soziale Einbindung in verschiedensten Kollektiven ein. Der ZENTRALE HAUPTRAT DER FREUNDESBÜNDE mit seinen jeweils für einen Kontinent zuständigen OBERFREUNDEN bildet einen Machtfaktor mit weltweitem Einfluss. (Laczkó 1980)

GALAKTISCHE LIGA [galaktisch = Adj. zu Galaxis = Milchstraße, gr. galaxias = Milchstraße, milchiger Sternennebel + Liga i.S.v. politisches Bündnis] Ein politisches Bündnis, begründet von neunzehn galaktischen Imperien. Seine Aufgabe ist die Erhaltung des Friedens zwischen diesen Imperien, die zuvor immer wieder in zermürbende kriegerische Auseinandersetzungen verwickelt waren. Die G.L. kann das Entstehen neuer Konfliktsituationen nicht völlig vermeiden. So werden im 26. Jahrhundert auch die Erde und die mit ihr verbündete Venus in groß angelegte Ränkespiele verwickelt. → MASCHINE. (van Vogt 1968)

GEBÄUDE Das Pentagon in Washington. Mit Hilfe der → CHRONOTRAKTION (Zeit) gelingt es, in einer Badewanne lagernde Memoiren aus dem zerstörten und verlassenen G. in eine ferne Zukunft zu retten. Die Aufzeichnungen kennzeichnen das G. als komplexe Sozialstruktur, die in einen fortdauernden und undurchschaubaren Kampf mit einem möglicherweise nicht einmal existenten inneren Feind, dem ANTIGEBÄUDE, verstrickt ist. Die Memoiren tragen viel zum Verständnis des → NEOGENS bei. Die Aktivitäten des G.s führen zur Entwicklung einer Reihe von Wissenschaftsdisziplinen, z.B. VERISTIK (Gegenstand ist die genaue Wirklichkeitsdarstellung), PROVOKATORISTIK (die Kunst des Herausforderns und Aufwiegelns), SERVILISTIK (Unterwürfigkeit). Weitere sind die ECHATOSKOPIE, PONTIFIKATORIK, MYSTIFIKATORIK, KADAVERISTIK, INFERNALISITIK, ZUBERNAUTIK, INCEREBRATION, LEIBGARDISTIK, DEKARNATION, MUROLOGIE, AGENTURISTIK, KRYPTOHIPPIK, DEMENTISTIK, SODO-MYSTIK, GOMORRHOLOGIE, schließlich die GEBÄUDOLOGIE, die Wissenschaft vom G. selbst. Im Dienste des G.s stehen zahlreiche Spione in unterschiedlichen Funktionen und Diensträngen (z.B. UNTERLAUSCHER, BEICHTOFFIZIER, INFERNATOR, DEMASKATOR, MACERATOR, FÄKALIST, INVIGILATOR, FILTRIERER, WINKEL-DEMENTIST, OSTEOPHAGE, JANITOR, VISCERATOR, DEVISCERATOR, NUGATOR). Eine besondere Form der Spionage ist die TRIPLETTE: Ein Spion wird von der Gegenseite angeworben, um die eigenen Auftraggeber auszuspionieren, lässt ihr jedoch falsche Informationen zukommen. Dieses Wechselspiel kann über mehrere Komplexitätsstufen weitergetrieben werden (QUADRUPLETTE, QUINTUPLETTE, SEXTUPLETTE, SEPTIPLETTE). Zur Spionage werden raffinierte Hilfsmittel eingesetzt, z.b. der ABHÖRTEEWÄRMER oder das MAGNETOPHONKISSEN (zeichnet Selbstgespräche im Schlaf auf). Das Klima ständiger Verdächtigungen hat psychische Störungen zur Folge, wie die AUTOCRYPSIE (Betroffener versteckt sich im eigenen Körper) oder die THANATOPHILIE (Liebe zum Tod). Andere Personen werden DREIPERSÖNLICH, entwickeln also drei verschiedene Persönlichkeiten, oder SKELETTKRANK, d.h. sie fürchten sich vor dem eigenen Skelett. (Lem 1979)

GEDÄCHTNIS-LOCH Papierkorb, in dem ursprüngliche Akten und Aufzeichnungen vernichtet/verbrannt werden, die verändert und der neuen Realität angepasst wurden. (Orwell 1964)

GEDANKENHÜTER schützen Personen vor den telepathischen Fähigkeiten der SCAYTHEN. Gedankenhüter haben dem ‚Gesetz der Ehrenwerten Ethik des Gedankenschutzes' zu folgen. Dieses Gesetz lautet: „Tag und Nacht werde ich der eifrige Hüter der Gedanken meines Herrn sein, denn der allein hat das Recht, dem innersten Fluss seiner Gedanken zu folgen." (Bordage 2007: 31)

GEDANKENVERBRECHEN Gedanken gegen das herrschende System sind ein Verbrechen und werden von der DENKPOLI (GEDANKENPOLIZEI) verfolgt. Als Denkkontrolle soll instinktiv der VERBRECHENSTOP eintreten: „Das Denken sollte eine leere Stelle einschalten, sooft sich ein gefährlicher Gedanken einstellte." (Orwell 1964: 255) VERBRECHENSTOP bedeutet „die Fähigkeit, gleichsam instinktiv auf der Schwelle jeden gefährlichen Gedankens Halt zu machen". (Orwell 1964: 194)

GENIMPULSREGISTRIERTER [Gen = in den Chromosomen lokalisierter Erbfaktor, zu gr. genes = hervorbringend, verursachend, zu genos = Geschlecht, Abstammung, zu gignesthai = geboren werden, entstehen + Registrierter = in einem Verzeichnis aufgelistete Person] Eine Person, die schon einmal straffällig geworden ist und deren unterschiedliche Merkmale nun zur Wiedererkennung in einer Kartei vermerkt sind. (Rhodan 2008)

GESCHLECHTSTAG [orig. russ. sexualnij djenj = sexueller Tag] Der Tag, an dem die verschiedenen → NUMMERN, die aufeinander abonniert sind, Geschlechtsverkehr haben dürfen. (Samjatin 2006)

GESICHTSVERBRECHEN „Die geringste Kleinigkeit konnte einen verraten. Ein nervöses Zusammenzucken, ein unbewußter Angstblick, die Gewohnheit, vor sich hinzumurmeln – alles, was den Verdacht des Ungewöhnlichen erwecken konnte, oder daß man etwas zu verbergen habe. Einen unpassenden Ausdruck im Gesicht zu zeigen [...], war jedenfalls schon an sich ein strafbares Vergehen. Es gab sogar ein Neusprachwort dafür: *Gesichtsverbrechen.*" (Orwell 1964: 59)

GOLDENE FRÜCHTE Essbare Pflanzenteile, die von den Kristallwänden eines marsianischen Hauses gepflückt werden können. (Bradbury 1981)

GROSSE VEREINFACHUNG Der gesellschaftliche und technologische Rückfall der Menschheit in einen mittelalterlichen Zustand. Ausgelöst wird diese Entwicklung durch einen Atomkrieg, der den größten Teil der Erdbevölkerung auslöscht, mythologisiert als FEUERFLUT. Die Überlebenden sehen Wissenschaftler und Techniker als die Schuldigen an, weil ihre Erfindungen die globale Katastrophe erst möglich gemacht haben. Das neue Ideal ist ein Leben als unwissender SIMPEL. Forschung und die Tradierung von Wissen werden grausam verfolgt und sind nur noch in der Isolation abgelegener Klöster möglich. Hier gilt die Zeit vor der G. als das ERLEUCHTETE ZEITALTER. Mönche betätigen sich als BUCHSCHMUGGLER oder auch als EINPRÄGER, indem sie den Inhalt alter Schriften auswendig lernen und ihn so vor der Vernichtung bewahren. Allerdings können selbst die kundigsten unter ihnen die überkommenen Aufzeichnungen kaum noch mit Sinn erfüllen. Die übrige Welt nach der Katastrophe ist erfüllt von Chaos und Zerstörung, lokale Feudalherrscher liefern sich Kriege um Macht und Einfluss, Wegelagerer machen Reisen durch entvölkerte Landstriche zu einem unkalkulierbaren Risiko. Wichtigste überregionale Ordnungsmacht ist die Katholische Kirche, → NEW ROME. (Miller 1979)

GRÜNSTERN-ERLÖSUNGS-STATION auch ERLÖSUNGSLAGER Sammelstelle des GRÜNEN STERNS (auch GRÜNSTERN), einer Organisation, die dem heute bekannten Roten Kreuz entspricht. Hier befreit das EUCREM-TEAM die Strahlungsopfer eines Atomkrieges durch Sterbehilfe von ihren Leiden. (Miller 1979)

GUY-THUNDER-FAN [Guy Thunder = Name eines fiktiven Science-Fiction-Helden, engl. guy = Kerl + engl. thunder = Donner + engl. Fan(atic) = Verehrer, Anhänger] Jemand, der mit Begeisterung die Groschenhefte über den Weltraumhelden Guy Thunder liest. In dem zugrunde liegenden Text werden Ausschnitte aus einem solchen Heft genutzt, um das typische Erscheinungsbild wenig anspruchsvoller, nur auf Weltraumabenteuer abzielender Space Operas zu parodieren. (Simon 1982)

HABITATMODUL [Habitat = (biolog.) Standort, Wohnplatz, lat. habitatio = das Wohnen, zu habitare = wohnen + Modul = austauschbares komplexes Ele-

Kulturen/Gesellschaftsformen/Lebenswelten 155

ment einer Einheit, aus engl. module > lat. modulus = Dim. von modus = Maß] Wohnraumzelle. (Brandhorst 2004)

HEUSCHRECKENBUCH Kurzbezeichnung für den fiktiven Science-Fiction-Roman ‚Die Plage der Heuschrecke'. Der Roman entwirft die subversive Idee, die Alliierten hätten den Zweiten Weltkrieg gewonnen, was in einer Welt, in der die wahren Siegermächte Deutschland und Japan sind, Hoffnung auf eine Veränderung der Wirklichkeit verheißt. (Dick 1992)

HOHN [Kw. zu HOHES KOMITEE DER NATIONEN] Einer von zwei großen UNABHÄNGIGEN WOHLFAHRTSSTAATEN auf der Erde. Die abschätzige Kurzform H. gehört zur Propaganda des Staatenbundes REALPOLITIK AUF TERRA, als zweiter Wohlfahrtsstaat Gegenspieler des H. und von diesem RATTE genannt. Zwischen beiden Seiten entspinnt sich ein Konflikt um SE (SPALTBARE ERZE). Die im Weltall ausgetragene PARSEK-SCHLACHT schwächt beide Wohlfahrtsstaaten so sehr, dass sie die Vereinigung zum SOLARSTAAT durch den Alleinherrscher Oddy Gaul akzeptieren müssen. (Bester 1978)

HUNDEKULTUR Eine Kultur auf der Erde in einer fernen Zukunft, entwickelt von Hunden, die den Menschen als vermeintliche Krönung der Evolution abgelöst haben. Die H. zeichnet sich durch Friedfertigkeit und eine Lebensweise im Einklang mit der Natur aus. Menschen sind nur noch mythologische Gestalten, die nach der Meinung einer Minderheit von Gelehrten tatsächlich einmal existiert haben könnten, in der Frühphase der H. eventuell sogar gleichzeitig mit den Hunden. Uralte, schriftlich fixierte Legenden lassen in dieser Hinsicht aber keine eindeutigen Schlüsse zu. In den Berichten über die Menschen tauchen NICHTHÜNDISCHE Wörter und mit ihnen Konzepte auf, die rätselhaft bleiben und sich zum Teil der Vernunft widersetzen, zum Beispiel ‚Stadt' oder ‚Krieg'. (Simak 1978)

IDENTER [Identität = Echtheit einer Person, Übereinstimmung mit etwas, lat. identitas, zu idem = derselbe] Kreditkarte. (Brandhorst 2004)

IMPERIUM [Imperium = Weltreich, lat. imperium = Befehl, Reich, zu imperare = befehlen] Politische Vereinigung aller bekannten Welten in der Galaxis. An der Spitze der streng hierarchisch organisierten staatlichen Hierarchie steht der IMPERATOR. Dieser ist auch Vorsitzender der → MAFEA. Herzöge und Barone sind einflussreiche Adlige, die für GROßE HÄUSER stehen, Adelsdynastien, die das Geschick ganzer Welten bestimmen und ebenfalls Anteile an der MAFEA besitzen. Beispiele sind die Häuser der ATREIDES, aus dem später der → KWISATZ HADERACH (Lebensformen) hervorgeht, und der HARKONNEN, die sich einen erbitterten Machtkampf um den WÜSTENPLANETEN ARRAKIS → GEWÜRZ (Kognition) liefern. KLEINE HÄUSER haben deutlich weniger Einfluss innerhalb des I.s. (Herbert 1993) In *Star Wars* ist das GALAKTISCHE IMPERIUM die nachfolgende Regierungsform (Diktatur) der ALTEN REPUBLIK.

INQUISITOR [lat. inquisitor = Untersucher, zu inquirere, inquisitum = untersuchen] Gedankenleser. „Man zahlt ihnen viel Geld, um an vertrauliche Informationen zu kommen, das heißt direkt aus den Gehirnen der Beobachteten." (Bordage 2007: 73)

IXIANER [Ix = fiktiver Planetenname, eigentlich die römischen Ziffern für 9, Ix = neunter Planet seiner Sonne + -ian-er = Abstammungssuffix] Eine Gilde von High-Tech-Spezialisten auf dem Planeten IX. Auf die technisch avancierten Produkte der I., zum Beispiel leistungsfähige Raumschiffe, wird gern zurückgegriffen. Allerdings stehen die I. auch im Verdacht, gelegentlich gegen die ORANGE-KATHOLISCHE BIBEL und vor allem den Leitsatz „Du sollst keine Maschine nach deinem Ebenbilde machen" zu verstoßen. (Herbert 1993)

JEDI Mit telekinetischen und telepathischen Fähigkeiten ausgestattete Wesen welcher Spezies auch immer, die die ALTE REPUBLIK gegen Unrecht und Tyrannei schützen. Ausgebildete und weise Jedi werden sog. JEDI-MEISTER. Der bekannteste ist YODA, der zu einer nicht weiter bezeichneten Spezies gehört, 66 cm groß und mehrere Jahrhunderte alt ist und der zahlreiche Schüler im Gebrauch der → MACHT ausgebildet hat. (Star Wars)

JUWAINISMUS [Juwain = Name eines marsianischen Philosophen + -ismus = in der Bedeutung von Geisteshaltung, Lehrmeinung, Richtung] Eine Philosophie, die ursprünglich von dem marsianischen Denker Juwain ausgearbeitet wurde. Dieser verstarb, bevor er seine Ideen veröffentlichen konnte → MARTIANER (Lebensformen). Teile seiner Aufzeichnungen werden jedoch von irdischen MUTANTEN → GRATWANDERER (Lebensformen) genutzt, um seine Philosophie zu korrigieren und zu Ende auszuarbeiten. In der Spätzeit der Menschheit setzt sich der J. als bestimmende Ideologie durch. Er propagiert eine auf gegenseitiger Achtung und Toleranz basierende individualistische Gesellschaft und führt zu ehrlichen, realistischen Bewertungen menschlicher Belange. Damit trägt der J. ungewollt zum Ende der Menschheit bei, denn er lässt Alternativen zur herkömmlichen menschlichen Existenzweise in ihren Vorzügen klar erkennbar werden → LOPER (Lebensformen), → TRAUMKAPPE (Technologien). (Simak 1978)

KAUFFAHRER [analog zu Kaufleute] Angehörige einer unabhängigen interstellaren Kaufmannsgilde. Die K. sind in Familienclans organisiert und leben in familieneigenen KAUFFAHRERSCHIFFEN. Während ihrer Aufenthalte auf Planeten oder → STERNSTATIONEN (Raumschiffe) bleiben die K. meist unter sich und frequentieren die ortsansässigen Bars und KAUFFAHRERTREFFS. Ein Gemeinschaftsgefühl über die Grenzen der SCHIFFSFAMILIEN hinweg ist zu-

Kulturen/Gesellschaftsformen/Lebenswelten 157

nächst nur locker ausgeprägt. Politische Entwicklungen, insbesondere die Beeinträchtigungen des Handels durch den Krieg zwischen der UNION und der → ERDKOMPANIE, führen jedoch zu einer engeren Kooperation im Rahmen einer KAUFFAHRER-ALLIANZ. Mit ihrer Hilfe spielen die K. ihre Machtposition aus, die vor allem aus ihrer Rolle als interstellare Versorger erwächst. (Cherryh 1984)

KINDERLIZENZ [Lizenz = behördliche Genehmigung, lat. licentia = Erlaubnis] Genehmigung, ein Kind zu zeugen oder zu bekommen; wird für jedes Kind benötigt. (Bujold 2005)

KINDERZUCHT Wissenschaft, die sich mit der Regulierung des Geschlechtslebens sowie der Zeugung und Erziehung der Kinder beschäftigt. (Samjatin 2006)

KLONBOY [aus Klon + engl. boy = Junge]. Bezeichnung für einen geklonten Menschen. (Gibson 2000)

KOMKON 2 [Kommunikation + Kontakt od. Kontrolle] Geheimdienstorganisation, die für die Sicherheit der irdischen Zivilisation als Ganzes verantwortlich ist (eine Kommission für Kontakte mit anderen Zivilisationen). (Strugazki/Strugazki 1992)

KONZENTRATOR [Konzentrat = Substanz, in der einer oder mehrere Stoffe in hoher Konzentration vorhanden sind; zu konzentrieren, frz. concentrer = in einem Mittelpunkt vereinigen] Eine Art Zigarette. „Sie zündete sich einen Konzentrator an und inhalierte ziemlich tief." (Hartmann 1989: 11)

KRISTALLSEMMEL Marsianisches Gebäck. Dazu kann eine Tasse ELEKTRISCHEN FEUERS gereicht werden. (Bradbury 1950)

KRYOLEUM [Wkr. aus kryo-, gr. kryos = Kälte, Frost + Mausoleum = monumentales Grabmal in Form eines Bauwerks, lat. mausoleum > gr. mausoleion = Grabmal des Königs Mausolos von Karien, gest. 353 v.Z.] Gebäude, worin kryogenische Güter (z.B. Leichen) zur Schau gestellt werden. (McCarthy 2007)

KURDLAND offiziell HÖCHSTVITALGEWALTIGES STAATSSCHREITWERK KHURLANDIEN, KURDLÄNDISCHES STAATSSCHREITWERK, NATIONALES HAMPELMOBIL, NATIONALMOBIL, historisch auch KURDLISTAN, KURDELEI, umgangsspr. LATSCHE [→ KURDEL (Lebensformen) = fiktive Tierbezeichnung] Ein Staatsgebilde auf dem Planeten ENTIA (Land der Kurdel). Seine Bewohner (die KURDLÄNDER oder MANSCHEN) leben in saurier- oder drachenartigen Tieren, den → KURDELN (Lebensformen), wobei sie ihren HEIMATKURDEL jederzeit verlassen können. Die KURDELZUCHT entspricht dem irdischen Wohnungsbau, der wegen ausgedehnter Sümpfe (MOORZEAN) in K. nicht möglich ist. Die höchste staatliche Machtposition in K. hat der Vorsitzende der OBSKUREN (OBERSTE DER KURDELN) inne, Verwaltungseinheit ist der KURBORDEL (auch WECHSELKAMMER). Die Kurdel neigen zu Darmstörungen und Parasitenbefall, ihre WOHNGEKRÖSE sind schlecht beheizt, was das Leben in ihnen nicht angenehm macht. Gelegentlich kommt es deshalb zu MAGENPROTESTKUNDGEBUNGEN. DESOLATFAKTIONÄRE stiften Chaos, indem sie den Schwanz eines Kurdels mit Appetitanregern einschmieren. Kritik an der Doktrin des WANDERSTAATSWESENS äußert sich auch in abwertenden Bezeichnungen für das Staatsschreitwerk (SLAPSTEAK, RUINIK, SCHRÜMPF, KREPIEROLAT, FÄULNICKEL, VERRECKER) oder die Kurdel (SCHLEICHGÄNGER, GALOPPIERENDER SARG, KRYPOTOTRAPS). Solche Schmähungen werden durch Verbannung ins Hinterteil des Kurdels (VERAFTERUNG) bestraft. In anderen Kurdeln grassiert die Schnapsbrennerei, dadurch vergiftete Kurdel heißen BRECHSKINK. Idyllisierende Darstellungen des Lebens im Kurdel finden sich in der Liedersammlung „In KURDELSSTILLE", unter anderem mit dem Opernlibretto „CURDELIO". Zu Festtagen bilden Einwohner K.s mit ihren Körpern Kurdel nach und defilieren in solchen Formationen (DEMONSTRANZEN) an einer Ehrentribüne mit den Obskuren (s.o.) vorbei. (Lem 1986)

LOSANNIEN od. LOSANNIA, offiziell VERSTRIPPTE LAGEN VON LOSANNIA, auch LOSE FÖDERATION DER VOLLKOMMENEN STAATEN, GEBUNDENE STAATEN VON TARAXIS [lose + -ann-ien] Ein Staatsgebilde auf dem Planeten ENTIA. Prägend für das Leben in L. ist die SYNTUR (SYNTHETISCHE KULTUR), verwirklicht mit Hilfe der → GRIPSER (Technologien). Ziele der Syntur sind ÖKOSOPHISATION und HEDOPRAXIS (OBLIGATE GLÜCKSDISTRIBUTION), kurz die allseitige PERFEKTBEGLÜCKUNG (SCHLARAFFOSTASE, PARADISIERUNG). Die Steuerung des gesellschaftlichen Lebens, organisiert vom MINISTERIUM FÜR KOMPLETTE BEGLÜCKUNG (MKB), basiert auf HEDOMETRIE, der Messung der Menge wohliger Empfindungen, die pro Lebenszeit eines Staatsbürgers über dessen Nervenbahnen geschickt werden können. Das Leben jedes Einzelnen wird durch die SYNTHETISCHE PRÄPARIERUNG VON STRAFFEN LEBENSLÄUFEN (SYNPRÄSTRAFEN) festgelegt. Dazu gehört auch, das Übermaß erfahrbaren Glücks durch WONNENWAHL mittels eines LUSTSCHNEIDERS auf ein individuell zu bewältigendes Maß einzuschränken. Ein weiterer GLÜCKSZUWACHS kann jedoch durch VERVIELSELBSTUNG (ICHÜBERGREIFUNG) erreicht werden. Regungen, die gegen ethische Normen verstoßen, werden durch die Gripser ausgeschaltet → ETHOSPHÄRE. Gelegentlich wird Kritik an dieser BESEELIGERDIKTATUR laut, was im Fall besonders renitenten ANTISYNTURVERHALTENS dazu führen kann, dass ein unloyaler Bürger gegen einen loyalen UNBÜRGER (PÜPPLE) ausgetauscht wird → APPROXIMAT (Roboter). Bisweilen kommt es auch zu einer TRAMPOLINE,

Kulturen/Gesellschaftsformen/Lebenswelten

einer Massenflucht aus den Städten auf der Suche nach GRIPSERFREIEM Land. (Lem 1986)

LUSTLAGER Zwangsarbeitslager. (Orwell 1964)

MACHT [orig. engl. force = Macht, Energie, Kraft] In der *Star-Wars*-Saga eine Art Energiefeld, das das Universum und das Leben zusammenhält und von besonders begabten Personen genutzt werden kann. Die ‚dunkle Seite der Macht' ist dem Destruktiven, dem Bösen zugeordnet, die helle dem Guten, der Liebe. Diejenigen, die die M. anwenden können, besitzen Kräfte wie Telepathie, Psychokinese, Vorherwissen und geistige Beeinflussung anderer Lebensformen. Weit bekannt geworden ist der Phraseologismus ‚Möge die Macht mit dir sein!'. In der *Star-Wars*-Parodie *Spaceballs* aus dem Jahre 1987 ist dieser abgewandelt zu ‚Möge der Saft mit dir sein!', orig. engl. ‚May the schwartz be with you!', wobei Schwartz ein jüdischer Name ist und sich auf ‚force' reimt.

MAFEA [Kw. zu Merkantile Allianz für Fortschritt und Entwicklung im All, analog zu Mafia] Die bedeutendste Handelsorganisation des → IMPERIUMS. Die M. kontrolliert unter anderem den Handel mit → GEWÜRZ (Kognition) und stellt damit einen überaus bedeutsamen imperialen Machtfaktor dar. (Herbert 1993)

MAGNETISCHER STAUB Zum Reinigen marsianischer Wohnungen verwendeter Staub mit magnetischer Wirkung. Der M. wird in der Wohnung ausgestreut und mit dem Schmutz vom Wind davongeweht. (Bradbury 1981)

MASCHINE auch MASCHINE DER SPIELE Eine unergründliche, autark operierende, sich selbst erneuernde Apparatur, die als turmförmiger, silberner Palast die STADT DER MASCHINE überragt. Die M. veranstaltet Wettspiele, welche den Kandidaten Rang und Reichtum, als Hauptgewinn einen Flug zur Venus → VENUSIANER (Lebensformen) in Aussicht stellen. Die Kandidaten durchlaufen ein strenges Auswahlverfahren, bevor sie in der EXAMENSKABINE Platz nehmen dürfen. Während der Spiele herrscht in der Stadt POLIZEILOSIGKEIT, so dass die Kandidaten der Versuchung zu widerstehen haben, sich mit illegalen Mitteln einen Vorteil zu verschaffen. Gleichzeitig werden die Straßen zu einem Ort ständiger Gefahr. Voraussetzungen für ein erfolgreiches Abschneiden ist die Durchdringung des → NULL-A, außerdem eine überdurchschnittliche Intelligenz und Allgemeinbildung. Die M. lenkt über die Spiele hinaus die Geschicke der Welt im 26. Jahrhundert und setzt unter anderem die Regierung ein. Allerdings kann die vermeintliche Allmacht der M. eine Verschwörung unter extraterrestrischer Beteiligung mit dem Ziel eines politischen Umsturzes und einer Vernichtung des Null-A nicht verhindern. → VERZERRER (Technologien), GALAKTISCHE LIGA. (van Vogt 1968)

160 *Kulturen/Gesellschaftsformen/Lebenswelten*

MEDIÄVIST(IN) [zu lat. medium aevum = mittleres Zeitalter; Mediävist = Wissenschaftler auf dem Gebiet der Mediävistik (Wissenschaft von der Geschichte, Kunst, Literatur usw. des europäischen Mittelalters)] Konservative Person. „Mit der Brille gab sie der Welt zu verstehen, dass sie eine Mediävistin war – also jemand, der ein Leben gemäß den moralischen Prinzipien einer früheren – vermutlich auch einfacheren – Zeit lebte. Wie ihr Glaube es verlangte, trug sie keine Synthetik-Kleidung, verzehrte keine industriell produzierten Nahrungsmittel und benutzte auch kein mit menschlichen Duftstoffen formuliertes Parfum." (McCollum 2008: 95)

MEGALOPOLIS [engl. megalopolis, gr. mega(l-) = neutrale Form von megas = groß + gr. polis = Stadtstaat, Bürgerschaft] Der Terminus M. bezeichnet eine Zusammenballung mehrerer Millionenstädte in einem bestimmten Gebiet. In diesem Zusammenhang steht er jedoch für eine einzelne Stadt, das New York in einem fiktiven Jahr 1999. Hier leben 35 Millionen Menschen auf engstem Raum. Das Leben der Stadt ist von Umweltzerstörung, Ressourcenknappheit, Armut, Kriminalität und Kulturverfall sowie den notdürftigen Sozialleistungen einer staatlichen Fürsorge geprägt. Hoffnung auf eine Verbesserung der Situation verheißt das ANTI-BABY-GESETZ, das jedoch umstritten ist, was seine Verabschiedung immer wieder verzögert → SOJABOHNENSTEAK, SHIPTOWN, TRETTAXI , → NOTIZTAFEL (Kommunikation). (Harrison 1992)

MERCERISMUS [nach der fiktiven Figur Wilbur Mercer; vmtl. Bezug zu engl. mercer = Textilhändler, früher allg. Händler] Heilsideologie, die über eine → EINSWERDUNGSBOX (VR) vermittelt wird. Das spirituelle Erlebnis besteht darin, sich mit Wilbur Mercer in einer virtuellen Welt zu identifizieren und seinen Weg über den Hang in einer öden Wüstenlandschaft hinaus zu erleben. (Dick 2002)

MI Von den → SIRIANERN (Lebensformen) verwendete Maßeinheit des Gewichts. 80 Mi entsprechen 200 irdischen Tonnen. „Al Gorim rechnete schnell die zweihundert Tonnen in sirianische Gewichtseinheiten um. ‚Der TITAN, das ist der Name unseres Allzweckmobils, wiegt achtzig Mi!'" (Ehrhardt 1975: 244)

MIETLINGE [zu mieten] Abwertende Bezeichnung für die in Mietskasernen lebenden Massen. (Gibson 2000)

MIKRODROHNE [gr. mikros = klein + Drohne = Männchen der Arbeitsbiene, hier i.s.v nicht selbständiges, programmiertes Arbeits-/Hilfsgerät] Sehr kleine flugfähige Überwachungsmaschine. (Gibson 2000)

MINILIEB [Kw. aus Ministerium + Liebe] Ministerium für Liebe. Analogbildungen: MINIWAHR = Wahrheitsministerium, MINIPAX = Friedensministe-

Kulturen/Gesellschaftsformen/Lebenswelten 161

rium (lat. pax = Friede), MINIFLUSS = Ministerium für Überfluss. „Das Ministerium für Liebe war das furchterregendste von allen. Es hatte überhaupt keine Fenster. Winston war noch nie im Ministerium für Liebe gewesen und ihm auch nie [...] nahe gekommen. Es war unmöglich, es außer im amtlichen Auftrag zu betreten, und auch dann mußte man erst durch einen Irrgarten von Stacheldrahtverhauen und versteckten Maschinengewehrnestern hindurch. Sogar die zu den Befestigungen im Vorgelände hinführenden Straßen waren durch gorillagesichtige Wachen in schwarzen Uniformen gesichert, die mit schweren Gummiknüppeln bewaffnet waren." (Orwell 1964: 8)

MONDBRANDY [engl. brandy = Branntwein] Interstellar verbreitetes alkoholisches Getränk, wie auch der MARSIANISCHE BITTERE, der MILCHSTRASSENVERSCHNITT und der EDELSPUTNIK. (Lem 1982)

MOONSHINE-WHISKY [engl. moonshine = Mondschein] Alkoholisches Getränk, das unter Raumfahrern verbreitet ist. (Szabó 1980)

NAHRUNGSMITTELSYNTHETISATOR Gerät, das synthetische Nahrungsmittel herstellt. (Simmons 2002)

NEOGEN [= späte Phase des Tertiär; jüngste erdgeschichtliche Periode, Beginn vor 23,03 Mio. Jahren, reicht bis in die Gegenwart, gr. neos = neu, jung + gr. genes = hervorbringend] Die erdgeschichtliche Periode des N. wird aus der Sicht einer fernen Zukunft neu bestimmt. Wissenschaftler (GNOSTOREN, HISTOGNOSTOREN, POLYGNOSTOREN, PALÄOGNOSTOREN) versuchen, die kulturelle Entwicklung des N. zu rekonstruieren, was nicht ohne Lücken und Verzerrungen gelingt. Das ältere N. umfasst die frühen Kulturen Assyriens, Ägyptens und Griechenlands. Besonders intensiv erforscht wird das späte N., das zeitlich nur wenig über unsere moderne Gegenwart hinausreicht. Das wichtigste Medium des mittleren und späten N. zur Speicherung von Informationen ist das PAPYR, das in BAO-BLYO-THEKEN gesammelt wird und die Ausprägung der PAPYROKRATIE ermöglicht. Durch die Einwirkung eines aus dem Weltall eingeschleppten KATAFAKTORS RV, auch HARTIUS-FAKTOR, löst sich das Papyr weltweit vollständig auf (PAPYROLYSE). Das führt zum Zusammenbruch der Kultur des N. und hat zur Folge, dass die Kenntnisse über ihre Spätphase besonders lückenhaft sind (HISTORIOLYSE). Als sicher gilt, dass das späte N. die Atomkraft (URATOMISTIK) und die Raumfahrt (URSPRÜNGLICHE ASTROGATION) kannte. Ansätze zur Entwicklung heute noch unbekannter Technologien, etwa der GRAVITRONIK und der TECHNOBIOTIK, waren ebenfalls vorhanden. Bis zur KYBERKONOMIK und zur SYNTHEPHYSIK hat es das N. jedoch nicht mehr gebracht. Angenommen wird, dass für die Kultur des N. verschiedene Gottheiten von Bedeutung waren: RAS-SA, der möglicherweise sogar Menschenopfer dargebracht wurden, und KAP-EH-

THAAL (auch KAPPI-THAA), die vor allem in dem von den PRÄSINIDEN (auch PRESS-DENN-THIDEN) regierten Land AMMER-KU mit der Hauptstadt WAS-EN-TON angebetet wurde, dort auch unter der Bezeichnung THOO-LLAR. (Lem 1979)

NEW ROME [engl. new = neu + engl. Rome = Rom] Sitz des Vatikans und damit das geistige und machtpolitische Zentrum der katholischen Kirche nach der → GROSSEN VEREINFACHUNG. Vom amerikanischen Kontinent aus bestimmt N.R. wesentlich die Geschicke einer in mittelalterliche Zustände zurückgefallenen Welt. Die Strukturen und Riten N.R.s entsprechen weitgehend denen der heute bekannten katholischen Kirche, weichen jedoch in Einzelheiten davon ab. Das betrifft auch den Gebrauch der offiziellen Kirchensprache, des Lateinischen. Zum Beispiel wird die Position eines Dieners am Amtssitz des Papstes offiziell SAMPETRIUS (Pl. SAMPETRII) genannt, in Anlehnung an ital. *sampietrino*, die Bezeichnung für einen Arbeiter, dessen Aufgabe die Instandhaltung des Petersdoms in Rom ist. Dieses ursprünglich von *San Pietro* hergeleitete Wort erscheint hier in neu latinisierter Form. Das Kirchenlatein entwickelt sich zu einem ANGLO-LATEIN, das neben weltlichen Sprachen wie dem ALLEGHENISCHEN und dem SOUTHWESTERN verwendet wird. (Miller 1979)

NICHT-PARADIESE [Pl.; Paradies = Garten Eden, gr. paradeisos = Paradies, Tiergarten, Park] Menschliche Ansiedlungen auf fernen KOLONIALPLANETEN. Die Lebensbedingungen dort sind oft sehr hart und lassen es nicht zu, dass sich der Mensch bereits im Diesseits ein Paradies schafft, mit dem er nicht umgehen kann, so dass er es am Ende immer wieder selbst zerstört. Erst in einer PARADIESUNÄHNLICHEN Umwelt lernt er vielleicht zu schätzen, was er aufgebaut hat. (Miller 1979)

NUANCISMUS [Nuance = Abstufung, feiner Unterschied, frz. nuance, wohl zu nue = Wolke oder zu nuer = bewölken, abschattieren, zu lat. nubes = Wolke + -ismus = Bedeutung Geisteshaltung, Lehrmeinung, Richtung] Eine Richtung der Fotokunst, deren Programmatik unklar bleibt und die auch schon ein wenig veraltet ist, einem NUANCISTEN jedoch immer noch einen willkommenen Gegenstand für intellektuellen Partytalk bietet. (Disch 1977)

NULL-A auch NON-ARISTOTELISMUS, NULL-A-PHILOSOPHIE, NULL-A-LEHRE, NULL-A-DENKUNGSART [A = Kw. zu Aristotelismus] Ein Ideensystem, das in Abgrenzung zur aristotelischen Philosophie aufgebaut ist. Ziel des N. ist es, seinen Anhängern, ebenfalls N. genannt, neue geistige Möglichkeiten zu erschließen. Eine wichtige Voraussetzung des N. ist die optimale Koordination verschiedener Hirnzentren, die für Verstand und Gefühl zuständig sind (NULL-A-INTEGRATION). Auf dieser Grundlage soll die deduktive Logik

Kulturen/Gesellschaftsformen/Lebenswelten

durch eigenständiges, intuitives, an vielwertigen Realitäten orientiertes Denken überwunden werden. In gesellschaftlicher Hinsicht vertritt der N. die Gleichheit aller Bürger. Die Fähigkeit, im Sinne des N. zu denken, wird durch die NULL-A-AUSBILDUNG vermittelt. Zustände geistiger Verirrung können durch eine NULL-A-THERAPIE behoben werden. Der N. ist für die gesellschaftliche Entwicklung im 26. Jahrhundert von großer Bedeutung, auch wenn sich die NULL-A-ÜBERZEUGUNG keineswegs in allen Köpfen durchgesetzt hat → MASCHINE. Die → GALAKTISCHE LIGA hat ebenfalls Kenntnis vom irdischen N. und ist an seiner Verbreitung in der gesamten Milchstraße interessiert. Eine wichtige Rolle bei der Ausarbeitung des N. spielt das in der Korzybski-Straße 4 gelegene INSTITUT FÜR SEMANTIK, eine Anspielung auf Alfred Korzybski, durch dessen Allgemeine Semantik van Vogt beeinflusst war. Neben dem N. gibt es den NULL-N (NON-NEWTONIANISMUS) und den NULL-E (NON-EUKLIDISMUS). (van Vogt 1968)

NULL-GE-COUCH [ge > g = Kw. zu Gravitation] Couch, auf der das Körpergewicht ‚reduziert' erscheint. (Simmons 2002)

NUMMER In Jewgeni Samjatins Roman *Wir* sind die Einwohner des EINZIGEN STAATES statt mit Namen durch Nummern in Kombination mit einem Buchstaben (Vokale für Frauen, Konsonanten für Männer) gekennzeichnet. Der NUMERATOR ist ein Gerät, das die Annäherung der anderer Nummern (Personen) signalisiert: „Ich werde unterbrochen, in meinem Numerator ist eine Klappe gefallen. Ich blicke auf: O-90, natürlich." (Samjatin 2006: 8) Samjatin schrieb den Roman bereits 1920 und versuchte vergeblich, ihn in der Sowjetunion veröffentlichen zu lassen, 1924 erschien die Erstausgabe auf Englisch. Gegenstand des Romans ist die Dystopie einer kollektivistischen, mechanischen Zivilisation, welche die Menschen ihrer individuellen Freiheit beraubt. Der Roman hat George Orwells *1984* stark beeinflusst. (Samjatin 2006)

ÖDLAND-VANDALEN [Pl.; Vandale = zerstörungswütiger Mensch, ursprüngl. Angehöriger eines germ. Volksstamms] Personen, die in leerstehenden Gebäuden und anderen ungenutzten Gegenden zum Zeitvertreib ihrer Zerstörungslust freien Lauf lassen. Die Ö. werden von staatlicher Seite rigoros verfolgt. Die Ö. selbst betrachten sich als eine Art Subkultur und ähneln in dieser Hinsicht den → STORM TROUPERS (Kultur- und anderen Gruppen, die auch als RISIKOFREAKS zusammengefasst werden. (Sterling 1996)

ORANGE-KATHOLISCHE BIBEL Ein von der KOMMISSION ÖKUMENISCHER INTERPRETATOREN zusammengestelltes und verbreitetes Sammelwerk religiöser Texte, das Teile der Bibel, des Korans und anderer Schriften früher Religionen vereint, miteinander vermischt und erweitert. Die O. übt in der gesamten Galaxis einen großen Einfluss aus. Zum Beispiel stützte sich BUTLERS DJIHAD, ein erfolgreicher Feldzug gegen Computer und Roboter → MENTAT (Kognition), auf den in der O. enthaltenen Leitsatz „Du sollst keine Maschine nach deinem Ebenbilde machen". Oberster Leitsatz der O. ist: „Du sollst die Seele nicht entstellen." (Herbert 1993)

ORGANISATION DER VEREINTEN PLANETEN kurz OVP, auch STERNENLIGA [analog zu Organisation der Vereinten Nationen] Intergalaktische politische Vereinigung. Juristische Grundlage der OVP ist der INTERPLANETARE RECHTSKODEX, der unter anderem für die Befruchtung eines unfruchtbaren Planeten die Strafe der VERSTIRNUNG vorsieht. Die Menschheit bewirbt sich um die Mitgliedschaft in der OVP, worauf ein heftiger Streit um die kulturelle Reife des Erdengeschlechts entbrennt. Während die TARRAKANER als Paten der Menschheit auftreten und ihre Aufnahme befürworten, tragen ERDEXPERTEN anderer galaktischer Ethnien mal mehr, mal weniger ernst zu nehmende Kritik vor, zum Beispiel am körperlichen Erscheinungsbild des Menschen, seinen Ernährungsgewohnheiten, aber auch an seinem Hang zu Krieg und Wettrüsten. (Lem 1982)

OZAGEN [Oz = märchenhaftes Land + engl. again = wieder; Bezug auf ersten Ausruf des Entdeckers ‚Oz again!'] Planet, dessen Bevölkerung im Auftrag der → STIRCHE (Kultur) ausgerottet werden soll (OZAGENOZID). (Farmer 1998)

PANGALAKTISCHER DONNERGURGLER [gr. pan- = all, ganz, gesamt + galaktisch = Adj. zu Galaxis = Milchstraße, gr. galaxias = Milchstraße, milchiger Sternennebel] Ein alkoholisches Mixgetränk. Es besteht aus einer Flasche ALTEM JANX-GEIST, einem Teil Wasser aus den Meeren von SANTRAGINUS V., drei Würfeln gefrorenem ARKTURANISCHEN MEGA-GIN, einem Teil QUALAKTINISCHEM HYPERMINZ-EXTRAKT, dem Zahn eines ALGOLIANISCHEN SONNENTIGERS, einem Spritzer ZAMPHUOR und einer Olive, alles durchperlt von FALLIANISCHEM SUMPFGAS. Die Wirkung des P. wird als durchschlagend, wenn nicht verheerend beschrieben. (Adams 1992, 2005a)

PELLS PLANET auch DOWNBELOW [Pell = Personenname + Planet = Wandelstern, nicht selbst leuchtender Himmelskörper, der sich um eine Sonne dreht, gr. planetes = Pl. von planes = der Umherschweifende; engl. down = abwärts + below = unterhalb] Ein erdähnlicher Planet, der zu PELLS STERN, benannt nach seinem Entdecker, dem SONDENKAPITÄN Pell, gehört. Im Orbit des Planeten kreist die → PELL-STATION (Raumschiffe). Von dort aus werden Versuche unternommen, P. zu kolonisieren. Aufgrund der unwirtlichen klimatischen Verhältnisse, insbesondere der Atmosphäre, die für Menschen nur durch eine Maske atembar ist, und der häufigen Regen ist es jedoch schwer, Freiwillige für den Ausbau der DOWNBELOW-BASIS zu finden. Die Menschen

Kulturen/Gesellschaftsformen/Lebenswelten

kooperieren dabei mit den → DOWNERN (Lebensformen), der autochtonen Bevölkerung des Planeten. Trotz aller Schwierigkeiten bereichert der Planet das Warenangebot der Station mit verschiedenen DOWNBELOW-PRODUKTEN, zum Beispiel DOWNER-WEIN und DOWNER-KORBWAREN. (Cherryh 1984)

PERSONAL [das; Betonung auf erster Silbe, engl. personal = persönlich, lat. personalis, zu persona = Maske] Öffentliche Bäder, Duschen und Toiletten, in denen die Privatsphäre des Einzelnen streng gewahrt bleibt. (Asimov 2003)

PIZ od. PARISER IDEOGENETISCHE ZENTRALE [ideogenetisch, eigtl. ideogen = durch Vorstellungen ausgelöst, aufgrund von Vorstellungsbildern, ideo-, lat. idea > gr. idea = Erscheinung, Gestalt, Form, + genetisch, gr. genesis = Zeugung, Schöpfung] Unternehmen, das verwertbare Ideen für Produkte der Medienindustrie (Bücher, Filme usw.) aufspürt. Die PIZ ist militärisch straff organisiert, ihre Mitarbeiter gehen nicht selten bis an die Grenze der Legalität (IDEENGANGSTER, IDEENSCHIEBER). Ideen sind in einer Zeit allgemeiner geistiger Ermüdung und Übersättigung ein wertvoller Rohstoff: „Die PIZ produziert Ideenplankton. Unsere Rewritinglabors, unsere Vertriebsstelle für unbearbeitete Ideenelemente produzieren nichts anderes als Plankton für den Geist." (Curtis 1979: 69)

PLANETEN-GOUVERNEUR auch CHEFGOUVERNEUR [Planet = Wandelstern, nicht selbst leuchtender Himmelskörper, der sich um eine Sonne dreht, gr. planetes = Pl. von planes = der Umherschweifende + Gouverneur = Statthalter, Befehlshaber, frz. gouverneur, lat. gubernator = Steuermann, Lenker, Leiter] Die höchste Position in der Weltregierung. (Gernsback 1973)

PLANSTELLE Auf dem Planeten PANTA wird der Begriff P. weiter gefasst und bezeichnet jede mögliche Funktion, die eine Person in beliebigen sozialen Zusammenhängen erfüllen kann. Neben BERUFSPLANSTELLEN gibt es FAMILIENPLANSTELLEN. Darauf basiert ein Gesellschaftsmodell, das im Interesse des Gemeinwesens jegliche Individualität ausschalten soll, ausgehend von der Idee, dass jeder Bewohner Pantas jede P. gleichermaßen ausfüllen kann. Deshalb rotieren alle Einwohner des Planeten immer um Mitternacht per Losverfahren auf eine neue P.: Der Gärtner wird zum Ingenieur, der Herrscher zum Lehrer, der Vater zur Mutter. Auf diese Weise werden die Bewohner Pantas völlig austauschbar und damit entindividualisiert. (Lem 1982)

PLUS-MÄNNER [Pl. Plus = mathem. Zeichen, lat. plus = zuzüglich, vermehrt um] Der Titelheld in Hugo Gernsbacks Roman *Ralph 124C 41+* ist einer von nur zehn P.n auf der Erde. Das Plus wird an die Ziffern- und Buchstabenfolge üblicher Namen dieser Zeit angehängt und signalisiert außerordentliche wissenschaftliche Fähigkeiten und Verdienste. P. genießen gesellschaftliche

Privilegien, sind zugleich aber verpflichtet, sich stets zum Wohle aller zu verhalten und zum Beispiel ihr eigenes Leben nicht in Gefahr zu bringen. (Gernsback 1973)

PLUTON [Pluto = Zwergplanet, benannt nach Beinamen des Hades = Gott der Unterwelt, auch als Plutos Gott der aus der Erde kommenden Reichtümer, lat. Pluto > gr. Plouton]. Währungseinheit. Als Münze auch PLUTONSTÜCK. (Heinlein 1983)

PODRENNER, auch PODRACER [engl. pod = Hülse, Gehäuse + Renner bzw. engl. race = Wettrennen] Podrenner sind knapp über dem Boden schwebende Fahrzeuge, mit denen PODRENNEN auf verschiedensten Planeten der Galaxis ausgetragen werden. Sie können eine Geschwindigkeit von über 900 km/h erreichen. Ein P. besteht aus zwei Triebwerken und einer Kapsel für den steuernden Piloten. (Star Wars)

POPULARISATOR [Popularisator = Person, die einen schwierigen Sachverhalt gemeinverständlich darstellt, zu popularisieren > frz. populariser = der Volksmasse nahe bringen, lat. popularis = zum Volk gehörend, volkstümlich, zu populus = Volk] Jemand, der einen schwierigen Sachverhalt bzw. wissenschaftliche Erkenntnisse gemeinverständlich darstellt und verbreitet und der Allgemeinheit nahe bringt. (Strugazki/Strugazki 1992)

PRÄPERSON [lat. prae = vor] Kinder unter 12 Jahren, die ‚noch keine Seele haben' und die – sofern sie nicht über ein E-PAPIER, eine ERWÜNSCHTHEITSERKLÄRUNG, verfügen, zu Sammelstellen abtransportiert, zur Adoption freigegeben und bei Nicht-Adoption getötet werden. „Sie könnten dich nicht mitnehmen. Sieh mal – du hast eine Seele; das Gesetz sagt, ein zwölfjähriger Junge hat eine Seele. Also kann er nicht in die kommunale Sammelstelle kommen. Na siehst du? Du bist sicher. Immer wenn du den Abtreibungstransporter siehst, ist er für jemand anderen, nicht für dich. Niemals für dich. Ist das klar? Er ist wegen einem anderen, kleineren Kind gekommen, das noch keine Seele hat, eine Präperson." (Dick 2007g: 736-37)

PRITIV-SÖLDNER [vmtl. aus primitiv, frz. primitif > lat. primitivus = der Erste in seiner Art, zu primus = Erster, Vorderster] Renegaten, ehemalige Mitglieder eines Ritterordens. (Bordage 2007)

PROGRESSOR [engl. progress = Fortschritt, lat. progredi, progressum = voranschreiten, fortschreiten] Ein irdischer Agent, der als Vertreter des Planeten Erde den Fortschritt auf fernen, rückständigen Planeten voranzutreiben hilft. (Strugazki/Strugazki 1992)

PROLEFUTTER [Proletarier, lat. proletarius = Angehöriger des Proletariats] ‚Armselige Lustbarkeiten' und ‚verlogene Nachrichten', mit denen die Massen

Kulturen/Gesellschaftsformen/Lebenswelten 167

– 85 % der Bewohner Ozeaniens – von der herrschenden Partei abgespeist werden. (Orwell 1964)

PROPERTARIER [lat. proprius = eigen, eigentümlich, lat. proprietas = Eigentum, Gegensatzbildung zu Proletarier, viel. Bezug zu dem Satz von Karl Marx: Die Expropriateure werden exproprüert.] Besitzende Klasse. In dem Roman *Planet der Habenichtse* von Ursula K. Le Guin Konzept einer Welt und Haltung, die auf Eigentum fußt, versus einer Welt, die auf Gleichheit basiert. In der letzteren sagt eine Mutter zu ihrem Sohn: „Doch ich gestehe, daß ich stolz auf dich bin. Merkwürdig, nicht? Unvernünftig. Ein Anflug von Propertarismus, sogar. Als *gehörtest* du mir." (Le Guin 1976: 116)

PULLOVERETT [Wkr. aus Pullover = Kleidungsstück, engl. pullover = zieh über + Jackett = Kleidungsstück, frz. jaquette = Dim. zu jaque = kurzer, enger Männerrock] Ein Kleidungsstück, das Pullover und Jackett vereint. (Simon 1982)

RASIEREN Gesichtszellen so umprogrammieren, dass kein Haarwuchs mehr entsteht. (McCarthy 2007)

RAUMADVOKAT [Advokat = Rechtsanwalt, lat. advocatus = der Herbeigerufene, zu advocare = herbeirufen] Anwalt, der für das Weltraumrecht zuständig ist. (Heinlein 1983)

RAUMGILDE [Gilde = Berufsgenossenschaft, Innung, ndt. gilde = Trinkgelage, gemeinsamer Trunk] Traditionsreiche Schule, die RAUMNAVIGATOREN ausbildet. Die R. hat das Monopol auf die interstellare Raumfahrt. Ihre Absolventen sind in der Lage, Raumflüge mit Lichtgeschwindigkeit durch ihre mentalen Fähigkeiten zu steuern. Insbesondere können sie in begrenztem Umfang die Zukunft vorhersehen und dadurch Hindernissen im Raum ausweichen. Diese Gabe resultiert aus dem exzessiven Konsum mit → GEWÜRZ (Kognition) versetzten Gases. (Herbert 1993)

RAUMSCHENKE od. RAUMFAHRERSALOON Gastronomische Einrichtung im Weltall. Der Wirt und Gäste der R. sind in kriminelle Machenschaften verwickelt. (Bester 1978)

REGIERUNGSMÜSLI od. REGIERUNGSFRASS [Müsli = schweizerdt. Diminutivform zu Mus] Müsli, das von der texanischen Regierung als Grundnahrungsmittel für breite Bevölkerungsschichten verteilt wird. Es erfüllt alle Diätvorschriften, ruft keinerlei Allergien hervor und schmeckt überaus fade. (Sterling 1996)

REPORTANT [lat. reportare = zurücktragen, überbringen] Person oder Mechanismus, die oder der Informationen zum Zwecke der öffentlichen Verbreitung sammelt. (McCarthy 2007)

Rosny-Computer [Rosny = Name eines fiktiven Radiosenders] Rechneranlage zur Regelung des Straßenverkehrs. In einer Gesellschaft, deren extreme Verkehrsdichte zu einer alles beherrschenden Größe geworden ist, wäre ohne seine Direktiven ein Zusammenbruch der Infrastruktur nicht zu vermeiden (Rosny-Gott). Seinen über Radio Rosny verbreiteten Anweisungen ist deshalb vorbehaltlos Folge zu leisten. Dass sich die Prognosen des R. über die zu erwartende Zahl von Verkehrstoten stets bewahrheiten, ist allerdings auch die Folge seiner Berechnungen. (Sussan 1979)

Sardaukar [möglw. lat. sardus = bitter od. zu lat. sardonius (mit Wechsel o/au) > gr. sardonios (gelos) = grimmiges Hohngelächter, zu sairein = fletschen, grinsen + lat. carnificis = Henker] Eine militärische Streitmacht, die dem Padischa-Imperator → Imperium über viele Generationen die Macht über die Galaxis sichert. Rekrutiert bereits mit sieben Jahren, durchlaufen die S. auf dem unwirtlichen Planeten Salusa Secundus (auch Gefängnisplanet) einen erbarmungslosen Drill, den sie oft nicht überleben. Die Entbehrungen werden durch ein ansonsten luxuriöses Leben versüßt. Die S. sind in der gesamten Galaxis gefürchtet, nicht zuletzt, weil ihnen der Ruf vorauseilt, dass eine einzige Legion der S. (30.000 Mann) ausreiche, um einen ganzen Planeten zu unterwerfen. (Herbert 1993)

Schwebschaumsessel Sitzmöbel. (Simmons 2002)

Schwebestadt Durch einen Anti-Schwerkraft-Impuls in der Schwebe gehaltene Stadt. Sie dient der Regeneration für die Menschen einer Zukunft, in der durch technische Errungenschaften alle möglichen Probleme gelöst sind und vieles einfacher geworden ist, aber dem Einzelnen im Alltag doch eine hohe Leistungsbereitschaft abverlangt wird. Optimale klimatische Bedingungen, das Verbot Stress verursachender Einflüsse, zum Beispiel der ständigen Erreichbarkeit durch moderne Kommunikationsmittel, sowie kulturelle Angebote, etwa die Darbietungen des „Schwerkraft Zirkus", sorgen für ein erholsames Umfeld. (Gernsback 1973)

Schwerwetterzeiten [Zeiten = i.s.v. Epoche] Entwicklungsphase der irdischen Zivilisation, die durch die katastrophalen Folgen der Umweltzerstörung bestimmt wird. Außer Kontrolle geratene Naturphänomene, vor allem die verheerenden Unwetter, gehen mit einem kulturellen Verfall einher, der durch staatliche Maßnahmen notdürftig aufgefangen wird. Als Reaktion auf diese Entwicklung bilden sich verschiedene Subkulturen heraus, wie die → Storm Troupers oder die → Ödland-Vandalen. Die weltweit zahlreichen Schwerwetterflüchtlinge (umgspr. auch Wettertramps) sind Personen, die infolge von Klimaveränderungen gezwungen sind, ihren ursprünglichen Lebensraum aufzugeben. (Sterling 1996)

Kulturen/Gesellschaftsformen/Lebenswelten 169

SELBSTVERDUNKLUNG Krise der Wissenschaften in → LOSANNIEN, die letzten Endes zu deren gänzlicher Aufgabe führte. Die Anhäufung immer stärker spezialisierten Wissens hatte zunächst eine chronische DATENVERSTOPFUNG der Computer zur Folge, was bald die Herausbildung der IGNORANTIK (Wissenschaft vom Wissensstand über das aktuelle Unwissen) und der IGNORANTISTIK (Wissenschaft von der Ignorierung des Unwissens) sowie ihrer Weiterentwicklung zur SUCHKUNDE nach sich zog. Diese sollte FAHNDUNGSCOMPUTER dazu befähigen, in unregierbar gewordenen Speichersystemen nach angeforderten Informationen zu suchen. Der dadurch entstandene Bedarf nach einer Theorie der von anderen Entdeckungen verdeckten Entdeckungen führte weiter zur ALLGEMEINEN ARIADNOLOGIE (GENERAL ARIDNOLOGY) sowie zur INSPERTISETHEORIE, auf deren Grundlage INSPERTEN Expeditionen ins Innere der Wissenschaften unternahmen und sich mit Fachgebieten wie LABYRINTHIK, LABYRINTHISTHIK und LABYRINTHOLABYRINTHIK (auch AUSSERKOSMISCHE ARIADNISTIK) befassten. Die zuletzt genannte Richtung vertrat die Auffassung vom EINSTULPENDEN SELBSTVERZEHR DER ERKENNTNIS, der über mehrere unendliche EINSTULPUNGEN (die Suche von Daten, die Suche von Daten über die Suche von Daten usw.) verlaufe. Der Praxisbezug all dieser Disziplinen wird wie folgt charakterisiert: „Es war gerade so, als habe jemand in einer Wohnung ein Löffelchen verkramt und entwerfe, da es ihm nicht gleich wieder in die Hände fiel, einen Feldzugsplan, eine Idealordnung unfehlbaren Suchens, die natürlich sogleich umschlägt in ein System unfehlbaren Findens und folglich keinerlei Urteil über eine so banale Sache wie einen Teelöffel abgeben kann." (Lem 1986a: 122) Abgelöst wurden die Wissenschaften durch die → GRIPSER (Technologien): ZIELGEBER (TELEONOMEN) müssen lediglich ein Erkenntnisinteresse definieren und erhalten für jedes erdenkliche Problem automatisch eine Lösung, bis hin zur eventuellen Überführung theoretischer Vorgaben in industrielle Produktionsabläufe. (Lem 1986a)

SELEKTOR [Subst. zu lat. seligere, selectum = auswählen] Eine Person, die zahlreiche Fähigkeiten besitzt und somit für bestimmte Aufgaben im System des Raumschiffes eingesetzt wird (Berufsbezeichnung). (Rhodan 2008)

SEPULKEN [Pl.; vmtl. zu lat. sepulcrum = Grab] Geheimnisvolle Objekte, die für die Kultur auf dem Planeten → ENTEROPIEN (Raum) eine große Bedeutung haben. Die Suche nach der Bedeutung dieses Wortes bildet ein zentrales Thema der zugrunde liegenden Geschichte. Dem STERNREISENDEN Ijon Tichy gelingt es zwar, aus Beobachtungen, zufällig mitgehörten Gesprächen und direkten Nachfragen verschiedene Anhaltspunkte zu gewinnen, ein schlüssiges Bild ergibt sich jedoch nicht. S. sind in jedem Fall Gegenstand eines schwunghaften Handels, werden auf Werbeplakaten und in Schlagern angepriesen, sind in SEPULKARIEN unter Verwendung einer MATRIXBÜCHSE zu benutzen, eignen sich nur für Verheiratete und scheinen den Behörden eher zu missfallen. Tichys Erkundigungen werden von den Einheimischen als Tabubruch empfunden und haben heftig ablehnende Reaktionen zur Folge. (Lem 1982)

SEXERZIEREN [Wkr. aus Sex, engl. sex > lat, sexus = Geschlecht + Exerzieren = militärische Formalausbildung, lat. exercere = beschäftigen, ausüben] Eine Form der Meditation mit sexueller Komponente. Das S. dient dem entspannenden Zeitvertreib von Raumschiffbesatzungen, die sich länger im Weltall aufhalten. Ableitung: SEXERZITIEN. (Andrevon 1979)

SEXOFON [Sex + -o- + -fon > gr. phone = Laut, Ton; analog zu Saxophon] Musikinstrument. „Die Sexofone jaulten melodisch wie sangesfrohe Katzen im Mondschein und stießen klagende hohe und tiefe Töne aus, als wollten sie vor Lust ersterben. Mit einer Überfülle von Harmonien schwoll ihr lebender Chor zum Höhepunkt an, wurde lauter, immer lauter, bis endlich der Kapellmeister mit einem Wink die Äthermusik des erschütternden Schlußakkords entfesselte und die sechzehn Trompeter aus Fleisch und Blut glatt aus dem Dasein strich." (Huxley 1982: 77)

SHIPTOWN [engl. ship = Schiff + engl. town = Stadt] Stadtteil von New York. Eigentlich eine Ansammlung von Schiffswracks, in denen jedoch wenig begüterte Menschen wohnen. Ein Leben im Schiffswrack ist weitaus erstrebenswerter als das Dasein der umgangssprachlich so genannten HÖHLENBEWOHNER, die in stillgelegten U-Bahn-Stationen hausen → MEGALOPOLIS (Kultur). (Harrison 1992)

SKANDALVID [Skandal, lat. scandalum = Ärgernis > gr. skandalon = Fallstrick + -vid → HOLOVID (VR)] Skandalnachricht in Video- bzw. in → HOLOVID-Form. (Stackpole 1997)

SMART-VIAL [engl. smart = pfiffig, patent + engl. vial = Fläschchen] Flasche zum Einsammeln von Proben. (Robson 2005)

SOJABOHNENSTEAK Steak aus Sojabohnen als Fleischersatz. Infolge katastrophaler Überbevölkerung und daraus resultierenden Rohstoffmangels ist Fleisch nur wenigen zahlungskräftigen Kunden vorbehalten. Für die Mehrheit der Bevölkerung stellt schon ein S. eine ausgesprochene Delikatesse dar und erzielt hohe Schwarzmarktpreise, wie auch die SOJABOHNENBULETTE. Alltägliches Hauptnahrungsmittel ist jedoch der aus Algen hergestellte, geschmacklich äußerst fade TANGKEKS. Das Meer liefert nicht nur weitere Nahrungsmittel, wie die MEERKRESSE, sondern auch die als Heizmaterial genutzten MEERESKOHLEN- bzw. SEETANGBRIKETTS. Ebenfalls ein Fleischersatz ist die

HAFERMEHLSCHNITTE. Ein beliebtes Getränk ist der KOFE, ein Kaffeeersatz → MEGALOPOLIS. (Harrison 1992)

SPÄHER Kinder, die ihre Eltern und andere Erwachsene bespitzeln. „Es war für Leute über dreißig nahezu normal, vor ihren eigenen Kindern Angst zu haben. Und das mit gutem Grund, denn es verging kaum eine Woche, in der nicht in der *Times* ein Bericht stand, wie ein lauschender kleiner Angeber – ‚Kinderheld' lautete die gewöhnlich gebrauchte Bezeichnung – eine kompromittierende Bemerkung mitangehört und seine Eltern bei der Gedankenpolizei [→ GEDANKENVERBRECHEN] angezeigt hatte." (Orwell 1964: 25)

SPELÄONAUT [lat. spelaeum = Höhle + -naut] Spezialist/Führer bei einem Höhlenunternehmen. (Franke 2007)

SPRAWL [engl. urban sprawl = ausuferndes Stadtgebiet] Urbane Stadtlandschaft. Städte, die in andere Städte hineinwachsen, ohne dass ein Zentrum zu erkennen wäre. (Gibson 2000)

STIRCHE [Wkr. aus Staat + Kirche] Irdische Staatskirche. Höchster Vertreter der Priesterkaste (URIELITEN) ist der SANDALPHON. Die S. verehrt den → VORBOTEN. (Farmer 1998)

STORM TROUPERS [Pl.; engl. storm = Sturm + engl. trouper = verlässlich und hart arbeitende Person, Mitglied einer Schauspieltruppe] Personen, die stets auf der Suche nach neuen Wirbelstürmen durch das Land reisen, um deren Entwicklung zu verfolgen und meteorologisch auszuwerten. Die S.T. verstehen sich selbst als eine Art Subkultur und rüsten sich mit modernster Technologie aus, um ihren großen Traum zu verfolgen: den sagenumwobenen F-6, einen Wirbelsturm von unvorstellbaren Ausmaßen, miterleben zu können. Nur gelegentlich auf die STURMJAGD begeben sich HOBBYSTURMJÄGER. (Sterling 1996)

SUSPENSORSESSEL [Suspensor, lat. suspendere, suspensum = aufhängen, schweben lassen] Sitzmöbel, das mit einem SUSPENSOR ausgestattet ist, einem Generator, welcher lokal begrenzt der Schwerkraft entgegenwirkt. Ein S. schwebt somit frei in der Luft und passt sich den Körperformen einer darin sitzenden Person optimal an. Licht spendet die SUSPENSORLAMPE, schwergewichtige Personen finden durch SCHLAFSUSPENSOREN erholsame Ruhe. (Herbert 1993)

SYNTHEHOL [Wkr. aus synthetisch = aus mehreren Einzelteilen zu einem neuen Ganzen zusammengefügt + Alkohol] Alkoholersatz auf Raumschiffen. Berauschende Wirkung entfällt. (Star Trek)

SYNTHO-KALBFLEISCH [syntho-, zu synthetisch = aus mehreren Einzelteilen zu einem neuen Ganzen zusammengefügt] Synthetisch hergestellter Kalbfleischersatz, analog SYNTHO-HUHN usw. (Asimov 2003)

TAOS-BRUMMEN [Taos = älteste Siedlung in New Mexico, USA] Ein Geräusch, das aufgrund seiner Frequenz zwischen 30 und 80 Hertz vom menschlichen Gehör eigentlich nicht wahrgenommen werden kann. Es gilt als Folge des Treibhauseffektes und trat zuerst in New Mexico, USA auf. Die Einwohner dieser Gegend können das T. trotz seines Frequenzbereichs hören. „Ohne Ursprung, als wär's überall um einen herum, bis zum Horizont. Wie ein altmodischer Motor oder ein Verbrennungsgenerator. Man hört es nur, wenn es ganz still ist." (Sterling 1996: 114)

TECHS [Pl.; zu Technik bzw. Technologie] Menschen, die sich für Technik und Technologie interessieren. (Gibson 2000)

TELEVISOR [der; gr. tele- = fern + Visor = (neolog.) Sichtgerät, lat. videre, visum = sehen] Sende- und Empfangsgerät zur Überwachung der Bürger in George Orwells Roman *1984*. (Orwell 1964)

TIVI [graphische Variante zu engl. TV = Television, gr. tele = fern, weit + lat. visio = das Sehen, Anblick] Technisches System zur umfassenden Kontrolle der Erdbevölkerung. Diese ist durch so genannte AUGOHREN mit T. verbunden. Personen, die sich nicht in das von T. geprägte gesellschaftliche System einpassen, werden als ASOZIS polizeilich verfolgt und in Reservate verbannt. Die Polizeiarbeit wird durch Automaten geleistet (VERHÖRMASCHINE). (Mathon 1979)

TODESLOCKE Eine in Plastik eingefasste Locke eines verstorbenen Menschen, dient weniger als Glücksbringer, mehr als Erinnerung. (Bujold 2005)

TRANSALL [vmtl. in Anlehnung an militär. Transportflugzeugtyp Transall = Kw. für Transporter-Allianz, lat. trans- = jenseits, hinüber + Kw. zu Allianz] Konzern, der sich auch politisch zu einer mächtigen Organisation verselbstständigt hat. Die T. rekrutiert ihre Mitarbeiter, indem sie jungen Menschen ein Studium ermöglicht und sie dann beruflich an sich bindet. Sie bietet ihren TRANSALLIANERN auch Einrichtungen für die Freizeitgestaltung, wie etwa die TRANSBAR. Die T. arbeitet aber auch mit Mitteln der Verschleppung und Versklavung. Sie steht in erbitterter Konkurrenz zu vergleichbaren Organisationen wie der OVERMONDIALE, der HUMANA VITA oder der HYPERUNION. (Renard 1979)

TRANSPLANT [vmtl. über engl. to transplant = umpflanzen, zu lat. transplantare = verpflanzen, versetzen, zu plantare = pflanzen] Bezeichnung für Men-

Kulturen/Gesellschaftsformen/Lebenswelten 173

schen, der mit Transplantaten ausgestattet sind. „Links und rechts standen seine Schläger, zwei fast identische Typen mit transplantierten Muskelpaketen an Armen und Schultern." (Gibson 2000: 54)

TRETTAXI [→ RAUMTAXI (Raumschiffe)] Durch Muskelkraft angetriebenes Fahrzeug. Infolge katastrophaler Überbevölkerung und daraus resultierenden Rohstoffmangels neben dem WASSERZUG die einzige Form des öffentlichen Personennahverkehrs in New York. Der Beförderung von Lasten dient der SCHLEPPWAGEN. Auch → MEGALOPOLIS. (Harrison 1992)

UNAUSSPRECHLICHE [das] Badezimmer, gleichzeitig als Gebetsstätte genutzt, im Sinne religiöser Reinheit sakral überhöht. (Farmer 1998)

UNTERNEHMEN WESTSENKE auch CHRONOTRON-PROJEKT [Unternehmen i.S.v. militärischer Handlungsplan + Westsenke = Region zwischen Sizilien und Gibraltar, in der Vergangenheit noch kein Meer] Von westlichen Ölkonzernen und Militärs geplantes Projekt mit dem Ziel, sämtliche Erdölvorkommen der Erde aus einer fernen Vergangenheit in die Gegenwart umzuleiten und sie auf diese Weise vollständig unter eigene Kontrolle zu bringen. Zu diesem Zweck werden Soldaten mit Hilfe des → CHRONOTRONS (Zeit) um Jahrmillionen in die Vergangenheit geschickt. (Jeschke 2005)

VAPORISIEREN [verdampfen, lat. vaporare = dampfen)] Jemanden auslöschen, wobei alles, was mit der Person zusammenhängt, vernichtet wird. (Orwell 1964)

VENUSIANER [Venus = Planet im Sonnensystem, nach der römischen Liebesgöttin] Irdische Kolonisten auf der Venus. Im Jahr 2560 sind das ca. 240 Millionen Menschen. Die V. haben ein demokratisches Gemeinwesen aufgebaut, das auf gegenseitigem Beistand beruht und ohne Staatsapparat auskommt. Auch Kriminalität gibt es nicht. Die Lebensweise der V. kommt somit den Idealen des → NULL-A nahe. Die fruchtbare, pflanzenreiche Landschaft der Venus bietet ihren Bewohnern angenehme Bedingungen. Das Idyll wird durch den drohenden Angriff einer aggressiven außerirdischen Macht und die Unterwanderung der V. durch Agenten feindlicher Interessen getrübt. Ziel dieses Angriffs ist die Ausrottung aller V. als Provokation gegenüber der friedenserhaltenden Politik der → GALAKTISCHEN LIGA. (van Vogt 1968)

VEROSION [Wkr. aus lat. veritas = Wahrheit, zu verum = wahr + Erosion = allmähliche Abtragung, lat. erosio = das Zerfressenwerden, zu erodere = weg-, ausnagen] Die Erosion der Wahrheit. Sie tritt gesetzmäßig in der Frühphase der industriellen Entwicklung einer Kultur auf und führt zur Ersetzung der Wahrheit durch bürokratisch fundierte Glaubensbekenntnisse, einhergehend mit dem Syndrom der AUTOFATAMORGANA und dem Prozess gesellschaftlicher SELBSTVERMÄRCHUNG. (Lem 1986a)

VORBOTE auch SIGMEN Von der → STIRCHE als Gott verehrtes Wesen. Eilt der Menschheit voraus und ermöglicht damit Gegenwart und Zukunft. Gegenspieler ist der Nachbote, der anstrebt, die Vergangenheit zu erschüttern und damit eine alternative Gegenwart bzw. Zukunft (PSEUDOZEIT, PSEUDOZUKUNFT) zu realisieren. (Farmer 1998)

WAHRGEBORENER → FREIGEBORENER. (Stackpole 1997)

WASCHMASCHINEN-TRAGÖDIE Entwicklungsphase der kulturellen Entwicklung, die durch das Aufkommen intelligenter, multifunktionaler Waschmaschinen (auch WASCH-ROBOTER, HAUSHALTSROBOTER, KÜCHENROBOTER) beherrscht wird (KÜCHENMASCHINEN-INVASION). Die Waschmaschinen übernehmen immer neue Aufgaben und entfernen sich dadurch von ihrem ursprünglichen Zweck. So fungiert die CONSTABLOMATIC XG-17 als Polizist, die WASCHMASCHINEN-AMME stillt Kinder, der SUPERBARDE kann dichten und singen, andere Maschinen erfüllen sexuelle Wünsche (SADOMAT, SADOMATIC, MASOMAT). Außerdem nehmen sie Züge von Lebewesen an. Etwa zeugen ELTERNGERÄTE ROBOTERKINDER. Nicht selten werden die Maschinen straffällig und haben unterschiedlichste Verbrechen auf dem KERBMETALL. Der Staat versucht die gesellschaftlichen Fehlentwicklungen juristisch einzudämmen, was zu einer fortwährenden, immer wieder durch die Realität überholten Anpassung der Gesetze an die Gegebenheiten führt (das MAC-FLACON-GESETZ wird zum MAC-FLACON-GLUMBKIN-GESETZ, zur MAC-FLACON-GLUMBKIN-RAMPHORNEY-NOVELLE, zum MAC-FLACON-GLUMBKIN-RAMPHORNEY-HMURLING-PIAFFKA-GESETZ, schließlich zum MAC-FLACON-GLUMBKIN-RAMPHORNEY-HMURLING-PIAFFKA-SNOWMAN-FITOLIS-BIRMINGDRAQUE-PHOOTLEY-CAROPKA-PHALSELEY-GROGGERNER-MAYDANSKY-GESETZ). Der ANTIAUFERSTEHUNGSENTWURF untersagt das erneute Zusammensetzen zur Strafe demontierter Waschmaschinen. Andere Formen der Strafe sind die ZWANGSWÄSCHE und das ZWANGSFROTTIEREN. Technische Einrichtungen wie der ANTI-EROTISATOR und die TRIEBBREMSE sollen die Vermehrung der Maschinen unterbinden. (Lem 1982)

WELTKOMITEE [Welt i.S.v. Erde] Als oberste politische Institution lenkt das W. die Geschicke einer friedlich geeinten Welt. Die ihr unterstellten BÜROS FÜR MENSCHLICHE ANPASSUNG sorgen für die Integration jedes Einzelnen in die neue Gesellschaft. Eine zentrale Komponente der Anpassung ist die Übersiedlung der Stadtbewohner aufs Land, denn das Leben in Städten mit seiner Enge und Hektik wird als ein Grundübel der menschlichen Zivilisation aufgefasst. Das größte Hindernis für diese Politik stellen Traditionalisten

Kulturen/Gesellschaftsformen/Lebenswelten

und Individualisten dar. Dazu auch → FAMILIENFLUGZEUG (Raumschiffe), → TANKPFLANZUNG (Technologien). (Simak 1978)

WELTRAT Politische Körperschaft auf der Erde mit globalen Befugnissen. (Hartmann 1989)

WELTRAUMIMPERIALIST [Imperialist = Anhänger des Imperialismus, frz. impérialisme > lat. imperialis → IMPERIALER KAMPFLÄUFER (WAFFEN)] Person oder Ethnie, die nach politischer, wirtschaftlicher und militärischer Vorherrschaft im Weltall bzw. in einer bestimmten Gegend des Weltalls strebt. „Die Grssh, scheußliche Plünderer von Omicron Ceti, degenerierte, kaltblütige, milbenähnliche Weltraumimperialisten." (Bester 1978:104)

WELT-SPEISEPLAN [Welt i.S.v. Erde] Plan, für den weltweit zugeliefert wird, um die Ernährung der gesamten Erde abzusichern. Das globale Ernährungsproblem kann jedoch erst nach der Entdeckung einer außerirdischen → NAHRUNGSFABRIK (Technologien) effektiv gelöst werden. (Pohl 2004)

ZEITPOLIZEI In der Kurzgeschichte *Chronopolis* [gr. chronos = Zeit + Polizei, mlat. policia, splat. politia, gr. politeia = Bürgerrecht, Staatsverwaltung; zu polis = Stadtstaat, Bürgerschaft] von J. G. Ballard ist die Zeit tabuisiert und Zeitmessung verboten. Die Zeitpolizei wacht über Verstöße gegen das ZEITGESETZ. (Ballard 2007e)

ZIVILISATIONSFORMER [Former = Subst. zu formen] Mitglied einer Alienrasse, das die Entwicklung von intelligenten Lebensformen beobachtet, plant und lenkt. (Smith 1985)

ZWEI-MINUTEN-HASS-SENDUNG Öffentliche, vor → TELEVISOREN (Technologien) stattfindende Menschenversammlung, wo Menschen zu Hassgefühlen manipuliert werden. „Das Schreckliche an der *Zwei-Minuten-Haß-Sendung* war nicht, daß man gezwungen wurde, mitzumachen, sondern im Gegenteil, daß es unmöglich war, sich ihrer Wirkung zu entziehen. Eine schreckliche Ekstase der Angst und der Rachsucht, das Verlagen zu töten, zu foltern, Gesichter mit einem Vorschlaghammer zu zertrümmern, schien die ganze Versammlung wie ein elektrischer Strom zu durchfluten, so daß man gegen seinen Willen in einen grimassenschneidenden, schreienden Verrückten verwandelt wurde." (Orwell 1964: 16)

ZWIEDENKEN [ahd. zwi- (in Zus.) = zwei-; orig. engl. doublethink, deshalb in anderen Übersetzungen auch DOPPELDENK] Bedeutet „die Gabe, gleichzeitig zwei einander widersprechende Ansichten zu hegen und beide gelten zu lassen." (Orwell 1964: 196) „Zu wissen und nicht zu wissen, sich des vollständigen Vertrauens seiner Hörer bewußt zu sein, während man sorgfältig konstruierte Lügen erzählte, gleichzeitig zwei einander ausschließende Meinungen aufrechtzuerhalten, zu wissen, daß sie einander widersprachen, und an beide zu glauben; die Logik gegen die Logik in Feld führen …" (Orwell 1964: 34) – das ist Zwiedenken. (Orwell 1964)

Lebensformen

Sind wir allein im All? Von der bloßen Möglichkeit, diese Frage nicht negativ beantworten zu müssen, lebt ein großer Teil der Science-Fiction. Lange Zeit hatte diesbezüglich sogar ein gewisser Optimismus geherrscht: „Indessen sind doch die meisten unter den Planeten gewiß bewohnt, und die es nicht sind, werden es dereinst werden", schreibt Immanuel Kant. (Kant 1997: 34) Gemeint sind hier noch in erster Linie die Planeten unserer unmittelbaren Nachbarschaft. Schon etwas früher hatte der französische Aufklärer Bernard Le Bovier de Fontenelle alle Planeten unseres Sonnensystems auf galante Art mit Bewohnern ausgestattet. Je näher ihre Lebenswelt dem Zentralgestirn kommt, desto temperamentvoller zeichnet er sie. Die Sonne selbst könne unmöglich Leben beherbergen – hier korrigiert ihn später die Science-Fiction, die gelegentlich auch Wesen hervorgebracht hat, deren Welt aus glühenden Gasen besteht. Wenig ergiebig ist laut Fontenelle interessanterweise auch der Mars: „Auf dem Mars gibt es nichts Sehenswertes, soviel ich weiß [...]. Er ist fünfmal kleiner als die Erde, er sieht die Sonne etwas weniger groß und weniger hell als wir; kurz, es lohnt sich nicht allzusehr, daß man sich bei dem Mars aufhält." (Fontenelle 1997: 17) Gerade der Mars sollte Ende des 19. Jahrhunderts jedoch zur großen Hoffnung avancieren, spätestens seit Giovanni Schiaparelli mit seinen Marskanälen die Phantasie seiner Zeitgenossen beflügelte. Die Science-Fiction ist davon geprägt: Ein Jahrhundert lang erscheint eine Fülle von Marsliteratur (vgl. Abret/Boia 1984) und der MARSMENSCH gilt auch im heutigen Sprachgebrauch oft als Synonym für den Außerirdischen schlechthin.

Die amerikanischen *Viking*-Sonden haben den Mars weitgehend entzaubert. Immerhin konnte er im Sommer 1996 noch einmal Furore machen, als die Analyse des in der Antarktis gefundenen Marsmeteoriten ALH84001 chemische Verbindungen nachwies, die als Spuren fossilen Lebens interpretiert werden konnten – wenn auch sehr einfachen Lebens, das kaum dazu angetan ist, zum Stoff einer neuen Marsliteratur zu werden. Doch auch wenn der Mars noch nicht ganz aufgegeben wurde, konzentriert sich die Suche nach den ALIENS auf die Weiten des Alls außerhalb unseres Sonnensystems. Bisher hat allerdings auch der erweiterte Blickwinkel der SETI-Forschung (SETI = Search for Extraterrestrial Intelligence) nichts Nennenswertes zutage gefördert. Die Science-Fiction lebt also weiterhin von der Hoffnung. Das ist vielleicht gar kein Nachteil, denn vorerst können ihr die Außerirdischen immer noch als Projektionsfläche für alle möglichen Phantasien, Ideen und Ängste dienen.

So vielgestaltig die Außerirdischen der Science-Fiction auch erscheinen mögen, es gibt doch gewisse Grundtypen. Der bedeutsamste ist der HUMANOID, der menschenähnliche Außerirdische. Die Ähnlichkeit geht unter Umständen so weit, dass sie jede Plausibilität einbüßt und sich allenfalls für Parodien eignet. Andere Außerirdische ähneln irdischen Tieren, etwa Insekten, oder Pflanzen, womöglich sogar alltäglichen Gebrauchsgegenständen. Auch im zuletzt genannten Fall ist die Parodie meist nicht weit. Zum Beispiel offeriert uns Douglas Adams, in einer Reihe mit HUMANOIDEN, REPTILOIDEN, FISCHOIDEN und WANDELNDEN BAUMOIDEN, die KUGELSCHREIBEROIDE LEBENSFORM. Demgegenüber stehen Wesen, die so fremdartig beschaffen sind, dass es kaum oder gar nicht möglich ist, mit ihnen zu kommunizieren, etwa der rätselhafte PLASMA-OZEAN in Stanislaw Lems Roman *Solaris* (*Solaris*, 1961) oder die ASSASSINEN in Frederick Pohls *Rückkehr nach Gateway* (*Heechee Rendezvous*, 1984), Wesen aus reiner Energie, die sich in unserem materiellen Universum höchst unwohl fühlen und es darum nach ihren Bedürfnissen umgestalten möchten, was für alle übrigen Lebensformen freilich nicht gut ausgehen würde.

Die Gestaltung außerirdischer Intelligenzen ist für Science-Fiction-Autoren von besonderem Interesse. Extraterrestrische Tiere oder Pflanzen kommen seltener vor, sorgen aber dennoch in manch einem Text des Genres für exotisches Lokalkolorit. Einzelne Spezies sind auch zu erstaunlichen Leistungen fähig. So übersetzt der BABELFISCH, als Nebenprodukt seiner parasitären Lebensweise im Gehörgang seiner Wirtslebensform, jede Sprache des Universums in jede andere. Auch der Mensch kann sich in eine außerirdische Lebensform verwandeln, wenn er andere Gegenden des Weltraums kolonisiert und sich an die dortigen Lebensverhältnisse anpasst. Und schließlich lohnt es sich, überall dort, wo sich unterschiedliche Lebensformen begegnen, auf die *regards croisés*, die sich durchkreuzenden Blicke zu achten. Da begegnet einem dann die vielleicht merkwürdigste Lebensform im ganzen Weltraum: die BLEICHLINGE, auch KLEBÄUGLER, TEIGNASEN, SCHLUCK-DIE-LEICHLINGE, GRÄSSEL-WÜTERICHE oder KÜNSTEL-SCHRECKER genannt. Das sind, mit fremden Augen gesehen – wir selbst.

ALIEN [engl. alien = Fremder, Ausländer, Außerirdischer, lat. alienus = fremd] Bei dem von H. R. Giger geschaffenen Wesen in dem Film *Das unheimliche Wesen aus einer fremden Welt* (1979) handelt es sich um eine Art Großinsekt, das sich parasitär entwickelt. Der Film und seine Folgen gelten als ein Höhepunkt in der Science-Fiction-Filmgeschichte. Die Bezeichnung XENOMORPH [lat. xeno = fremd; morph(us) = Veränderung] fiel zum ersten Mal in dem zweiten Teil der Reihe *Aliens – die Rückkehr* (1986). Verallgemeinernd für fremde, außerirdische Lebensformen.

AMARANTIN [der, Pl.; Amarant = 1. eine nicht verwelkende Blume, 2. nach den dunkelroten Blüten der Pflanze (amarantrot = dunkelrot), lat. amarantus > gr. amaranton] In Alastair Reynolds Roman *Unendlichkeit* (2006) eine ausgestorbene Alienrasse, Vogelvorfahren. „Die geflügelte Gestalt war *doch* ein

Lebensformen

Amarantin […], eine Mischung aus Amarantin und Engel, geschaffen von einem Künstler." (Reynolds 2006: 227)

AMICUS-ZÜCHTUNGEN bzw. AMICUS-DELPHINE [Pl. lat. amicus = Freund] Spezielle, für die Zusammenarbeit mit Menschen gezüchtete Delphine. (Brin 2000)

AMPHIBIENWESEN auch NEVIANER [gr. amphibios = doppellebig, aus gr. amphi = auf beiden, allen Seiten + gr. bios = Leben + Wesen]. „Ihr Blut ist kalt, und sie können ihre Atmungsorgane nach Belieben unter Wasser oder auf dem Lande benutzen, so daß sie in beiden Elementen zu Hause sind. Auch ihre Füße leisten ihnen an Land ebenso gute Dienste wie unter Wasser." (Smith 1985: 160) „Der horizontale Fischkörper auf seinen vier geschuppten Beinen ist noch nicht das Schlimmste […] Nein, es ist der Kopf, der den Nevianer für menschliche Augen so unerträglich macht, denn er findet in der Biologie unseres Sonnensystems nicht seinesgleichen. Er ist ein massiver Kegel auf einem gedrungenen Nacken, unterbrochen von vier grünen dreieckigen Augen. Darunter entspringen vier lange Tentakeln, die in jeweils acht empfindsamen, aber starken ‚Fingern' auslaufen." (Smith 1985: 165)

ARACHNOID [gr. arachne = Spinne] Nach äußerer Erscheinung ein Schalentier, eine Art Krabbe oder Seespinne, mit einer widerstandsfähigen Panzerhaut ausgerüstet, in geistiger Hinsicht von menschlicher Ausprägung, Fleischfresser. (Stapeldon 1969)

ASSASSINEN [Pl.; Assasine = Angehöriger eines islamischen Geheimbundes, der seine Ziele mit Mordanschlägen durchzusetzen suchte, ital. assassino = gedungener Mörder, Attentäter > arab. hassasin = Haschischgenießer, zu hassas = Haschisch] Intelligente außerirdische Lebensform. Die A. bestehen aus reiner Energie und empfinden darum das bekannte Universum als feindliche Lebensumwelt. Um diesen Zustand zu korrigieren, haben sie sich in ein Schwarzes Loch (den KUGELBLITZ) zurückgezogen, um von dort aus die Umsetzung ihres Plans der PUNKTSCHRUMPFUNG zu überwachen. Mit diesem Plan greifen die A. in den EXPANSIONS-KONTRAKTIONS-ZYKLUS des Universums ein. Durch geschickte Manipulation der Massenverhältnisse im Universum soll dieses auf die Ausmaße eines Punktes geschrumpft werden, um es dann erneut expandieren zu lassen. Dabei werden veränderte physikalische Grundkonstanten festgelegt, die zur Ausbildung eines Universums führen sollen, das, wie die A. selbst, nur aus Energie besteht. Damit dieser Plan nicht in Gefahr gerät, verlassen die A. gelegentlich ihr Versteck und vernichten jede technologisch fortgeschrittene Zivilisation, die irgendwann in der Lage sein könnte, ihre Absichten zu durchkreuzen. (Pohl 2004)

AUSSENSEITER Abkömmlinge, Nachkommen von Menschen, die vor einer den Menschen feindlich gesinnten Spezies geflohen und dann zur Erde zurückgekehrt waren. (Baxter 2003)

AUSSERDIMENSIONALE [Dimension = Aus-/Abmessung, Ausdehnung, lat. dimensio, zu di(s)- = auseinander + metiri = messen] Außerhalb des Universums entstandene Spezies, die die Energie aller im Universum vorkommenden Lebensformen inkorporiert, um selbst überleben zu können, und sie dabei kristallisiert. „Die Energie ihres Universums ist aufgebraucht; ihre ganze Welt ist Hintergrundstrahlung. Sie haben nur noch den Überlebenswillen. Damit haben sie die Dimensionsgrenzen aufgebrochen und hier neue Jagdgründe gefunden." (Kotzwinkle 2007: 278) „Die Außerdimensionalen waren eine Verwerfung des Raums, eine Erscheinung, die es nicht gab, die aber trotzdem irgendwie da war." (Kotzwinkle 2007: 358)

BABELFISCH [Babel = hebräischer Name der Stadt Babylon, Ausgangspunkt der biblischen Sprachverwirrung] Kleiner, gelber Fisch, der sich wie ein Blutegel im Gehörgang eines Wirtsorganismus festsetzt. Der B. ernährt sich von den Gehirnströmen in der Umgebung seines Wirtes und scheidet eine TELEPATHISCHE MATRIX (GEHIRNSTROMMATRIX) aus, was zum Nebeneffekt hat, dass der Wirt jede beliebige in seiner Nähe gesprochene Sprache verstehen kann. (Adams 1992, 2005a, 2005c)

BAU-SUBALTERNE [Pl.; Subalterne = Untergebene, aus lat. subalternus = untergeordnet] Spezies zum Bau von Raumschiffen. (Brandhorst 2004)

BIOMECHANOID [gr. bios = Leben + mechanisch, lat. mechanicus > gr. mechanikos = Maschinen betreffend + -oid = ähnlich > gr. -oiedes = ähnlich] Organismus, der Maschinen in Erscheinung und Funktion nachahmt. Der Begriff wurde von H.R. Giger erfunden, um seine Kreaturen zu beschreiben.

BLEICHLING auch KLEBÄUGLER, TEIGNASE, SCHLUCK-DIE-LEICH-LING Abwertende Bezeichnung für Vertreter der Menschheit aus Sicht hoch entwickelter, intelligenter Roboter, die weite Teile des Weltalls bevölkern. (Lem 1999)

BLOOG [vmtl. Kunstwort: „Ich beschloß, sie Bloogs zu nennen." (Rucker 1981: 44)] Körperloser menschlicher Geist. SPEEDEN [engl. speed = Geschwindigkeit] hat die Bedeutung von ‚sich als B. schnell fortbewegen, meistens fliegend'. „Ich begab mich zurück ins Stadtzentrum und speedete die Bloogbevölkerten Straßen auf und ab." (Rucker 1981: 67)

BOXER Insektoide Lebensform auf dem Mars. „Beide Jungs hatten Haustiere, Marsgeschöpfe, die ihm schauerlich vorkamen: Wanzen, die wie Gottesanbe-

Lebensformen

terinnen aussahen, groß wie Esel. Die verdammten Dinger wurden *Boxer* genannt, weil man sie oft dabei sah, wie sie in einem rituellen Kampf hoch aufgerichtet Schläge tauschten, was im allgemeinen damit endete, daß einer getötet und vom anderen gefressen wurde." (Dick 2004: 33-34)

BUGS [engl. bugs = Wanzen, Läuse] od. PSEUDO-ARACHNIDEN [pseudo = nicht richtig, falsch, scheinbar, gr. pseudein = lügen, vortäuschen + Arachniden = Spinnenartige, Spinnentiere, gr. arachne = Spinne + gr. -eides = ähnlich, -gestaltig, zu gr. eidos = Aussehen, Form]. In dem Roman *Starship Troopers* (1959) von Robert A. Heinlein sind Bugs eine außerirdische, spinnenähnliche Spezies, die Feinde der Menscheit im so genannten BUGKRIEG. „Die Bugs haben keine Ähnlichkeit mit uns. Die Pseudo-Arachniden verhalten sich überhaupt nicht wie Spinnen. Sie sehen nur so aus wie der Alptraum eines Verrückten von einer riesigen, intelligenten Spinne, aber die psychologische und wirtschaftliche Organisation dieser Anthropoden erinnert eher an unsere Ameisen oder Termiten. Sie sind kommunale Entitäten, die perfektionierte Diktatur des Bienenkorbs." (Heinlein 1988: 168) „Die Bugs legen Eier. Sie legen sie nicht nur, sondern halten sie auch auf Vorrat. Sobald wir einen Krieger töteten – oder tausend, oder zehntausend – wurden sein Ersatzmann oder ihre Ersatzmänner ausgebrütet und waren bereits im Einsatz, ehe wir zu unserer Basis zurückkehrten." (Heinlein 1988: 191)

CANTUSIANER [lat. cantus = Gesang + Abstammungssuffix -ianer] Spezies vom Planeten CANTUS. „Vor langer Zeit war ihre Rasse durch Baumwipfel geglitten, und sie hatten noch eine rudimentäre Spur aus diesen Tagen an sich, in Form einer Membran, die von der Mitte ihrer Wirbelsäule bis zu den Ellbogen und Handgelenken reichte. [...] Obwohl Upquark das cantusianische Sprachprogramm in seiner Software hatte, war er auf den Zauber ihrer Stimme nicht vorbereitet. Sie hatte lediglich gesagt, dass es ihr leidtue, aber ihr Trillern hatte jedes Primärbeziehungsmuster in seinem Gefühlsmodul aufleuchten lassen." (Kotzwinkle 2007: 18)

CENTAUREN [Pl.; Centauren = Fabelwesen der griechischen Mythologie mit menschlichem Oberkörper und Pferdeleib, lat. centaurus > gr. kentauros] Intelligente, dem Menschen sehr ähnliche Lebewesen aus dem Sternsystem Zentaur (lat. Centaurus) mit dem Dreifachsystem Alpha Centauri und dem schon in der Antike bekannten, sonnennächsten Stern Proxima Centauri. Die C. fordern von der Menschheit den Mars zur Besiedlung. (Kröger 1981)

CHAGA [das] „Die Xeonologin erklärte uns, das Chaga sei für die Menschheit der erste Kontakt mit außerirdischem Leben. Die Natur dieses Kontaktes sei unklar; es reagiere auf keine der Verständigungsmethoden, die wir uns überlegt hatten. Der Kontakt bestehe in der physischen Umwandlung unserer

Landschaften und Vegetation. [...] Das Chaga reagierte auf Reize und passt sich an Gegenangriffe an." (McDonald 2003: 350)

CHOROFLORA [lat. chorus > gr. choros = Tanz, Reigen + lat. flos, floris = Blume, Blüte] Musik produzierende Blumen. „Die ersten Arachnid-Orchideen [Arachniden = Spinnentiere, d. Verf.] strahlten nur einige zufällige Frequenzen aus, aber durch Kreuzungen und künstliche Verlängerung des Befruchtungsstadiums hatte Mandel eine Rasse gezüchtet, die einen maximalen Tonumfang von vierundzwanzig Oktaven hatte." (Ballard 2007b: 13)

CHRONENTROPIST [der, Pl. -en; zu gr. chronos = Zeit + Tropismus = durch einen Reiz ausgelöste Bewegung, gr. trope = Hinwendung, Richtung] Lebewesen, das durch eine geschickte Steuerung äußerer Reize Gemütsbewegungen und Berichterstattungen geschichtlicher Vorgänge in anderen Lebewesen auslösen kann. (Brin 2000)

CHRONIMALE [Pl.; Wkr. aus gr. chronos = Zeit + engl. animal = Tier] Tierische Wesen, welche die Fähigkeit besitzen, Zeitebenen zu vertauschen. (Perry-Rhodan-Lexikon I, 1991: 277)

CHRONOVORE [der; Pl. -n; gr. chronos = Zeit + lat. vorare = verschlingen, analog zu Karnivore = Fleischfesser, Omnivore = Allesfresser etc.] In der Science-Fiction-Fernsehserie *Doktor Who* eine Zeit verschlingende außerirdische Kreatur.

CRITTERS [engl. (pejorativ) Kriechtier, ugs. amerik. Viech, Kreatur] In dem US-amerikanischen Science-Fiction-Film *Critters* (dt. *Critters – sie sind da!*) aus dem Jahre 1986 kleine, außerirdische Monster mit Giftstacheln, die sich wie Igel zusammenrollen können.

CULTIVAR [das; Kw. zu cultivated variety = gezüchtete Art, engl. to cultivate = bebauen, bestellen, urbar machen, züchten > lat. cultivare, zu colere, cultus = bebauen, pflegen + variety = Verschiedenheit, Mannigfaltigkeit, lat. varietas, -tatis = Verschiedenheit] Gezüchtete Lebensform. „Cultivare und kostspielige Schimären aller Art – riesig und mit Fangzähnen bewehrt oder stark verkleinert und getönt, mit wahren Elefantenpimmeln, mit Libellen- oder Schwanenflügeln, auf der nackten Brust die neuesten lebendigen Tattoos von Schatzkarten – stolzierten auf den Gehsteigen und beäugten die intelligenten Piercings der anderen Passanten." (Harrison 2004: 47) Ableitung: EINWEGKULTIVAR, „Züchtungen mit einer Verfallszeit von vierundzwanzig Stunden." (Harrison 2004: 73)

DAUER-KOPULANER [lat. copulare = eng verbinden] Zwillingsspezies. „Links Überlegungen wurden von einem Dauer-Kopulaner unterbrochen, der mit wackelnden Zwillingsköpfen und zwei Paar Armen auf ihn zuschwankte, die

Lebensformen

eine Hälfte heiter gestimmt, die andere Hälfte unter Anspannung, um alle Vergnügungen mitzubekommen, die Alien City zu bieten hatte." (Kotzwinkle 2007: 36)

DEHN-SCHRUMPF-WESEN Lebewesen, das sich aufbläht und zusammenzieht, um die Oberfläche zu vergrößern bzw. zu verkleinern. (Braun/Braun 1985)

DITO auch DIT [dito = ebenfalls, desgleichen] Menschliche Kopie, die eine Lebenserwartung von 24 Stunden hat. „Es ist jedesmal wie beim Wurf einer Münze, wenn man einen Kopierer-und-Kiln benutzt. Wer wird man sein, Rig – das Original, die Realperson – oder Kop, Golem, Dito-für-einen-Tag?" (Brin 2005: 20) Die RIGS werden in Brins Roman *Copy* auch als ARCHIS, eine Abkürzung von ARCHETYP-MENSCHEN, bezeichnet.

DIVORATOR [ital. divoratore = Fresser, Verschlinger, zu divorare = fressen, verschlingen] Lebensform, die weder Tier noch Pflanze ist, eine Mischung aus Schnecke, Pilz und Amöbe. (Brandhorst 2005a)

DOPPELRASSE Spezies aus → ICHTYOID und → ARACHNOID. (Stapledon 1969)

DOWNER/DOWNERIN, Eigenbezeichnung HISA [engl. down = nach unten, hinab + -er, von DOWNBELOW → PELLS PLANET (Kultur)] Intelligente Lebensform auf → PELLS PLANET (Kultur). Die D. sind menschenähnlich, abgesehen von ihrem Pelz. Ihre Kultur ist technologisch unentwickelt und stark mythologisch geprägt. In dieses Weltbild integrieren die D. auch ihre Kontakte mit den Menschen von der → PELL-STATION (Raumschiffe), von ihnen GANZOBEN genannt. Wichtige Persönlichkeiten erscheinen wie mythologische Gestalten, ihre Anhänger oder Mitarbeiter wie Angehörige eines geisterhaften Familienclans (BENNETT-MANN, KONSTANTIN-MANN, DAMON-MANN, Pl. LUKAS-MANNS, LUKASSE). Bedrohlich wirken Soldaten, die MENSCHEN-MIT-GEWEHREN, oder, ausgerüstet mit einem Schutzpanzer, die MENSCHEN-IN-SCHALEN. Kleine Aufmerksamkeiten vonseiten der Menschen nehmen die D. dagegen als Geschenk wahr. Sie zeigen ihre Dankbarkeit gegenüber den GESCHENKEBRINGERN, indem sie die von der Station aus geführten Bemühungen um eine Erschließung des Planeten als Hilfskräfte für einfache Arbeiten unterstützen. Auf der Station fungieren sie als Wartungspersonal in den Installationsschächten zwischen den verschiedenen Sektoren. Die Menschen nehmen gegenüber den D.n eine überlegene Haltung ein, die aber auch von Respekt und Akzeptanz geprägt ist. So zieren DOWNBELOW-STATUEN, ein Geschenk der D., den Eingang zum Ratssaal auf der Pell-Station. (Cherryh 1984)

DRACHE Außerirdisches Biokonstrukt, das aus vier aneinandergrenzenden und lebenden Kugeln von jeweils anderthalb Kilometern Durchmesser besteht. (Asher 2007)

DURACRETSCHNECKEN [vmtl. aus lat. durus = hart + engl. secretion = Sekret] Panzerschnecken, die auf verschiedenen Planeten beheimatet sind. Sie gelangen trotz ihrer Größe, die zwischen fünf und fast zehn Metern liegt, unbemerkt auf Frachter und kommen so auf andere Welten. (Star Wars)

DWELLER [engl. dweller = Bewohner] In *Der Algebraist* Bezeichnung für die älteste Rasse des Universums: „Sie machen Jagd auf ihre Jungen, sie sind langlebig, weit verbreitet, eine erfolgreiche Spezies, und sie leben direkt vor unserer Haustür." (Banks 2006: 100)

E. T. auch ET [Kw. zu extraterrestrisch, orig. engl. extra-terrestrial] Erstbeleg im Englischen in dem Roman *In Time To Comes* (1945) von John Campbell. Der Begriff ist bekannt geworden durch den Film *E.T. the Extra-Terrestrial* aus dem Jahre 1982. Seitdem häufiger gebraucht, z.B. als Basis in dem Wort ET-ADEPT (Brin 2000: 450) in der Bedeutung von ‚Klient einer extraterrestrischen Spezies'.

EATIES [phonetisch motivierte Graphie zu Pl. von → E.T., ws. Anlehnung an engl. to eat = essen] Abwertende Bezeichnung für Extraterrestrier, extraterrestrische Lebewesen. „‚Wenn die Eaties schon im Orbit sind, haben sie Mittel, ihn zu entdecken.' ‚Extraterrestrier', korrigierte Metz automatisch und professoral. ‚Die Bezeichnung ‚Eatie' klingt nicht eben höflich'." (Brin 2000: 51) Für die engl. Variante ‚eetees' Erstbeleg bei Robert A. Heinlein *Double Star*, 1957: 127: „I was knocked out the first time when we finally put the eetees – Venerians and Martians and Outer Jovians – into the Grand Assembly. But the nonhuman peoples are still there and I came back."

ECHINODERM [Echinoderm = (biolog.) Stachelhäuter, zu lat. echinus > gr. echinos = Stachelhäuter (z.B. Seestern, Seeigel, Seelilie, Seegurke, Schlangenstern) + gr. derma = Haut.] Ein aufrecht gehender intelligenter Zweifüßler, der sich aus einer Art Seetier entwickelt hat und mit Augen, Ohren, Tastorganen und elektrischen Wahrnehmungsorganen versehen ist. (Stapledon 1969)

EDDORIER Bewohner des Planeten Eddores, Alienrasse. Sie waren „sehr vielseitig und veränderten sich nicht nur in Gestalt, sondern auch in Substanz – wie es die Situation erforderte. […] Außerdem waren sie, von der Möglichkeit eines gewaltsamen Todes abgesehen, unsterblich. Jeder Eddorier, dessen Geist nach einem Leben von einigen Millionen Jahren Anzeichen einer Übersättigung zeigte, teilte sich in zwei jung-alte Wesen. Jung an Aufnahmefähigkeit und Energie, alt an Fähigkeiten und Kenntnissen. Jedes der beiden ‚Kinder' bekam einen vollständigen Satz der Erinnerungen und des Wissens ihres einen ‚Elternteils' mit. [...] Und anstelle der Vielfalt von Zielen, die sich die Individuen der zivilisierten Rassen gesetzt hatten, gab es bei den Eddoriern nur ein Streben – das Streben nach Macht!" (Smith 1985: 8-9)

ELOI auch OBERWELTLER, OBERWELTLEUTE, TAGESLICHTRASSE [Pl. = Sg.; gr. leukos = weiß, glänzend, möglw. formal in Anlehnung an hebr. Eloah, Elohim = Gottheit] Irdische ZUKUNFTSWESEN, auf die ein Besucher aus der Vergangenheit im Jahr 802.701 trifft. Die E. sind hellhäutig und gleichen äußerlich dem heutigen Menschen. Sie führen ein scheinbar sorgenfreies Leben, wirken jung und glücklich, aber auch naiv und nicht sehr widerstandsfähig. Zum Beispiel empfinden sie tiefes Entsetzen vor der Dunkelheit. Für ihr leibliches Wohlergehen müssen sie nicht selbst sorgen. Es stellt sich heraus, dass ihr Wohlstand ursprünglich auf der Ausbeutung der → MORLOCKS basierte, welche die E. aber mittlerweile nur noch als Schlachtvieh am Leben erhalten und vorzugsweise nachts als ihre Opfer von der Erdoberfläche entführen. (Wells 1974)

ENERGIE-ALGE [Alge lat. alga = Seegras, Seetang] Fladenförmiges, leuchtendes Gebilde. Haftet auf Stahl und kann sich mit quallenartigen Bewegungen durch Rückstoß fortbewegen. Der Begriff ‚Alge' ist aufgrund des äußeren Erscheinungsbildes geprägt worden. Die Algen sind Bestandteile einer Lebensform, die sich im Nichts entwickelte und nicht stabil ist. (Perry Rhodan)

ERG [Erg = (veraltet) physikalische Einheit der Energie und der Arbeit, gr. ergon = Werk, Arbeit] „Man fand diese Wesen vor etwa drei Jahrhunderten; sie lebten auf Asteroiden rund um Aldebaran. Körpergröße wie die einer Katze, ein piezoelektrisches Nervensystem in Silikonknorpel, aber sie ernähren sich von – und manipulieren – Kraftfeldern von der Größe, wie sie von kleinen Spin-Schiffen [→ SPIN-SCHIFF (Raumschiffe)] erzeugt werden." (Simmons 2002: 464)

ERSCHAFFER „Das Wesen schien aus Glas zu bestehen, gestützt von Knochen, die wie glühende Wolframfäden wirkten. Der lange Schwanenhals lief in einem Albtraumschädel aus, der etwas von einer Gottesanbeterin hatte. Das Wesen breitete Flügel aus, im ersten Augenblick die einer Fledermaus, die dann jedoch den Eindruck einer ganzen Ansammlung von Segeln erweckten. Eine schwere Klaue oder vielleicht eine Hand, geformt wie ein Tausendfüßler, packte die Kante des Silos. Die leuchtende Rindlederpeitsche von einem Schweif zuckte umher und verbreitete Segel, Flossen, Licht. Erst später erfuhr Cormac, das seine ursprüngliche Überzeugung, so etwas wie ein Energiewesen gesehen zu haben, falsch war. Alles war nur Projektion: holographisch wie zum Teil telepathisch. [...] Die Projektion, die er [der Erschaffer, d.Verf.] erzeugte, schien eine Abwehrmaßnahme zu sein, die sie nicht durchdringen konnten, und sie fanden nichts weiter heraus, als dass er bestimmte Arten pflanzlicher Materie zu sich nehmen musste, was nur bewies, dass er eine organische Lebensform war." (Asher 2007: 62)

EXOTERRISTEN [exo = außerhalb, gr. exo, zu ex = (her)aus) + lat. terra = Erde, eigtl. = die Trockene] Allgemeine Bezeichnung für Außerirdische. (ORION-Lexikon)

FEKUNDANTEN [Pl.; fekund = fruchtbar, lat. fecundus > fecundare = befruchten] Wesen, die auf den Rücken von männlichen Schlammspringern kleben und für die Vermehrung der Spezies nötig sind. (Brandhorst 2005b)

FIN [Pl. Fins oder Fen; Kw. zu Delphin/Delfin] Delphin, der durch das sog. → LIFTING (Technologien) ein höheres genetisches Level erreicht hat; Fachterminus für NEO-DELPHIN. Angehöriger einer intelligenten Rasse, ursprünglich Delfine, die durch menschliche Zuchttechnik auf ein neues evolutionäres Niveau gehoben wurden. Die F. nehmen unter anderem an Raumfahrtexpeditionen teil. In Stresssituationen können die archaischen Instinkte der Delfine wieder durchbrechen. Sprachen der F. sind → PRIMAL (Kommunikation) und → TRINÄR (Kommunikation). Eine vergleichbare Lebensform ist der → SCHIMP. (Brin 2000)

FLEISCHOPOID [Fleisch + -o- + poid > evtl. zu gr. pos, podos = Fuß + -oid > gr. oiedes = ähnlich, zu gr. eidos = Aussehen, Form] Mensch, der als → BLOOG herumgeistert. (Rucker 1981)

FORMWANDLER oder WECHSELBÄLGER, CLAWDITEN bzw. CHANGELINGE [Pl.] Besitzen die Fähigkeit, das Aussehen anderer Spezies nachzuahmen. F. entstanden auf einer Welt mit kriegerischen humanoiden Subspezies. (Star Wars)

FREMDWELTLER [Pl.] Spezies, die andere Welten bewohnen. (Brandhorst 2004)

FROGS [Pl.; engl. frog = Frosch; in *Raumpatrouille Orion* zunächst dt. Frösche genannt, später dann Frogs = Kw. zu Feindliche Raumverbände Ohne Galaktische Seriennummer] In der ersten deutschen Science-Fiction-Fernsehserie *Raumschiff Orion* (später *Raumpatrouille Orion*) Bezeichnung für eine der Menschheit feindlich gesinnte Spezies unbekannter Herkunft. Von Menschen nur als schillernde, leuchtende, humanoide Silhouetten wahrgenommen. (ORION-Lexikon)

GÄOIDE [Gäa = personifizierte Erde in der gr. Mythologie, gr. gaia > ge = Erde + -oid, gr. oiedes = ähnlich, zu eidos = Aussehen, Form] Sauerstoff atmende Intelligenzwesen, die sich, unabhängig von Körperform oder Herkunft, ohne

Lebensformen

irgendwelche Hilfsmittel in der Atmosphäre Terras aufhalten können. (Perry-Rhodan-Lexikon II, 1991: 55)

GEBLÄTTER Schleimtropfendes Laub eines außerirdischen Baumes. (Braun/Braun 1985)

GEHAAR [der] „Die Gehaar gehörten zu den ersten intelligenten Aliens, denen die Menschen begegnet waren. [...] Im Grunde waren es nette Leute, nur dass sie aßen, indem sie ihrer Nahrung aus mehreren dünnen Kopftentakeln Säure injizierten und die Pampe schließlich unter starker Geräuschentwicklung durch eine Körperöffnung aufschlürften." (Scalzi 2007: 48)

GEZEITENLESER Intelligente außerirdische Lebensform. Die G. sind METHANSCHWIMMER (auch METHANATMER). Sie zeichnen sich durch die Fähigkeit aus, die Gezeiten der Galaxis zu prognostizieren. Die Reibung zwischen den galaktischen Spiralarmen führt zum Aufbau großer Energien, die sich entladen und damit das Spiel der Gezeiten in Gang halten. An den Hauptverwerfungslinien entlang segeln die → SIGNALHÄNDLER. Sie sind darauf angewiesen, den bevorstehenden Gezeitenwechsel abzupassen, besonders starke Gezeiten oder auch eine Gezeitenumkehr zu nutzen. Um unzuverlässige, wenn auch technisch mögliche eigene Berechnungen zu umgehen, kaufen sie die Prognose der Gezeiten als Dienstleistung von den G., deren geistige Fähigkeiten sich im Gezeitenrhythmus entwickelt haben, so dass die Gezeiten der Galaxis ihr natürliches Element sind. (Watson 1983)

GHOLA [der; vmtl. von Golem = künstlicher Mensch des jüdischen Volksglaubens, von hebr. golem = Ungeformtes] Von den → BENE TLEILAX (Kultur) wiederbelebter Toter, der zu allen möglichen Zwecken, unter anderem als Gefolgsmann in Herrscherhäusern, eingesetzt werden kann. Mit entsprechenden geistigen und körperlichen Fähigkeiten ausgestattet, setzt ein G. die Intentionen seines Befehlshabers getreulich um. Die Herstellung eines G. setzt keinen vollständigen Leichnam voraus, es genügt genetisches Material aus Leichenteilen. (Herbert 1993)

GOA'ULD [pseudo-altägyptisch] Knochenlose, wurmartige, intelligente und parasitäre Lebensform, die humanoide Lebensformen als Wirte nutzt und ihnen eine Symbiose aufzwingt. Bei der symbiotischen Beziehung übernimmt ein G. die Kontrolle über einen menschlichen Körper und der Wirt erhält als Folge ein längeres Leben sowie verbesserte Stärke. Er schützt den Körper zudem gegen Krankheiten und beschleunigt die Heilungsfähigkeit des Wirtskörpers. (Eisele 2000) Auch → GOA'ULD (Kommunikation).

GRAKEN [Pl.; ws. zu Krake = Kopffüßer von unterschiedlicher Größe, dessen acht Fangarme mit Saugnäpfen besetzt sind] Mentale Parasiten, die das Bewusstsein anderer intelligenter Lebensformen mit ihren Träumen verbinden und ihnen Lebensenergie entziehen. (Brandhorst 2008)

GRÄSSEL-WÜTERICH od. KÜNSTEL-SCHRECKER [gräss(lich) + -el] Bezeichnung für den Menschen als Teil einer Klassifikation der STERNENRASSEN, die anlässlich der Bewerbung der Menschheit um die Aufnahme in die → ORGANISATION DER VEREINTEN PLANETEN (Kultur) durch einen Vertreter des Planeten THUBAN vorgetragen wird. Demnach gehört der G.-W. zum Typ der ABSEITIGEN. Dieser umfasst die Untertypen BLÖDIANE und VERNUNFTWIDRIGE, Letztere wiederum die SCHEUSSLER und LEICHENSPIELER. Zu den Leichenspielern gehören die Gattungen VATERMÖRDER, MUTTERFRESSER und EKELGEILER (kurz GEILER). Zu den als stark entartet wahrgenommenen Ekelgeilern zählen die STUMPFMÄULER einschließlich des LEICHENBISS-NARRKOPFS, sowie die UNHEUER mit den Arten TRÜBSINNHABACHTER, HINTERLIEBSCHLACHTER und G.-W. Ein ASTROZOOLOGE aus dem Sternbild Wassermann übt Kritik an dieser Klassifikation und schlägt zusätzlich die Ordnung der DEGENERATORES vor, mit den Unterarten VIELFRASS, WENIGSCHLUCKER, LEICHENKNEIFER und TOTENKOSER. Der Mensch ist nach seiner Terminologie ein KÜNSTEL-SCHRECKER. (Lem 1982)

GRATWANDERER Menschen, die sich aus allen sozialen Bezügen gelöst haben, in den Wäldern leben und dort ihre individuellen Fähigkeiten und Lebensvorstellungen entwickeln. Unter den G. treten Mutanten auf, Menschen mit außergewöhnlichen Begabungen, zum Beispiel der Fähigkeit zur Telepathie. Damit werden die G. zum evolutionären Ausgangspunkt einer neuen Spezies auf der Erde, MUTANTEN (auch MUTANTENMENSCHEN) genannt. (Simak 1978)

GRUPPENORGANISMUS Mehrere Personen, die als Teile gemeinsam einen G. bilden. „Es gibt eine Art – nun Person. Sie hat Hände, sie hat Beine, sie hat etwas wie einen Mund zum Reden, und sie hat ein Gehirn. Das bin ich, ein Gehirn für diese Person." (Sturgeon 1985: 127) „Ich bin das zentrale Ganglion eines komplexen Organismus, der aus folgenden Teilen zusammengesetzt ist: Baby, einem Computer; Bonnie und Beanie, zwei Teleporteuren; Janie, einer Psychokinetikerin; und mir selbst, einem Telepathen und zentralen Steuerungsorgan." (Sturgeon 1985: 130-31)

GUNGANS [Pl.] Spezies, die in einer riesigen Unterwasserstadt namens Otoh Gunga auf dem Planeten Naboo lebt. Sie können bis zu 2 Metern groß werden. (Star Wars I)

HÄMOVORE [der; Pl. -n; hämo- = Blut, gr. haima = Blut + lat. vorare = verschlingen, analog zu Karnivore = Fleischfresser, Omnivore = Allesfresser etc.]

Lebensformen

In der Science-Fiction-Fernsehserie *Doktor Who* eine vampirähnliche, humanoide und sich von Blut ernährende Kreatur.

HARMONIUM [Tasteninstrument, bei dem durch einen Tretbalg Töne erzeugt werden, lat. harmonia < gr. harmona, eigtl. = Fügung] Lebensform auf dem Planeten Merkur. Höhlenbewohner in Form einer Raute, einen Drittel Meter lang und achtzehn Zentimeter breit, schwach telepathisch, ernährt sich von Vibrationen. „Jedes Geschöpf hat winzige Saugnäpfe, einen an jeder Ecke. Dank diesen Saugnäpfen kann es kriechen, ähnlich wie eine Spannerraupe, und sich festhalten und die Orte ertasten, an denen das Lied des Merkur am besten zu vernehmen ist." (Vonnegut 1984: 171)

HITSCHI [Wortherkunft unklar, orig. engl. heechee] Humanoide, technologisch weit fortgeschrittene außerirdische Lebensform. Die H. sind etwas kleiner als ein Mensch und verströmen den Geruch von Salmiak, ihre Augen sind rosa und haben ein schwarzes Kreuz als Pupille. Unterhalb des ausladenden Beckens tragen die H. eine Metallkapsel, die Mikrowellen ausstrahlt und damit das körperliche Wohlergehen der H. auch außerhalb ihrer ursprünglichen Heimat sichert. Lange sind die H. durch weite Teile der Galaxis gereist, haben unter anderem die Erde besucht und bei dieser Gelegenheit einige Exemplare des frühen Menschen mitgenommen, sich dann aber an einen zunächst unbekannten Ort zurückgezogen. Lediglich von ihnen zurückgelassene Artefakte im Sonnensystem und anderen Regionen der Galaxis zeugen von ihrer Existenz → GATEWAY (Raumschiffe). Der Menschheit gelingt es, einige dieser Artefakte zur Weiterentwicklung der eigenen Technologie zu nutzen, viele bleiben jedoch rätselhaft. Später ermöglicht die Entschlüsselung der so genannten GEBETSFÄCHER (HITSCHI-BÜCHER) einen ersten Zugang zur Kultur der H. Schließlich ergibt sich auch ein Kontakt mit den H. selbst: Sie haben sich auf der Flucht vor den → ASSESSINEN in ein SCHWARZES LOCH (Raum) im Kern der Galaxis zurückgezogen. (Pohl 2004)

HOMO SUPERIOR [lat. homo = Mann, Mensch + lat. superior = höher] Sonderform des Homo sapiens; neue Menschengattung, die sich durch besonders hohe Intelligenz auszeichnet. (Rhodan 2008)

HOMUTER [Wkr. aus lat. homo = Mensch + Computer] Menschliches Wesen, das Intelligenz und Handlungsfähigkeit aus einer Kombination organischer und robotischer (elektronisch-positronischer) Elemente bezieht. (Perry-Rhodan-Lexikon II, 1991: 166)

HUMANOID [der; Subst. zu Adj. humanoid > lat. humanum = menschlich + -oid, gr. -oiedes = ähnlich, zu eidos = Aussehen, Form] 1. Menschenähnliche Lebensform und 2. menschenähnlicher Roboter → HUMANOID (Roboter). „I have here the official report from Alpha Centauri, on whose fifth planet the

Humanoids of Sol have landed." (Asimov 1940, Astounding Science-Fiction, Sept. 118/1). „Sie wollten die Ruinen einer vor zweitausend Jahren von den inzwischen ausgestorbenen Humanoiden erbauten Stadt untersuchen." (Farmer 1998: 60)

HYBRIDE [die; lat. hybrida = Mischling, Bastard] Begriff aus der Biologie, Lebensform, die durch Kreuzung von Eltern unterschiedlicher Zuchtlinien, Rassen oder Arten hervorgegangen ist. (Pohl 2004)

HYPERSCHWEIN [gr. hyper- = über, über ... hinaus] Genetische Chimäre aus Schwein und Mensch. „Nicht genug damit, dass man dem Gehirn die entsprechenden Grammatikstrukturen einprogrammiert hatte. Man hatte auch Kehlkopf, Lungen und Kiefer dahingehend verändert, dass sie menschliche Sprachlaute erzeugen konnten." (Reynolds 2007: 80)

ICHTYOID [gr. ichthys = Fisch + -oid, gr. -oiedes = ähnlich, zu eidos = Aussehen, Form] Von den Fischen abstammende Kreatur. (Stapledon 1969)

IKARIER [Ikaros = Gestalt aus der gr. Mythologie, versucht, mit selbst gebauten Flügeln von einer Insel zu entkommen, und stürzt dabei ab + -ier] Untergegangene Lebensform auf dem Planeten IKAROS, einer Hohlkugel, in der die I. unter hohem Druck und fast vollständiger Schwerelosigkeit existierten. Ihr Körper war bis zu fünf Meter lang, birnenförmig, mit vier Augen und einer Reihe von Tentakeln als obere und untere Extremitäten ausgestattet. Die I. konnten im Infrarotbereich sehen, elektromagnetische Strahlung und Gammastrahlung wahrnehmen. In technologischer Hinsicht beherrschten die I. vor allem die Zucht von Radioaktivität lebenden Tieren und Pflanzen als Nahrungsquelle. Die Wissenschaft der I. erforschte ausschließlich die Innenseite des planetarischen Hohlraums. Allerdings wird vermutet, dass die I., angetrieben durch die Idee, dieser Hohlraum stelle möglicherweise nicht das gesamte Universum dar, seine Gesteinshülle durchbrachen, was zu einer katastrophalen Veränderung ihrer Lebensumwelt und letztlich zu ihrem Untergang führte. (Simon 1982)

INTERPLANETARISCHE [Pl.; lat. inter = zwischen + Planet = Wandelstern, nicht selbst leuchtender Himmelskörper, der sich um eine Sonne dreht, gr. planetes = Pl. von planes = der Umherschweifende] Andere Bezeichnung für Außerirdische. Die I. landen in verschiedenen Wellen auf der Erde (RAUMSPRINGER) und vermischen sich mit der Bevölkerung des später verschwundenen Kontinents Atlantis, den ATLANTIDEN. Diese gewinnen dadurch die Fähigkeit, die Vergangenheit zu träumen und sich an die Zukunft zu erinnern, eine visionäre Kraft, die sich in der poetischen Bezeichnung MONDFISCHER äußert. (Henneberg 1979)

Lebensformen

JUPITERBEWOHNER [Jupiter = fünfter und größter Planet unseres Sonnensystems] Durch Überlegenheitskomplex gekennzeichnete Spezies, deren Körper radialsymmetrisch aufgebaut und mit Tentakeln versehen sind. „Der Gebrauch, den sie dabei von ihren Tentakeln machten, war äußerst ungewöhnlich. Eben noch schien ihr ganzer Organismus mühsam dahinzukriechen, doch schon im nächsten Augenblick bewegten sie sich, vielleicht mit Hilfe des Windes, der aus ihrer Richtung kam, sehr schnell und sprunghaft voran." (Asimov 2004e: 98)

KARRANK% [viel. zu dt. krank] Eine galaktische Spezies, die durch Modifizierung dem Wahnsinn verfiel. (Brin 2000)

KATZENMENSCHEN [Pl.; auch FELIN = Mensch in der Sprache der Felin, lat. feles, felis = Katze] Eine von mehreren Tiermenschenarten, die nach einem Atomkrieg die Erde bevölkern. Wie auch die HUNDEMENSCHEN (KAAN), die GNA (RATTENMENSCHEN), die PFERDEMENSCHEN und die SCHWEINEMENSCHEN, waren sie ursprünglich ein Produkt menschlicher Gentechnologie. Ihre Kultur entspricht der heute bekannter Naturvölker und ihre Weltwahrnehmung ist stark durch mythologische Vorstellungen geprägt. Das spiegelt sich unter anderem in verschiedenen, nach polysynthetischem Muster gebildeten Bezeichnungen für unterschiedliche Phänomene wider, zum Beispiel: ER-DER-WAHRHAFT-FREI-IST (der Wind), ER-DER-STIEFEL-TRUG (Held einer Erzählung), ER-DER-SEIN-EIGENER-VATER-WAR (mythologische Gestalt), DIE-WELCHE-DIE-WELT-ERBEN (Selbstbezeichnung der Rattenmenschen). Unter den Tiermenschenarten herrschen vielfach Feindschaft und Misstrauen. (Bringsværd 1988)

KGM [Kw. zu Kleines grünes Männchen] Metergroßes, grünes, menschenähnliches Lebewesen auf Fotosynthesebasis, das weder über Mund noch Ohren verfügt und über durch Berührung vermittelte Nanodatenpakete im Blutstrom kommuniziert. (Simmons 2005)

KLAMMERLÄUFER Eine sich fortbewegende Schlingpflanze, die Saugnäpfe an den Nebenarmen hat, mit denen dem Opfer das Blut ausgesaugt werden kann. (Rhodan 2008)

KLINGONEN [Pl.] Im *Star-Trek*-Universum eine aggressive Rasse. Menschenähnlich, aber durch Mähnen als Haupthaar und grobe Wülste auf Stirn und Nacken gekennzeichnet. (Star Trek)

KLONER auch KAMINOANER [Klon = durch künstliche, ungeschlechtliche Vermehrung entstandenes Lebewesen, welches mit allen Trägern desselben Erbgutes identisch ist, engl. clone > gr. klon = Sprössling] Bezeichnung für einen Angehörigen der Spezies, die eine Klonarmee ‚herstellt'. Die Kloner leben auf dem Planeten Kamino im so genannten → OUTER RIM (Raum). (Star Wars)

KNIRPSE [Pl.; Knirps = kleiner Kerl, Zwerg] Vormenschen mit einer Körperlänge von ca. anderthalb Metern und sand- bis rötlichfarbenem Fell. Sie sind kannibalisch veranlagt und sehr intelligent. So lernen sie von den FIRSTS, den ersten Zeitreisenden, die mit dem → CHRONOTRON (Zeit) aus der Zukunft ankommen, die Sprache und zeugen Nachkommen mit ihnen, welche sich FÖHST nennen. (Jeschke 2005)

KNOCHENKOPF Abwertende Bezeichnung der → LIMBDISTEN für Vertreter der Menschheit. (Braun/Braun 1985)

KOLLEKTORKÄFER Sonnenstrahlen aufnehmende Käfer, wobei die Sonnenstrahlen dann zu Strom verarbeitet werden können. (Brandhorst 2004)

KOSMOBOLD auch STERNWÖLKERICH, SONNENPELZLING [Wkr. aus kosm(o)- > Kosmos = Weltall, gr. kosmos = (Welt-)Ordnung + Kobold = zwergenhafter Geist, Hausgeist] Künstlich erschaffenes Wesen von universalen Ausmaßen. Der Körper des K. erstreckt sich über Lichtjahre und besteht aus DUNKELWOLKEN, der Atem aus STERNGEWIMMELN. (Lem 1999)

KRABBLER Intelligente außerirdische Lebensform. Die K. ähneln äußerlich großen Insekten und kommunizieren telepathisch. Sie werden von der Menschheit als ernsthafte Bedrohung wahrgenommen und mit militärischen Mitteln bekämpft. Mit der Erforschung der K. befasst sich die XENOBIOLOGIE. Dazu gehören unter anderem die XENOPSYCHOLOGEN. (Card 2005).

KRONN Eine mit den → GRAKEN in Symbiose lebende Spezies, ein „Wesen, das wie willkürlich aus großen und kleinen Knochen zusammengesetzt aussah. An mehreren Stellen klebten und baumelten Organbeutel; einer von ihnen erhielt vermutlich das Gehirn. Arme und Beine fehlten. Die Kronn bewegten sich, indem sie ihre Knochen immer wieder neu anordneten, manchmal so schnell, dass man keine Einzelheiten erkennen konnte. Glänzende Buckel an den Knochen wirkten wie Gelenke, aber es waren unterschiedlich konfigurierbare Ausrüstungsknoten. Zweifellos erfüllten einige von ihnen jetzt die Funktion von Waffen und Schildgeneratoren." (Brandhorst 2008: 125-26)

KRYNOID [Kunstwort, möglicherweise aus gr. makrynos (makry + -nos) = fern + -oid, gr. -oiedes = ähnlich, zu eidos = Aussehen, Form] In der Science-Fiction-Fernsehserie *Doktor Who* eine außerirdische, gigantische, empfindungsfähige Pflanze mit telepathischen Fähigkeiten.

Lebensformen 193

KRYONIDEN [Pl.; gr. kryo- = Kälte, Frost + -nid] Aus Eiszapfen geschnitzte intelligente Lebewesen bzw. Bezeichnung für ein Volk. → KRYOTEMPORAL (Zeit) (Lem 1999)

KUGELSCHREIBEROIDE LEBENSFORM [-oid, gr. -oiedes = ähnlich, zu eidos = Aussehen, Form] Außerirdisches Lebewesen, dessen Phänotyp an einen Kugelschreiber erinnert. Die K. stehen in einer Reihe mit den HUMANOIDEN, REPTILOIDEN, FISCHOIDEN und WANDELNDEN BAUMOIDEN. (Adams 1992)

KURDEL od. KHOERDELL, KJÖRDL, QRDL [mögl. von lat. chorda = Darm, Darmsaite] Großes, einem Drachen oder Dinosaurier ähnliches Tier, das bewohnbar ist (darum auch METROPOLECHSE, STADTSCHREITWERK, GEMEINDESCHREITWERK) → KURDLAND (Kultur). Evolutionäre Vorläufer der K. sind Eidechsen, ZWEIDECHSEN und DREIDECHSEN. Die K. selbst haben sich aus erloschenen PYROSAURIERN, den FEUCHTDRACHEN, entwickelt, gegen den Widerstand kleinerer Echsen, die ihnen mit Brechmitteln wie dem KRÄMPFIGEN ERBRICHMEINNICHT eingeriebene Köder (KOTZECHSEN, NAUSEATEN) unterschoben. Im Verlauf der weiteren Entwicklung haben sich unterschiedliche Formen des K.s entwickelt, wie der KASTELLKURDEL, der WOLKENKRATZKURDEL oder der WANKER (WANDELNDER KERKER) bzw. ZUKUR (ZUCHTKURDEL). Eine wichtige Rolle spielt der K. in der Mythologie, etwa in der Lehre vom SUPERKURDEL (auch SUPERDEL), als dessen Kopie das Universum erschaffen worden sein soll. (Lem 1986a)

KWISATZ HADERACH [ws. hebr. kefitzat haderech = großer Durchbruch, Errungenschaft] Messiasgestalt, die sich an mehreren Orten gleichzeitig aufhalten und mit ihren mentalen Kräften Raum und Zeit überbrücken, also zum Beispiel die Zukunft vorhersehen kann. Die → BENE GESSERIT (Kultur) verfolgen das Ziel, mit Hilfe eines groß angelegten Zuchtprogramms die genetischen Voraussetzungen für das Erscheinen des K. zu schaffen. Der K. kann nur ein Mensch männlichen Geschlechts sein. (Herbert 1993)

KYNOID [gr. kyon = Hund + -oid, gr. -oiedes = ähnlich, zu eidos = Aussehen, Form] Hundeartige, Bezeichnung für eine Kopfler-Rasse. Die KOPFLER sind eine intelligente hundeartige Rasse. (Strugazki/Strugazki 1992)

LALITHA [sanskr. lalit(h)a = elegant, schön = anderer Name für Devi = weibl. Gottheit, synonym für Shakti = Muttergottheit] Weibliches Lebewesen auf → OZAGEN (Kultur), Inbegriff von Schönheit und Verführung; höchstentwickelte Form des MIMETISCHEN PARASITISMUS, d.h. ahmt andere Lebewesen in deren Gestalt zu eigenem Nutzen nach. (Farmer 1998)

LIMBDISTEN auch NEU-MENSCHHEIT [Pl.; nach ihrem Schöpfer, Professor Futurus Augustus LIMBDA] Intelligente Lebewesen, als Alternative zur Menschheit entwickelt; lösen diese schließlich ab (BISHER-MENSCHHEIT). Konzipiert als → DEHN-SCHRUMPF-WESEN, ausgestattet mit RUNDUMBLICKAUGE, RIECHTASTSYSTEM, LUSTWARZE. (Braun/Braun 1985)

LÖGER [Wkr. aus Löwe + Tiger]. Hybridwesen. (Farmer 1998)

LOPER auch JUPITERWESEN [vmtl. engl. to lope = dahinspringen, mit leichten Schritten gehen od. aus ndl. loper = Läufer] Eine Lebensform auf dem Jupiter. Die Erforschung der L. und des Jupiters durch Wissenschaftler von der Erde gestaltet sich aufgrund der extremen Umweltbedingungen auf dem Planeten überaus schwierig. Deshalb lassen sich einige Forscher mit Hilfe eines KONVERTERS in L. umwandeln und sind damit optimal an die Jupiterumwelt angepasst. Dass sie, mit einer Ausnahme, nicht zurückkehren, liegt daran, dass ihnen die JUPITER-EXISTENZ neue Möglichkeiten bietet, die ihnen ein Leben in ihrer früheren Gestalt reizlos erscheinen lassen: „Aber er hatte etwas Größeres gefunden, als dem Menschen jemals zuteil geworden war. Einen schnelleren, zuverlässigeren Körper. Ein Gefühl der Losgelöstheit, ein tieferes Verständnis des Lebens. Einen schärferen Verstand. Eine Welt der Schönheit, die sich nicht einmal den Träumern der Erde aufgetan hatte." (Simak 1978: 102) Der einzige Rückkehrer unterrichtet die Menschheit von diesen paradiesischen Zuständen, was zu einer Auswanderungswelle auf den Jupiter führt und damit entscheidend zum Ende der menschlichen Zivilisation beiträgt. (Simak 1978)

MÄCHTE auch TRANSZENDENTE WESEN, TRANSZENDENTE MÄCHTE [Pl.] Gottgleiche Wesenheiten im TRANSZENZ → ZONEN (Raum). Sie verfügen über scheinbar grenzenlose Fähigkeiten und Technologien, die sich dem Verständnis jeder anderen intelligenten Spezies entziehen. Gelegentlich treten sie mit weniger weit entwickelten Lebensformen in Kontakt oder geraten in Konflikt miteinander. Zum Beispiel tötet die → STRAUMLI-PEST auch andere M. Überhaupt sind Lebensdauer und Einflussbereich einzelner M. durchaus begrenzt, obwohl die dahinter liegenden Zusammenhänge für Lebensformen außerhalb des Transzenz rätselhaft bleiben. Diese wiederum können im Verlauf ihrer biologischen und kulturellen Evolution ein Stadium erreichen, in dem sie selbst ins Transzenz aufsteigen (TRANSZENDIEREN) und zu einer Macht werden. (Vinge 2007)

MAGRATHEANER [Magrathea = Planet, möglw. zu Margaretha = weiblicher Vorname] Intelligente Bewohner des Planeten MAGRATHEA. Haupteinkommensquelle der M. ist der Bau von Planeten, die in verschiedenen, nach einem PLANETENKATALOG auswählbaren Typen gefertigt werden (z.B. GOLD-, PLATIN-, WEICHGUMMI-PLANET). Möglich sind auch PLANETENSONDERANFERTIGUNGEN. Unter anderem bauen die magratheanischen HYPERRAUM-

Lebensformen

INGENIEURE eine ERSATZ-ERDE, welche an die Stelle der von den → VOGONEN (Lebensformen) zerstörten Erde treten soll. (Adams 1992)

MARSBEWOHNER [Mars = 4. Planet unseres Sonnensystems, benannt nach dem röm. Kriegsgott] Intelligente Lebensform auf dem Mars. Die M. sind dem Menschen sehr ähnlich, wenn auch vergleichsweise groß. Zwischen dem Mars und der Erde bestehen enge Beziehungen. Die Heirat zwischen einem M. und einem Erdenmenschen ist allerdings gesetzlich verboten, was zuweilen Tragödien zur Folge hat. (Gernsback 1973)

MARSIANER [Mars = 4. Planet unseres Sonnensystems, benannt nach dem röm. Kriegsgott + -ian-er = Abstammungssuffix; dazu Marsianerin, auch Marsmensch] Intelligente Bewohner des Mars. Sie werden als braunhäutig und goldäugig beschrieben. Ihre uralte Kultur ist weit entwickelt und stark verfeinert. Sie wird durch Kolonisatoren von der Erde verdrängt, die M. selbst sterben an von der Erde eingeschleppten Windpocken. Auf Kolonisatoren von der Erde wirkt sie jedoch auf rätselhafte Weise unterschwellig weiter → ROOSEVELT-MEERE (Kommunikation). (Bradbury 1981) In dem Science-Fiction-Klassiker von H.G. Wells *Der Krieg der Welten* (1901, engl. 1898) greifen Marsianer die Erde an, um sie zu erobern. Das gleichnamige Hörspiel von Orson Welles aus dem Jahre 1938 soll wegen seiner Ähnlichkeit mit Radio-Berichterstattungen heftige Reaktionen in der US-amerikanischen Bevölkerung ausgelöst haben. Erstbeleg von MARTIAN nach OED 1883.

MARSZIVILISATION [Mars = 4. Planet unseres Sonnensystems, benannt nach dem röm. Kriegsgott + Zivilisation = Gesellschaft eines bestimmten Kulturkreises zu einem bestimmten histor. Zeitpunkt, frz. civilisation, zu civile = bürgerlich > lat. civilis, zu civis = Bürger] Hoch entwickelte, zur Raumfahrt fähige Kultur auf dem Planeten Mars. Ihre Angehörigen werden als kleine, menschenähnliche Wesen mit grauem Hautton, großen, kahlen Köpfen, kurzen, starken Gliedern, einem prallen, eirunden Wanst und gelben, nachdenklichen Augen beschrieben. Eine ausschließlich männliche marsianische Raumschiffbesatzung gerät in dieselbe → DIMENSIONSFALLE (Raum) wie eine irdische, rein weibliche Raumcrew. Vermutet wird, dass diese Konstellation die auf ewig Verschollenen über den abgerissenen Kontakt zu ihren Herkunftsplaneten hinweggetröstet haben könnte. (Andrevon 1979)

MARTIANER auch MARSBEWOHNER [Mars = 4. Planet unseres Sonnensystems, benannt nach dem röm. Kriegsgott] Intelligente Bewohner des Mars. Die M. sind pelzbedeckt, ansonsten aber humanoid. Die Erdenmenschen pflegen mit ihnen freundschaftliche Beziehungen. Eine weit entwickelte Wissenschaft der M. ist die Philosophie. So steht der MARS-PHILOSOPH Juwain kurz vor der Formulierung einer Idee, die dem Schicksal der Menschheit eine völlig neue

Richtung gegeben, sie „in zwei Generationen hunderttausend Jahre vorwärtsgebracht" hätte. Die Idee stirbt jedoch mit ihm, weil ein irdischer Mediziner, der ihm hätte helfen können, wie der Rest der Menschheit von einer sich epidemisch ausbreitenden Angoraphobie gelähmt wird. Auch → JUWAINISMUS (Kultur). (Simak 1978: 74f)

MARTIER, auch MARSBEWOHNER [Mars = 4. Planet unseres Sonnensystems, benannt nach dem röm. Kriegsgott] Intelligente Bewohner des Mars (dazu auch MARTIERIN). Die Kultur der M. ist älter und technisch weiter fortgeschritten als die auf der Erde. Äußerlich gleichen die M. den Menschen, abgesehen von den deutlich größeren Augen. (Laßwitz 1984)

MATRATZEN [Pl.; Umdeutung von Matratze = gepolstertes Unterbett] Intelligente Bewohner des Planeten SQUORNSHÖLLISCH ZETA. Die einfachen, freundlichen FEDERKERNGESCHÖPFE leben in Sümpfen und werden von Angehörigen anderer Lebensformen häufig gefangen, geschlachtet und getrocknet, um dann als Schlafunterlage zu dienen. Lebendige M. vollführen charakteristische Bewegungen (z.B. FLOLLOPEN, VOLLUGEN, WEIDOMIEREN, GUPPEN, GLURREN, FLOTSCHEN) und produzieren typische Geräusche (z.B. GLOBBERN, FLURBELN). Alle M. heißen Zem. (Adams 2005b)

MESKLINITEN [Pl.; Mesklin = fiktiver Planet] Intelligente Bewohner des Planeten MESKLIN. Die Schwerkraft Mesklins ist bis zu sechshundertmal so hoch ist wie die der Erde, die Ozeane bestehen aus flüssigem Methan, Schnee fällt in Form gefrorenen Ammoniaks. Die M. sind diesen Bedingungen angepasst: Ihr Körper ist flach, vierzig Zentimeter lang und fünf Zentimeter breit, hart gepanzert, das Gewicht verteilt sich auf sechsunddreißig Beine. Die M. vermeiden es, Höhen zu erklimmen, etwas zu werfen oder sich unterhalb kompakter Gegenstände aufzuhalten. Ausgesprochen exotisch wirkt auf die M. die Existenz von Lebewesen, die aus eigenem Antrieb oder mit Hilfe von Maschinen fliegen können, wie eine Gruppe menschlicher Raumfahrer, von den M. FLIEGER genannt. Die M. leben in verschiedenen Völkerschaften, die über den Planeten verstreut sind, oft keine Kenntnis voneinander haben und unterschiedliche Sprachen sprechen. Zum Beispiel nutzen die FELSENROLLER große, aufgrund der hohen Schwerkraft besonders durchschlagskräftige Gesteinsbrocken als Waffe, die WALDBEWOHNER siedeln in einem Waldgebiet, auf Mesklin eine Rarität, weil Pflanzen dort ebenfalls nicht sehr hoch werden. (Clement 1978)

METALLO-ORGANISCH Adjektiv für Hybridform aus Metall und organischem Material: „Seine Bestimmung als erwachsene Lebensform liegt unten, unter der dünnen Planetenkruste, wo konvergierende Magma-Adern alle Energie

Lebensformen

zufließen lassen, die ein metallo-organisches Wesen nur braucht!" (Brin 2000: 502).

METAMORPH [Metamorphose = Umgestaltung, Verwandlung, gr. meta = über, nachher, später + morphe = Gestalt] In dem gleichnamigen Roman von Andreas Brandhorst eine künstlich geschaffene Lebensform, die jede Information ihrer Umwelt integrieren und sich somit adaptiv fortentwickeln kann. „[...] dorthin kam es zum Kontakt mit mehreren toten Geschöpfen. Das Etwas zögerte nicht, nahm ihre Substanz in die eigene Masse auf, fügte die Informationen über deren Struktur den Memoranten hinzu, sonderte Giftstoffe ab und nutzte das Zellmaterial fürs eigene Wachstum." (Brandhorst 2005a: 14)

MEWACON auch JUPITANER, MEWA-WESEN, CON [Mewa = Kw. zu metallischer Wasserstoff + Con = vmtl. Kw. zu engl. conglobation = Zusammenballung, Anhäufung, zu lat. conglobare = zusammenballen] Zusammenballung metallischen Wasserstoffs (MEWA) in der Jupiteratmosphäre. Besonders große M.s werden auch RAYONEN genannt. Die Ausbeutung der M.s als Energiequelle ist für das Überleben der Menschheit auf der Erde notwendig, weil nur sie die nötige Energie liefern können, um das Ansteigen des Meeresspiegels und damit eine Katastrophe globalen Ausmaßes zu verhindern. Allerdings besteht Anlass zu der Vermutung, dass die M.s eigentlich eine mit mäßiger Intelligenz ausgestattete Lebensform sind (in diesem Sinne auch als JUPITANER bezeichnet). Ihre Nutzbarmachung zur Energiegewinnung wirft somit ein moralisches Dilemma auf. Die MEWACON-PROBLEMATIK beschäftigt eine Vielzahl von Wissenschaftlern (MEWA-KUNDLER, JUPITANOLOGEN). Sie stoßen auf deutliche Anzeichen für ein Sozialverhalten der M.s (ARBEITS-, ORDNUNGS-, KILLER-MEWACON, MEWACON-FRIEDHOF). Ein leistungsstarker Generator auf der Basis von Mewa ist das MEWATRON. „Immer wieder tauchen Gerüchte auf, daß es sich bei den MEWACONS um Jupitaner handelt." (Hartmann 1989: 7)

MIMIKRYPARASIT [Mimikry = Nachahmung im Tierreich, engl. mimicry, zu to mimic = nachahmen + Parasit = Schmarotzer > lat. parasitus > gr. parasitos = Tischgenosse, Schmarotzer] Lebewesen, das getarnt durch Nachahmung in Gestalt und Farbe eines anderen Lebewesens von demselben lebt. (Farmer 1998)

MOLENNISTER [Mole = ins Wasser ragender Damm + -nister = Subst. zu nisten = ein Nest bewohnen] Extraterrestrische Spezies. (Brin 2000)

MONDVÖLKER [Pl.] Intelligente Lebewesen auf dem Mond. Irdische Forscher gehen von der Möglichkeit aus, durch die Beobachtung des Erdtrabanten M. zu entdecken, werden aber nicht fündig. Auch MONDTIERE treten nicht in Erscheinung. (Verne 1976)

MORLOCKS [Pl.; lat. mors = Tod, evtl. Beeinflussung durch hebr. m-l-ch, molech, gräzisierte Form moloch = herrschen] Irdische ZUKUNFTSWESEN, auf die ein Besucher aus der Vergangenheit im Jahr 802.701 trifft. Evolutionär vom Menschen abstammend, sind die M. hässliche, affenartige Wesen, die in ausgedehnten Höhlensystemen unter der Erde hausen. Mit Hilfe von Maschinen stellen sie dort alles her, was die → ELOI an der Erdoberfläche zum Leben brauchen. Ursprünglich Sklaven der ELOI, erhalten sie diese mittlerweile nur noch als Nahrungsquelle für den eigenen Bedarf am Leben. (Wells 1974)

MUTANT [lat. mutare = wechseln, (ver)ändern] Genetisch verändertes Lebewesen. Das Ergebnis einer Mutation (Veränderung des Erbgutes eines Organismus) – eine Rassenbezeichnung. „Zehn Schritte vor ihm standen drei Gestalten. Er erkannte sie nicht sofort als Menschen. Immerhin waren sie bekleidet, zwei von ihnen trugen eine lange, dünne Stange auf ihren Schultern, von der, den blutigen Kopf nach unten, ein kleines, hirschähnliches Tier hing, und am Hals des dritten baumelte, quer über der Hühnerbrust, ein klobiges Gewehr ungewöhnlichen Typs. Mutanten, dachte Maxim. Das sind sie, die Mutanten." (Strugazki/Strugazki 1992: 227) Bekannt ist die kanadische Fernsehserie *Mutant X*, in der eine Gruppe junger Mutanten gegen die sie genetisch verändernde Genfirma kämpft. Erstbeleg 1938 nach OED (VI-35).

NATURGEBORENER Bezeichnung für die ‚normalen', natürlich geborenen Menschen gegenüber den aus DNS gezüchteten Menschen. (Scalzi 2007)

NAUTILOID [Nautilus = im Indischen und Pazifischen Ozean in 60 bis 600 Meter Tiefe am Boden lebender Kopffüßler/Tintenfisch mit schneckenähnlichem Gehäuse, lat. nautilus > gr. nautilos, zu gr. nauta = Schiffer, Fischer + -oid, gr. -oiedes = ähnlich, zu eidos = Aussehen, Form] Molluskenartiges Wesen, das sich in seinem bootsähnlichen Panzer auf der Wasseroberfläche treiben lässt und ein Navigationssystem und ein Segel besitzt, das sich auf dem Rücken des Wesens befindet. (Stapledon 1969)

NEUE MENSCHEN [Pl.] Die Neuen Menschen hatten „um die Mitte des zweiundzwanzigsten Jahrhunderts die Erde überschwemmt. Sie waren Zweibeiner, humanoid – wenn man ein Auge zudrückt – und allesamt groß und weißhäutig und mit flammend roten Haaren." (Harrison 2004: 58)

NICHTBENENNBARE auch UNMENSCHLICHE [Pl.] Schwer greifbare, dem Menschen feindlich gesonnene Wesen mit wabbeligen Händen und saugenden, mundähnlichen Körperöffnungen. Sie stammen vmtl. aus dem Erdinnern, weshalb sie auch mit den → MORLOCKS aus dem Roman *Die Zeitmaschine* von H.G. Wells verglichen werden. (Véry 1979)

Lebensformen

NICHTHUMANOIDE [→ HUMANOID] Eine außerirdische Lebensform, die dem Menschen körperlich und geistig sehr unähnlich ist. Ein Beispiel für N. sind die → ORGOKRISTALLE. (Kober 1984)

ORGOKRISTALL [Kw. zu organisch + Kristall] Eine kristalline außerirdische Lebensform. Die O.e stehen unbeweglich in der Landschaft und kommen in unterschiedlichen Farben und Formen vor. Sie erzeugen bei Menschen starke sexuelle Erregungszustände. (Kober 1984)

OUSTER [der; engl. to oust = verdrängen, vertreiben] Verbund von Menschen, die sich außerhalb der Netz-Welten niedergelassen haben, im sogenannten Outback, und sich evolutionär weiterentwickelt haben. Ableitung: OUSTERIN, OUSTERMENSCHLICH. (Simmons 2002)

OUTLINKER [engl. out = außerhalb + engl. link = Verbindung + -er] Menschen, die auf anderen Planeten leben und sich an die dortigen Schwerkraftverhältnisse und an das Leben im Vakuum angepasst haben. (Asher 2007)

PAPSTKINDER [Pl.] Die körperlich und geistig mutierten Nachkommen von Strahlenopfern eines Atomkrieges → GROSSE VEREINFACHUNG (Kultur). Die Mutanten werden zunächst grausam verfolgt, jedoch zunehmend unter den Schutz der Kirche → NEW ROME (Kultur) gestellt und in Reservaten wie dem TAL DER MISSGEBURTEN untergebracht. Deshalb werden sie auch abfällig als P. bezeichnet. (Miller 1979)

PAPYRUSIANER [lat. papyrus > gr. papyros = Papyrusstaude + Abstammungssuffix -ianer] Alienspezies. „Sie war eine Papyrusianerin und hatte die cremeweiße Haut, für die ihr Volk berühmt war, eine Haut, auf der farbige Tinten besonders toll aussahen; deshalb trugen die Papyrusianerinnen Tätowierungen mit hinreißenden Details und der Körper der Sängerin war von der leuchtenden Tinte eines exhulianischen Meisters überzogen." (Kotzwinkle 2007: 317)

PHOTINO-VÖGEL [Pl.; Photinos = hypothetische Elementarteilchen und supersymmetrische Partner von Photonen (od. bosonischer Eichfelder), zu gr. phos = Licht] Lebewesen der Dunkelmaterie. (Baxter 2001)

PIERSON-PUPPENSPIELER Intelligentes Alien. „Es stand auf drei Beinen und betrachtet Louis Wu aus zwei Augen, die in zwei kleinen flachen Köpfen auf zwei langen Hälsen saßen. Der Rumpf des erstaunlichen Wesens war zum größten Teil mit einer weißen Haut wie Handschuhleder überzogen. Zwischen den beiden Hälsen sproß eine dichte braune Mähne, die sich über den Rücken fortsetzte und das komplizierte Hüftgelenk des Hinterbeins mit einem dicken Haarteppich bedeckte. Die beiden Vorderbeine waren gespreizt, so daß die kleinen, klauenartigen Hufe des Wesens ein gleichschenkliges Dreieck bildeten." (Niven 1999: 8)

PLASMA-OZEAN auch POLYTHERIA [Plasma = elektrisch leitendes Gasgemisch, gr. plasma = Gebilde; poly-, zu gr. polys = verschieden, viel, mehr + Theriak = Arznei gegen den Biss giftiger Tiere, zu gr. therion = wildes Tier] Eine der menschlichen Gehirnsubstanz ähnliche Masse, die den Planeten → SOLARIS (Raum) vollständig bedeckt. Verschiedene Vorgänge lassen vermuten, dass der P. intelligent sein könnte. Zum Beispiel werden auffällige Plasmaformationen beobachtet, deren Sinn jedoch im Unklaren bleibt (BERGBAUMER, LÄNGICHTE, VERPILZUNGEN, MIMOIDE, SYMMETRIADEN, ASYMMETRIADEN, WIRBELKNÖCHERIGE, SCHNELLER). Menschliche Forscher auf der Station im Orbit um Solaris werden von verstorbenen Personen heimgesucht, die in ihrem Unterbewusstsein eine bedeutsame Rolle spielen. Die von den Betroffenen auch als F-GEBILDE bezeichneten Kopien sind aufgrund ihrer Atomstruktur unzerstörbar und bleiben unentrinnbar an ihrer Seite. Ob der P. auf diese Weise mit ihnen Kontakt aufzunehmen versucht, sie erforschen, bestrafen möchte oder eine andere Absicht verfolgt, wird ebenfalls nicht abschließend geklärt. Aufgrund seiner Größe beeinflusst der P. die Schwerkraft des Planeten, er wird deshalb auch GRAVITATIONSGALLERT genannt. (Lem 1986b)

PRÄKOG-MUTANTEN, kurz PRÄKOGS [Pl.; Kw. zu Präkognition = außersinnliche Wahrnehmung, bei der zukünftige Ereignisse vorausgesagt werden, lat. praecognitio = das Vorhererkennen + Mutant, zu lat. mutare = wechseln, (ver)ändern] Auf den Zeitpunkt genau Verbrechen (genauer: PRÄ-VERBRECHEN) vorhersehende Mutanten, deren Visionen aufgezeichnet werden, um Verbrechen verhindern zu können, bevor sie geschehen. „Die drei seibernden, brabbelnden Kreaturen mit ihren überdimensionalen Köpfen und nutzlosen Körpern betrachteten die Zukunft. Die Analysemaschinen zeichneten Prophezeiungen auf, und wenn die drei Präkog-Idioten redeten, hörten die Maschinen aufmerksam zu." (Dick 2007d: 405) Erstbeleg nach OED bei Philip K. Dick in *Galaxy Science-Fiction* 10-1954: 10/1: „He kept on talking to the Norm-class officials grouped around the two Precogs."

PREDATOR [engl. Feind, Räuber] In dem gleichnamigen Science-Fiction-Film aus dem Jahre 1987 ein außerirdisches Lebewesen, das Jagd auf Menschen macht. Seitdem in verschiedenen Science-Fiction-Romanen als eine spezifische Alienbezeichnung gebraucht.

PROGENITOREN [Pl.; lat. progenitus = zu progignere = hervorbringen, zu progenies = Abstammung] Die mythische erste Spezies, die vor mehreren Milliarden Jahren die Galaktische Kultur etablierte. (Brin 2000)

PROTUBEREA SPATIALIS [Protuberea, lat. protuberare = anschwellen, hervortreten, zu lat. tuber = Höcker, Beule + spatialis, lat. spatium = Raum] Im Weltraum treibende, gigantische Scheibenquallen (RIESENPROTUBEREA), die, ob-

Lebensformen

wohl sie kaum intelligent und völlig harmlos sind, aufgrund ihrer Fremdartigkeit für Monster gehalten und mit starken Waffen z.B. → LASERKANONEN (Waffen) bekämpft werden. (Gustafsson 1995)

PSEUDOTEMPORALIST [der; pseudo-, zu gr. pseudein = belügen, täuschen + temporal = die Zeit betreffend, lat. temporalis, zu tempus = Zeit] Lebewesen, das eine falsche/unwirkliche Zeit als eine realistische/wirkliche Zeit darstellt. (Farmer 1998)

RADIALLEBEWESEN [radial = strahlenförmig, lat. radialis = Adj. zu radius = Stab, Speiche, Strahl] Lebensform, ähnlich wie Quallen, die in der Luft schweben. (Bujold 2005)

RAUBKARTOFFELN [Pl.] Wesen, die im Sternbild Großer Bär als Wegelagerer ihr Unwesen treiben. Sie werden von Wissenschaftlern, letztendlich zu Recht, als Kartoffeln identifiziert, was jedoch zunächst einen erbitterten Streit zwischen verschiedenen philosophischen und linguistischen Schulen auslöst. Die Semantiker beispielsweise sind bemüht, die Formulierung „Kartoffel ist beweglich" zu interpretieren, und verfassen deshalb eine ENZYKLOPÄDIE DER KOSMISCHEN SEMASIOLOGIE, deren erste vier Bände „die operative Bedeutung des Wortes ‚ist' erörterten". (Lem 1982:228)

RUDELWESEN Intelligente Lebensform, die nur auf der KLAUENWELT, einem von Menschen so benannten Planeten, anzutreffen ist. Jedes R. besteht aus einer variablen Anzahl hundeähnlicher Körper, die physisch autonom sind, aber telepathisch über spezielle Organe (STIRN-, SCHULTERTROMMELFELLE) miteinander in Verbindung stehen und ein gemeinsames RUDELBEWUSSTSEIN (RUDELINTELLIGENZ, RUDEL-ICH) ausbilden. Je nach Anzahl der RUDELGLIEDER wird unterschieden in EINSAM (auch SOLO), ZWEISAM (DUO), DREISAM (TRIO), VIERSAM (QUADRO) usw. bis hin zum ACHTSAM. Was darüber hinausgeht, ist ein SUPERRUDEL. Einzelne Rudelglieder können ausgetauscht werden, wodurch sich die Lebensspanne eines R.s verlängert und Teilverluste durch Unfälle oder Kriegshandlungen ausgeglichen werden können. Außerdem besteht die Möglichkeit bewusst betriebener Zucht → FLENSERISTEN (Kultur). Glieder, die von ihrem Rudel unwiederbringlich getrennt werden (FRAGMENTE oder FRAGS), erweisen sich oft als nicht überlebensfähig, es sei denn, sie werden in ein anderes Rudel integriert, wodurch eine NEUKUNFT (NEURUDEL) entsteht. Ein Rudel, das ein anderes hervorbringt, ist dessen ELTER. Ein Elter kann mehrere GESCHWISTERRUDEL BEELTERN. Die telepathische Existenzform ihres Bewusstseins erlaubt es den R. nicht, sich einander allzu stark räumlich zu nähern, da sonst geistiger Kontrollverlust durch DENKINTERFERENZEN droht. Nur zur Unterstützung von Kriegshandlungen und während der sexuellen Vereinigung wird diese Gefahr in Kauf genommen. Aus einiger Entfernung können die DENKGERÄUSCHE (GEDANKENTÖNE, STREUGEDANKEN) eines anderen R.s aber gefahrlos wahrgenommen werden. Neben dieser Verständigungsart haben die R. auch eine für Menschen akustisch wahrnehmbare, kollernde ZWISCHENRUDELSPRACHE entwickelt, wobei in den Rudeln jeweils SPRECHER-TEILE und NICHTSPRECHER vorkommen. Die R. stehen gesellschaftlich und technologisch auf mittelalterlichem Niveau. Ihre spezifische Daseinsweise eröffnet ihnen aber auch Möglichkeiten, die Menschen, von den R. auch SOLOWESEN, PFAHLWESEN, STERNENLEUTE oder RAUMLER genannt, nicht gegeben sind, zum Beispiel, sich gleichzeitig an mehreren Orten aufzuhalten. (Vinge 2007)

RUHMSTREITER Angehöriger einer gentechnisch erzeugten Kriegerkaste, deren Degeneration zum Untergang des GUS (GROSSES UNBEKANNTES STAATSWESEN) beiträgt. (Braun/Braun 1985)

SANDWÜRMER [Pl.] Große, bis zu vierhundert Metern lange Würmer, die im Sand des WÜSTENPLANETEN ARRAKIS leben, ein hohes Alter erreichen und äußerst robust sind. Sie haben keine Augen und einen dreiteiligen Mund, in dem zahlreiche kristallene Zähne sitzen. Ihre Ausscheidungen bilden das → GEWÜRZ (Kognition), den wertvollsten Rohstoff in der Galaxis. Aufgrund seiner enormen Bedeutung für das Leben auf ARRAKIS und darüber hinaus erhält der S. klingende Beinamen, wie SHAI-HULUD, der „Alte Mann der Wüste" oder der „Ewige alte Vater". In einem frühen Entwicklungsstadium wird der S. auch KLEINER BRINGER genannt. Aus den Zähnen der S. stellen die → FREMEN (Kultur) ihre charakteristischen CRYSMESSER her. Sie haben auch die Fähigkeit entwickelt, den S. als Transportmittel zu nutzen (SANDREITER). Der Aufstieg auf einen S. wird mit Hilfe von BRINGERHAKEN bewerkstelligt. Wenn sich ein S. unterhalb der Wüstenoberfläche fortbewegt, ist das an besonderen WURMZEICHEN wie der SANDWELLE erkennbar. (Herbert 1993)

SCHATTENOPERATOREN [Pl.; engl. operator > lat. operator = Arbeiter, Verrichter] „Sie waren Algorithmen mit Eigenleben. Man traf sie in Raumschiffen an, im Herzen der Städte, überall wo Leute waren. Hatte es sie schon immer gegeben in der Galaxis? Warten sie bloß darauf, dass Menschen irgendwo Fuß fassten? Waren sie Aliens, die sich in den leeren Raum geladen hatten? [...] Ohne sie ging gar nichts mehr. Sie konnten sogar auf lebendem Gewebe laufen, als Schattenboys, böse und schön und getrieben von lauter unergründlichen Motiven." (Harrison 2004: 76-77)

SCHIMPS [Pl.; Kw. zu Schimpanse = Menschenaffe] Affen, die infolge des → LIFTING-Prozesses (Technologien) ein höheres genetisches Level erreicht haben. (Brin 2000)

Lebensformen

SEMILIQUIDE [Pl. lat. semi- = halb + lat. liquidus = flüssig] Alienspezies. „Zwei Semiliquide, ein Mann und eine Frau, bewegten sich wellenförmig die Straße entlang, die gelatineartige Masse ihrer Körper vibrierte bei jedem Plumpsen ihrer ballonförmigen Beine. Sie waren eine uralte Lebensform." (Kotzwinkle 2007: 38)

SHRIKE [das; engl. shrike = Würger, Vogelfamilie aus der Ordnung der Sperlingsvögel] Wesen, das auf HYPERION zu finden ist. Es stammt aus den Tiefen von Zeit und Raum und ist von durchsichtiger Gestalt bzw. silbernglänzend. Das Shrike ist ein Wesen aus der Zukunft, das die → ZEITGRÄBER (Zeit) bewacht und sich durch die Zeit bewegen kann. Ein „Gesicht teils Stahl, teils Chrom und teils Schädel, Zähne wie die eines mechanischen, mit einer Planierraupe gekreuzten Wolfs, Augen wie Laser, die sich durch Edelsteine voll Blut brannten, die Stirn von einem gekrümmten Dorn geteilt, der dreißig Zentimeter von dem Quecksilberschädel abstand, und ein von ähnlichen Stacheln umkränzter Hals." (Simmons 2002: 333)

SIGNALHÄNDLER, Eigenbezeichnung SP'THRA, auch SP'THRA-SIGNALHÄNDLER Intelligente außerirdische Lebensform. Die humanoiden S. sind ca. drei Meter groß, dünn und grauhäutig. Sie haben eine extreme Sattelnase, seitlich am Kopf befindliche, vorquellende Augen und Ohren, die sich wie zerknitterte Papiertüten regelmäßig aufblasen. In ihrer orangefarbenen Mundhöhle sitzen kleine, knorpelige Zähne, die auf Vegetarismus schließen lassen. Die S. sind im Universum als Handelsreisende unterwegs und zeigen sich als kompromisslose Unterhändler, so auch auf der Erde. Die Verhandlungen hier führen sie auf Englisch, das sie im Wesentlichen durch unterwegs empfangene irdische Fernsehsendungen, unter anderem Baseball-Übertragungen, einen Vampirfilm und eine Striptease-Show, erlernt haben. Die S. bieten den von ihnen besuchten Lebensformen Informationen an, die deren zivilisatorische Entwicklung wesentlich voranbringen können, zum Beispiel Technologietransfer oder Kontakte zu benachbarten Intelligenzen im All. Als Gegenwert kaufen die S., wie sie selbst es sehen, Realitäten auf, unterschiedliche Weltbilder, die in verschiedenen Einzelsprachen kodiert sind und jeweils eine spezifische Perspektive auf die Wirklichkeit repräsentieren: die IHRE-REALITÄT, die UNSERE-REALITÄT, die in ihrer Totalität die DIESE-REALITÄT bilden. Außerhalb dieser Totalität vermuten die S. die ANDERE-REALITÄT, von der sie Besitz ergreifen möchten, angetrieben von ihrer verwaisten Liebe zu den → WECHSELSPRECHERN. Die überall im Universum erworbenen Sprachen werden übereinandergelagert, um jene allumfassende Sprache zu erzeugen, die den Zugriff auf die Andere-Realität erlaubt. Dazu benötigen sie in verschiedenen Sprachen programmierte Einheiten, ein Euphemismus für lebende, vom restlichen Körper getrennte Gehirne ihrer Sprecher. Auf der Erde weckt das → XEMAHOA B (Kommunikation) das besondere Interesse der S. (Watson 1983)

SILBERFISCHCHEN [zur Familie Lepismatidae der Ordnung Fischchen gehöriges Insekt mit silbrig glänzenden Hautschuppen] Von einem Biobastler gezüchtete Insekten, die vom äußeren Erscheinungsbild den irdischen Silberfischchen ähneln. Die S. zeichnen sich durch eine stark übersteigerte Produktion von Biostromen aus und können sich ausschließlich in Kombination mit Wärme auf elektromagnetischen Wellenbündeln flink und wendig bewegen. Durch das Induzieren von Strömen lassen sie ganze Rechenapparate zusammenbrechen, sobald sie sich in deren unmittelbarer Nähe befinden. (Kröger 1981)

SIRIANER [Sirius = hellster Stern am irdischen Sternenhimmel] Intelligente Bewohner des Planeten → SIRTER (Raum). Die S. haben die Stufe einer kommunistischen Idealgesellschaft erreicht, die von irdischen Besuchern als eine Vorwegnahme ihrer eigenen zukünftigen Entwicklung erlebt wird. Die S. werden von ihnen deshalb auch als gesellschaftlich und technologisch weit fortgeschritten, abgeklärt, freundlich, weise, in jeder Hinsicht vorbildhaft wahrgenommen. Auch körperlich nehmen die S. mögliche Zukunftsentwicklungen des Menschen vorweg (im Durchschnitt etwas größer, ausgeprägte Stirnpartie infolge erhöhten Gehirnvolumens). Eine Kolonie von S. siedelt auf dem Planeten → CANIP (Raum) und steht den S.n auf dem Sirter feindlich gegenüber. (Ehrhardt 1975)

SKITTERS [Pl.; engl. to skitter = dahinjagen, rutschen] Kleine radförmige Wesen, Samen einer baumartigen Pflanze, die als Raumschiffe benutzt werden. (Baxter 2001)

SKRODFAHRER/SKRODFAHRERIN kurz FAHRER [(einen) Skrod + fahr(en) + -er] Intelligente außerirdische Lebensform. Die S. ähneln Pflanzen, die sich mit einem fahrbaren Untersatz, dem SKROD, fortbewegen. Der Skrod ersetzt auch das bei den S.n unterentwickelte Kurzzeitgedächtnis. Sobald das SKRODGEDÄCHTNIS für einen Augenblick nicht greift, verfallen die S. in ihren TOPFPFLANZEN-ZUSTAND und wissen nicht mehr, wovon soeben die Rede war. Die S. sind friedliebend, halten sich gern in der Meeresbrandung auf und sind als interstellare Handelsreisende (KAUFFAHRER) überall in der Galaxis anzutreffen. Die Herkunft der S. liegt im geschichtlichen Dunkel. Der GROSSE FAHRER-MYTHOS berichtet von einem Schöpfer, der die Spezies mit den ersten Skrods ausgerüstet und so die Entwicklung zu einer intelligenten Lebensform überhaupt erst möglich gemacht hat. Es zeigt sich, dass dieser Schöpfungsakt in Zusammenhang mit der → STRAUMLI-PEST steht: Nachdem die-

Lebensformen

se zu neuem Leben erweckt wird, treten die S., manipuliert durch ihre Skrods, als Agenten der PEST auf. (Vinge 2007)

SOPHONTEN [Pl.; gr. sophos = geschickt, klug + -ont, gr. on (Gen. ontos) = Partizip Präsens zu einai = sein] Intelligente Lebensformen. Ableitung: PRÄSOPHONTEN. (Brin 2000)

SPACER [engl. space = Weltraum] Im Gegensatz zu den SIEDLERN Nachfahren der Menschen, die auf über 50 Welten verstreut ein Luxusleben führen und mehrere Jahrhunderte alt werden. Ableitung: SPACER-WELTEN. (Asimov 1987)

SPIN-SPINNE [teilredupliziert Spinne od. engl. to spin = Drehung, Drall, Eigendrehimpuls von Elementarteilchen + Spinne] Spinnenartige extraterrestrische Lebensform. (Baxter 2001)

STERNSÄER [Pl.] Vernunftlose Lebewesen, „die das galaktische Zentrum durchstreiften. Ihr Metabolismus war der eines solaren Phönix, und ihre Nahrung bestand aus dem spärlich verteilten Wasserstoff des interstellaren Raums. [...] Zum Ablaichen zogen die Sternsäer gewöhnlich entlang der galaktischen Achse zum Rand der Milchstraße und anschließend ohne ihr Ei wieder zurück. Das geschlüpfte Sternsäerküken mußte den Weg nach Hause ohne Hilfe finden, indem es auf den Photonenwinden zum warmen, wasserstoffreichen Zentrum ritt." (Niven 1998: 233)

STRAUMLI-PEST auch kurz PEST [Straumli = Name einer Region im Weltall] Eine pervertierte Macht (→ MÄCHTE), die versucht, die gesamte Galaxis unter ihre Kontrolle zu bringen, indem sie das Bewusstsein intelligenter Lebewesen okkupiert und diese wie Roboter für sich handeln lässt. Die S. verbreitet sich entlang der interstellaren Datenübertragungswege. Ausgelöst wird sie versehentlich bei der Erforschung eines uralten Archivs durch die Bewohner des STRAUMLI-BEREICHS (STRAUMER), die der Spezies Homo sapiens angehören, nachdem die S. über Jahrmillionen in den Tiefen des Archivs gefangen war. Zunächst als Perversion der Klasse Zwei und damit als gefährlich, aber in ihrem Wirkungsbereich beschränkt eingestuft, entwickelt sie bald Züge einer galaxisweiten Bedrohung, die alles bisher Dagewesene übertrifft. (Vinge 2007)

STUHLARTIGE QUÄLAMEISE Eine Tierart. Diese gefleckten Ameisen vereinigen sich zu Tausenden, um einen bequemen, aus Weidenruten geflochtenen Sessel zu imitieren. Lässt sich jemand darauf nieder, wird er überfallen. Eine vergleichbare Mimikry pflegen die WIMPRIGE OHNEKRIECHE, der UNSAUERE NASSREIBER, das STOCKINAUG-BRUTÄLCHEN und andere. Sie täuschen Kioske mit Sodawasser, Hängematten oder Brausebäder mit Wasserhähnen und Handtüchern vor. Der TELESKOPARTIGE SCHLANGENBEINER postiert sich als vermeintliches Fernrohr an Aussichtsplätzen. Pflückt jemand auf einer Wiese eine Blume, kann diese als Köder von einem ANGELFÄNGER ausgelegt worden sein. Viele Tierarten im All sind vor allem als Folge des Massentourismus vom Aussterben bedroht, so der GLUCKSENDE ERTRÄNKER, der LAUERBEISSER oder der ELEKTRISCHE HEULER. Die STINKE wird wegen ihrer MEGARIECHEINHEITEN zu Unrecht gescholten, denn sie produziert sie nur, wenn sie sich durch Fotoapparate belästigt fühlt. (Lem 1982)

STUMMEN [Pl.] Humanoide Aliens, die telepathisch kommunizieren und von den Menschen als feindselig betrachtet werden. Die „Leute reagierten auf sie wie auf Schlangen oder Spinnen. Und dazu kommt, dass der menschliche Geist in ihrer Gegenwart wie ein offenes Buch war. Dass man sich ständig bemühen musste, nichts zu denken, was einen in Verlegenheit bringen konnte. Dass die Kreaturen mehr über sie wussten als sie selbst, weil alle Mauern eingestürzt waren." (McDevitt 2006: 194)

SUBSTRATUMIST [lat. substratum = Unterlage, zu substernere = unterlegen] Lebewesen, das die Verankerung und Festigkeit der Normen und Werte, der Einstellungen, der Überzeugungen und des Glaubens in anderen Lebewesen überprüft. (Farmer 1998)

TACHORG [tacho- = auf die Geschwindigkeit bezogen, gr. tachos = Geschwindigkeit + org = Kw. zu Organismus, zu lat. organum = Werkzeug > gr. organon = Werkzeug, Körperteil] Wildes Untier. Er „erinnerte sich, einmal einen Tachorg erschossen zu haben: dass dieses riesenhafte, angsteinflößende und, wie es hieß, erbarmungslose Tier mit zerschmettertem Rückgrat in einer tiefen Grube lag, kläglich weinte und in Todespein brummte, was sich fast artikuliert anhörte." (Strugazki/Strugazki 1992: 85)

TAUNTAUN Reptil, das von einem isolierenden grau-weißen Pelz bedeckt ist, der ihm auch den Namen SCHNEE-ECHSE eingebracht hat. Das kälteresistente Blut gestattet es einem T., extrem niedrige Temperaturen zu überstehen. (Star Wars)

TELEMPATHEN [Pl.; gr. tele = fern, weit + Empathie = Einfühlungsvermögen, engl. empathy > gr. empatheia = heftige Leidenschaft] Lebewesen, die insofern über ein besonderes Einfühlungsvermögen verfügen, als sie auch über eine große Distanz telepathisch kommunizieren können. (Brin 2000)

ÜBERGEIST [Geist i.S.v. Bewusstsein] Kollektive immaterielle Wesenheit, die geistige und seelische Kräfte im Universum sammelt und vereint. Intelligente Lebensformen werden in den Ü. aufgenommen, wenn ihre Entwicklung einen bestimmten Stand erreicht hat. Das Bewusstsein von Individuen geht dann ebenso im Ü. auf wie das kulturelle Bewusstsein der betreffenden Spezies. Zugleich ermöglicht dieser Prozess die optimale Entfaltung ihrer potentiellen Geisteskräfte. Auch die Menschheit entwickelt die notwendigen Voraussetzungen, um in den Ü. einzugehen. Dies bedeutet zugleich das Ende des Planeten Erde. Erreicht wird diese Entwicklungsstufe auf Betreiben der OVERLORDS, einer außerirdischen, technologisch und moralisch weit überlegenen, äußerlich an Teufel erinnernden Spezies, die über mehrere Jahrzehnte die Geschicke der Menschheit lenkt, ohne sich selbst zu zeigen, und dieser so eine Phase des Friedens, des Wohlstands und der Reife verschafft. Anzeichen des bevorstehenden Evolutionssprungs sind Kinder, die mit der Fähigkeit zu Telepathie und Präkognition geboren werden. Sie verbinden sich als Erste mit dem Ü. Ihre Eltern sind die letzte Generation des Menschengeschlechts. (Clarke 2004)

VAMPIRBALLON [Vampir = blutsaugendes Phantasiewesen; serbokroatisch vampir = unverwester, blutsaugender Leichnam] Lebewesen, das sich vom Blut anderer Lebewesen ernährt, indem es, ähnlich wie Blutegel, Tentakel unter die Haut seines Opfers schiebt. (Bujold 2005)

VANA [möglw. zu altnordisch Vanadis = Göttin der Schönheit (germ. Freyja)] Weibliches Wesen von einem erdähnlichen Planeten in der Oriongegend, das mit der Schönheit einer irdischen Frau, nicht aber mit Intelligenz oder Sprachfähigkeit ausgestattet ist. Die Bezeichnung V. geht auf den charakteristischen, weichen und langgezogenen Schrei dieser Wesen, „va-na", zurück. Die V.s werden auf die Erde importiert und üben auf den männlichen Teil der Bevölkerung eine magische Wirkung aus, was zum Teil einen Verfall der Sitten zur Folge hat und entsprechende Gegenreaktionen auslöst (ANTIVANALIGA). Zu spät stellt sich heraus, dass die V.s im Liebesakt ein tödliches Virus auf Menschen übertragen. (Dorémieux 1979)

VENUSBEWOHNER [Venus = Nachbarplanet der Erde] Intelligente Bewohner des Planeten Venus, der Menschheit technologisch und evolutionär weit voraus. Die V. verfügten über ein hoch entwickeltes Zentralnervensystem und verfeinerte Sinnesorgane, jedoch einen vergleichsweise einfach strukturierten, polypenartigen Körperbau. Die Kommunikation zwischen den V. erfolgt über → PHRENOSKOPE (Kommunikation). Aufgrund ungünstiger Prognosen über die termonukleare Entwicklung der Sonne sehen sich die V. gezwungen, auf andere Planeten überzusiedeln. In diesem Zusammenhang stoßen sie auch auf die Erdbevölkerung. Nach langen Debatten über die Frage, ob der Erdenmensch eine vernunftbegabte Spezies und deshalb ebenfalls vor der bedrohlichen Entwicklung der Sonne zu retten sei oder nicht, fällt der Entschluss, die Menschheit mit Hilfe von PHOTONENRAKETEN auf einen Planeten im Alpha-Centauri-System zu transportieren. Die zu diesem Zweck entsandten V. stranden jedoch in der Nähe eines Dorfes in der Hohen Sierra, werden von dessen Einwohnern versehentlich für eine unbekannte Wildart gehalten und verspeist. Das weitere Schicksal der übrigen V. ist unbekannt. (Mesterházi 1980)

VENUSIANER Bewohner der Venus. Der engl. Begriff VENUSIAN ist 1874 erstmals belegt (OED) und kam in der englischsprachigen Science-Fiction ab 1950 für ca. zwei Jahrzehnte stärker in Gebrauch. In dem Roman *Last and First Men: A Story of the Near and Far Future* (1930) von Olaf Stepledon besiedeln die Menschen die Venus und löschen die dort lebende Spezies, eine marine, intelligente Lebensform, vollständig aus. „These most developed of all the Venerian creatures were beings of about the size and shape of a swordfish. They had three manipulative organs, normally sheathed within the long 'sword', but capable of extension beyond its point, as three branched muscular tentacles. They swam with a curious screw-like motion of their bodies and triple tails. Three fins enabled them to steer. They had also organs of phosphorescence, vision, touch, and something analogous to hearing." (http://gutenberg.net.au/ebooks06/0601101h.html)

VENUSMENSCH Intelligente Lebensform auf der Venus. Der V. ist seinem Pendant, dem ERDENMENSCHEN, so ähnlich, dass beide wie Vertreter einer gemeinsamen Art erscheinen. Die V.en haben eine kommunistische Idealgesellschaft aufgebaut, die sie erfolgreich auf die Erde exportieren. Äußerer Anlass dazu ist die Absicht führender US-Politiker, Wirtschaftskapitäne und Militärs, einen Atomkrieg gegen die Sowjetunion vom Zaun zu brechen. Indem die V.en die Elektrizität in den USA ausschalten und weltweit → PSYCHOKONTROLLE (Kommunikation) ausüben, erlangen sie mühelos die Oberhand über ihre Widersacher und verhindern nicht nur den geplanten Krieg, sondern lösen eine weltweite sozialistische Revolution aus. Vom überwiegenden Teil der Menschheit wird das Eingreifen der V.en dementsprechend als Befreiung von Krieg, Ausbeutung und Lüge erlebt. (Turek 1949)

VERSCHWINDER Mensch, der die Gabe der TELEPORTATION besitzt, sich also durch reine Gedankenkraft von einem Ort an den anderen versetzen kann. (Bester 1978)

VERSTANDESBRÜDER [Pl.] Vertreter unterschiedlicher intelligenter Lebensformen, die sich aufgrund ihrer Bewusstseinsfähigkeit und ihres Erkenntnisvermögens als Weggefährten, gleichsam als Vertreter einer gemeinsamen Spezies begreifen. (Simon 1982)

VIECH [mhd. vich = Vieh, oft abwertend gebraucht] Tier von plumper Gestalt und der Größe einer Kuh. Die V.er werden von einer Raumexpedition von der Erde als einzige Lebensformen auf einem GRASPLANETEN (auch WEIDEPLANET) entdeckt und mit dieser Bezeichnung versehen. Sie sind mit Pflanzen

Lebensformen

bewachsen, bestehen aus verschiedenen verwertbaren Fleischsorten und produzieren Eier, Milch, Honig sowie mehrere Obst- und Gemüsesorten. Deshalb werden sie als ALLZWECK-SCHLACHTTIER genutzt. Wer sich von den V.ern ernährt, verwandelt sich jedoch schnell selbst in ein solches. (Simak 1980)

VOGONEN [Pl.] Intelligente, wenn auch als überaus dumm und brutal geltende außerirdische Lebewesen. Ein Raumschiff der V. zerstört im Auftrag des GALAKTISCHEN HYPERRAUM-PLANUNGSRATES die Erde, um Platz für eine neue HYPERRAUM-EXPRESSROUTE zu schaffen. Die Dichtkunst der V. gilt als die drittschlechteste im Universum → POSIEWÜRDIGUNGSSTUHL (Kommunikation). (Adams 1992, 2005a)

VOYNIX [der, Pl. -e; Bezug zu Voynich-Manuskript, abgeleitet von dem nach Wilfried Michael Voynich benannten Manuskript, dessen Texte und Abbildungen sich bis heute einer Interpretation entziehen und neben Linguisten, Kryptologen und Historikern mittlerweile auch Esoteriker und Ufo-Forscher beschäftigten, die das Manuskript für ein Dokument außerirdischen Ursprungs halten] Mysteriöses, augenloses Wesen aus Eisen und Leder, dessen Herkunft nicht eindeutig geklärt ist. (Simmons 2002)

VULKANIER [Vulkan = Berg, der Lava und Gase ausstößt, lat. vulcanus = eigtl. Gott des Feuers] Angehöriger des VULKAN-VOLKES. Dieses entwickelte sich von einer kriegerischen Rasse, die sich von Emotionen leiten ließ, zu einer emotionsunterdrückenden, den Prinzipien der Logik folgenden Rasse. Verfügt über telepathische Fähigkeiten (Star Trek)

WABBELIGE [Pl.; Subst. zu wabbelig] Oberbegriff einer von hoch entwickelten, intelligenten Robotern vertretenen biologischen Klassifikation intelligenter Lebewesen, in die sich auch der Mensch einordnet. Die W. unterteilen sich in die SILIKONEN (BACKIGE, VERSULZTE) und PROTEIDEN (SCHLEIMLER, SCHLEIMPATZEN, SÜMPFICHTE, KLEBERICHE, KLEBÄUGIGE SCHWABBLER). Die genaue Einteilung ist wissenschaftlich umstritten. Umgangssprachlich auch WABBELWESEN. (Lem 1999)

WECHSELSPRECHER Intelligente außerirdische Lebensform, auch als PARAWESEN bezeichnet, in ihrer wahren Natur aber unerkannt. Die W. manipulieren mittels sprachlicher Signale die Realität bzw. wechseln zwischen verschiedenen Realitäten hin und her und entgehen so der Einbettung im bekannten Universum. Diese Fähigkeit beruht auf der Natur der verwendeten Signale, die keine Konstanten, sondern ausschließlich variable Bezüge aufweisen. Die W. sind Objekt einer vorerst nicht erfüllbaren, in diesem Sinne verwaisten Liebe der → SIGNALHÄNDLER, die, einst mit den W. in der ZWILLINGSWELT verbunden, von ihnen verlassen wurden. Die Signalhändler stellen verschiedene Theorien über das Wesen der W. auf, zum Beispiel die, dass die W. eigentlich eine zukünftige Version der Signalhändler selbst sind. (Watson 1983)

WOOKIEE Wookiees sind pelzig-zottelige Zweibeiner, die über zwei Meter groß werden und über eine Lebensspanne von mehreren hundert Jahren verfügen. Ihre Muttersprache heißt SHYRIIWOOK. Der Wookiee Chewbacca wurde in der *Star-Wars*-Serie zu einem Helden der ‚Rebellen-Allianz' und der ‚Neuen Republik'. (Star Wars)

XENOLOGIE [gr. xenos = Gast, Fremder, fremd + -logie = für Lehre, gr. logos = Rede, Wort; Vernunft] Wissenschaft von fremden Lebensformen. „Diese Xenologie aber ist eine unnatürliche Mischung zwischen wissenschaftlicher Phantastik und formaler Logik. Ihre Methode beruht auf dem Fehler, an außerirdische Vernunft mit menschlicher Psychologie heranzugehen." (Strugazki/Strugazki 1983: 148)

XENOMORPH [gr. xenos = Gast, Fremder, fremd + gr. morphe = Gestalt] Bezeichnung für → ALIEN.

XENOSOPHONTEN [Pl.; gr. xenos = Gast, Fremder, fremd + → SOPHONT] Alienrassen. (Encyclopaedia Galactica)

YORSEN [Pl.] Insektoide Alienrasse in Eschbachs Roman *Quest*. Y. ist „ein Wort, das einem utakischen Dialekt [→ UTAK (Kommunikation)] entlehnt ist und soviel bedeutet wie *die alten Mächtigen*. Das soll wohl ausdrücken, daß sie den Menschen in vieler Hinsicht überlegen sind. Es wird gesagt, daß die Yorsen über eine Technik von solcher Vollkommenheit gebieten, daß sie wie Zauberei erscheint." (Eschbach 2005: 89-90)

ZWEIMAL GEBORENE [Pl.] Personen, die durch Einwirkung eines unerforschlichen physikalischen Phänomens, klassifiziert als DER DUNKLE SPIEGEL IN ZONE 41, verdoppelt wurden. Die Aussicht, mit der Existenz eines vollkommen gleichen Pendants leben zu müssen, stürzt die verschiedenen PERSONENVARIANTEN, Originale wie Doppelgänger, zumindest anfänglich in schwere Psychosen. (Gustafsson 1995)

Kommunikation und Sprache

Man stelle sich folgendes Szenario vor: Ein unbekanntes Flugobjekt nähert sich der Erde. Die Menschen senden Signale und erhalten Signale zurück, die sie aber nicht entschlüsseln können. Eine unbekannte, vermutlich intelligente Lebensform befinde sich in dem Flugobjekt, so die Hypothese. Wie können Menschen mit der ihnen unbekannten Spezies kommunizieren? Genau diese Frage stellt Fred Hoyle, ein berühmter Astronom, der in den 1940er Jahren die Steady-State-Theorie formulierte, in seinem Roman *The Black Cloud* (1957). Eine schwarze Wolke nähert sich zielgerichtet der Erde. Nachdem der Versuch gescheitert ist, mit der ‚Schwarzen Wolke' in englischer Sprache eine Verständigung herzustellen, und die Sprache der Wolke als völlig unbekannt klassifiziert ist, argumentieren die Wissenschaftler wie folgt: „Wir haben allen Grund, anzunehmen, daß die Wolke intelligenter ist als wir, und deshalb dürfte ihre Sprache – ganz gleich, wie sie ist – wesentlich komplizierter sein als die unsere. Ich schlage vor, unsere Versuche, die Botschaften zu entziffern, einzustellen. Statt dessen sollten wir uns darauf verlassen, daß die Wolke imstande sein wird, unsere Botschaften zu entziffern. Wenn sie erst einmal unsere Sprachen erlernt hat, kann sie in unserem eigenen Kode antworten. Ich glaube, wir sollten uns am Anfang an naturwissenschaftliche und mathematische Themen halten, denn auf diesen Gebieten besteht wahrscheinlich die beste Verständigungsmöglichkeit." (Hoyle 1970: 132)

Obwohl das Problem der Kommunikation mit fremden Spezies und Welten ein grundsätzliches und interessantes Problem darstellt, funktioniert in vielen Science-Fiction-Romanen die Kommunikation zwischen Menschen und fremden Spezies problemlos und unspektakulär. Man spricht deutsch oder englisch, je nachdem, in welcher Muttersprache der Roman geschrieben ist, „der Autor ignoriert Kommunikationsprobleme. Begegnungen von Mensch und Alien verlaufen ohne jegliche Sprachprobleme." (Ballmer 1980: 91) Vor dem Hintergrund des Prinzips des sprachlichen Relativismus, das besagt, dass verschiedene Sprachen (auf der Erde) mit verschiedenen Weltansichten verbunden sind, stellt sich die Frage: Was bedeutet dies für Sprachen unterschiedlicher Welten? Ist eine sprachliche Kommunikation mit fremden Spezies überhaupt möglich, und wenn ja, unter welchen Voraussetzungen?

Zwischen den Polen ‚Kommunikations- und Sprachprobleme existieren nicht' und ‚Eine Kommunikation ist nicht möglich' wird in Science-Fiction eine Reihe unterschiedlicher Sprach- und Kommunikationssituationen behandelt. Dabei spielen verschiedene Faktoren eine Rolle. Entscheidend ist zunächst, ob die fremde Spezies menschenähnlich ist oder nicht, bzw. ob sie über dem Menschen entsprechende Kommunikationsmittel verfügt. Generell gilt: Je fremder die Spezies, desto schwieriger die Dekodierungsarbeit im Hinblick auf ihre kommunizierte Information. In Frank Schätzings Roman *Der Schwarm* (2004) versuchen die Forscher mit einer Tiefseeintelligenz Kontakt aufzunehmen, was der SETI-Mitarbeiterin Samantha Crowe schließlich auch gelingt, und sie erhalten ein extrem kurzwelliges Antwortsignal von der unbekannten Lebensform. Dieses bereitet zunächst erhebliche Probleme bei der Entschlüsselung. Als Crow sich an den Film *Contact* erinnert – in *Contact* schicken Außerirdische ein Radiosignal, das verschlüsselt u.a. Fernsehbilder der Eröffnungsrede der Olympischen Sommerspiele 1936 enthält –, erkennt sie, dass das Signal ein Schwarz-Weiß-Bild kodiert.

Die technische Seite der Kommunikation wird in vielen Science-Fiction-Romanen durch entsprechende Übertragungstechnologien gelöst. Hier stellt sich insbesondere das Problem, wie über große Raum-Zeit-Distanzen eine Kommunikation möglich ist. HYPERLICHTKOMMUNIKATION, HYPERPULSKOMMUNIKATION oder das ANSIBLE sind u.a. Konzepte, um eine zeitgleiche Kommunikation über interstellare Distanzen zu ermöglichen. Im Zentrum der Literatur steht die synchrone Interaktion (Face-to-Face oder technisch vermittelt) und weniger die Rekonstruktion von Informationen auf Artefakten oder Ähnlichem. In der Mensch-Alien-Interaktion werden verschiedene Kommunikationsmuster durchgespielt: 1. Eine fremde Spezies spricht/lernt/erforscht unsere Sprache, wir sprechen/lernen/erforschen die Sprache der fremden Spezies oder beides gleichzeitig. 2. Übersetzungsmaschinen wie der LINGUAMAT oder TRANSLATOR ermöglichen die Kommunikation. 3. Direkte Kommunikation erfolgt per Telepathie. 4. Es gibt eine universelle Lingua franca wie z.B. GALAKTIK oder INTERSPEAK. Aber gelegentlich hilft auch die Einnahme einer INFORMATIV-TRANSLATIVEN TABLETTE.

ANGLISCH [angelehnt an Englisch, Bezug auf den germ. Volksstamm Angeln] Sprachform, lediglich von der menschlichen Rasse verwendet. Ableitung: STANDARDANGLISCH, UMGANGS-ANGLISCH. (Brin 2000)

ANGLISISCH [Angel zu Engel, engl. angle > gr. aggelos = Bote (Gottes)] Sprache der ANGLI in der Erzählung *Non Angli Sed Angeli* von James Tiptree Jr. Die Angli sind verkörperte Gottwesen, die die Erde besuchen und mit den Menschen telepathisch kommunizieren: „Glaubt mir, wir sind völlig klar im Kopf! Es versucht, telepathischen Kontakt mit uns aufzunehmen. Ja, in Englisch. Wir haben zwei Worte verstanden – *Peace* und *welcome*." (Tiptree Jr. 1988: 13) Kommunikation per Telepathie ist ein beliebtes Modell der Mensch-Alien-Kommunikation.

Kommunikation und Sprache

ANSIBLE [abgeleitet von engl. answerable = beantwortbar] Gerät für Momentankommunikation. Das Wort wurde 1966 von Ursula K. Le Guin in ihrem Roman *Rocannon's World* erfunden. Sie erklärt den Neologismus damit, dass das Gerät in kürzester Zeit Antworten auch über interstellare Distanzen hinweg ermögliche. Der Begriff wurde dann von verschiedenen Autoren wie Orson Scott Card, Vernor Vinge, Elizabeth Moon, L.A. Graf und Dan Simmons übernommen. (Le Guin 1976)

ARMBAND-KOMMUNIKATOR [→ KOMMUNIKATOR] Kommunikationsgerät, das wie eine Armbanduhr getragen wird. (Kotzwinkle 2007)

AUTOSCRIBE auch POLYLINGUISTISCHER TRANSKRIPTIONSAPPARAT [gr. autos = selbst + engl. to scribe = schreiben] Ein technisches Gerät, das gesprochene Sprache automatisch in schriftlicher Form aufzeichnet und gleichzeitig Übersetzungen anfertigt. Es ist allerdings nicht ausgereift und deshalb störanfällig. So entstehen Texte wie der folgende: „tEst tesT teSt? Test teST? VerDAMniS? wieSO die verrÜCKten grossbuchSTAbeN + = jetzt Ist die zEIt in DER aLLe guteN schreibMASCHInenSchreiBeR den buchSCHUMGglern iN die seiTE tReten mÜsSen? VerFLIXT: kannST dU Lateinisch beSSer + = übERSetzE; nECCesse Est epistuLAM sacri coLLegio mIttendAm esse statim dictem? Was isT LOS mIT dem blöDEN DING." (Miller 1979: 236)

BABEL-17 [Babel = biblische Stadt, Ursprungsort der Sprachverwirrung] Sprache, zugleich destruktives Programm zur psychologischen Konditionierung, die von interstellaren Invasoren gesprochen wird und für die Menschen zunächst unverständlich ist. Sprecher des B.-17 verfügen über kein Ich-Konzept. „Das Tonband, das Rydra mir schickte, enthält die Grundzüge der Grammatik und ein Vokabular von Babel-17. Faszinierend. Es ist die analytisch exakteste Sprache, die man sich vorstellen kann. Und das ist so, weil alles flexibel ist und viele Begriffe mit den gleichen Wörtern ausgedrückt werden können. Dies bedeutet, daß die Zahl der möglichen Paradoxien enorm ist." (Delany 1997: 137)

BARONH Fiktive Sprache in der Space-Opera-Trilogie *Crest of the Stars* von Marioku Hiroyuki. B. ist eine flektierende Sprache, die mit Bezug auf das Altjapanische des 9. Jahrhunderts kreiert wurde. Sie verfügt über sieben Kasus, die Affixe sind von japanischen Partikeln abgeleitet. Verschriftet wird die Sprache in lateinischer Schrift oder in dem erfundenen Schriftsystem ATH.

BARSOOM [Barsoom = Mars, in der Sprache der Bewohner des Mars] Universelle Sprache der Bewohner des Mars in den Mars-Romanen von Edgar Rice Burroughs. B. ist eine Subjekt-Objekt-Verb-Sprache, die weder dekliniert noch konjugiert wird. Fragewörter stehen satzfinal, wie im Deutschen gibt es ein Personalpronomen der 2. Pers. Sg. formell und familiar.

BITPFEIFE [engl. bit = Maßeinheit für Datenmengen, Kw. zu binary digit + Pfeife i.S.v. dummer, unfähiger Mensch] Schimpfwort, das gegenüber einem intelligenten Roboter gebraucht wird. (Steinmüller/Steinmüller 1982)

BRAINPAL [engl. brain = Gehirn + ugs. engl. pal = Kumpel] Im Gehirn eingepflanzter Computer, der u.a. ein Netzwerk zwischen verschiedenen Brain-Pal-Nutzern herstellen und der zahlreiche menschliche und außerirdische Sprachen simultan übersetzen kann. (Scalzi 2007)

CENTAURISCH Sprache der → CENTAUREN (Lebensformen). „Vom Wasser her tönte ein Begrüßungsgeschnatter auf centaurisch." (Kröger 1981: 211)

CHAKOBSA [möglicherweise Zusammenhang mit Chak Khoba = Ort in Bangladesch od. Chakobana = Ort in Sambia od. Chak Abbas = Ort in Pakistan] Die Sprache der → FREMEN (Kultur). Das Ch. basiert auf dem Romani und ist stark vom Arabischen beeinflusst. (Herbert 1993)

CHRYSELEFANTINISCH [Chryselefantin = Goldelfenbein, gr. chryselephantinos, zu chryseos = golden + gr. elephas = Elefant, zu koptisch ebou = Elfenbein] Stark positiv wertender Slangausdruck. „,Oeil de bœuf!' schrie Aquila. ‚Was für ein Gedächtnis! Chryselefantinisch. Genau der Künstler, den ich suche. Mein Favorit!'" (Bester 1978)

COMM-KUPPEL [Kw. zu engl. communication = Verständigung untereinander > lat. communicatio = Mitteilung, Unterredung + Kuppel] Teil eines Raumschiffs, von dem aus die Kommunikation zu anderen Schiffen oder Außentrupps hergestellt wird. (Brin 2000)

COMMLINK [com = Kw. zu engl. communication = Kommunikation + engl. link = Verbindung] → VIDEOPHON. (McDevitt 2006)

COMSET [com = Abkürzung für engl. communication = Kommunikation + engl. set = Anlage] Multimediale Kommunikationsstation. Ableitung: COMSET-ANSCHLUSS. (Franke 2004)

COMSTAR [com = Kw. zu engl. communication = Kommunikation + engl. star = Stern] Ursprünglich interstellares Kommunikationsnetz, das sich zu einem Geheimbund entwickelt hat. Ableitung: COMSTAR-ADEPT. (Stackpole 1997)

DAKKARKOM [Dakkar = Kw. zu DAKKARZONE = (fiktiver) Raum zwischen der fünften und sechsten Dimension + Kom = Kw. zu Kommunikation] Eine Weiterentwicklung des Hyperfunks, womit Botschaften über Trägerwellen an andere Personen durch die DAKKARZONE, „ein dem Linearraum vergleichbares Medium, das als fünfdimensionaler Überlagerungsraum die energetisch neutrale Libratioszone zwischen fünfter und sechster Dimension bildet", weitergeleitet werden können. (Perry-Rhodan-Lexikon I, 1991: 217)

Kommunikation und Sprache

DOLMETSCHGERÄT Eine Variante der universalen Übersetzungsmaschine, lieferbar zum Beispiel als Modell für den ERSTKONTAKT. Das Gerät wiegt fast acht Kilo und enthält unter anderem ein Programm von achtzehn OBER- und NIEDERKURDLÄNDISCHEN Dialekten → KURDLAND (Kultur). (Lem 1986a)

DRACOCORP-VERSTÄRKER [Dracocorp = vmtl. Firmenname + corp = Kw. zu engl. corporation = Körperschaft] Der Verstärker bietet sicheren Funk und sichere Verarbeitungskapazität außerhalb von KI-Netzen. Thellant stellte fest, „dass seine Untergebenen, je länger sie die Verstärker trugen, desto weniger fähig blieben, sich seinen Befehlen zu widersetzen." (Asher 2007: 168)

EINAUS [mit Bezug auf Binärcode] Kunstsprache aus dem 20. Jahrhundert. „Einaus war die einfachste. Sie reduzierte alles auf eine Kombination von zwei Wörtern." (Delany 1997:128)

ELECTRISCH [elektrisch, lat. electricus = durch elektrische Ladung magnetisch] Allzwecksprache der Roboter. (Kotzwinkle 2007)

ELEKTRONISCHER DOLMETSCHER [elektronisch = die Elektronik betreffend, gr. elektron = Bernstein] Eine automatische Übersetzungsmaschine, die zum Beispiel zur Kommunikation mit der autochtonen Bevölkerung des Planeten CY30III im Sonnensystem CY30-CY30B eingesetzt wird. (Dick 1984)

ENCYCLOPAEDIA GALACTICA [lat. encyclopaedia = eigtl. Grundlehre aller Wissenschaften und Künste, bevor die Einzeldisziplinen gelernt werden + lat. galactica = Adj. zu galaxia, auf die Galaxie, Milchstraße bezogen, > gr. galaxias = Milchstraße, zu gala, galaktos = Milch; analog zu Encyclopaedia Britannica] Umfangreiches Lexikon, das über alle nur erdenklichen Belange des Universums Auskunft gibt. Der Reiseführer „Per Anhalter durch die Galaxis" macht der E. allerdings ernsthafte Konkurrenz und hat sie als Standard-Nachschlagewerk bereits abgelöst, zumal er im handlichen Format einer MIKRO-SUB-MESON- ELEKTRONIK-EINHEIT erhältlich ist. (Adams 1992)

ENTENQUAK [orig. engl. duckspeak] Wie eine Ente quaken/sprechen, meint sprechen, ohne nachzudenken. „Es ist eines von den interessantesten Wörtern, die zwei gegensätzliche Bedeutungen haben. Einem Gegner gegenüber angewandt, ist es eine Beschimpfung; gebraucht man es von jemandem, mit dem man einer Meinung ist, dann ist es ein Lob." (Orwell 1964: 52)

FATLINE kurz FTL [engl. fat = fett + engl. line = Anschluss] Elektronisches Kommunikationsmittel, mit dem ganze Planeten ausgestattet sind. Ableitung: FATLINEGRAMM, FATLINEKOMMUNIKATOR, FATLINETRANSMITTER. (Simmons 2002)

FIXOPHON [lat. fixus = angeheftet, befestigt, fest + -o- + -phon = Laut, Ton > gr. phone = Laut, Ton] Diktiergerät. „Er griff in eine Schublade und nahm ein kleines Kästchen heraus. ‚Sieh mal, hier legt man ein Kristallplättchen ein, schaltet ein und spricht. Das ist ein magnetmolekulares Fixophon mit Spiralaufzeichnung.' Die letzten Worte hatte er direkt in den Apparat gesprochen, den er dicht vor seinem Mund hielt. Dann schaltete er an diesem Kästchen irgend etwas um, und der Apparat wiederholte seine letzten Worte laut und deutlich." (Zajdel 1988: 150)

FOTOFONIE [Foto = Lichtbild, gr. phos, photos = Licht + gr. phone = Laut, Ton, Stimme] Bildtelefonie. (Asimov 1987)

FUTURUM DES SEMICONDITIONAL MODIFIZIERTEN, SUB-UMGEDREHTEN INTENTIONALS DES SUBJUNKTIVEN PRAETERITUM PLAGALIS [Futurum = Tempusform des Verbs, das vom Sprechzeitpunkt aus Zukünftigkeit ausdrückt, lat. (tempus) futurum; zu futurus = sein werdende, zu esse = sein + lat. semi = halb + Conditional = Modus des Verbs, der Bedingung ausdrückt, lat. conditionalis = bedingungsweise, angenommen, zu conditio = Bedingung + modifiziert = abgeändert, lat. modificare = richtig abmessen, mäßigen; zu modus = Art, Weise, Maß + -ficare = Kompositionsform von lat. facere = machen + lat. sub = unter + umgedreht + intentional = Absicht ausdrückend, lat. intentio = Absicht, Bestreben, Vorhaben, zu intendere = sein Streben auf etwas richten + subjunktiv = (seltener für) Konjunktiv = ein Verbmodus, lat. subiunctivus + Praeteritum = Tempusform des Verbs, das Vergangenheit ausdrückt, lat. (tempus) praeteritum = vorübergegangene Zeit, zu praeterire = vorübergehen, zu praeter = vorüber + ire = gehen + plagalis = Nebenform, eigtl. Nebentonart, lat. plagalis, zu plaga = Nebentonart, gr. plagios = schief, schräg, seitlich] Ein Tempus. Das „Handbuch der 1001 Tempusbildungen für den Reisenden durch die Zeit" von Dr. Dan Streetmaker bietet einen Überblick über den grammatisch korrekten Ausdruck komplizierter, sich aus der Praxis des Zeitreisens ergebender temporaler Verhältnisse. Die Leser des Buches scheitern in der Regel aufgrund der komplexen Materie an der Lektüre und kommen über das F. nicht hinaus, so dass in Nachauflagen die Seiten danach zur Senkung der Druckkosten weiß gelassen wurden. (Adams 2005a)

GALACH [vmtl. von Galaxis = Milchstraße, gr. galaxias = Milchstraße, milchiger Sternennebel od. zu russ. golos = Stimme] Die offizielle, aus alten irdischen Kreolsprachen entstandene Amtssprache des → IMPERIUMS (Kultur) und zugleich eine weit verbreitete Lingua franca, in der amtliche Dokumente verfasst und interplanetare Verträge geschlossen werden. Das G. hat viele Elemente ursprünglich englischer und slawischer Herkunft integriert. (Herbert 1993)

GALAKTIK auch GALAKTIC-STANDARD [das; engl. galactic = auf die Milchstraße bezogen, zu gr. galaxias = Milchstraße, milchiger Sternennebel, zu gala, galaktos = Milch] Interplanetarische Lingua franca. (Asimov 1987)

GEDANKENDIKTAPHON od. MENOGRAPH [gr. phone = Klang, Laut] Ein technisches Gerät, das die Gedanken einer Person erfassen und aufzeichnen kann. Mit Hilfe des universalen MENOALPHABETS werden Gedanken in alle möglichen Einzelsprachen übersetzt. Das G. macht Schreibgeräte aller Art überflüssig. An Stelle von Briefen können nun MENOBAND-NACHRICHTEN verschickt werden. Ein verwandtes Konzept ist die Aufzeichnung gesprochener Sprache auf PHONO-PAPIER. Auch hierzu wurde ein spezielles PHONOALPHABET entwickelt. (Gernsback 1973)

GEDANKENSPRACHE Sprachlich-gedankliche Kommunikation ohne lautliche Verbalisierung. „Plötzlich wollte er nicht mehr, dass seine Hälfte des Gesprächs öffentlich bekannt wurde, also schaltete er um auf Gedankensprache." (Reynolds 2006: 595)

GESCHMACKS- UND GERUCHSÜBERTRAGUNG Eine Art Fernsehen, das nur für Geschmacks- und Geruchsorgane wahrnehmbare Sendungen übertragen konnte. „In den zivilisierten Ländern führte außer den Parias jeder einen Taschenempfänger bei sich. Das mag seltsam erscheinen, da die anderen Menschen keine Musik kannten; aber da ihnen auch die Einrichtung einer Zeitung unbekannt war, stellte das Radio die einzige Möglichkeit dar, dem Mann von der Straße die Lotto- und Sportneuigkeiten mitzuteilen, die für ihn die geistige Hauptnahrung bedeuteten." (Stapledon 1969: 39) Bei den TASCHENEMPFÄNGERN handelt es sich um Geräte, mit denen die ‚anderen Menschen', die über keine Ohren und Augen verfügen, Informationen empfangen können. PARIA bezeichnet die Rasse der Rechtlosen in der Gesellschaft vom so genannten SALZ-VOLK, die ANDEREN MENSCHEN sind aufrecht gehende Zweifüßler, deren Füße denen ‚eines Straußvogels oder Kamels ähnlich' sind. (Stapledon 1969)

GOA'ULD Parasitäre, schlangenartige Lebewesen in der Science-Fiction-Fernsehserie *Stargate SG-1*, nach denen die von ihnen gesprochene Sprache benannt ist. Goa'uld ist eine SVO-Sprache mit einfacher Grammatik, Pronomina der 3. Pers. fehlen, Verben sind unflektiert. Es gibt verschiedene Schriftsysteme, die auf altägyptischen Hieroglyphen basieren. Auch → GOA'ULD (Lebensformen).

GRAMMATIKGENERATOR [lat. (ars) grammatica > gr. grammatike (techne), zu grammatikos = die Schrift/Buchstaben betreffend, zu gramma = Geschriebenes, Schrift, Buchstabe, zu graphein = schreiben + Generator = Maschine zur Umwandlung von mechanischer in elektrische Energie, lat. generator = Erzeuger, Subst. zu generare = erzeugen, hervorbringen] Teilfunktion eines computergestützten Sprachlernprogramms. (Vinge 2007)

GRAUBLÜN [grau + Wkr. aus blau + grün] Von Sprachforschern intern gebildete Bezeichnung für eine Sprachform mit Wörtern wie *grau* und *blün*: „Grau' bedeutet etwas, was wir bereits untersucht haben und was grün ist, oder etwas, was wir nicht untersucht haben und was blau ist." (Watson 1983: 56)

GROKEN [engl. Slang to grok = begreifen, verstehen, von Heinlein 1961 geprägt] Ein marsianisches Wort (und das wichtigste), das wörtlich übersetzt ‚trinken' bedeutet, im weiteren Sinne ‚verstehen', allerdings „ein so gründliches Verstehen, daß der Beobachter zu einem Teil des Beobachteten wird. Beide verschmelzen, gehen ineinander über, verbinden sich, verlieren ihre Identität in der Gruppenerfahrung. Es bedeutet fast alles, was wir unter Religion, Philosophie und Wissenschaft verstehen – und es hat für uns so wenig Bedeutung wie Farbe für einen Blinden." (Heinlein 2002: 329) Es „bedeutet ‚Furcht', es bedeutet ‚Liebe', es bedeutet ‚Haß' – echten Haß, denn nach der marsianischen ‚Landkarte' kann man nichts hassen, solange man es nicht grokt, es nicht so gründlich versteht, daß man sich damit verschmilzt und es sich mit einem verschmilzt." (Heinlein 2002: 328) Aus der Sicht der marsianischen Kultur waren „kurze menschliche Wörter […] niemals wie kurze marsianische Wörter – wie beispielsweise ‚groken', das auf immer nur eine einzige Bedeutung hatte. Kurze menschliche Wörter waren wie ein Versuch, Wasser mit einem Messer zu heben." (Heinlein 2002: 232)

HALSMIKRO [Mikro = Kw. zu Mikrophon, engl. microphone > gr. mikros = klein + gr. phone = Ton, Klang, Schall] Gerät zur Datenübertragung, welches sich im Hals- bzw. Nackenbereich befindet und wie ein Plaster aufgeklebt werden kann. (Gibson 2000)

HANDELSSPRACHE Einfache, konstruierte Universalsprache, die zur Kommunikation zwischen unterschiedlichen Spezies genutzt wird. „Er war überrascht, dass die Sprache so logisch aufgebaut und so leicht zu erlernen war. ‚Natürlich ist sie leicht zu erlernen', sagte Lisa, nachdem er sie darauf angesprochen hatte. ‚Sie muss auch einfach sein, damit eine Million empfindungsfähiger Spezies sich in ihr verständigen können.' ‚Wieso das?' ‚Weil diese Million Spezies auf eine Million Arten mit ihren Artgenossen kommunizieren. Ihre Gehirne funktionieren alle unterschiedlich. Überhaupt ist es eine reife Leistung, dass die Broa eine so einfache Sprache entwickelt haben.'" (McCollum 2008: 279)

HARDFAXKOPIE [engl. hardcopy = (Papier)Ausdruck + Fax = Kw. zu Telefax, Kunstwort aus Telegrafie und Faksimile = international standardisierter Telekommunikationsdienst zur Übertragung von Texten, Zeichnungen u.a. über

Kommunikation und Sprache

das Telefonnetz. Der Empfänger erhält eine originalgetreue Kopie] Verbreitungsform von Texten/Literatur im Weltennetz über Lichtjahre hinweg, Bücher werden so TRANSMITTED. Ableitung: HARDFAXEN. (Simmons 2002)

HISA-GESCHNATTER [Hisa = Völkerbezeichnung] Die Sprache der → DOWNER (Lebensformen) aus menschlicher Wahrnehmung. Sie ist für Menschen unverständlich, allerdings werden auch keine Versuche unternommen, sie zu erforschen oder gar zu lernen. Stattdessen kommunizieren die Downer mit Hilfe der DOWNER-MUNDART, einer pidginartigen, oft ebenfalls schwer verständlichen Variante der MENSCHENSPRACHE: „Ihr sicher. [...] Geben euch Namen. Nennen dich Er-kommen-wieder, nennen dich Sie-strecken-Hände-aus. To-he-me; Mihan-Tisar. Eure Geister gut. Ihr sicher kommen her. Lieben euch. Bennett-Mann, er lehren wir träumen Menschenträume; jetzt ihr kommen wir lehren euch Hisaträume. Wir lieben euch, lieben euch, To-he-me und Mihan-Tisar." (Cherryh 1984: 435)

HOCHSPRACHE Mit sehr hohen Tonfrequenzen realisierte Sprache. Für TIEFTONOHREN ist sie nicht hörbar. In der H. verständigen sich die → RUDELWESEN (Lebensformen). (Vinge 2007)

HOLOFON [gr. holos, ganz, völlig, vollständig, analog zu Hologramm = gespeicherte, dreidimensionale Aufnahme eines Gegenstandes + gr. phone = Laut, Ton, Stimme] Gerät, das Sprach- und Bilderübertragung in Form von Hologrammen integriert. (Bordage 2007)

HOLOKOM [gr. holos, ganz, völlig, vollständig, analog zu Hologramm = gespeicherte, dreidimensionale Aufnahme eines Gegenstandes + Kom = Kw. zu Kommunikation] Eine HOLONETZ-KOMEINHEIT, die den Benutzern das Senden und Empfangen von Nachrichten über ein holographisches Übertragungsnetz erlaubt. Auch → HOLONETZ (Star Wars).

HOLONETZ [gr. holos, ganz, völlig, vollständig, analog zu Hologramm = gespeicherte, dreidimensionale Aufnahme eines Gegenstandes] Bereits der Senat der ALTEN REPUBLIK gab die Einrichtung eines galaxisweiten, nahezu verzögerungsfreien Kommunikationsnetzes in Auftrag, um den freien Informationsfluss zwischen den Mitgliedswelten zu gewährleisten. Das H. (oder auch HoloNet) nutzt hunderttausende masseloser Sender/Empfänger, die durch eine weit gespannte Matrix aufeinander abgestimmter HYPERRAUM-SIMRÖHREN verbunden und mit riesigen SORTIER- UND DECODIERUNGSCOMPUTERN gekoppelt sind. Als das Imperium an die Macht kam, ließ es weite Teile des H.es schließen. Das Netz blieb allein im Kern aktiv und diente der IMPERIALEN FLOTTE als militärisches Kommunikationsmedium, während allen Äußeren (vor allem im äußeren Rand) der Zugang zum Netz verweigert wurde, um sie zu isolieren und alle Nachrichten über die Gräuel des Imperators zu unterbinden. (Star Wars)

HOLO-NEWS [gr. holos, ganz, völlig, vollständig, analog zu Hologramm = gespeicherte, dreidimensionale Aufnahme eines Gegenstandes + engl. news = Nachrichten] Nachrichten in holographischer Form. (Harrison 2004)

HOLOPROJEKTOR [gr. holos, ganz, völlig, vollständig, analog zu Hologramm = gespeicherte, dreidimensionale Aufnahme eines Gegenstandes + Projektor = Gerät, mit dem man Bilder auf einer hellen Fläche vergrößert wiedergeben kann] In Reihe geschaltet mit einem → KOMLINK „erlaubt dieser die Übertragung holografischer Daten für Gespräche von Angesicht zu Angesicht. Zudem kann er als unabhängiger Bildrekorder und -projektor benutzt werden." (Star Wars 2007: 19)

HOLORAUM auch HOLOVISIONSSAAL, BILDERZEUGUNGSRAUM [gr. holos, ganz, völlig, vollständig] Raum, in dem mit Hilfe von HOLOPROJEKTOREN ganzheitliche Aufzeichnungen von Ereignissen reproduziert werden. (Hartmann 1989)

HOLOSKOP [gr. holos, ganz, völlig, vollständig, analog zu Hologramm = gespeicherte, dreidimensionale Aufnahme eines Gegenstandes + -skop = zu Bezeichnungen technischer Geräte zur Unterstützung menschlicher Sinne, gr. skopein = betrachten] Ein technisches Gerät, das Hologramme speichert und abrufbar macht. So ist auch das Studium der Bibel in Form eines vielschichtigen, farbkodierten Hologramms möglich, das komplexe Botschaften in immer neue Kombinationen bringt und je nach dem eingenommenen Blickwinkel unterschiedliche Interpretationen zulässt. Hologramme der Bibel oder auch des Koran sind aber äußerst selten, weil sie dem Interesse der → CHRISTLICH-ISLAMISCHEN KIRCHE (Kultur) an der Stabilität der kanonischen Texte zuwiderlaufen und daher verboten wurden. (Dick 1984)

HOLOVISION [gr. holos, ganz, völlig, vollständig, analog zu Hologramm = gespeicherte, dreidimensionale Aufnahme eines Gegenstandes + lat. visio = das Sehen] In Analogie zu Television eine Technologie, die zum Gegenstand die Aufnahme von dreidimensionalen Bewegtbildern und Tönen an einem Ort, deren Übertragung an einen anderen Ort sowie ihre dortige Wiedergabe hat. (Asimov 1987) Das entsprechende Bildschirmgerät heißt HOLOVISOR. (Asimov 2004i)

HOOPY Slangausdruck für ‚echt irrer Typ', auch als emotional positiv wertendes Adjektiv HOOPY. Eine Steigerung ist der FROOD (‚total echt irrer Typ'; amerik. Slang: froody = super, wunderbar). Tritt in Formulierungen wie der folgenden auf: „He, hast du den Hoopy Ford Prefect gesasst? Das ist'n Frood,

Kommunikation und Sprache

der weiß echt, wo sein Handtuch ist." (Adams 1992: 31) SASSEN steht hier für ‚wissen, durchblicken, treffen, Sex haben mit'. Das Handtuch ist wichtiges Utensil und Erkennungszeichen intergalaktischer Anhalter. Es führt jeden STRAG (Nicht-Anhalter) hinters Licht, in dem es ihn glauben macht, sein Besitzer sei sehr gepflegt und gut ausgerüstet. (Adams 1992, 2005a)

HYPERFEMINISIERUNG [gr. hyper- = über, mehr als + Feminisierung = Verweiblichung, lat. femina = Frau] Besonders durchgreifende Beseitigung eines patriarchalisch geprägten Sprachgebrauchs. Diese reicht dennoch nicht so weit, dass Dienstgrade und Funktionen einer Raumschiffbesatzung, die ausschließlich aus Frauen besteht, auch mit weiblichen Formen bezeichnet werden. Auch andere Inkonsequenzen zeigen, dass die H. nicht in jeder Hinsicht erfolgreich war; → ASTROS (Raumschiffe). (Andrevon 1979)

HYPERLICHTKOMMUNIKATION [gr. hyper- = über, übermäßig, über ... hinaus] Kommunikation in Überlichtgeschwindigkeit. (McDevitt 2006)

HYPERPULSKOMMUNIKATION [gr. hyper- = über, übermäßig, über ... hinaus + Puls = hier ws. in Anlehnung an elektromagnetischer Puls = einmaliger, kurzzeitiger, hochenergetischer, breitbandiger elektromagnetischer Ausgleichsvorgang] Technik, die interstellare Kommunikation in Überlichtgeschwindigkeit ermöglicht. (Stackpole 1997)

HYPERWELLEN-ANRUF [gr. hyper- = über, übermäßig, über ... hinaus] Eine Form der Telefonie, die auf HYPERWELLEN beruht, um einen Funkkontakt über große Distanzen zu ermöglichen. (Asimov 1987)

IDEENGLYPHE [Glyphe = Schriftzeichen, eigtl. Geschnitztes, gr. glyphe = das Schnitzen, Gravieren] Spezifisches Kommunikationszeichen, das mental übertragen wird. (Brin 2000)

IMPULSWELLEN Energiestrahlen, die von den → FROGS (Lebensformen) zur Kommunikation genutzt werden. (ORION-Lexikon)

INFORMATIONSILLUSION Aufzeichnungstechnik, die vergangene Ereignisse mit allen Sinnen nacherlebbar werden lässt. (Adams 2005b)

INFORMATIONSIMPLANTAT [Implantat = in den Körper eingepflanztes, gewebefreundliches Material, lat. in- = hinein + lat. plantare = pflanzen] Implantat für eine informationstechnische Übermittlung. (Kotzwinkle 2007)

INFORMATIV-TRANSLATIVE TABLETTE [translativ = Adj. zu Translation = Übersetzung, engl. translation > lat. translatio, Subst. zu transferre, translatum = hinübertragen] Tablette, deren Einnahme dazu befähigt, sämtliche Sprachen des Universums zu verstehen. (Lem 1982)

INFORMATORIUM Ort, wo Informationen abgerufen werden können. „Am ehesten erinnerte es an eine großräumige, rollstuhlgerechte Telefonzelle europäischen Typs. [...] Das Terminal war ... zweisprachig und reagierte ohne Probleme auf Touristisch." (Lukianenko 2007: 196)

INSIGNIEN-KOMMUNIKATOR [Insignien = Kennzeichen ständischer Würde, lat. insigne = Abzeichen, Kennzeichen + → KOMMUNIKATOR] Das ‚Handy' der Zukunft, an der Kleidung befestigt. Durch Druck wird der I.-K. aktiviert. (Star Trek)

INSTELNET [Instel = häufig auftretender Name im Telekommunikationsbereich; viel. instellar = reduzierte/fehlerhafte Form zu interstellar] Lichtschnelles Telekommunikationsnetzwerk. (McCarthy 2007)

INTERKOM [lat. inter = zwischen + Kom = Kw. zu Kommunikation] Dient der Kommunikation innerhalb eines Raumschiffs. (Star Trek) Das INTERKOMSYSTEM ist ein technisches Kommunikationssystem. (Eschbach 2005)

INTERLINGUA [lat. inter = zwischen + lat. lingua = Sprache] Lingua franca. (Brandhorst 2004) Der Mathematiker Giuseppe Peano konstruierte die Plansprache ‚Latina sine flexione', die 1951 in ‚Interlingua' aufging.

INTERSPEAK [lat. inter = zwischen + engl. to speak = sprechen] Universelle Lingua franca. (Niven 1998)

ISOLIERSTRAHLEN Technische Kommunikation über I. ermöglicht, dass diese erfolgt, ohne dass jemand mithören kann. (Asimov 2003)

KAMPFSPRACHE Sprache, die Kämpfer der ATREIDES → IMPERIUM (Kultur) während militärischer Auseinandersetzungen mit den HARKONNEN gebrauchen und die zahlreiche verschlüsselte Elemente umfasst. (Herbert 1993)

KLICKEN [klicken = schnalzende Laute erzeugen, (ling.) Klicklaute od. Klicks, Schnalzlaute, die sich in mehreren Sprachen des südlichen Afrika finden; hier: lautmalerisch für Kommunikation der Kantaki] Kommunikationsart der KANTAKI, einer fremden Lebensform. „‚Du hast wieder einmal gute Dienste geleistet', klickte die Kantaki." (Brandhorst 2004: 13)

KLINGONISCH, Eigenbezeichnung TLHINGAN HOL Sprache der → KLEINGONEN (Lebensformen). Es handelt sich um eine fiktive Sprache, die 1984 von Marc Okrand für *Star Trek* konstruiert wurde. Hov lengvaD chenmoHlu' tlhIngan Hol'e' 'ej DaH 'oH ghojtaH ghot law'. Qapbej Holvam wIcha'meH, qawHaqvam chenmoHlu'. taHjaj wo', taHjaj Hol! (= Die klingonische Sprache (tlhIngan Hol) ist eine konstruierte Sprache, die von den Klingonen im fiktionalen Star-Trek-Universum gesprochen wird.) Texte werden in klingonischer Orthographie (genannt pIqaD) verschriftet. Das Klingoni-

Kommunikation und Sprache

sche ist eine agglutinierende OVS-Sprache, deren Lautung an slawische und arabische Sprachen erinnert. Die Affigierung folgt einem festen Schema: Ps/Num~Subjekt~ > Ps/Num~Objekt~ *Verbstamm* reziprok > volitiv > transformativ > kausativ > Subjekt~rhematisch~ > Evidentialität > Aspekt > honorativ > konjunktional (Syntax). (Star Trek)

KOM Gebräuchliches Kw. zu → KOMMUNIKATOR. Bezeichnung für Kommunikationsgeräte aller Art: INTERKOM, AUDIKOM, HELMKOM, HYPERKOM, MINIKOM. (Perry-Rhodan-Lexikon III, 1991: 280) Auch → DAKKARKOM.

KOM-IMPLANTAT [Kom- = Kw. zu Kommunikation + Implantat = in den Körper eingepflanztes, gewebefreundliches Material, zu lat. in- = hinein + plantare = pflanzen] Künstliches Implantat, das Lautsprecher und Mikrofon ersetzt. (Brandhorst 2004)

KOMLINK [Kw. zu Kommunikation + engl. link = Verbindung] Sprechfunkgerät. (Star Wars) Nach OED (II-12) Erstbeleg bei Star Wars 1977, im Engl. ‚commlink, comm link' oder auch ‚comlink'.

KOMLOG [Kw. zu Kommunikation + Kw. zu Logarithmus od. Logik] Gerät mit vielfältigen Funktionen. Enthaltene Funktionen sind beispielsweise ein Übersetzungstool, Zugriff auf Datensphären sowie verschiedene technische Kommunikationsformen. KOMLOGIMPLANTAT ist ein ins Gehirn eingepflanzter Mikrokomlog. (Simmons 2002)

KOMMUNIKATIONSPROGNOSTIKER [Prognostiker = jemand, der Prognosen erstellt, lat. prognosis = Vorherwissen > gr. prognosis (Adj. prognostikos), gr. progignaskein = im Voraus erkennen] Der Sprachwissenschaftler Mahad Jarwheli. In Indien aufgewachsen, arbeitet er später am INSTITUT FÜR EXTRATERRESTRISCHE KOMMUNIKATION in Wien. Aufsehen erregt seine Dissertation über die Entwicklung der menschlichen Sprache in den nächsten 50.000 Jahren. Als K. begründet er keine neue linguistische Teildisziplin, sondern bleibt ein, wenn auch in der Fachwelt akzeptierter Einzelkämpfer. (Ehrhardt 1975)

KOMMUNIKATIONSSERVO [lat. servus = Sklave, Diener] Gerät, das zur Kommunikation und Datenübertragung dient. (Brandhorst 2005b)

KOMMUNIKATOR [Kommunikator = Sprechfunkgerät, Subst. zu lat. communicare = mitteilen, unterreden] Handgroßes Kommunikationsgerät für die Person-zu-Person-Kommunikation. In späteren Folgen als Kommunikationsspange in der Form eines Uniformabzeichens (orig. engl. combadge) technisch weiterentwickelt. (Star Trek) Erstbeleg nach OED bei E. E. Smith, *Galactic Patrol*, in *Astounding Stories* 9-1938: 26/1: „Space's so full of static you couldn't drive a power beam through it, let alone a communicator."

Komsat [Kw. zu Kommunikation + Satellit] Kommunikationssatellit. (Simmons 2002)

Kom-Schirm [Kom- = Kw. zu Kommunikation] Dient der Kommunikation, einem Bildtelefon ähnelnd. (Star Trek)

Kranial-Vidchip [gr. kranion = Schädel + lat. video = ich sehe > videre = sehen + engl. chip = dünnes, einige Quadratmillimeter großes Halbleiterplättchen, auf dem sich Schaltung und mikroelektronische Schaltelemente befinden] Unter die Schädeldecke zu implantierende Chips für elektronischen Bildempfang. (Kotzwinkle 2007)

Kristallrekorder [Rekorder = Aufzeichnungsgerät, engl. recorder, Subst. zu to record = aufzeichnen > lat. recordari = sich erinnern] Technisches Gerät zur Aufnahme von Tönen. (Demuth 1979)

Kurzbereichskommunikator [Kurzbereich = eine geringe Distanz umfassend + Kommunikator = Sprechfunkgerät, lat. communicare = mitteilen, unterreden] Verständigungsgerät, das für kurze Entfernungen benutzt wird. „Cordelia aktivierte den Kurzbereichskommunikator an ihrem Handgelenk und sprach hinein: [...]." (Bujold 2005: 6)

Láadan Eine von Suzette Haden Elgin 1982 für die Science-Fiction-Trilogie *Native Tongue* konstruierte Sprache, um das Prinzip des sprachlichen Relativismus unter feministischen Aspekten zu testen. Elgin kommentiert hierzu: „When I put Láadan together, it was to serve two purposes. First, much of the plot for *Native Tongue* revolved around a group of women, all linguists, engaged in constructing a language specifically designed to express the perceptions of human women; because I'm a linguist and linguistics is the science in my novels, I felt obligated actually to construct the language before I wrote about it. Second, I wrote the novel as a thought experiment with the express goal of testing four interrelated hypotheses: (1) that the weak form of the linguistic relativity hypothesis is true [that is, that human languages structure human perceptions in significant ways]; (2) that Goedel's Theorem applies to language, so that there are changes you could not introduce into a language without destroying it and languages you could not introduce into a culture without destroying it; (3) that change in language brings about social change, rather than the contrary; and (4) that if women were offered a women's language one of two things would happen – they would welcome and nurture it, or it would at minimum motivate them to replace it with a better women's language of their own construction." (Elgin 1999, http://www.sfwa.org/members/elgin/Laadan.html) L. ist eine agglutinierende Tonprache mit VSO-Stellung, Partikeln für Zeitstufen, Sprechakttypen und Evidentialität. Beispiel: bíi ril áya mahina wa = [Feststellung Gegenwart schön Blume beobachtete-Wahrheit] ‚Die Blume ist schön.'

LASERBRÜCKE [Laser = Kw. zu engl. Light Amplification by Stimulated Emission of Radiation] Informationsverbindung zwischen Mars und Erde. Durch die L. übermittelte Nachrichten können nicht durch Dritte abgehört werden. (Kröger 1981)

LASERPHON [Laser = Kw. zu engl. Light Amplification by Stimulated Emission of Radiation + gr. phone = Klang, Laut, Stimme, analog zu Telefon] Auf Lasertechnologie basierendes Telefon. (Asimov 2004i)

LAUTSPRECHERSTADT Verstärkeranlage der Rockgruppe Desaster Area. Sie erreicht die Ausmaße einer ganzen Stadt. Das Herzstück bilden durch Plutoniumreaktoren mit Energie versorgte NEUTRON-PHASEN-LAUTSPRECHERBERGE. Die Bandmitglieder können ihre Instrumente (PHOTON-AQUITARRE, BASS-DETONATOR, MEGAKNALL-PERKUSSIONS-KOMPLEX) nur aus dem Orbit eines gastgebenden Planeten bedienen, weil sie die Lautstärke des Konzerts nicht überleben würden. (Adams 2005a)

LEIBOWITZBLAUPAUSE [Leibowitz = Personenname + Blaupause = Lichtpause mit weißen Linien auf blauem Grund, Pause zu pausen > frz. poncer = mit Bimsstein abreiben, durchpausen] Kopie eines Schaltplans für ein elektronisches Gerät, erstellt vor der → GROSSEN VEREINFACHUNG (Kultur) durch einen Techniker namens I.E. Leibowitz. Dieser war angesichts der Katastrophe eines weltweiten Atomkriegs zum christlichen Glauben übergetreten und wurde von einem wütenden Mob gelyncht, was ihm den Ruf eines lokal verehrten Märtyrers einbrachte. Das Auffinden der inzwischen kaum noch sinnvoll zu deutenden L. in einem verschütteten Bunker rechtfertigt seine Heiligsprechung durch → NEW ROME (Kultur). (Miller 1979)

LENN-AH ist eine der drei Sprachen der MINBARI, einer humanoiden Spezies in der US-Fernsehserie *Babylon 5*. Die Sprachen sind für verschiedene Zwecke geschaffen. L. ist die Sprache der Kaste der Arbeiter und besteht aus vielen technischen Ausdrücken, es ist auch die Sprache der Wissenschaft. ADRENATO ist die Sprache der Kaste der Religiösen, sie wird langsam gesprochen und ist die einzige Sprache, mit der religiöse und philosophische Themen behandelt werden können. VIK ist die Sprache der Krieger-Kaste, sie ist präzise, nicht-ambig und man kann mit wenigen Worten Befehle erteilen.

LICHTDEPESCHE [Depesche = Eilpost, frz. dépêche, zu dépêcher = befördern, beschleunigen, lat. impedicare = verhindern] Form der Datenübertragung über interstellare Distanzen. (Laßwitz 1994)

LICHTSENDER Laserstrahl, der zur Kommunikation durch Lichtzeichen eingesetzt wird und Sprache wie auch Bilder übermittelt. (Kröger 1981)

LICHT-TON-STRAHL auch LICHTRADIO Form der Nachrichtenübertragung zwischen Erde und Mars. (Bradbury 1981)

LINGUAMAT [Wkr. aus lat. lingua = Zunge, Sprache + Automat > frz. automate > gr. automatos = sich von selbst bewegend] Ein ÜBERSETZUNGSAUTOMAT. Das Gerät funktioniert auf der Basis eines Computerprogramms, das anhand weniger Äußerungen in einer Sprache eine weitgehende Übersetzbarkeit absichert. (Kober 1984)

LINGUAPROZESSOR [lat. lingua = Sprache, Zunge + Prozessor = zentraler Teil einer elektronischen Datenverarbeitungsanlage, der das Rechen- und Steuerwerk enthält] Sprachverarbeitungsanlage. (Brandhorst 2004)

LINGUATOR [lat. lingua = Zunge, Sprache + -(t)or = Subst.bildung] Gerät zur automatischen Übersetzung von Sprachen in → INTERLINGUA. (Brandhorst 2004)

LINGUIDE [lat. lingua = Zunge, Sprache] Menschenähnliche Spezies, „Genies der Sprache und des Wortes. Sie erlernen jede Sprache innerhalb kürzester Zeit und sprechen sie akzentlos perfekt." (Perry-Rhodan-Lexikon III, 1991: 35)

MARAIN Fiktive Sprache in ‚Die Kultur', die in verschiedenen Science-Fiction-Büchern des schottischen Autors Iain Banks eine Rolle spielt. Banks schreibt hierzu: „Marain is a synthetic language created towards the very beginning of the Culture with the specific intention of providing a means of expression which would be a culturally inclusive and as encompassingly comprehensive in its technical and representational possibilities as practically achievable – a language, in short, that would appeal to poets, pedants, engineers and programmers alike." (http://homepages.compuserve.de/Mostral/artikel/marain.html)

MARTISCH Sprache der → MARTIER (Lebensformen). Das M. ist für deutsche Muttersprachler schnell erlernbar und einfach auszusprechen, zumal sich seine Strukturen infolge seines langen Gebrauchs stark vereinfacht haben. Es hat sich im Resultat eines historischen Staatenbundes entwickelt und fungiert als WELTVERKEHRSSPRACHE, die zahlreiche dialektale Varianten überdacht. Diese sind für bestimmte Gegenden oder auch für einzelne Familiengruppen charakteristisch. Den Martiern fällt es umgekehrt leicht, das Deutsche zu erlernen. Sie betrachten es als eine Sprache, die sich zum Ausdruck abstrakter, zivilisatorisch hoch entwickelter Gedanken und Vorstellungen eignet. Als negatives Gegenbeispiel wird das Grönländische mit seiner sprachlichen Komplexität und seiner konkreten, alltagsgebundenen Verwendung herausgestellt. (Laßwitz 1984)

MENTALSENDER [mental = geistig, lat. mentalis, zu mens, mentis = Geist, Vernunft] Funkgerät für telepathische Kommunikation. (Perrypedia)

MERCANTIL [lat. mercari = Handel treiben] Sprache der Bewohner MERCANTILS, die sich durch korrekten Handel auszeichnen. Auch → PAONESISCH (Vance 2002).

METALLENES BUCH Marsianisches Buch, in dessen aus Metall bestehende Seiten die Schrift reliefartig eingeprägt ist. Man liest es, indem man „wie ein Harfenspieler leicht mit der Hand" darüber hinwegstreicht und auf diese Weise singende Töne erzeugt. (Bradbury 1981: 8)

METAMNESTIK [gr. meta- = über + gr. mnestis = das Gedenken an etwas, zu gr. mneme = Gedächtnis] Technik der Informationsspeicherung. Die M. ist der Aufzeichnung von Daten auf Papier weit überlegen, ein Zerfall der informationellen Grundlage einer ganzen kulturellen Epoche somit nicht möglich, anders als im → NEOGEN (Kultur). Eine verwandte Technik ist die INFORMATIONS-KRISTALLISIERUNG. Vermutlich Geräte zur Informationsspeicherung sind die MNEMOREN und GNOSTRONEN. (Lem 1979)

MIKRODOLMETSCHGERÄT [gr. mikros = klein] Eine Variante der universalen Übersetzungsmaschine. Das Gerät hat die Form einer Orchidee, die am Knopfloch getragen werden kann. Das M. erscheint auch als DOLMETSCHROSETTE und ist ein Produkt der Technologie → LOSANNIENS (Kultur). (Lem 1986a)

MONOPULSANTWORT [gr. monos = allein, einzeln] Informations-Übermittlung, entweder auf Grundlage des musikalischen Grundschlags, oder aber als spezielle Form der in der Nachrichtentechnik eine relevante Rolle spielenden sog. Puls-Code-Modulation, bei der ein analoges Signal per Pulsamplitudenmodifikation binär codiert wird. (Brin 2000)

NADSAT [russ. Teenager, zu russ. Endung der Ziffern 11 (odinnadsat) bis 19 (devjatnadsat)] Bezeichnet den fiktiven Teenagerslang in Anthony Burgess' in der Zukunft spielende Roman *A Clockwork Orange* (1962), der von Stanley Kubrick unter gleichem Titel 1971 verfilmt wurde. Die Hauptfigur Alex erzählt seine Geschichte selbst: „Das hier bin ich: Alex und meine drei Droogs: Pete, Georgie und Dim. Wir hockten in der Korova Milchbar und wir überlegten uns, was wir mit diesem Tag anfangen sollten. In der Korova Milchbar konnte man Milch Plus kriegen. Milch mit Vellocet. Das heizt einen an und ist genau das richtige, wenn man Bock auf ein paar Ultrabrutale hat." (Burgess 1988: 5) Während es sich bei VELLOCET (Bezeichnung für eine Droge) um einen frei erfundenen Neologismus zu handeln scheint, ist der Großteil der Nadsat-Wörter wie DROOG (Kumpel, russ. drug = Freund) russischen Ursprungs. „Er sah ein malenki bisschen puglig aus ..." (Burgess 1988: 9) meint: ‚Er sah ein wenig (malenki von russ. malenkij = klein) ängstlich (puglig von russ. puglat = sich fürchten) aus.' Neben den zahlreichen aus dem Russischen entlehnten Wörtern finden sich auch einige andere. Das in der deutschen Übersetzung vorkommende Kunstwort für Taschentuch POSCHMOOKUS ist im englischen Original ein Germanismus: TASHTOOK, der Russizismus YAHZICK (Zunge von russ. jasik) hingegen wird in der deutschen Übersetzung eingedeutscht zu SCHLAPPER: „und streckte meinen Schlapper einen halben Kilometer weit raus." (Burgess 1988: 145)

NASEN [Kw. zu Neutrino Amplification through Stimulated EmissioN] Neutrinoverstärkung, ein „monochromatischer Strahl hochenergetischer Neutrinos, der [...] bisweilen bei der interplanetarischen Kommunikation Anwendung findet." (McCarthy 2007: 455)

NEUSPRECH od. NEUSPRACHE, engl. NEWSPEAK. Fiktionale Sprache in George Orwells Roman *1984*, erstmals erschienen 1949. Der Roman ist eine Dystopie, in der ein totalitärer Überwachungsstaat beschrieben wird. Der berühmte Satz ‚Big brother is watching you' stammt aus *1984*. Damit so genannte GEDANKENVERBRECHEN und somit im Vorfeld jede Kritik und jeder Widerstand ausgeschlossen werden können, ist NEUSPRECH die ‚politisch korrekte' Sprache des Herrschafts- und Unterdrückungssystems. NEUSPRECH „war die in Ozeanien eingeführte Amtssprache und zur Deckung der ideologischen Bedürfnisse des *Engsoz* [Englischen Sozialismus, d. Verf.] erfunden worden. Sie hatte nicht nur den Zweck, ein Ausdrucksmittel für die Weltanschauung und geistige Haltung zu sein [...], sondern darüber hinaus jede Art anderen Denkens auszuschalten. [...] Der Wortschatz der Neusprache war so konstruiert, daß jeder Mitteilung [...] eine genaue und oft sehr differenzierte Form verliehen werden konnte, während alle anderen Inhalte ausgeschlossen wurden, ebenso wie die Möglichkeit, etwa auf indirekte Weise das Gewünschte auszudrücken. Das wurde teils durch Erfindung neuer, hauptsächlich aber durch die Ausmerzung unerwünschter Ausdrücke erreicht, und indem man die übriggebliebenen Worte so weitgehend wie möglich jeder unorthodoxen Nebenbedeutung entkleidete." (Orwell 1950: 273) Ein Mittel der gesellschaftspolitischen Manipulation also ist die Sprachlenkung und damit verbunden die Umdeutung und Neudefinition von Wörtern und Begriffen. Die Graduierung von Adjektiven und ihre Antonyme werden durch logische Operatoren ausgedrückt: GUT – PLUSGUT – DOPPELPLUSGUT, SCHLECHT wird ersetzt durch UNGUT. DOPPELDENK bzw. → ZWIEDENKEN (Kultur) bezeichnet die Fähigkeit, kontradiktorische, logisch ausgeschlossene Aussagen zugleich

Kommunikation und Sprache

als wahr anzuerkennen. Komplette Umwertungen liegen vor, wenn z.b. das Kriegsministerium als MINIPAX, Ministerium für den Frieden (Mini = Abk. von Ministerium + lat. pax = Friede) bezeichnet wird. UNWISSENHEIT IST STÄRKE lautet bezeichnenderweise einer der Parteileitsätze, der auf der weißen Front des Wahrheitsministeriums (MINIWAHR) in schönen Lettern eingemeißelt ist.

NOTIZTAFEL In einer an natürlichen Rohstoffen armen Welt gehört auch das Papier zu den Raritäten. Im alltäglichen Schriftverkehr wird deshalb die mit Kreide beschreibbare N. genutzt. Mitteilungen auf N.n werden ihrem Empfänger durch Boten, in der Regel minderjährige Jungen, überbracht. Dieses System ersetzt moderne Kommunikationsmittel wie etwa das Telefon → MEGALOPOLIS (Kultur). (Harrison 1992)

PAONESISCH [viel. chin. pao = graben] Sprache der Bewohner Paos, Menschen der Scholle und des Meeres. [→ MERCANTIL] „Die paonesische und mercantile Sprache waren so verschieden wie die zwei Lebensweisen. Indem er die Bemerkung machte, ‚Zwei Sachen wünsche ich mit euch zu bereden', hatte der Panarch Worte gebraucht, die exakt wiedergegeben lauten würden, ‚*Feststellung von Wichtigkeit* – (aus Paonesisch ein einzelnes Wort) – *im Zustand der Bereitschaft* – zwei Worte; Ohr des Mercantilen *im Zustand der Bereitschaft*; Mund dieser Person hier *im Zustand des Wollens*.' Die kursiv gedruckten Wörter stellen konditionale Nachsilben dar. Die Notwendigkeit der Umschreibung lässt diese Sprechweise schwerfällig erscheinen. Doch der paonesische Satz ‚*Rhomel-en-shrai bogal-Mercantil-nli-en mous-es-nli-ro*' erfordert nur vier Phoneme mehr als ‚Zwei Dinge wünsche ich mit euch zu bereden'. Die Mercantilen drücken sich in sauberen Quanten präziser Information aus. ‚Ich stehe euch zu Diensten, Herr.' Wörtlich übersetzt heißt das, ‚*Ich – Botschafter gehorche gern hierjetzt gerade erteiltem Befehl von euch – Oberhoheitsköniglichkeit – hierjetzt gehört und verstanden.*'" (Vance 2002: 15)

PARALLAX-SOFORTKOMMUNIKATOR [Parallax(e) = scheinbare Änderung der Position eines Objektes infolge einer Positionsverschiebung des Beobachters, gr. parallaxus = Vertauschung, Abweichung, zu parallassein = vertauschen + sofort + → KOMMUNIKATOR] Technisches Kommunikationsmittel, ermöglicht den interstellaren Datenaustausch mit Überlichtgeschwindigkeit. Im Raumfahrerjargon auch VERKÜRZER genannt. (Card 2005)

PERSONALKOM [personal = Person betreffend + Kom = Kw. zu Kommunikation] Persönliches Kommunikationsgerät. (Asher 2007)

PHONOLEKTOR [gr. phone = Klang, Schall + lat. lector = Leser, Vorleser, Subst. zu legere = lesen] Gerät, das die Funktion eines Lehrers oder Vorlesers erfüllt. (Samjatin 2006)

PHRENOSKOP [gr. phren = Geist, Gemüt, auch Zwerchfell + -skop = in Bezeichnungen für Geräte zur Unterstützung sinnlicher Wahrnehmung, zu gr. skopein = betrachten] Künstliches Sinnesorgan, mit dem die → VENUSBEWOHNER (Lebensformen) kommunizieren, indem bewusste und unbewusste Gedanken und Gefühle des jeweiligen Gegenübers unmittelbar erfasst werden. Die menschliche, auf Schallwellen basierende Sprache betrachten die Venusbewohner als primitiv und zur Verschleierung wahrer Absichten tendierend. Kommunikationsvorgänge der Venusbewohner sind aufgrund ihrer medialen Form und ihres hoch entwickelten Niveaus auch nur unvollkommen in menschliche Sprache übertragbar. Zur Aufzeichnung von Gedanken dient der PHRENOGRAPH. (Mesterházi 1980)

PLASTIK-‚DENKKAPPE' Ein technisches Gerät, das Gedanken mit Hilfe eines angeschlossenen SPRECHSCHREIBERS aufzeichnet. (Simak 1978)

POESIEWÜRDIGUNGSSTUHL Ein technisches Gerät, mit dessen Hilfe Personen – meist unfreiwillig – der Dichtkunst von → VOGONEN (Lebensformen) ausgesetzt werden können. Die Vogonen gelten als die drittschlechtesten Dichter im Universum. Die zweitschlechteste Dichtung ist die der ASGOTHEN von KRIA, die schlechteste ist die einer Paula Nancy Millstone-Jennings aus dem englischen Greenbridge, Essex. Der P. ist mit BILDVERSTÄRKERN, RHYTHMUSMODULATOREN, ALLITERATIONSVERWERTERN und GLEICHNISKIPPEN ausgestattet und kann so die Wirkung vogonischer Lyrik zu voller Entfaltung bringen. Eine Kostprobe: „Oh zerfretteler Grunzwanzling/ dein Harngedränge ist für mich/ Wie Schnatterfleck auf Bienenstich./ Grupp, ich beschwöre dich/ mein punzig Turteldrom./ Und drängel reifig mich/ mit krinklen Bindelwördeln/ Denn sonst werd ich dich rändern/ in deine Gobberwarzen/ Mit meinem Börgelkranze, wart's nur ab!" (Adams 1992: 66)

PRAVIC [evtl. tschech. pravice = die Rechte bzw. pravicovy = rechts-, zu prav- = echt, recht(s)] P. ist eine Sprache, die in dem Science-Fiction-Roman *Planet der Habenichtse* (engl. *The Dispossessed: An Ambiguous Utopia*, 1974) von Ursula K. Le Guin auf dem Planeten ANARRES gesprochen wird, wo die Menschen in einer anarchistisch-egalitären Gesellschaftsform leben. Zur Grammatik und Phonologie gibt es kaum Informationen. Singularformen der Possessivpronomina (wie mein, dein) werden in der Umgangssprache nicht gebraucht, da es auf dem Planeten kein Privateigentum gibt. Wegen der Gleichstellung der Geschlechter und der sexuellen Libertinage gibt es im P. „keinerlei besitzanzeigende Bezeichnungen für den Sexualakt. Auf P. machte es einfach keinen Sinn, wenn ein Mann sagte, er habe eine Frau ‚gehabt'; das Wort, das der Bedeutung von ‚ficken' am nächsten kam und eine ähnliche Nebenbedeutung als Schimpfwort hatte, war eindeutig: es bedeutete Vergewalti-

Kommunikation und Sprache 231

gung. Das gebräuchliche Verb, das nur mit einem Pluralsubjekt gebraucht werden konnte, war allein durch ein neutrales Wort wie kopulieren zu übersetzen." (Le Guin 1976: 53) Einen Begriff für ‚Heirat' gibt es nicht. Die Begrüßung erfolgt, „indem man seinen Namen nannte – als eine Art Anhaltspunkt für den anderen. Mehr Anhaltspunkte konnte man nicht bieten. Es gab weder Ränge noch Bezeichnungen für Ränge, keine konventionellen respektvollen Anredeformen." (Le Guin 1976: 96)

PRIMAL [zu lat. primarius = einer/s der Ersten + -al = gehörend zu, betreffend, lat. -alis] Halb-Sprache der natürlichen, unmodifizierten Erden-Delphine. (Brin 2000)

PROC [viel. Anspielung auf Perry Rhodan Online Club e.V., kurz PROC] Standardsprache der Zivilisationen des Roten Nebels. (Baier 2005)

PSYCHOKONTROLLE [Pl.; gr. psyche = Seele, Atem, Hauch] Technische Erfassung, Aufzeichnung und Beeinflussung der Gedanken (GEDANKENSTRAHLUNGSPOTENZ) intelligenter Lebensformen durch die → VENUSMENSCHEN (Lebensformen). Enthalten die erfassten Gedanken ein Bedrohungspotenzial, wird ihr Verursacher mit Hilfe von WASASTRAHLEN automatisch auf das geistige Entwicklungsniveau eines Kleinkindes zurückgesetzt. Dieser Effekt kann durch ANTI-WASASTRAHLEN wieder aufgehoben werden. Die P. ist so leistungsstark, dass die Venusmenschen in der → GOLDENEN KUGEL (Raumschiffe) das auf der gesamten Erde speziell über sie Gedachte vollständig erfassen, aufzeichnen und einzelnen Personen (GEDANKENWERFERN) zuordnen können. (Turek 1949)

PSYCHOSCHILDE [gr. psyche = Seele, Atem, Hauch] Empfangssysteme, die in der Lage sind, non-verbalisierte Emotionen aufzunehmen und weiterzuleiten. (Brin 2000)

PSYCHOTRONISCHER ZUSATZVERSTÄRKER auch PSYCHOTRONISCHE KANONE [psychotronisch = zu Psychotronen, d.h. eine Form von Elementarteilchen betreffend, gr. psyche = Seele, Atem, Hauch + -tron, zu elektronisch > gr. elektron = Bernstein] Technische Einrichtung, die mit Hilfe von PSYCHOTRONENSIGNALEN die Übertragung einer Sendung, zum Beispiel des neuesten VIDEOFETZERS, über weite Distanzen ermöglicht und im Gehirn des Rezipienten zu einem besonders intensiven Erlebnis werden lässt. (Dick 1984)

RADIOTELEFON Eine frühe Variante des Mobiltelefons. (Gernsback 1973)

RAUBSPRACHE Sprache diebischer Menschen; möglicherweise auch allgemein die Sprache des Menschen → BLEICHLING (Lebensformen). Gegensatz wäre dann → VERNUNFTSPRACHE. „Der trug eine Inschrift eingeritzt; in bleichlingscher Raubsprache nannte sie das Versteck des Schlüssels." (Lem 1999: 33)

ROOSEVELT-MEERE [Pl.; Roosevelt = Franklin Delano Roosevelt (1933-1945), Präsident der USA] Von irdischen Kolonisatoren für Landschaftsform auf dem Mars gewählter Name. Er steht in einer Reihe ähnlicher Benennungen nach Symbolfiguren der US-amerikanischen Kultur: HORMEL-TÄLER, FORD-HÜGEL, VANDERBILT-PLATEAUS, ROCKEFELLER-FLÜSSE. Die Beliebigkeit dieser Namen steht für die unreflektierte Übertragung irdischer Denkmuster auf eine fremde Welt und wird durch ihre Aufzählung im Plural noch unterstrichen. Im weiteren Verlauf verwandelt der Mars die Siedler von der Erde in ursprüngliche → MARSIANER (Lebensformen), womit zugleich auf rätselhafte Weise die alten marsianischen Namen zurückkehren: Ein Kanal heißt nun wieder TIRRA, ein Gebirgszug PILLAN-BERGE. Auch andere marsianische Wörter mischen sich in die Rede der Kolonisatoren: IORRT (der Planet Erde), UTHA (Vater), ILLES (Bücher), IOR UELLE RRE (Anzüge). Eine nächste Welle von Kolonisatoren benennt Elemente der Marslandschaft aufs Neue nach dem abgenutzten Muster: LINCOLN-BERGE, WASHINGTON-KANAL, EINSTEIN-TAL. Doch der Mars wird vermutlich auch diesmal die Oberhand behalten. (Bradbury 1980)

ROUSSEL-SPRACHE [Roussel = Raymond Roussel, frz. Schriftsteller (1877-1933)] Eine Sprache, die Eigenschaften aufweist, wie sie für den Ansatz des Schriftstellers Raymond Roussel charakteristisch sind. Dieser hatte Sprachexperimente durchgeführt mit dem Ziel, Sprache als eigenmächtig wirkendes, autarkes Medium zur Geltung zu bringen. Die Produktivität von Sprache sollte auf ihren Kern zurückgeführt werden, kontrolliert nur durch drei Mechanismen: Generation (Entwicklung eines Textes aus einem Ursprungselement, dem Generator, der zunächst unendlich viele Möglichkeiten eröffnet), Selektion (Auswahl von Alternativen, die überdeterminiert sind, d.h. verschiedene Bezugspunkte zum Text haben) und Kombination (Verbindung von Einzelsequenzen durch sprachliche Übergänge). Roussel nahm damit Versuche der Surrealisten mit der automatischen Schreibweise vorweg. Bei Watson ist die Sprache von Kindern gemeint, die, abgeschirmt von der Außenwelt, in einer neurotherapeutischen Klinik aufwachsen und eine Sprache entwickeln, die für andere Sprachbenutzer nur mit Hilfe eines Sprachcomputers verständlich ist: „Die Wörter selbst waren einfach genug. Kindergeplapper. Dennoch in einer Art und Weise organisiert, wie es noch nie dagewesen war, so daß Erwachsene ihr nicht um alles in der Welt folgen konnten, wenn sie nicht einen Computerausdruck zu Hilfe nahmen, der die Sprache mit einer Menge von Klammern aufteilte und Wortreihungen wiederherstellte, die der menschliche Verstand zu verarbeiten gewohnt war." (Watson 1983: 17) Der Erwerb der R. wird von den Forschern der Klinik gesteuert. Das Experiment basiert auf der Sprachtheorie des amerikanischen Linguisten Noam

Kommunikation und Sprache 233

Chomsky. Im Kern geht es um die Frage, welche sprachlichen Strukturen für den natürlichen Spracherwerbsmechanismus von Kindern unter vollständig artifiziellen Lebensbedingungen noch akzeptabel sind. Das Konzept der R., inspiriert durch ein Gedicht Roussels, beruht auf sprachlicher Rekursivität sowie auf syntaktischen Einbettungsrelationen. In dieser Hinsicht weist die R. Ähnlichkeiten mit dem → XEMAHOA B und mit den Bestrebungen der → SIGNALHÄNDLER (Lebensformen) auf. (Watson 1983)

SAMNORSK [norw. Samnorsk = Gemeinnorwegisch] Eine intergalaktische Lingua franca. Das S. wird hauptsächlich von Menschen gesprochen, aber vor allem Händler anderer Spezies beherrschen es oft ebenfalls. S. gehört zu denjenigen Sprachen, die im BEKANNTEN NETZ, einem interstellaren Internet, zum Austausch von Informationen und Ideen genutzt werden. Andere Sprachen dieser Art sind TRISKWELINE, FEUERSPRECH, WOLKENZEICHEN, OPTIMA, ARBWYTH, HANDEL 24, CHERGUELEN, BAELORESK, SCHIRACHENE, RONDRALIP, SCHWABBLINGS, TREDESCHK oder ACQUILERON. Eigentlich steht das Wort S. für die Idee, die beiden norwegischen Schriftsprachen Bokmål und Nynorsk zu einem Gemeinnorwegisch zu vereinen. (Vinge 2007)

SCHLANGENSCHRIFT Marsianische Schriftzeichen aus Sicht irdischer Betrachter; in diesem Fall in blauer Farbe in eine metallene Röhre eingraviert. (Bradbury 1981)

SCHLÜSSELWORT Ein Wort, das, einmal ausgesprochen, eine feindliche Person komplett lähmt und damit kampfunfähig macht. (Herbert 1993)

SCHWINGUNGS-KONVERTER [Konverter = Gerät, mit dem Wechselspannungen bestimmter Frequenzen umgeformt werden können, engl. converter, zu to convert = umwenden, wechseln > lat. convertere = umwenden, zu vertere = drehen, wenden, kehren] Apparat, mit dem Stimmfrequenzen so geändert werden können, dass eine Mensch-Alien-Kommunikation möglich wird. (Smith 1985)

SEMAPHORISCHE METHODE [Semaphor = Signalmast mit beweglichen Flügeln, gr. sema = Zeichen + gr. phoros = tragend, zu pherein = tragen] Zur Kommunikation entwickelte Methode, wobei Winkzeichen „ganze Gedanken und nicht bloß Zeichen für einzelne Laute" bedeuten. (Sturgeon 1985: 86)

SERVOSTIMME [lat. servus = Sklave, Diener] Durch einen Apparat künstlich erzeugte Stimme. (Brandhorst 2004)

SEXUELLES EMPFANGSGERÄT Eine Kombination aus rundfunkübertragenden Berührungs-, Geschmacks-, Duft- und Geräuschempfindungen, die nicht über Sinnesorgane geleitet werden, sondern direkt auf die entsprechenden Gehirnzentren einwirken. (Stapledon 1969)

SICHTEN Im Gegensatz zu ‚sehen', der optischen Wahrnehmung realer Objekte, das Wahrnehmen von Objekten über → HOLOVISION (Technologien), die Wahrnehmung dreidimensionaler ‚Fernsehbilder'. (Asimov 1987)

SIDDO Sprache eines gleichnamigen Volkes auf → OZAGEN (Kultur). „Die Sprache hieß Siddo, und die Beschäftigung mit ihr erwies sich von Anfang an als schwierig." (Farmer 1998: 55)

SIEDENDER SATURN [Saturn = 6. Planet des Sonnensystems, benannt nach dem römischen Gott des Ackerbaus] Futuristische Fluchformel: „Siedender Saturn!" Ähnlich auch „Beim Jupiter!" (Asimov 1980)

SOLIDO od. SOLIDO-3-D-PROJEKTION [solide = fest, haltbar, gediegen, zuverlässig, lat. solidus] Auf einem SOLIDOBILDSCHIRM erzeugte dreidimensionale Abbildung eines Gegenstands oder einer Szene. (Herbert 1993)

SPEZIAL-UMLAUTÜBERSETZUNG [ling. Umlaut = Angleichung des Stammsilbenvokals durch bestimmte Vokale oder Konsonanten der unbetonten Folgesilbe, z.B. Lämmer > Lamm] Übersetzung von der Sprache der → LIMBDISTEN (Lebensformen) in menschliche Sprache; technisch realisiert durch den ENTWISPERUNGSFILTER 000. (Braun/Braun 1985)

SPRACHANALYSE-INTELLIGENZ Teilfunktion der KOMMUNIKATIONSAUTOMATIK auf einem Raumschiff. Sie ermöglicht die verbale Steuerung der an Bord befindlichen Technik. (Vinge 2007)

SPRACHDRUCKER Sprache wird direkt in Computerdaten umgewandelt und mittels Sprachdrucker gedruckt. (Gibson 2000)

SPRACHENURWALD Die Vielzahl von Einzelsprachen auf der Erde aus der kritischen Perspektive der → VENUSMENSCHEN (Lebensformen). Diese kommunizieren in einer einheitlichen Sprache und sehen in der irdischen Sprachenvielfalt eine Ursache für Missverständnisse und politische Konflikte. (Turek 1949)

SPRACHMASCHINE Technisches Gerät zur Sprachverarbeitung. Per Funk unterstützt die S. die → SIGNALHÄNDLER (Lebensformen) aus dem Orbit bei ihren Verhandlungen auf der Oberfläche eines Planeten, indem sie ihren Gebrauch der jeweiligen HANDELSSPRACHE, auf der Erde des Englischen, kontrolliert. (Watson 1983)

SPRACHSYNTHETISATOR [synthetisieren = einzelne Teile zu einem höheren Ganzen zusammenfügen, gr. tithenai = setzen, stellen, legen + -at- = Fugenelement + -or] Bauteil eines intelligenten Roboters. Der S. wirkt mit ASSO-

ZIATIVSPEICHERN und AKUSTISCHEN ANALYSATOREN zusammen, um Sprachfähigkeit zu erzeugen. (Steinmüller/Steinmüller 1982)

SPRACHWANDLER Von den → SIRIANERN (Lebensformen) auf → CANIP (Raum) entwickeltes Übersetzungsgerät. Ein zentrales Bauteil des S.s ist der SPRACHFREQUENZMODULATOR, der die Überschneidungshäufigkeit zweier Sprachen innerhalb eines bestimmten Zeitraumes misst. (Ehrhardt 1975)

SPRECHMASCHINE Ein irdisches Sprechfunkgerät, so bezeichnet von Angehörigen einer intelligenten Lebensform, die selbst nicht über diese Technologie verfügt. (Clement 1978)

SPRECH-SCHREIBGERÄT Von den → SIRIANERN (Lebensformen) entwickeltes, streichholzschachtelgroßes Gerät, das Gesprochenes unmittelbar ausdruckt. (Ehrhardt 1975)

STIMMSCHREIBER Spracherkennungssystem, das gesprochene Sprache in Schriftsprache umsetzt. (Heinlein 2002)

SPULCHEN [Dim. von Spule = elektronisches Bauteil] Wie DRAHTILEIN und RÖHRCHEN ein Kosewort, das von intelligenten Rechenmaschinen und Robotern gebraucht wird. (Lem 1982)

SQUIRT-KOMMUNIKATOR [engl. to squirt = (ver)spritzen] Gerät, mit dem zwischen unterschiedlichen Standorten im Universum kommuniziert werden kann. „Er ist vollständig zusammengeklappt, aber wenn ich ihn aktiviere, entfaltet er sich auf seinem eigenen Dreibandständer, richtet eine große Schüssel zum Himmel und schickt ein umfangreiches Impulsbündel von ... irgendetwas ab. Codierte Energie im Engband, K-Maser oder vielleicht sogar modulierte Schwerkraft." (Simmons 2005: 422)

STECKNADEL Stecknadelförmiges Artefakt aus der → ZONE (Raum): „[...] die Stecknadel begann zu sprechen: Schwache rötliche Lichtpunkte tanzten auf ihrer Oberfläche und gingen urplötzlich in die selteneren grünen über. Einige Sekunden lang ergötzte sich Roderic an diesem seltsamen Spiel der Funken, das, wie er den ‚Mitteilungen' entnommen hatte, eine bestimmte Bedeutung haben sollte, eine noch nicht erforschte, doch vielleicht sehr wichtige Bedeutung." (Strugazki/Strugazki 1983: 90)

STELLARPHON [stellar = auf die Sterne bezogen, lat. stellaris, zu stella = Stern + -phon = Laut, Ton, gr. phone = Laut, Ton] Technisches Kommunikationsmittel für die Verständigung im Weltraum. (Delany 1997)

SUB-ETHA-RADIO auch kurz SUB-ETHA [lat. sub- = unter, nahe + etha zu engl. ether = Äther, Himmel] Rundfunkempfänger, der für spezielle, im Weltall gültige Frequenzen eingerichtet ist. Das SUB-ETHA-REPORT-MATIC ist ein

Gerät für Tonaufnahmen, wie auch der SENS-O-TAPE-RECORDER. (Adams 1992, 2005a, 2005c)

SUBRAUM-FUNK [→ SUBRAUM (RAUM)] Kommunikationseinrichtung. (ORION-Lexikon)

SUBRAUM-KOMMUNIKATION [→ SUBRAUM (RAUM)] Kommunikation, die durch den Subraum erfolgt und somit eine größere Reichweite hat. Ableitung: SUBRAUMKOMMUNIKATOR (Star Trek)

SUBRAUMKOMMUNIKATOR, kurz S-KOM [→ SUBRAUM (Raum)] Kommunikationstechnologie im Subraum. (Asher 2007)

SYSKON [das; Wkr. aus System + Kommunikationsnetz] Telekommunikationsnetzwerk, um sich ohne Zeitverlust überallhin zu faxen zu lassen. FAX (McCarthy 2007)

TACHYONENSTRAHL [Tachyon = hypothetisches Elementarteilchen, das sich mit Überlichtgeschwindigkeit bewegt, gr. tachy(s) = schnell + Ion = elektrisch geladenes Teilchen, engl. ion > gr. ion = Gehendes, Wanderndes, zu ienai = gehen] Gerichteter Strahl aus Tachyonen, Elementarteilchen, die sich schneller als das Licht bewegen und deren Möglichkeit durch die elementarphysikalische Theorie zumindest nicht ausgeschlossen wird. Ein T. könnte die Verständigung der Menschheit mit benachbarten Intelligenzen im All ermöglichen. Die → SIGNALHÄNDLER (Lebensformen) bieten ihren Verhandlungspartnern von der Erde diese Technologie als Gegenwert für die lebenden Gehirne von Sprechern irdischer Sprachen an. (Watson 1983)

TELEFONSCHIRM Teil eines Telefons, das auch Bildübertragung ermöglicht. (Verlanger 1979)

TELENOSE [Wkr. aus gr. tele- = fern + Hypnose = schlafähnlicher Bewusstseinszustand, der durch Suggestion herbeigeführt werden kann u. in dem die Willensfunktionen leicht zu beeinflussen sind] Überlagerung eigener Gedankenmuster durch Fremde, die direkte Beeinflussung eines Bewusstseins. (ORION-Lexikon)

TELEPSI [gr. tele- = fern, weit + psi = Konfix, parapsychologische Phänomene betreffend; nach dem ersten Buchstaben des gr. Wortes psyche = Seele] Langstrecken-Funkspruch. Entweder auf parapsychologischer Basis oder im Sinne der Quantenmechanik durch die Psi-Wellenfunktion interpretierbar, die in der Informationstechnik Anwendung findet. (Brin 2000)

TELEVISOR [gr. tele- = fern + Visor = (neolog.) Sichtgerät, lat. videre, visum = sehen] Technisches Kommunikationsmittel, kann Ton und Bild übertragen. (Simak 1978) Ein spezielles Bildtelefon: Der T. besteht aus einem in die

Kommunikation und Sprache

Wand eingelassenen Monitor. Über einen SPRACHREGULIERER können unterschiedliche Sprachen verwendet und automatisch übersetzt werden. Wird ein TELESCHREIBER angeschlossen, kann er auch Schrift übertragen, zum Beispiel Autogramme bekannter Persönlichkeiten. Über COMMUNICO-MASTEN können die Botschaften weltweit übertragen werden. (Gernsback 1973)

TERRANISCH [lat. terra = Erde, eigtl. = die Trockene] Eine „Kunstsprache, die sich aus verschiedenen Sprachen zusammensetzt, oder mit hoher Wahrscheinlichkeit Englisch". (Albrecht 2008: 9*)

TONFILM-RAUMKAMERA Kamera, mit der im Weltraum auch außerhalb von Raumschiffen Tonfilme aufgenommen werden können. (Ehrhardt 1975)

TOURISTISCH [Subst.bildung zu touristisch, Adj. zu Touristik = Fremdenverkehr] Verkehrssprache zwischen verschiedenen Spezies. „Die gemeinsame Sprache gaben die Schließer all denen, die sich ihres Transportsystems bedienten. Und jene Rassen, deren Kommunikationssystem nicht auf gesprochener Sprache beruhte, bekamen die universelle Gestensprache vermittelt, die es ihnen erlaubte, sich leidlich auszudrücken." (Lukianenko 2007: 28) Die Schriftform besteht aus siebenundvierzig Buchstaben, dreizehn Satzzeichen und zwei Zahlen (Binärcode). (Lukianenko 2007)

TRALFAMADORISCH Sprache der TRALFAMADORER, einer Spezies, die 150.000 Lichtjahre entfernt von der Erde auf TRALFAMADORE lebt. Die Tralfamadorer haben Botschaften über die Erde an einen auf TITAN gestrandeten Tralfamadorer namens Salo geschickt. „Die Aktivitäten auf der Erde konnte er [Salo, die Verf.] mit Hilfe eines Sehgeräts verfolgen, das am Armaturenbrett seines Raumschiffes angebracht war. [...] Durch dieses Sehgerät empfing der die erste Antwort vom Tralfamadore. Die Antwort war in großen Steinen auf einer Ebene niedergeschrieben, die sich im heutigen England befindet. Die Ruinen der Antworten stehen immer noch und sind unter dem Namen Stonehenge bekannt. Die Bedeutung von Stonehenge ist, von oben betrachtet, die folgende: ‚Ersatzteil wird so schnell wie möglich besorgt.' Stonehenge war nicht die einzige Nachricht, die der alte Salo empfangen hatte. Es gab noch vier davon, alle auf die Erde geschrieben." (Vonnegut 1984: 249)

TRANSKRIBIERER [Subst. zu transkribieren = etwas umschreiben, übertragen, zu lat. transscribere = schriftlich übertragen, zu trans = hinüber + scribere = schreiben] Technisches Gerät zur Informationsübermittlung. „Captain, auf ihrem Transkribierer im Schiff tut sich etwas." (Delany 1997: 118)

TRANSLATIONSAUTOMAT auch TRANSPHON, SPRACHMODULATOR, kurz MODULATOR [Translation = Übersetzung, zu lat. transferre, translatum = hinbertragen > trans- = hinüber + ferre = tragen] Von den → SIRIANERN (Lebensformen) entwickeltes, streichholzschachtelgroßes Gerät, das jede beliebige Sprache in jede andere übersetzen kann. (Ehrhardt 1975)

TRANSLATOR [engl. to translate = übersetzen > lat. transferre, translatum = hinübertragen > trans- = hinüber + ferre = tragen] Übersetzungsmaschine. (Strugazki/Strugazki 1992) „Louis trug die Scheibe auf der Innenseite des linken Handgelenks. Die Scheiben waren mit dem Schiffsrechner der *Lying Bastard* verbunden. Sie sollten eigentlich über diese Entfernung funktionieren, und der Rechner sollte imstande sein, jede neue Sprache zu analysieren und in Echtzeit zu übersetzen." (Niven 1998: 219) Ein AUTOMATISCHER TRANSLATOR ist ein Gerät, das in kurzer Zeit Grammatiken erlernt. (Star Trek) Eine TRANSLATOR-BOX [engl. box = Behälter] ist ein Übersetzungskasten, -gerät. (Baxter 2001) Die transportable TRANSLATORDISC [engl. disc = Scheibe, Plättchen] übersetzt akustisch und synchron alle bekannten Sprachen, auch Tiersprachen. (Simmons 2002)

TRI-D-FERNSEHBERICHT [gr./lat. tri- = drei + D = Kw. zu Dimension = Aus-/Abmessung, Ausdehnung, aus lat. dimensio, zu di(s)- = auseinander + metiri = messen] Sendung im dreidimensionalen Fernsehen. Aufnahmen für Berichte im Tri-D-Format entstehen mit der ROBOT-TRI-D-KAMERA. (Adams 2005b) Engl. und in der Schreibung ‚tri-D' tritt als Erstbeleg nach OED auf bei D. Knight, *Don't Live in the Past*, in *Galaxy Science-Fiction* 6-1951: 59/1: „He barked at Vargas, 'Turn on the tri-D!' Vargas stumbled over to his desk and obeyed. A five foot disc set into a low platform on his right glowed faintly, sparked and then spat a vertical stream of color. The image steadied and became the all too convincing three-dimensional replica of a portly man with a bulbous nose and long gray hair."

TRIMENSIC [engl. tri- = dreifach > lat. tres, tria = drei + engl. dimension = Dimension = Aus-/Abmessung, Ausdehnung, aus lat. dimensio, zu di(s)- = auseinander + metiri = messen + engl. -ic = adjektivbildendes Suffix] Gerät, das dreidimensionale Bildübertragung ermöglicht. Ableitung: TRIMENSIC-EMPFÄNGER. (Asimov 2003)

TRINÄR [Trinär = Substantivierung von Adj. trinär = dreiteilig, lat. trinarius, zu trinus/trini = aus (je) dreien bestehend, dreifach] Eine Sprache der Delphin-Rassen. „Trinär diente der Entspannung sowie zum Ausdruck von imaginären und persönlichen Angelegenheiten." (Brin 2000: 225) Ableitung: GOSSEN-TRINÄR. (Brin 2000)

TRI-VI [tri- = dreifach, lat. tres, tria = drei + Vi = Vision, lat. visio = das Sehen, der Anblick, zu videre, visum = sehen, Analogiebildung zum Kw. TV = Fernsehen in engl. Aussprache] Dreidimensionales Fernsehen. Sendungen des T.,

Kommunikation und Sprache

zum Beispiel ein TRI-VI-INTERVIEW, werden im TRI-VI-STUDIO produziert. (Simon 1982)

ÜBERLICHTGESCHWINDIGKEITSFUNK Eine fortgeschrittene Kommunikationstechnik, die es ermöglicht, Informationen schneller als Licht und damit in kürzester Zeit über riesige Distanzen zu senden. Noch schneller ist nur der verzögerungslose NULLZEIT-FUNK. (Pohl 2004)

ÜBERLICHTKOMMUNIKATION od. ULTRALICHTKOMMUNIKATION [lat. ultra = jenseits; über hinaus] Verständigung zwischen Personen oder Personengruppen über interstellare Distanzen mit einer Geschwindigkeit oberhalb der des Lichts. Die Ü. ist technisch und finanziell sehr aufwändig. Sie findet zum Beispiel über das BEKANNTE NETZ statt, ein interstellares Internet, in dem verschiedene Nachrichtengruppen Informationen, Theorien und Gerüchte verbreiten (darum manchmal auch NETZ DER MILLIONEN LÜGEN). Die dabei verwendeten Sprachen werden automatisch in die des jeweiligen Empfängers übersetzt, oft über Zwischenstationen, die in einem SPRACHPFAD ausgewiesen werden. Auch → SAMNORSK. (Vinge 2007)

ÜBERSETZUNGSCOMPUTER od. ÜBERSETZUNGSMASCHINE Tragbares Gerät, das die Übersetzung von einer Sprache in die andere ermöglicht. Es funktioniert, im Gegensatz zu anderen Versionen der universalen Übersetzungsmaschine, nur auf der Grundlage vorher weitgehend bekannter Sprachen. Andernfalls muss man sich bei der Kontaktaufnahme mit einfachen Bildtafeln behelfen. Die Übersetzung einzelner Wörter wird durch den SEMANTIKFILTER gesichert. (Simon 1982)

ULTRASCHALL-SIRIANISCH [Ultraschall = Schall mit Frequenzen oberhalb der menschlichen Hörschwelle, lat. ultra = äußerst + sirianisch = Adj. zu → SIRIANER (Lebensformnen)] Sprache der → SIRIANER (Lebensformen), die aufgrund des Frequenzbereichs der geäußerten Töne für Menschen nicht wahrnehmbar ist. Das U. kann aber mit Hilfe eines → TRANSLATIONSAUTOMATEN auch in menschliche Sprache übersetzt werden. (Ehrhardt 1975)

ULTRASTRAHL-PROJEKTOR [lat. ultra = über ... hinaus + Strahl + Projektor, lat. proicere, proiectum = nach vorne werfen] Ein ULTRAFUNKGERÄT, das mittels ULTRASTRAHLEN eine Kommunikation über Lichtjahre hinweg ermöglicht. (Smith 1985)

ULTRA-VOLLSTÄNDIGES MAXIMEGALONISCHES WÖRTERBUCH [lat. ultra = über ... hinaus; Maximegalon = Name eines fiktiven Planeten, lat. maximus = größter + gr. mega(l)- = groß] Vollständiger Titel des Werks ist „Ultra-Vollständiges Maximegalonisches Wörterbuch aller Sprachen überhaupt". Damit ist der Anspruch des Wörterbuchs beschrieben. Der Transport seiner mikrogespeicherten Ausgabe erfordert eine riesige Lastwagenkolonne. (Adams 2005)

UTAK Archaische Sprache in Eschbachs Roman *Quest*. Bei der Übersetzung eines alten Dokuments spielt die Bedeutung des Wortes *nood* ein zentrale Rolle: „Überleg mal. Welche Hauptdeklinationen kennt das Utak? Zunächst natürlich die narrative, aber dann hieße es *nulu*, nicht *nood*.' – ‚Genau', nickte Bailan kauernd. – ‚Außerdem gibt es, in der Reihenfolge absteigender Häufigkeit des Vorkommens, die reflektive, die demonstrative, die induktive und …' – ‚Und die sakrale!' Bailan hatte plötzlich das Gefühl, daß ihm die Augen aus den Höhlen quollen. Er riß das Papier an sich. ‚Bei der Rückkehr der Eloa – *nood* ist kein Partikel, sondern sakral dekliniert …! Er las den Text noch einmal, las ihn wie im Fieber […] Ihm wurde plötzlich heiß und kalt vor Schreck." (Eschbach 2005: 184-85)

VERNUNFTSPRACHE Sprache hoch entwickelter, intelligenter Roboter. Der Hinweis auf die Vernunft soll auch die Überlegenheit über den Menschen andeuten. „Der Homus erlernte rasch die Vernunftsprache und traute sich sogar, mit Elektrina anzubändeln." (Lem 1999: 23)

VIDEOPHON od. VIDEOFON [lat. video = ich sehe, zu videre = sehen + gr. phone = Laut, Ton] Ein technisches Kommunikationsmittel, das Ton und Bild übertragen kann, mit dem also VIDEOFERNGESPRÄCHE möglich sind. (Dick 1984) Kleines Fernsprechgerät mit Bildschirm, auf dem der Gesprächspartner erscheint: TASCHENVIDEOPHON (Krupkat 1970) Bei Dick (2002) wird das V. kurz als VIDFON bezeichnet: „Sie nahm den Hörer des Vidfons neben ihrem geschmeidigen Ellbogen ab und sprach hinein." (Dick 2002: 228) Der VIDEOPHONBEANTWORTER ist Teil eines Videophons, mit dem man z.B. ein WEISUNGSVIDEOPHONAT führen kann. (Hartmann 1989) Erstbeleg nach OED bei A. E. van Vogt, *World of Null-A,* in *Astounding Science-Fiction* 8-1945: 9/2.

VIDEOR [lat. video = ich sehe, zu videre = sehen + -or] Technisches Gerät zur Kommunikation, das über Tasten bedient wird und auch Bilder übertragen kann. (Kröger 1981)

VIDEOTELEFON [video- zu lat. videre = sehen + Telefon] Technisches Kommunikationsmittel, das gleichzeitig Ton und Bild überträgt. (Curtis 1979)

VISOPHON [lat. visus = Gesichtssinn, zu videre, visum = sehen + gr. phone = Laut, Ton, analog zu Telephon] Neuartige Fernsehapparatur. (Asimov 2004l) Das VISOFON ist bei Lem (1986b) ein technisches Kommunikationsmittel, das gleichzeitig Ton und Bild überträgt.

Kommunikation und Sprache 241

VISORSTRAHL [Visor = (neolog.) Sichtgerät, lat. videre, visum = sehen] Funkstrahl, der über einen Kommunikationssatelliten Laut/Bild-Kommunikation ermöglicht. (Asimov 2004f)

VODER [viel. V- für verbal od. Vo- für vokal + Dekoder = Geräteteil zur Entschlüsselung von Signalen, engl. decoder, zu to decode = entschlüsseln] Übersetzungsgerät, das umgehängt wird. (Brin 2000)

WORT-ASSOZIATIONSSYSTEM [Assoziation = Verknüpfung von Vorstellungen, frz. association, zu associer = vereinigen, verbinden > lat. associare = vereinigen, verbinden] Teil eines Gerätes, mit dessen Hilfe verdrängte Erinnerungen aufgespürt werden können. Dieses fotografiert den durch Nervenenergie erzeugten Strom. Dadurch wird erkennbar, wo genau anzusetzen ist, um eine Erinnerung auf die Ebene verbaler Artikulation zu heben. Die Verbalisierung erfolgt durch das W. (van Vogt 1968)

WORTSTEIN Speichermedium für Sprachinformationen, deren Inhalt sich per Gedankenübertragung aufnehmen und wiedergeben lässt. (Simmons 2005)

XEMAHOA B auch EINGESCHLOSSENE SPRACHE, DROGENSPRACHE [Xemahoa = fiktiver Volksstamm im Amazonasgebiet + B i.S.v. Variante zu A, dem Üblichen] Eine Sprache der XEMAHOA, eines kleinen Stammes indianischer Ureinwohner im brasilianischen Amazonasgebiet. Sobald sich die Xemahoa dem Einfluss der Droge → MAKA-I (Kognition) aussetzen, durchläuft die Sprache ihres alltäglichen Umgangs, auch XEMAHOA A, einen Verschlüsselungsprozess, in dessen Ergebnis das X. B entsteht. X. B ist zum Ausdruck komplexer und subtiler Zusammenhänge geeignet. Grundprinzip des X. B ist die Einbettung von allem in allem. Auf diese Weise wird eine totale raumzeitliche Einheit hergestellt, die einen direkten, verändernden Zugriff auf die Wirklichkeit erlaubt. Zum Beispiel ist das Tempussystem des X. B darauf angelegt, die Differenz zwischen einer Äußerung über ein zukünftiges Geschehen und der vorweggenommenen Erfüllung dieses Geschehens aufzuheben, so dass Gegenwart und Zukunft stufenlos ineinander übergehen (deshalb auch RHEOSTAT-SPRACHE). Voll artikulieren kann das X. B nur der BRUXO, der spirituelle Anführer der Gemeinschaft. Im Rahmen allabendlich stattfindender Stammesfeiern zelebriert der Bruxo die in X. B kodierten Mythen der Xemahoa und baut sie zu einem in sich geschlossenen System aus. X. B weist Ähnlichkeiten mit der → ROUSSEL-SPRACHE und mit den Bestrebungen der → SIGNALHÄNDLER (Lebensformen) auf. (Watson 1983)

XENOLINGUIST [gr. xenos = fremd + Linguistik = Sprachwissenschaft] Linguist, der die Sprachen fremder, nicht-irdischer Lebensformen untersucht. Erstbeleg nach OED bei Sheila Finchs, *The World Waiting*, in *Magazin Fantasy & Science-Fiction* 8-1989: 36: „Outside, someone was dragging Oona's battered duffel bag with its faded Xenolinguists' Guild insignia across the compound to the guest quarters." Die XENOLINGUISTIK ist ein Spezialgebiet der XENOLOGIE, dem wissenschaftlichen Studium extraterrestrischer Phänomene; dieser Begriff geht nach OED zurück auf Robert A. Heinlein, 1954, *The Star Lummox*, in *The Magazine of Fantasy and Science-Fiction* 6(5): 3-61, 6(6): 79-123 und 7(1): 65-113.

ZARQUON Prophet, Religionsstifter. Die Anhänger des Z. erwarten seine Wiederkehr, die aber aufgrund seiner Unpünktlichkeit erst unmittelbar vor dem Ende der Welt stattfindet, so dass Z. es gerade noch schafft, sich für sein Zuspätkommen zu entschuldigen. Z. wird außerdem im gesamten Universum als Fluch gebraucht: „Heiliger Zarquon!" Tritt in dieser Funktion auch als Adjektiv (VERZARKT) auf. (Adams 2005a, 2005c)

ZERHACKERFELDER Die Telekommunikation be-/verhindernde Störfrequenzen. (Brin 2000)

4-D [vier + D = Kw. zu Dimension(en)] Eine Technik der medialen Wiedergabe. „Soll man glauben, daß diese Hyäne jemals eine Frau war, noch dazu die göttliche, strahlende Dolores Oh, deren Bild wir immer noch gelegentlich in 4-D sehen?" (Smith 1983: 156)

Kognition/Emotion

„Sheppard ging auf das Wasser zu. Er schritt langsam durch einen Pirolschwarm, der über dem Gras schwebte. Jeder der erstarrten Vögel war zu einem überreichen Edelstein geworden, der von seinem eigenen Spiegelbild geblendet wurde. Er griff nach einem der Vögel, strich sein Gefieder glatt, auch hier auf der Suche nach dem Schlüssel, den er zu finden versucht hatte, als er Anne Godwin liebkoste. Er fühlte das leise Zucken des kleinen Vogelkäfigs in seiner Hand, ein gefiedertes Universum, das um ein einziges Herz schlug." (Ballard 2007k: 939) So nimmt der Protagonist einer jener traumhaft-visionären Erzählungen, in denen sich J.G. Ballard mit dem Phänomen der Zeit auseinandergesetzt hat, einen Vogelschwarm über einer Wiese wahr. Aus unserer Sicht sind die Vögel in der Luft erstarrt, Sheppard bewegt sich durch sie hindurch wie durch eine Theaterkulisse. Eigentlich verhalten sich die Vögel aber noch so wie in der uns vertrauten Welt, während Sheppard bereits gelernt hat, in Vergangenheit, Gegenwart und Zukunft gleichzeitig zu leben. Seine Berührung hilft den Vögeln, in diese bessere Welt zu gelangen, und bald wird Sheppard „weiterfahren, zu den Städten und Ortschaften des Südens, zu den schlafwandelnden Kindern in den Parks, zu den träumenden Müttern und Vätern, die darauf warteten, aus ihrem Kokon der Gegenwart befreit in ihrem eigenen grenzenlosen Reich der Zeit zu erwachen." (ebd.: 940) Sheppard ist in eine völlig neue Art hineingewachsen, die Welt wahrzunehmen, eine neue Art zu denken und zu fühlen.

Ballard hat es wie kaum ein anderer Science-Fiction-Autor verstanden, solche fundamentalen Verschiebungen inneren Erlebnisvermögens eindringlich darzustellen. Seine Protagonisten werden durch diese Verschiebungen in existenzielle Krisen gestürzt, weil sie ihnen anfänglich als etwas Undurchschaubares, Bedrohliches erscheinen, das sie unaufhaltsam in eine andere Welt hinüberzieht. Was hier wie ein spektakulärer Bruch erscheint, ist jedoch keineswegs außergewöhnlich, nur dass es sich üblicherweise unbemerkt, wie nebenher vollzieht. Man war oft geneigt, das menschliche Denk- und Empfindungsvermögen als zeitlos zu betrachten, als naturgegeben und unabhängig von kulturellen, historischen und sozialen Bezügen. Dennoch ist es, wie die moderne Kulturwissenschaft zeigen konnte, im Kern das Resultat langwieriger Entwicklungsprozesse, ebenso kulturabhängig und wandlungsfähig wie andere Bereiche unseres Lebens. (Vgl. Hansen 2003: 113f.) Fundamentale Veränderungen unserer Welt, wie sie die Science-Fiction entwirft, haben dementsprechend auch Veränderungen unserer Denkweise und unserer Gefühle zur Folge. Mehr noch: Denk- und Gefühlskulturen unterliegen bereits unter vertrauten irdischen Verhältnissen zum Teil erheblichen Differenzen. Klaus P. Hansen demonstriert das am Beispiel einer Untersuchung zum japanischen Gefühl des *Amae*: „Trotz ausführlicher Erklärungen, die in einer klaren Sprache abgefasst sind, wird der europäische oder amerikanische Leser diese Arbeit kaum verstehen, denn sie beschreibt einen Gegenstand, den er nicht kennt. Nicht nur daß westliche Sprachen kein Wort für dieses Gefühl besitzen, sondern es selbst ist uns fremd." (ebd.: 122) Was erst mag sich in den Köpfen und Herzen außerirdischer Intelligenzen abspielen? Dürfen wir ihnen Rationalität, Respekt vor dem Leben anderer, Freundlichkeit und Hilfsbereitschaft unterstellen? Entwickeln auch künstliche Intelligenzen Gefühle, und wenn ja, können sie den unseren überhaupt ähnlich sein?

Fragen wie diese sind aus Sicht von Science-Fiction-Autoren von Interesse. Der Bereich von Kognition und Emotion umfasst aber noch weitere Aspekte. Das betrifft zum Beispiel die Suche nach neuen Möglichkeiten, die uns einen direkteren Zugriff auf die Welt um uns herum eröffnen. Ein EMOTIONAUT etwa ist in der Lage, ein Raumschiff allein mit seiner Denkkraft zu steuern, oder ein EMPATH, fremde Gefühle unmittelbar zu beeinflussen. Eine nicht unwesentliche Rolle spielen in der Science-Fiction auch bewusstseinsverändernde Drogen aller Art. In Frank Herberts *Dune*-Zyklus kreisen weite Teile der Handlung um das GEWÜRZ, auch MELANGE genannt, eine rotbraune, an Zimt erinnernde, durch die SANDWÜRMER auf dem WÜSTENPLANETEN ARRAKIS produzierte Substanz. Sie verursacht starke Sucht und qualvolle, oft tödliche Entzugserscheinungen. Ihre Konsumenten sind leicht zu erkennen, denn das Weiße ihrer Augen färbt sich auffällig blau. Dennoch wird sie zu einem zentralen Element der Zivilisation. Die interstellare Raumfahrt wäre ohne sie nicht möglich, weil das Reisen mit Überlichtgeschwindigkeit den Blick in die Zukunft voraussetzt, und der funktioniert nicht ohne die Droge. Außerdem verlängert GEWÜRZ das Leben. So wird es, zumindest von den gutbetuchten, als alltägliches Konsumgut gebraucht: Ein GEWÜRZLIKÖR, GEWÜRZKAFFEE oder GEWÜRZBIER wirkt in mehr als nur einer Hinsicht stimulierend.

In einem völlig neuen Zeitbegriff leben, in die Zukunft sehen, mit Gedankenkraft Raumschiffe lenken – das klingt alles sehr gewaltig. Da ist es vielleicht beruhigend, doch auch auf Vertrautes zu stoßen: Auch intelligente Roboter flüstern sich gelegentlich ein liebevolles SPULCHEN oder DRAHTILEIN zu. Und manch ein ELEKTROSTHENIKER bevölkert die Nervenheilanstalten der Zukunft.

AMPLIFIKATOR [Subst. zu lat. amplificare = erweitern] Gerät zur Erweiterung des Selbst, zur Wahrnehmung. Ein EMPATHISCHER AMPLIFIKATOR verstärkt fremde Empathien. (Brandhorst 2004)

ANPASSUNG Eine Prozedur, durch die Personen kognitiv und emotional in eine soziale Gemeinschaft eingegliedert werden. Das ANPASSUNGSVERFAHREN kann zum Beispiel bei gefangen genommenen Soldaten einer gegnerischen Armee oder bei Kriminellen angewendet werden. Es besteht in Techniken der psychologischen Manipulation, unterstützt durch den Einsatz von Medikamenten. Angepasste Personen haben keine oder allenfalls vage Erinnerungen an ihre Vergangenheit. Sobald ihr Denken in die Nähe sensibler Punkte kommt, treten psychische Blockaden ein. (Cherryh 1984)

APHILIE [gr. a- = nicht + gr. philia = Liebe] Grundbedeutung etwa Lieblosigkeit. Bezeichnet den Zustand der Menschen auf der in *Mahlstrom der Sterne* zeitversetzten Erde. „Die Menschen verloren nicht nur die Fähigkeit zur Liebe, sondern ebenso alle anderen Emotionen. Haß, Freude, Eifersucht, Trauer, Begeisterung sind ihnen fremd geworden." (Perry-Rhodan-Lexikon I, 1991: 35)

BEWOHNEN In den Geist eines Wirtes eindringen, durch seine Sinnesorgane die Welt wahrnehmen und seinen Gedanken und Gefühlen folgen. Ein WIRT bezeichnet jene Person, in die ein körperloses Ich eindringt und sie bewohnt. (Stapledon 1969)

BEWUSSTSEINSARREST „Es handelt sich da um eine Technik, bei der das Gehirn vom Empfinden des Körpers getrennt wird und dadurch seine Funktionen ohne Bezug auf den Körper durchführen kann." (Asimov 2004f: 136)

BIOFEEDBACK-KOMMANDO [Biofeedback = Rückkopplung innerhalb eines Regelkreises biologischer Systeme, bio- = das Leben/die Biologie betreffend, gr. bios = Leben + engl. feedback = Rückkopplung] Kommando, um willentlich körperliche Reaktionen hervorzurufen, die eigentlich keiner Willenssteuerung unterliegen. (Brin 2000)

DEPRESSIONSFELD [Depression = pathologische Niedergeschlagenheit, frz. Dépression = Niederdrückung] Bestrahlung, infolge deren man in eine tiefe seelische Depression verfällt. (Strugazki/Strugazki 1992)

EMOTIONAUTEN [Pl.; Emotion + -naut > gr. nautes = Seefahrer, analog zu Astronaut] Menschen, die aufgrund einer besonderen Befähigung ein Raumschiff mittels Gedankenkraft steuern können. (Rhodan 2008)

EMOTIONSINDIKATOR Gerät, das es ermöglicht, die Veränderungen des emotionalen Zustandes zu verfolgen. (Strugazki/Strugazki 1992)

EMPATH [engl. empathy = Einfühlung(-svermögen) > gr. empathein = Leidenschaft] Person, die in der Lage ist mitzufühlen und fremde Gefühle zu beeinflussen. (Brandhorst 2004)

EMPATHIECHIRURG Chirurg, der durch die direkte Verbindung mit seinem Patienten seelische Leiden heilen kann. (Simmons 2002)

ENTMATERIALISIERUNGSSCHMERZ [ent- + Materialisierung = (physik.) Umwandlung von Energie in Materie(teilchen), Subst. zu materialisieren, lat. materia = Bauholz, Stoff] Schmerzreaktion beim Eintritt in ein → STERNENTOR, wo eine Entmaterialisierung des Eintretenden erfolgt. (Eisele 2000)

ERDSCHWÄRMERIN Eine MARTIERIN → MARTIER (Lebensformen), die sich anlässlich eines Besuches in Berlin für die Verhältnisse auf der Erde begeistert. In der Bezeichnung als E. schwingt ein gewisses Unverständnis mit. Andere Martier stört zum Beispiel der Lärm des irdischen Großstadtlebens. (Laßwitz 1994)

ERDSUCHT Das unstillbare Bedürfnis einer im Inkubator → INKUBATORGESCHÖPFE (Raumschiffe) geborenen Raumschiffbesatzung, den unerreichbar fernen Heimatplaneten ihrer Spezies kennen zu lernen. (Steinmüller/Steinmüller 1982)

EUPHORIEFELD [Euphorie = gehobene Stimmung, Begeisterung, gr. euphoria = Geduld] Ein Feld psychischer Energie, das durch die wiederholte Wahrnehmung subjektiven Erfolgs entsteht und über dessen Diagonale der Zustand von Ekstase erreicht wird. (Wisniewski-Snerg 1993)

FÜHLFILM Kinofilm in SUPER-STEREO-TON-FARBEN mit SYNCHRONISIERTER DUFTORGELBEGLEITUNG → DUFTORGEL (Technologien), in dem durch Auflegen der Hände auf Metallknöpfe auf den Armlehnen im Film dargestellte Gefühle miterlebt werden. (Huxley 1982)

GABENLATENZ [Gabe + Latenz = Vorhandensein einer Sache, die noch nicht in Erscheinung getreten ist, lat. latere = verborgen sein] Unterschwellige Gabe, KANTAKI-SCHIFFE zu fliegen. (Brandhorst 2004)

GEFÜHLSCHIP [engl. chip = kleines Halbleiterplättchen, welches Informationen speichern kann] Datenchip, durch den ein → ANDROIDE (Roboter) Gefühle erfahren kann. (Star Trek)

GEPRICKEL [prickeln = jucken, kitzeln, stechen] Objekt aus der → ZONE (Raum) mit psychotroper Wirkung. „Ich lief über den Hof und konstatierte, daß meine *Geprickel* anfing, Wirkung zu zeitigen. Zunächst begannen sämtliche Hunde des Viertels zu jaulen und zu bellen – sie spürten das Zeug als erste –, dann stöhnte jemand in der Kneipe auf, so daß es mir selbst auf die Entfernung noch in den Ohren klang. Ich stellte mir in aller Deutlichkeit die Hektik unter den Leuten vor: der eine verfiel in Apathie, der zweite wurde fuchsteufelswild, ein dritter wußte nicht, wohin vor Angst … Denn dieses *Geprickel* war mehr als scheußlich." (Strugazki/Strugazki 1983: 65)

Kognition/Emotion

GESPENST od. GEIST Elektromagnetische, in Stein oder Metall konservierte Spur. Ugs. für ein visuelles Bild vergangener Ereignisse. (McCarthy 2007)

GEWÜRZ od. MELANGE Eine bewusstseinsverändernde Droge. G. wird auf natürlichem Weg durch die → SANDWÜRMER (Lebensformen) auf dem WÜSTENPLANETEN ARRAKIS (auch GEWÜRZPLANET, ERNTEPLANET) erzeugt. Als rotbraunes, an Zimt erinnerndes Pulver wird es aus GEWÜRZSAND extrahiert. Sein Genuss führt zu starker Sucht, die Entzugserscheinungen sind qualvoll und oft tödlich. Das Weiße der Augen von Gewürzkonsumenten färbt sich auffällig blau. G. wirkt lebensverlängernd, stärkt die Immunkraft und ermöglicht einer Person, in die Zukunft zu sehen. Aufgrund dieser Eigenschaften wird G. zu einem zentralen Element der menschlichen Zivilisation. Vor allem die interstellare Raumfahrt wäre ohne G. nicht möglich → RAUMGILDE (Kultur). In Adelsfamilien und bei den → FREMEN (Kultur) ist G. auch ein alltägliches Konsumgut und wird Speisen und Getränken beigemischt (z.b. GEWÜRZLIKÖR, GEWÜRZKAFFEE, GEWÜRZBIER). Eine konzentrierte und besonders wirkungsvolle Form des G.s ist das SAPHO. Es wird als geistige Stimulanz für → MENTATEN und die Navigatoren der Raumgilde eingesetzt. Das G. wird von selbsttätigen Maschinen, den SANDKRIECHERN (auch ERNTER), in der Wüste eingesammelt und in GEWÜRZSILOS gelagert. Im weiteren Verlauf des *Dune*-Zyklus gelingt es den → BENE TLEILAX (Kultur), G. künstlich herzustellen. (Herbert 1993)

GRAPHOMAN [Graph = Schriftzeichen, gr. graphein = schreiben + -man = besessen, krankhaft erregt, wahnsinnig, zu Manie = Sucht, Besessenheit, lat. mania > gr. mania = Raserei, Wahnsinn] Von der Tätigkeit des Schreibens besessen. (Braun/Braun 1985)

ID-LÖSER [ID = Kw. zu Identität] Eine Wahrheitsdroge. (Bester 1978)

KATATONISIERUNG [med. Katatonie = Krampfzustände der Muskulatur, gr. katatonos = abwärts gespannt] Auslöschung aller Bewusstseinsinhalte. „Als sein Golfball ins Loch fiel, war der Phoenix-General Silvershield bereits katatonisiert. Verständnislos schaute er auf die weiße Kugel in dem Erdloch. Er hatte keine Ahnung, wo er war, wer er war, oder was er tat. Der Putter glitt ihm aus den Händen, und er starrte auf das Gras hinunter. Sein Blick war so leer wie der Himmel." (Kotzwinkle 2007: 214)

KOPFSCHRUMPFER Ugs. Bezeichnung für Psychologen. (Sturgeon 1985)

LOGIKOTHERAPEUT Vertreter einer psychotherapeutischen Methode, deren Funktionsprinzip jedoch unklar ist und in die Nähe der Scharlatanerie gerät. „Ich werde den Beweis einer bedauernswerten Ignoranz liefern, denn ich komme überhaupt nicht auf die Bedeutung dieses rätselhaften Fachgebietes.

Vor dem Fachwissen des Professors Nguyen verbeuge ich mich, in Vorwegnahme meiner Erfahrung, mit tiefster Hochachtung. Aber ist die Methode seiner Therapie logischer als die der anderen?" (Wisniewski-Snerg 1993: 91f.)

MAKA-I auch MAKA-I-DROGE [möglw. Zusammenhang mit hawaii. makai = seewärts, zum Meer hin] Eine bewusstseinsverändernde Droge, die es den XEMAHOA, einem Indianerstamm im brasilianischen Amazonasgebiet, ermöglicht, eine besonders komplexe Sprache, das → XEMAHOA B (Kommunikation) zu sprechen und zu verstehen. Das M. wird aus Pilzen gewonnen, die zwischen den Wurzeln seltener, XE-WO-I genannter Bäume wachsen. Zwischen den Xemahoa und den MAKA-I-PFLANZEN hat sich ein ökologisches Mikrosystem entwickelt: Die Xemahoa verzehren M. und düngen den Boden, auf dem M. gedeiht, wiederum mit ihren Ausscheidungen. Da M. nur im Umkreis des Xemahoa-Dorfes vorkommt, ist der Stamm praktisch gezwungen, sich staatlich angeordneten Umsiedlungsmaßnahmen im Zusammenhang mit einem gewaltigen Staudamm-Projekt zu widersetzen. Frauen ist der Gebrauch von M. nicht gestattet. In einem Fall wird jedoch eine Ausnahme gemacht, in der Hoffnung, dass die betreffende Frau den MAKA-I-GOTT, eine Messiasfigur, gebären wird. (Watson 1983)

MARSKOLLER [Mars = 4. Planet unseres Sonnensystems + Koller = umgangsspr. für Zustand psychischen Kontrollverlustes, Wutausbruch, Tobsuchtsanfall] Negativer Erregungszustand, in den jemand durch einen zu langen Aufenthalt auf dem Mars geraten kann. (Kröger 1981)

MENTALIK [lat. mentalis = geistig, auf den Geist, die Vernunft bezogen; zu mens, mentis = Geist, Vernunft] Biochemie und Biophysik des Denkens. Weiterführend auch ROBOTMENTALIK. (Asimov 2004h)

MENTAT [mental = geistig, lat. mentalis, zu mens, mentis = Geist, Vernunft + -at] Mensch mit den Eigenschaften eines lebenden Computers. Ein M. durchläuft eine harte Ausbildung, die ihn affektneutral werden lässt. Erst dann kann sein Gehirn auf dem notwendig hohen Niveau arbeiten, um komplexe Zukunftsprognosen errechnen und damit politische oder militärische Entscheidungen von großer Tragweite treffen oder unterstützen zu können. Die M.en übernehmen damit die Funktion von Computern, als DENKMASCHINEN bekannt. Diese sind seit BUTLERS DJIHAD (auch GROSSE REVOLTE), einem religiös begründeten Kreuzzug gegen Computer und Roboter → ORANGE-KATHOLISCHE BIBEL (Kultur), nicht mehr im Gebrauch. Allerdings stehen die M.en aufgrund ihrer Seltenheit nur für besondere Aufgaben, zum Beispiel im Gefolge großer Herrscherhäuser, zur Verfügung. (Herbert 1993)

MENTOSKOP [lat. mens, mentis = Geist, Vernunft + -skop = Beobachtungsgerät, gr. skopein = betrachten]. Ein Gerät, das ein tiefes Eindringen in das Erinnerungsvermögen einer Person gestattet. (Strugazki/Strugazki 1992)

METASELBST [gr. meta = über, nachher, später] Über-Ich. (Brandhorst 2004)

MIGNON-KOMPLEX [Mignon = Figur aus Goethes Roman „Wilhelm Meisters Lehrjahre" + Komplex = psycholog. negatives Selbstbild, das aus ins Unterbewusstsein verdrängten Vorstellungen bzw. nicht verarbeiteten Erlebnissen herrührt, aus lat. complexus = Verknüpfung (hier: von Erfahrungen zu einem kohärenten Selbstbild/Verhaltensmuster)] Der M. basiert auf der Vorstellung, von den eigenen Eltern nur adoptiert und in Wirklichkeit eine hochrangige Persönlichkeit (z.B. König, Königin) zu sein. (Bester 1978)

MNEMOGRAPH [mnemo- = auf das Gedächtnis bezogen, gr. mneme = Gedächtnis + -graph = für Aufzeichnungsgerät, gr. graphein = schreiben] Persönlicher ERINNERUNGSSPEICHER (entspricht dem Tagebuch früherer Zeit), mit dem man die Gedanken, Gespräche und Eindrücke eines Tages durch Gedankenübertragung bzw. -mitschnitt aufzeichnen kann. „Wenig später saß ich im Hotelzimmer vor meinem Mnemographen und zeichnete Gedanken, wesentliche Gespräche und Eindrücke vom Tage auf. [...] Oft lasse ich den Mnemographen ablaufen, um mir dies oder jenes ins Gedächtnis zu rufen." (Krupkat 1970: 63)

PÄDAGOGISCH-MANISCH [manisch = besessen, krankhaft erregt, gr. manikos, zu mania = Raserei, Wahnsinn] Eigenschaft einer Person, die erzieherisch auf ihre Umwelt einzuwirken versucht und dabei manische Züge entwickelt. (Wisniewski-Snerg 1993)

PSF-DROGE auch PSF-CHEMIKALIE [PSF = K.w. zu PROTEINSYNTHESENFÖRDERUNG; Proteinsynthese = Herstellung von Proteinen durch synthetische Verfahren + Droge i.S.v. Rauschmittel] Eine Substanz, welche die Bildung von Proteinen im Gehirn steigert und somit als eine Art Intelligenzverstärker wirkt, der Lernprozesse wesentlich beschleunigt. Die P. wird im Rahmen eines Experiments zur Entwicklung einer → ROUSSEL-SPRACHE (Kommunikation) eingesetzt. (Watson 1983)

PSILOSYNIN [fiktive Bezeichnung Psilosynin möglicherweise in Anlehnung an die halluzinogenen Stoffe Psilocybin und Psilocin, die in bestimmten Pilzsorten (ugs. Psilos) enthalten sind. Zu gr. psi = vorletzter Buchstabe des gr. Alphabets, als Anfangsbuchstabe Abkürzung von gr. psyche = Hauch, Atem, Seele.] Neurotransmitter (biochemischer Botenstoff) im Gehirn von Telepathen. (Star Trek)

PSYCHOINDEX Überprüfbares psychologisches Profil einer Person. (Delany 1997)

PSYCHOTROPISCHES HAUS auch kurz PT-HAUS [psychotropisch = auf die Psyche eines Menschen ausgerichtet, Adj. psychotrop = psychische Prozesse beeinflussend, gr. psyche = Seele + trop-(isch), zu trope = (Hin)Wendung, Richtung] Haus, das auf die psychischen Zustände derjenigen, die das Haus betreten oder in ihm wohnen, reagiert. Der Resonanzgrad kann dabei eingestellt werden. (Ballard 2007h)

RAUMPSYCHOSE auch RAUMKOLLER [Psychose = krankhafter Zustand mit erheblicher Beeinträchtigung der psychischen Funktionen u. gestörtem Realitätsbezug, gr. psyche = Seele, Atem, Hauch] Psychische Krankheit, die bei Eintritt in den Weltraum bzw. längerem Aufenthalt dort auftreten kann. (Ehrhardt 1975)

REGRESSIONSSCHIZOPHRENIE [Regression = (psycholog.) Rückfall in Verhaltensweisen einer früheren Altersstufe, lat. regressio, zu regressus = Partizip zu regredi = zurückgehen + Schizophrenie = psychotische Erkrankung, gr. schizein = spalten + phren = Geist, Gemüt] Rückfall gelifteter Rassen in atavistische Verhaltensformen. (Brin 2000)

REMATERIALISIERUNGSSCHOCK [lat. re = wieder, zurück + Materialisierung = (physik.) Umwandlung von Energie in Materie(teilchen), Subst. zu materialisieren, lat. materia = Bauholz, Stoff] Schockreaktion beim Austritt aus einem → STERNENTOR (Raum), wo eine Rematerialisierung erfolgt. (Eisele 2000)

ROBINSONNEUROSE [Robinson = Name des Romanhelden in Daniel Defoes (1660-1731) Roman *Robinson Crusoe* + Neurose = psychische Störung, zu gr. neuron = Sehne, Nerv] Problematischer psychischer Zustand als Resultat einer verengten Weltsicht, die nur die eigene, unmittelbare Umwelt, zum Beispiel den Himmelskörper, auf dem man lebt, im Blick hat, die Weite des Universums hingegen ausblendet. (Steinmüller/Steinmüller 1982)

SCHWERKRAFTLACHEN Von starker Schwerkraft verzerrter Gesichtsausdruck beim Lachen. „Griesgrämig öffnete sich sein Mund. Seine Augen blickten weinerlich. Es war das typische ‚Schwerkraftlachen', das die Gesichter hier unten verzerrte." (Hartmann 1989: 34)

SELBSTFRAGMENT [Fragment = Bruchstück, lat. fragmentum, zu frangere = brechen] Teil des Ichs, das in eine andere Welt projiziert werden kann. (Brandhorst 2004)

Kognition/Emotion

SHIB Ein religiöser Lebenswandel im Sinne der → STIRCHE (Kulturen) ist SHIB (Ggs. UNSHIB). Geht einher mit Empfindung korrekten Verhaltens und Aufgehobenseins im Kollektiv. (Farmer 1998)

SICHERHEITS-THEOREM [Theorem = Lehrsatz, aus Axiomen gewonnene Aussage innerhalb eines wissenschaftlichen Systems > gr. theorema = durch Betrachtung gefundener Lehrsatz, zu gr. theasthai = sehen, ansehen] Die Neigung, sich einen Hinterausgang zu schaffen, um sich vor potenziellen Gefahren zu schützen. So lehnen die meisten Seelen Verstorbener die Hilfe ihres Fürsprechers vor Gott, des Neben-Anwalts (in der jüdischen Mythologie der *yetzer hat-tov*) ab, weil sie glauben, diesen Beistand nicht nötig zu haben. Die Skepsis gegenüber der eigenen Unschuld ist in diesem Fall aber die erfolgreichere Strategie. „Es ist ein Sicherheits-Theorem, nach dem kleine Geschöpfe verfahren, wenn sie sich einen Bau graben. Sind sie weise, so legen sie einen zweiten Ausgang aus dem Bau an und verfahren nach der pessimistischen Annahme, daß der erste womöglich durch ein Raubtier versperrt werden wird. Alle Geschöpfe, die nicht nach ihrem Theorem verfahren, sind nicht mehr unter uns." (Dick 1984: 130)

STIMMUNGSORGEL Gerät, das die Laune eines Individuums bewusst steuern kann. Durch einen THALAMUS-HEMMER bzw. ein THALAMUS-STIMULANS kann die Stimmungsorgel eingestellt werden. „Ich stelle die Orgeln für uns beide ein', sagte Rick und führte sie ins Schlafzimmer zurück. Dann trat er an ihr Pult und programmierte 594: freudige Anerkennung der geistigen Überlegenheit des Ehemanns in allen Dingen." (Dick 2002: 14)

SUPEREGO-BLOCK [Superego = Über-Ich, in der Psychoanalyse verinnerlichte Autoritätsgebote, lat. super = über + lat. ego = ich] Eine Wahrheitsdroge. (Bester 1978)

TIEFENLEHRE [Lehre i.S.v. Unterricht, Unterweisung] Eine Methode zur effektiven Vermittlung von Wissen, zu Ausbildungszwecken, aber auch zur Manipulation von Agenten eingesetzt. Die T. arbeitet mit Techniken der Suggestion, vor allem dem Einsatz von TIEFENBÄNDERN. TIEFENGESCHULTE Personen können sich an diese Prozedur selbst nicht erinnern, im Falle militärischer Geheimhaltung nicht einmal daran, dass sie jemals einer solchen unterzogen wurden. (Cherryh 1984)

UNASTRONAUTISCH Nicht den erwartbaren Verhaltensweisen eines Raumfahrers angemessen. U. ist es zum Beispiel, einen Planeten voller Enthusiasmus mit einem Sprung aus dem Landefahrzeug zu betreten und aufgrund der nicht berücksichtigten Schwerkraftverhältnisse auf der Nase zu landen. (Steinmüller/Steinmüller 1982)

UNTERLICHTSCHOCK [Unterlichtgeschwindigkeit + Schock = starke seelische Erschütterung] Krankheit, die durch Anpassungsschwierigkeiten des menschlichen Organismus beim Übergang von Überlicht- zu Unterlichtgeschwindigkeit verursacht wird. (Simon 1982)

WAHRHEITSTRANCE [Trance = schlafähnlicher Bewusstseinszustand, engl. trance > frz. transe = das Hinübergehen > lat. transire > trans- = hinüber + ire = gehen] Zustand einer Person nach der Einnahme von Wahrheitsdrogen, der das schnelle und zuverlässige Entlarven von Falschaussagen ermöglicht. (Herbert 1993)

WAHRSAGERIN Eine weibliche Person, die aufgrund einer besonderen mentalen Disposition Wahrheit und Lüge unfehlbar voneinander unterscheiden kann. (Herbert 1993)

Literatur- und Quellenverzeichnis

Primärliteratur

Adams, D. 1992. Per Anhalter durch die Galaxis. Roman. Frankfurt am Main; Berlin. [engl. 1979]

Adams, D. 2005a. Das Restaurant am Ende des Universums. München. [engl. 1980]

Adams, D. 2005b. Das Leben, das Universum und der ganze Rest. München. [engl. 1982]

Adams, D. 2005c. Macht's gut und danke für den Fisch. München. [engl. 1984]

Adams, D. 2005d. Einmal Rupert und zurück. München. [engl. 1992]

Albrecht, J. 2008. Sternstaub, Goldfunk, Silberstreif. Göttingen.

Andrevon, J.-P. 1979. Die verschwundene Dimension. In: Der Planet mit den sieben Masken. Utopische Erzählungen aus Frankreich. Herausgegeben von Bernhard Thieme. Berlin. 195-210. [frz. 1975]

Asher, N. 2007. Das Tor der Zeit. Bergisch Gladbach. [engl. 2006]

Asimov, I. 1979. Ich, der Robot. Roboterstories der modernen Science-Fiction. 6. Aufl. München. [engl. 1950]

Asimov, I. 1980. Logik. In: Maschinenmenschen. Science-fiction aus Großbritannien und den USA. Herausgegeben von Erik Simon. Berlin. 5-29. [engl. 1941]

Asimov I. 1987. Das galaktische Imperium. München. [engl. 1985]

Asimov, I. 1994. Kybernetischer Organismus. In: Roboter-Visionen. Bergisch-Gladbach. 480-486. [engl. 1987]

Asimov, I. 2003. Die Stahlhöhlen. Erstes Buch. München. [engl. 1954]

Asimov, I. 2004a. Alle Roboter-Geschichten. Bergisch Gladbach.

Asimov, I. 2004b. Sally. In: Asimov 2004a. 22-43. [engl. 1953]

Asimov, I. 2004c. Denke! In: Asimov 2004a. 58-69. [engl. 1977]

Asimov, I. 2004d. Robot AL-76 geht in die Irre. In: Asimov 2004a. 76-91. [engl. 1941]

Asimov, I. 2004e. Unbeabsichtigter Sieg. In: Asimov 2004a. 92-118. [engl. 1942]

Asimov, I. 2004f. Fremdlinge im Paradies. In: Asimov 2004a. 119-147. [engl. 1974]

Asimov, I. 2004g. Ein Herz aus Metall. In: Asimov 2004a. 154-160. [engl. 1967]

Asimov, I. 2004h. Laßt uns zusammenkommen. In: Asimov 2004a. 182-205. [engl. 1956]

Asimov, I. 2004i. Zwischenfall bei der Dreihundertjahrfeier. In: Asimov 2004a. 223-240. [engl. 1976]

Asimov, I. 2004j. Vernunft. In: Asimov 2004a. 264-285. [engl. 1941]

Asimov, I. 2004k. Risiko. In: Asimov 2004a. 435-468. [engl. 1955]

Asimov, I. 2004l. Schlagender Beweis. In: Asimov 2004a. 493-515. [engl. 1946]

Asimov, I. 2004m. … daß du seiner eingedenk bist. In: Asimov 2004a. 573-602. [engl. 1974]

Baier, M. R. 2005. Coruum. Volume I. Witten.

Ballard, J. G. 2007a. Die Stimmen der Zeit. Gesammelte Erzählungen in zwei Bänden, Bd. 1. München.

Ballard, J. G. 2007b. Prima Belladona. In: Ballard 2007a. 22-26. [engl. 1956]

Ballard, J. G. 2007c. Die Warte-Gründe. In: Ballard 2007a. 128-168. [engl. 1959]

Ballard, J. G. 2007d. Zone des Schreckens. In: Ballard 2007a. 241-264. [engl. 1960]

Ballard, J. G. 2007e. Chronopolis. In: Ballard 2007a. 265-299. [engl. 1960]

Ballard, J. G. 2007f. Die Stimmen der Zeit. In: Ballard 2007a. 300-346. [engl. 1960]

Ballard, J. G. 2007g. Studio 5. In: Ballard 2007a. 368-413. [engl. 1961]

Ballard, J. G. 2007h. Die Tausend Träume von Stellavista. In: Ballard 2007a. 536-563. [engl. 1962]

Ballard, J. G. 2007i. Die Zeitgräber. In: Ballard 2007a. 807-828. [engl. 1963]

Ballard, J. G. 2007j. Der freundliche Attentäter. In: Ballard 2007a. 492-508. [engl. 1961]

Literatur- und Quellenverzeichnis 255

Ballard, J. G. 2007k. Mythen einer nahen Zukunft. In: Vom Leben und Tod Gottes. Gesammelte Erzählungen in zwei Bänden, Bd. 2. München. 895-940. [engl. 1982]

Banks, I. M. 2006. Der Algebraist. München. [engl. 2004]

Baxter, S. 2001. Vakuum Diagramme. Ein Roman in Episoden aus dem Xelee-Universum. München. [engl. 1997]

Baxter, S. 2002. Das Multiversum 1: Zeit. München. [engl. 1999]

Baxter, S. 2003. Wirklichkeitsstaub. In: Unendliche Grenzen. Herausgegeben von Peter Crowther. Bergisch Gladbach. S. 17-104. [engl. 2000]

Benford, G. 2006. Zeitschaft. München. [engl. 1980]

Bester, A. 1978. Hände weg von Zeitmaschinen. Science-Fiction-Erzählungen. München; Zürich. [engl. 1958]

Bioy Casares, A. 1984. Morels Erfindung. Roman. Mit einem Nachwort von Jorge Luis Borges. Frankfurt am Main. [span. 1940]

Blondel, R. 1979. Echos aus dem Kosmos (Auswahl). In: Der Planet mit den sieben Masken. Utopische Erzählungen aus Frankreich. Herausgegeben von Bernhard Thieme. Berlin. 77-79. [frz. 1973]

Bordage, P. 2007. Die Krieger der Stille. München. [frz. 1993]

Bova, B. 2005. Asteroidensturm. München. [engl. 2002]

Bradbury, R. 1977. Der illustrierte Mann. Zürich. [engl. 1951]

Bradbury, R. 1980. Sie waren dunkelhäutig und goldäugig. In: Maschinenmenschen. Science-fiction aus Großbritannien und den USA. Herausgegeben von Erik Simon. Berlin. 88-105. [engl. 1952/53]

Bradbury, R. 1981. Die Mars-Chroniken. Roman in Erzählungen. Berlin. [engl. 1950]

Brandhorst, A. 2004. Diamant. München.

Brandhorst, A. 2005a. Der Metamorph. München.

Brandhorst, A. 2005b. Der Zeitkrieg. München.

Brandhorst, A. 2008. Feuerträume. München.

Braun, J./Braun, G. 1985. Der x-mal vervielfachte Held. Phantastische Erzählungen. Frankfurt am Main.

Brin, D. 2000. Sternenflut. München. [engl. 1983]

Brin, D. 2005. Copy. München. [engl. 2002]

Bringsværd, T. Å. 1988. Die Stadt der Metallvögel. Frankfurt am Main. [norw. 1983]

Bujold, L. M. 2005. Barrayar. Der Doppelgänger. Vierter Band aus dem Barrayar-Zyklus. München. [engl. 1989, 1994, 2001]

Card, O.S. 2005. Das große Spiel. Roman. Mit einem Vorwort von Andreas Brandhorst. München. [engl. 1985]

Cherryh, C.J. 1984. Pells Stern. München. [engl. 1981]

Clarke, A. C. 2004. Die letzte Generation. Mit einem Vorwort von Peter F. Hamilton. München. [engl. 1953]

Clement, H. 1978. Unternehmen Schwerkraft. München. [engl. 1954]

Crichton, M. 2002. Timeline. Eine Reise in die Mitte der Zeit. München. [engl. 1999]

Curtis, J.-L. 1979. Ideen zu verkaufen. In: Der Planet mit den sieben Masken. Utopische Erzählungen aus Frankreich. Herausgegeben von Bernhard Thieme. Berlin. 58-76. [frz. 1956]

Darász, E. 1980. Gesichtswinkel. In: Raketen, Sterne, Rezepte. Wissenschaftlich-phantastische Erzählungen aus Ungarn. Herausgegeben von Péter Kuczka. Berlin. 53-59. [ung. o.J.]

Delany, S. R. 1997. Babel-17. Roman. München. [engl. 1966]

Demuth, M. 1979. Ein Cepheide. In: Der Planet mit den sieben Masken. Utopische Erzählungen aus Frankreich. Herausgegeben von Bernhard Thieme. Berlin. 163-170. [frz. 1964]

Dick, P. K. 1984. Die göttliche Invasion. Rastatt. [engl. 1982]

Dick, P. K. 1992. Das Orakel vom Berge. Bergisch Gladbach. [engl. 1962]

Dick, P. K. 2002. Blade Runner. München. [engl. 1968]

Dick, P. K. 2004. Marsianischer Zeitsturz. München. [engl. 1964]

Dick, P. K. 2005. Irrgarten des Todes. München. [engl. 1970]

Dick, P. K. 2007a. Der unmögliche Planet. Stories. Herausgegeben von S. Mamcak. München. [engl. 1953]

Dick, P. K. 2007b. Die Verteidiger. In: Dick 2007a. 33-64. [engl. 1953]

Dick, P. K. 2007c. Menschlich ist ... In: Dick 2007a. 221-238. [engl. 1955]

Dick, P. K. 2007d. Der Minderheiten-Bericht. In: Dick 2007a. 402-454. [engl. 1956]

Literatur- und Quellenverzeichnis

Dick, P. K. 2007e. Die elektrische Ameise. In: Dick 2007a. 679-703. [engl. 1969]

Dick, P. K. 2007f. Ein kleines Trostpflaster für uns Temponauten. In: Dick 2007a. 704-734. [engl. 1974]

Dick, P. K. 2007g. Die Präpersonen. In: Dick 2007a. 735-771. [engl. 1974]

Dick, P. K. 2007h. Die Lincoln-Maschine. München. [engl. 1972]

Disch, T. M. 1977. Angoulême. München. [engl. 1974]

Dominik, H. 1940. Treibstoff SR. Berlin.

Dorémieux, A. 1979. Die Vana. In: Der Planet mit den sieben Masken. Utopische Erzählungen aus Frankreich. Herausgegeben von Bernhard Thieme. Berlin. 120-130. [frz. 1959]

Ehrhardt, P. 1975. Nachbarn im All. Wissenschaftlich-phantastischer Roman. Berlin.

Eisele, M. 2000. Stargate SG 1: Kinder der Götter. Nürnberg.

Eschbach, A. 2005. Quest. München.

Farmer, P. J. 1998. Die Liebenden. München. [engl. 1961]

Franke, H. W. 1983. Der Atem der Sonne. In: Phantastische Träume. Herausgegeben von Franz Rottensteiner. Frankfurt am Main. S. 84-113.

Franke, H. W. 2004. Sphinx_2. München.

Franke, H. W. 2007. Flucht zum Mars. München.

Galouye, D. F. 1965. Welt am Draht. München. [engl. 1964]

Gernsback, H. 1973. Ralph 124C 41+. München. [engl. 1925]

Gibson, W. 2000. Neuromancer. In: Die Neuromancer-Trilogie. München. 25-330. [engl. 1984]

Gustafsson, L. 1995. Das seltsame Tier aus dem Norden und andere Merkwürdigkeiten. München. [schwed. 1989]

Gyertyán, E. 1980. Warenhaus Printemps Parisien. In: Raketen, Sterne, Rezepte. Wissenschaftlich-phantastische Erzählungen aus Ungarn. Herausgegeben von Péter Kuczka. Berlin. 91-110. [ung. o.J.]

Haldeman, J. 2004. Der ewige Krieg. München. [engl. 1975]

Harrison, H. 1992. New York 1999. München. [engl. 1966]

Harrison, M. J. 2004. Licht. München. [engl. 2002]

Hartmann, B. 1989. Die Jupitaner. Halle; Leipzig.

Heinlein, R. A. 1983. Tunnel zu den Sternen. München. [engl. 1956]

Heinlein, R. A. 1988. Starship Troopers. Bergisch Gladbach. [engl. 1959]

Heinlein, R. A. 1999. Der rote Planet. Bergisch Gladbach. [engl. 1949]

Heinlein, R. A. 2002. Fremder in einer fremden Welt. Bergisch Gladbach. [engl. 1961]

Henneberg, C. 1979. Mondfischer. In: Der Planet mit den sieben Masken. Utopische Erzählungen aus Frankreich. Herausgegeben von Bernhard Thieme. Berlin. 82-102. [frz. 1959]

Herbert, F. 1993. Der Wüstenplanet. München. [engl. 1965]

Hoyle, F. 1970. Die schwarze Wolke. München. [engl. 1957]

Huxley, A. 1982. Schöne neue Welt. Frankfurt am Main. [engl. 1932]

Jeschke, W. 2005. Der letzte Tag der Schöpfung. Mit einem Vorwort von Frank Schätzing. München. [1981]

Jeury, M. 1979. Fabrik und Schloß. In: Der Planet mit den sieben Masken. Utopische Erzählungen aus Frankreich. Herausgegeben von Bernhard Thieme. Berlin. 316-338. [frz. 1976]

Karinthy, F. 1980. NeueIlias. In: Raketen, Sterne, Rezepte. Wissenschaftlich-phantastische Erzählungen aus Ungarn. Herausgegeben von Péter Kuczka. Berlin. 16-31. [ung. o.J.]

Klein, G. 1979. Der Planet mit den sieben Masken. In: Der Planet mit den sieben Masken. Utopische Erzählungen aus Frankreich. Herausgegeben von Bernhard Thieme. Berlin. 131-144. [frz. o.J.]

Kober, W. 1984. Exoschiff. Utopische Erzählungen. Berlin.

Kotzwinkle, W. 2007. Das Amphora-Projekt. München. [engl. 2005]

Kröger, A. 1981. Das Kosmodrom im Krater Bond. Berlin.

Laczko, G. 1980. Aufstand im Pantheon. In: Raketen, Sterne, Rezepte. Wissenschaftlich-phantastische Erzählungen aus Ungarn. Herausgegeben von Péter Kuczka. Berlin. 32-36. [ung. 1929]

Laßwitz, K. 1984. Auf zwei Planeten. Berlin. [1897]

Le Guin, U. K. 1976. Planet der Habenichtse. Berlin. [engl. 1974]

Lem, S. 1973. Der Unbesiegbare. Hamburg. [poln. 1964]

Lem, S. 1979. Memoiren, gefunden in der Badewanne. Mit einer Einleitung des Autors. Frankfurt am Main. [poln. 1961]

Lem, S. 1982. Sterntagebücher. Berlin. [poln. 1968]

Lem, S. 1986a. Lokaltermin. Berlin. [poln. 1982]

Lem, S. 1986b. Solaris. Berlin. [poln. 1961]

Lem, S. 1999. Robotermärchen. Herausgegeben von Franz Rottensteiner. Mit Illustrationen von Daniel Mróz. Frankfurt am Main. [poln. 1964/65]

Lukianenko, S. 2007. Spektrum. München. [russ. 2002]

Mathon, B. 1979. TIVI und die anderen. In: Der Planet mit den sieben Masken. Utopische Erzählungen aus Frankreich. Herausgegeben von Bernhard Thieme. Berlin. 253-272. [frz. 1976]

McAuley, I. 2003. Geschichte machen. In: Unendliche Grenzen. Herausgegeben von Peter Crowther. Bergisch Gladbach. 237-336. [engl. 2000]

McCarthy, W. 2007. Sol. Die Kolonie des Königs. München. [engl. 2004]

McCollum, H. 2008. Sternenfeuer. München. [engl. 2006]

McDevitt, J. 2006. Polaris. Bergisch Gladbach. [engl. 2004]

McDonald, I. 2003. Tendeléos Geschichte. In: Unendliche Grenzen. Herausgegeben von Peter Crowther. Bergisch Gladbach. 337-460. [engl. 2000]

Mesterházi, L. 1980. Raketen, Sterne, Rezepte. In: Raketen, Sterne, Rezepte. Wissenschaftlich-phantastische Erzählungen aus Ungarn. Herausgegeben von Péter Kuczka. Berlin. 72-90. [ung. o.J.]

Miller, W. M. jr. 1979. Lobgesang auf Leibowitz. München. [engl. 1959]

Niven, L. 1998. Ringwelt. Bergisch Gladbach. [engl. 1970]

Nooteboom, C. 1993. Die folgende Geschichte. Frankfurt am Main. [niederl. 1991]

Orwell, G. 1950. Neunzehnhundertvierundachtzig. Zürich. [engl. 1949]

Orwell, G. 1964. Neunzehnhundertvierundachtzig. Zürich. [engl. 1949]

Pohl, F. 2004. Die Gateway-Trilogie. [Gateway, Jenseits des blauen Horizonts, Rückkehr nach Gateway] Mit einem Vorwort von Terry Bisson. München. [engl. 1976, 1980, 1984]

Renard, C. 1979. In Klammern. In: Der Planet mit den sieben Masken. Utopische Erzählungen aus Frankreich. Herausgegeben von Bernhard Thieme. Berlin. 302-315. [frz. 1977]

Reynolds, A. 2006. Unendlichkeit. München. [engl. 2000]

Reynolds, A. 2007. Die Arche. München. [engl. 2002]

Robson, J. 2005. Die Verschmelzung. Bergisch Gladbach. [engl. 2003]

Rucker, R. 1981. Weißes Licht. München. [engl. 1980]

Rucker, R. 1988. Software. München. [engl. 1982]

Samjatin, J. 1984. Wir. Köln. [russ. 1920]

Scalzi, J. 2007. Der Krieg der Klone. München. [engl. 2005]

Schätzing, F. 2004. Der Schwarm. Köln.

Schwindt, P. 2005. Justin Time – Verrat in Florenz. Bindlach.

Simak, C. D. 1978. Als es noch Menschen gab. München. [engl. 1956]

Simak, C. D. 1980. Die Viecher. In: Maschinenmenschen. Science-fiction aus Großbritannien und den USA. Herausgegeben von Erik Simon. Berlin. 48-87. [engl. o.J.]

Simmons, D. 2002. Die Hyperion-Gesänge. Zwei Romane. München. [engl. 1989, 1990]

Simmons, D. 2005. Ilium. München. [engl. 2003]

Simon, E. 1982. Fremde Sterne. Phantastische Erzählungen. Berlin.

Slonimski, A. 1987. Der Zeittorpedo. Frankfurt am Main. [poln. 1924]

Smith, C. 1983. Das ausgebrannte Gehirn. In: Phantastische Träume. Herausgegeben von Franz Rottensteiner. Frankfurt am Main. 152-162. [engl. 1958]

Smith, E. E. 1985. Die Planetenbasis. Erster Roman des Lensmen-Zyklus. München. [engl. 1948]

Stackpole, M. A. 1997. Die Kriegerkaste. München. [engl. 1995]

Stapledon, O. 1969. Die Sternenmacher. München. [engl. 1937]

Steinmüller, A. und K. 1982. Andymon. Eine Weltraum-Utopie. Berlin.

Stephenson, N. 2000. Snow. Crash. Wisbech, Cambridgeshire. [engl. 1992]

Sterling, B. 1996. Schwere Wetter. München. [engl. 1994]

Stross, C. 2008. Glashaus. München. [engl. 2006]

Strugazki, A. und B. N. 1983. Ein Käfer im Ameisenhaufen. Bielefeld. [russ. 1980]

Strugazki, A. und B. N. 1992. Die bewohnte Insel. Frankfurt am Main. [russ. 1969]

Sturgeon, T. 1985. Baby ist drei. München. [engl. 1953]

Sussan, R. 1979. Die schmutzige Luft der Angst. In: Der Planet mit den sieben Masken. Utopische Erzählungen aus Frankreich. Herausgegeben von Bernhard Thieme. Berlin. 183-194. [frz. 1974]

Szabó, P. S. 1980. Schwarze und weiße Löcher. In: Raketen, Sterne, Rezepte. Wissenschaftlich-phantastische Erzählungen aus Ungarn. Herausgegeben von Péter Kuczka. Berlin. 172-184. [ung. o.J.]

Tiptee (Jr.), J. 1999. Die Sternenkrone. Erzählungen. München. [engl. 1988]

Turek, L. 1949. Die goldene Kugel. Phantastischer Kurzroman um Atomkraft und Weltraumschiffe. Berlin.

Vance, J. 2002. Die Kriegssprachen von Pao. Bergisch Gladbach. [engl. 1958]

Verlanger, J. 1979. Die Bläschen. In: Der Planet mit den sieben Masken. Utopische Erzählungen aus Frankreich. Herausgegeben von Bernhard Thieme. Berlin. 103-119. [frz. 1956]

Verne, J. 1976. Von der Erde zum Mond. Direkte Fahrt in siebenundneunzig Stunden und zwanzig Minuten. Zürich. [frz. 1865]

Verne, J. 1995. 20 000 Meilen unter dem Meer. In: 20 000 Meilen unter dem Meer. In 80 Tagen um die Welt. Köln. [frz. 1870]

Véry, P. 1979. Sie. In: Der Planet mit den sieben Masken. Utopische Erzählungen aus Frankreich. Herausgegeben von Bernhard Thieme. Berlin. 148-157. [frz. 1961]

Vian, B. 1979. Vorsicht vor Klassikern. In: Der Planet mit den sieben Masken. Utopische Erzählungen aus Frankreich. Herausgegeben von Bernhard Thieme. Berlin. 15-25. [frz. 1964]

Vinge, V. 2007. Ein Feuer aus der Tiefe. Mit einem Nachwort des Autors. München. [engl. 1992]

van Vogt, E. A. 1968. Welt der Null-A. München. [engl. 1948]

Vonnegut, K. 1984. Die Sirenen des Titan. Reinbek bei Hamburg. [engl. 1959]

Watson, I. 1983. Das Babel-Syndrom. München. [engl. 1973]

Wells, H. G. 1974. Die Zeitmaschine. Eine Erfindung. Zürich. [engl. 1895]

Wells, H. G. 2005. Krieg der Welten. Zürich. [engl. 1898]

Williams, T. 1998. Otherland. Stadt der goldenen Schatten. Band 1. Stuttgart. [engl. 1996]

Wisniewski-Snerg, A. 1993. Die Arche. [poln. 1985]

Zajdel, J. A. 1988. Die Probe. In: Die Rekonstruktion des Menschen. Phantastische Geschichten. Berlin. 134-155. [poln. 1965]

Sekundärliteratur und -quellen

Abret, H./Boia, L. 1984. Das Jahrhundert der Marsianer. Der Planet Mars in der Science-Fiction bis zur Landung der Viking-Sonden 1976. München.

Alcubierre, M. 2001. „Warp-Antrieb – Wurmlöcher – Zeitreisen. In: Sterne und Weltraum Spezial 6. 70-76.

Alpers, H.J./Fuchs, W. 1982a. Einleitung. In: Alpers, H.J./Fuchs, W. (Hg.) Science-Fiction Anthologie. Die Vierziger Jahre I, Bd. 3. Köln. 9-19.

Alpers, H.J./Fuchs, W. 1982b. Einleitung. In: Alpers, H.J./Fuchs, W. (Hg.) Science-Fiction Anthologie. Die Vierziger Jahre I, Bd. 4. Köln. 9-17.

Angenot, M. 1979. The Absent Paradigm: An Introduction to the Semiotics of Science-Fiction. In: Science-Fiction Studies 6. 9-19.

Ash, B. 1976. Who's Who in Science-Fiction. New York.

Ballmer, T. T. 1980. Sprache in Science-Fiction. In: Ermert, K. (Hg.) Neugier oder Flucht? Zur Poetik, Ideologie und Wirkung der Science-Fiction. Stuttgart. 82-94.

Barmeyer, E. 1972. Kommunikationen. In: Barmeyer, E. (Hg.) Science-Fiction. Theorie und Geschichte. München. 203-219.

Barmeyer, E. 1979. SF über Worte, Worte über SF. Anmerkungen zu William Burroughs' Nova Express. In: Rottensteiner, F. (Hg.) Quarber Merkur. Aufsätze zur Science-Fiction und Phantastischen Literatur. Frankfurt am Main. 70-81.

Barnes, J. 1991. How to Build a Future. In: Dozois, G.; Lee, T.; Schmidt; S.; Strock, I. R.; Williams, S. (Hg.) Writing Science-Fiction and Fantasy. New York. 146-183.

Barnes, M. E. 1975. Linguistics and Languages in Science-Fiction-Fantasy. New York.

Bellmann, G. 1980. Zur Variation im Lexikon: Kurzwort und Original. In: Wirkendes Wort 30. 369-383.

Berger, A. I. 1979. Nuclear Energy: Science-Fiction's Metaphor of Power. In: Science-Fiction Studies 6. 121-128.

Berger, H. 1976. Science-Fiction and the New Dark Age. Bowling Green.

Bova, B. (Hg.) 1973. Science-Fiction Hall of Fame. New York.

Broderick, D. 1995. Reading by starlight: postmodern Science-Fiction. London; New York.

Bruck, P. 1979. Die Vergangenheit der Zukunft: Amerikanische Science-Fiction von William Tenn bis Damon Knight. In: Freese, P.; Groene, H.; Hermes, L. (Hg.) Die Short Story im Englischunterricht der Sekundarstufe II. Theorie und Praxis. Paderborn; München; Wien; Zürich. 179-205.

Bukatman, S. 1993. Terminal identity. The virtual subject in postmodern Science-Fiction. Durham; London.

Byrd, P. 1978. Star Trek Lives: Trekker Slang. In: American Speech. A Quarterly of Linguistic Usage 53. 52-58.

Cavelos, J. 1999. The Science of Star Wars. New York.

Clute, J. 1996. Science-Fiction. Die illustrierte Enzyklopädie. München.

Clute, J./Nicholls, P. (Hg.) 1993 The Encyclopedia of Science-Fiction. New York.

Csicsery-Ronay, I. 1985. The Book is the Alien: On Certain and Uncertain Readings of Lem's Solaris. In: Science-Fiction Studies 12. 6-21.

Delany, S. R. 1977. About five thousand seven hundred and fifty words. In: The Jevel-Hinged Jaw. Notes on the Language of Science-Fiction. Elisabethown; New York. 33-49.

Delany, S. R. 1994. Silent Interviews. On Language, Race, Sex, Science-Fiction and Some Comics. Hanover; London.

Dinello, D. 2005. Technophobia! Science-Fiction Visions of Posthuman Technology. Austin.

DUDEN – Das große Wörterbuch der deutschen Sprache. 2000. Mannheim.

Eckert, H./Thurnbull, R. 1983. The Language of Science-Fiction. In: Jongens, R./de Knop, S. (Hg.) Sprache, Diskurs und Text. Akten des 17. Linguistischen Kolloquiums Brüssel 1982. Bd. I. Tübingen 1983. 165-172.

Eco, U. 1988. Die Welten der Science-Fiction. In: Eco, U. Über Spiegel und andere Phänomene. München; Wien. 214-222.

Ellendt, A. 1983. Fachsprachliche Elemente in der modernen englischen und amerikanischen Science-Fiction-Literatur. Unveröffentlichte Dissertation. Leipzig.

Elsen, H. 2008. Phantastische Namen. Namen in Science Fiction und Fantasy zwischen Arbitrarität und Wortbildung. Tübingen.

Falkenburg, B./Huber, R. 2007. Die Welt als Maschine – eine Metapher. In: Spektrum der Wissenschaft, Spezial 3: 20-26.

Fischer, J. M. 1980. Science-Fiction – Phantastik – Fantasy. Ein Vorschlag zu ihrer Abgrenzung. In: Ermert, K. (Hg.) Neugier oder Flucht? Zur Poetik, Ideologie und Wirkung der Science-Fiction. Stuttgart. 8-17.

Fleischer, W./Barz, I. 1992. Wortbildung der deutschen Gegenwartssprache. Tübingen.

Földeak, H. 1975. Neuere Tendenzen der sowjetischen Science-Fiction. München.

Fontenelle, B. le B. de 1997. Besonderheiten der Welten Venus, Merkur, Mars, Jupiter und Saturn. In: Fetscher, J./Stockhammer, R. (Hg.) Marsmenschen. Wie die Außerirdischen gesucht und erfunden wurden. Leipzig. 11-29.

Freedman, C. 2000. Critical Theory and Science-Fiction. Hanover .

Friedrich, H. E. 1995. Science-Fiction in der deutschsprachigen Literatur. Tübingen.

Frisch, A. 1983. Language Fragmentation in Recent Science-Fiction Novels. In: Myers, R.E. (Hg.) The Intersection of Science-Fiction and Philosophy. Westport. 147-158.

Geier, M. 1981. Stanislaw Lems Phantastischer Ozean. Ein Beitrag zur semantischen Interpretation des Science-fiction-Romans „Solaris". In: Berthel, W. (Hg.) Über Stanislaw Lem. Frankfurt am Main.

Gottwald, U. 1990. Science-Fiction (SF) als Literatur in der Bundesrepublik der siebziger und achtziger Jahre. Frankfurt am Main; Bern; New York; Paris.

Hallenberger, G. 1990. Science-Fiction als Kommunikationsprozeß. In: Pusch, H. (Hg.) Science-Fiction Times. Magazin für Science-Fiction und Fantasy 6/90. Meitingen.

Hansen, K. P. 2003. Kultur und Kulturwissenschaft. Eine Einführung. Tübingen; Basel.

Heidtmann, H. 1982. Utopisch-phantastische Literatur in der DDR. Untersuchungen zur Entwicklung eines unterhaltungsliterarischen Genres von 1945-1979. München.

Heller, A. 1986. Anthony Burgess, A Clockwork Orange (1962). In: Heuermann, H. (Hg.) Der Science-Fiction-Roman in der angloamerikanischen Literatur. Interpretationen. Düsseldorf. 236-252.

Innerhofer, R. 2008. Science Fiction – Glanz und Elend eines Genres. In: Der Deutschunterricht 2: 2-12.

James, E. 1994. Science-Fiction in the 20th Century. Oxford; New York.

Jarzebski, J. 1976. Stanislaw Lem. Rationalist und Sensualist. In: Berthel, W. (Hg.) Stanislaw Lem. Der dialektische Weise aus Krakow. Werk und Wirkung. Frankfurt am Main. 60-90.

Kandel, M. 1981. Über Stanislaw Lem. In: Berthel, W. (Hg.) Über Stanislaw Lem. Frankfurt am Main. 68-74.

Kann, W. von/Puschkarsky, E. 1984. Bibliographie zur Science-Fiction in der russischen, polnischen und tschechischen Literatur. In: Kasack, W. (Hg.) Science-Fiction in Osteuropa. Beiträge zur russischen, polnischen und tschechischen phantastischen Literatur. Berlin. 106-145.

Kant, I. 1997. Von den Bewohnern der Gestirne. In: Fetscher, J./Stockhammer, R. (Hg.) Marsmenschen. Wie die Außerirdischen gesucht und erfunden wurden. Leipzig. 30-49.

Kempen, B. 1991. 2001: Eine strukturalistische Odyssee. Ansätze zur medienvergleichenden Kritik. In: Pusch, H. (Hg.) Science-Fiction Times. Magazin für Science-Fiction und Fantasy. 2/91. Meitingen.

Knight, D. Hg. 1977. Turning Points. Essays on the Art of Science-Fiction. New York; Hagerstown; San Francisco; London.

Koelb, C. 1984. The Language of Presence in Varley's „The Persistance of Vision". In: Science-Fiction Studies 11. 154-165.

Kreuzer, S.; Siebold, O.; Schlobinski, P. 2008 (Hg.). Science Fiction. Seelze (= Der Deutschunterricht 2).

Krueger, J. R. 1968. Language and Techniques of Communication as Theme or Tool in Science-Fiction. In: Linguistics 39. 68-86.

Lem, S. 1968, 1990. Philosophie des Zufalls. Zu einer empirischen Theorie der Literatur. Bd. II. Berlin.

Lem, S. 1972. Roboter in der Science-Fiction. In: Barmeyer, E. (Hg.) Science-Fiction. München. 163-185.

Lem, S. 1979. Science-Fiction – strukturalistisch gesehen. In: Rottensteiner, F. (Hg.) Quarber Merkur. Aufsätze zur Science-Fiction und Phantastischen Literatur. Frankfurt am Main. 17-32.

Lem, S. 1984. Phantastik und Futurologie. Bd. II. Frankfurt am Main.

Lem, S. 1985. Lokaltermin. Entstehung eines Romans. In: Marzin, F. F. (Hg.) Stanislaw Lem: An den Grenzen der Science-Fiction und darüber hinaus. Meitingen. 119-124.

Lem, S. 2003. Probleme mit der Phantomatik. In: Lem, S. Die Megabit-Bombe. Essays zum Hyperspace. Hannover. 94-100.

Lem, S./Beres, S. 1985. Im Spinnennetz der Bücher. In: ad libitum. Sammlung Zerstreuung. Bd. I. Berlin. 123-146.

Lewis, P. 1981. George Orwell. The Road to 1984. London.

Maclean, M. 1984. Metamorphoses of the Signifier in „Unnatural" Languages. In: Science-Fiction Studies 11. 166-173.

Marder, L. 1979. Reisen durch die Raum-Zeit. Das Zwillingsparadoxon – Geschichte einer Kontroverse. Braunschweig; Wiesbaden.

Marzin, F. F. 1985. Vielfältige Fragen, gefunden in den Werken Lems. In: Marzin, F. F. (Hg.) Stanislaw Lem: An den Grenzen der Science-Fiction und darüber hinaus. Meitingen. 11-57.

Meyers, W. E. 1980. Aliens and Linguists. Language Study and Science-Fiction. Athens.

Myers, R. E. (Hg.) 1983. The Intersection of Science-Fiction and Philosophy. Critical Studies. Westport.

Nagl, M. 1981. Science-Fiction. Ein Segment populärer Kultur im Medien- und Produktverbund. Tübingen.

Niven, L. 1976. The Words in Science-Fiction. In: Bretnor, R. (Hg.) The Craft of Science-Fiction. New York. 178-193.

Okrand, M. 1992. The Klingon Dictionary. English/Klingon – Klingon/English. New York; London; Toronto; Sydney; Tokyo; Singapore.

Ortner, L. 1985. Wortbildungs- und Satzbildungsmittel zum Ausdruck von Metaphern und Vergleichen in Science-Fiction-Texten oder: von wurstförmigen Raumkrümmern und Wesen wie Ameisenigel. In: Studien zur deutschen Grammatik. Festschrift für Johannes Erben. Innsbruck. 255-275.

Oth, R. (Hg.) 1981. Gedachte Welten: Das fabelhafte Universum der Science-Fiction. Würzburg.

Parker, H. 1977. Biological Themes in Modern Science-Fiction. Ann Arbor.

Parrinder, P. 1979. Delany Inspects the Word-Beast. In: Science-Fiction Studies 6. 337-341.

Parrinder, P. 1980. Science-Fiction. Its Criticism and Teaching. New York.

Parrinder, P. 1995. Shadows of the Future. H.G. Wells, Science-Fiction and Prophecy. Liverpool.

Pehlke, M./Lingfeld, N. 1970. Roboter und Gartenlaube. Ideologie und Unterhaltung in Science-Fiction-Literatur. München.

Perry Rhodan. Lexikon A-Z in 6 Bänden. 1991. Rastatt.

Piecchotta, H.-J. 1985. Das Buch im Buch. Entwicklung und Funktion eines Motivs im Werk Stanislaw Lems. In: Marzin, F. F. (Hg.) Stanislaw Lem: An den Grenzen der Science-Fiction und darüber hinaus. Meitingen. 125-147.

Plank, R. 1953. Communication in Science-Fiction. In: ETC.: A Review of General Semantics. 16-20.

Pournelle, J. 1976. The Construction of Believable Societies. In: Bretnor, R. (Hg.) The Craft of Science-Fiction. New York. 104-119.

Pukallus, S.; Hahn, R. M.; Pukallus, H. 1979. „Perry Rhodan" as a Social and Ideological Phenomenon. In: Science-Fiction Studies 6. 190-200.

Rice, P. 1983. Metaphor as a Way of Saying the Self in Science-Fiction. In: Myers, R. (Hg.) The Intersection of Science-Fiction and Philosophy. Westport.

Roberts, A. 2000. Science-Fiction. London.

Rottensteiner, F. 1976. Der dialektische Weise aus Krakow. In: Berthel, W. (Hg.) Stanislaw Lem. Der dialektische Weise aus Krakow. Werk und Wirkung. Frankfurt am Main. 172-182.

Rottensteiner, F. (Hg.) 1979a. Quarber Merkur. Aufsätze zur Science-Fiction und Phantastischen Literatur. Frankfurt am Main.

Rottensteiner, F. 1979b. Some German Writings on Science-Fiction. In: Science-Fiction Studies 6. 201-209.

Rottensteiner, F. 1983. Polaris 7. Ein Science-Fiction Almanach. Frankfurt am Main.

Rottensteiner, F. 1984. Polnische Phantastik von Jerzy Żulawski bis Adam Wisniewski-Snerg. In: Kasack, W. (Hg.) Science-Fiction in Osteuropa. Beiträge zur russischen, polnischen und tschechischen phantastischen Literatur. Berlin. 79-91.

Rottensteiner, F. 1985. Recent Books on Science-Fiction from Germany. In: Science-Fiction Studies 12. 209-220.

Rüster, Johannes 2007. All-Macht und Raum-Zeit: Gottesbilder in der englischsprachigen Fantasy und Science-fiction. Berlin; Münster.

Salewski, M. 1986. Zeitgeist und Zeitmaschine. Science-Fiction und Geschichte. München.

Schäfer-Syben, E. 1980. Science-Fiction aus der Sicht des Lesers. Wirkungsforschung an meinem Beispiel. In: Ermert, K. (Hg.) Neugier oder Flucht? Zur Poetik, Ideologie und Wirkung der Science-Fiction. Stuttgart. 137-145.

Schelde, P. 1993. Androids, Humanoids, and Other Science-Fiction Monsters. New York.

Scherwinsky, F. 1978. Die Neologismen in der modernen französischen Science-fiction. Meisenheim am Glan.

Schiaparelli, G. 1997. Das Leben auf dem Planeten Mars. In: Fetscher, J./Stockhammer, R. (Hg.) Marsmenschen. Wie die Außerirdischen gesucht und erfunden wurden. Leipzig. 110-127.

Schmidt, S. 1991. Good Writing Is Not Enough. In: Dozois, G.; Lee, T.; Schmidt, S.; Strock, I. R.; Williams, S. (Hg.) Writing Science-Fiction and Fantasy. New York. 91-104.

Scholes, R./Rabkin, E. S. 1977. Science-Fiction. History, Science, Vision. New York.

Schwonke, M. 1957. Vom Staatsroman zur Science-Fiction. Eine Untersuchung über Geschichte und Funktion der naturwissenschaftlich-technischen Utopie. Stuttgart.

Seed, David (Hg.) 2005. A Companion to Science-Fiction. Oxford.

Siebold, O. 2000. Wort-Genre-Text. Wortneubildungen in der Science-Fiction. Tübingen.

Siebold, O. 2005. Die Sprache der Science-Fiction. In: Der Deutschunterricht 2: 69-73.

Simon, E./Spittel, O. R. (Hg.) 1988. Die Science-fiction der DDR. Autoren und Werke. Berlin.

Southard, B. 1982. The Language of Science-Fiction Fan Magazines. In: American Speech. A Quarterly of Linguistic Usage. 57. 19-31.

Spittel, O. R. 1989. Bibliographie der Sekundärliteratur zur Science-fiction in der DDR 1949-1983. In: Lichtjahr 6. Ein Phantastik-Almanach. Berlin. 262-287.

Springer, M. 1980. Stanislaw Lems phantastische Schreibweise. In: Ermert, K. (Hg.) Neugier oder Flucht? Zur Poetik, Ideologie und Wirkung der Science-Fiction. Stuttgart. 106-115.

Stableford, B. M. 2006. Science fact and Science-Fiction: an encyclopedia. New York.

Star Wars. Episoden I-VI. Das Kompendium. Die illustrierte Enzyklopädie. 2007. Köln.

Steinhoff, W. 1976. George Orwell and the Origins of *1984*. Ann Arbor.

Steinmüller, K. 1987. Die Geburt der Science-fiction aus dem Geist des 19. Jahrhunderts. In: Spittel, O. R. (Hg.) Science-fiction. Essays. Halle; Leipzig. 8-28.

Stoll, K.-H. 1977. Kommunikation im Zukunftsroman. In: Schröder, K./Weller, F.-R. (Hg.) Literatur im Fremdsprachenunterricht. Beiträge zur Theorie und zur Praxis der Literaturvermittlung im Fremdsprachenunterricht. Frankfurt am Main; München. 159-167.

Suerbaum, U.; Broich, U.; Borgmeier, R. 1981. Science-Fiction: Theorie und Geschichte, Themen und Typen, Form und Weltbild. Stuttgart.

Suvin, D. 1976a. On the Poetics of the Science-Fiction Genre. In: Rose, M. (Hg.) Science-Fiction. A Collection of Critical Essays. Englewood Cliffs. 57-71.

Suvin, D. 1976b. Stanislaw Lem und das mitteleuropäische soziale Bewußtsein der Science-fiction. In: Berthel, W. (Hg.) Stanislaw Lem. Der dialektische Weise aus Krakow. Werk und Wirkung. Frankfurt am Main. 157-171.

Suvin, D. 1979. The State of the Art in Science-Fiction Theory: Determining and Delimiting a Genre. In: Science-Fiction Studies 6. 32-45.

Tatsumi, T. 1985. An Interview with Darko Suvin. In: Science-Fiction Studies 12. 202-208.

Todorov, T. 1992. Einführung in die fantastische Literatur. Frankfurt am Main.

Touponce, W. F. 1991. Isaac Asimov. Boston.

Vaas, R. 2005. Tunnel durch Raum und Zeit. Einsteins Erbe – Schwarze Löcher, Zeitreisen und Überlichtgeschwindigkeit. Stuttgart.

Vennen, A. 2005. Zeichenprozesse in Sciencefiction. Berlin.

Vormweg, H. 1981. Transfer in die Zukunft. Das imaginäre Universum des Stanislaw Lem. In: Berthel, W. (Hg.) Über Stanislaw Lem. Frankfurt am Main. 164-182.

Wachler, D. 1977. Die andere Zukunft. Ein Versuch über Science-Fiction. In: Sprache im technischen Zeitalter 64. 375-398.

Warrick, P. 1980. The Cybernetic Imagination in Science-Fiction. Cambridge.

Weber, T. P. 2005. Science Fiction. Frankfurt am Main.

Wessels, D. 1974. Welt im Chaos. Struktur und Funktion des Weltkatastrophenmotivs in der neueren Science-Fiction. Frankfurt am Main.

Westfahl, G. (Hg.) 2005. The Greenwood Encyclopedia of Science-Fiction and Fantasy: Themes, Works, and Wonders. Westport.

Witt, U.-M. 1995. Renaissance oder Neubeginn? Russische Science-Fiction-Literatur nach der Perestroika. Neuere Texte im russischen literarischen Feld und deren Produktions- und Rezeptionsbedingungen, 1987-1992. Dissertation (unveröffentlichtes Belegexemplar). Rostock.

Wolfe, G. K. 1979. The Known and the Unknown. The Iconography of Science-Fiction. Kent.

Wuckel, D. 1986. Science-Fiction. Eine illustrierte Literaturgeschichte. Leipzig.

Zgorzelski, A. 1979. Is Science-Fiction a Genre of Fantastic Literature? In: Science-Fiction Studies 6. 296-303.

Literatur- und Quellenverzeichnis 271

Alien-language <http://en.wikipedia.org/wiki/Alien_language>

Andy's Anachronisms. Exploring the Themes of Time Travel and Alternate Universes in Literature and Entertainment <http://timetravelreviews.com/>

Battle-Tech Lexikon-Datenbank <http://kernspeicher.twobt.de/>

Cyberpunk Top 100 Site <http://top100.cyberpunk.co.uk/>

Dunepedia <http://www.dunepedia.net/?db&lang=deu>

Encyclopaedia Galactica <http://www.orionsarm.com/eg/index.html>

Klingon Language Institute <http://www.kli.org/>

List of Doctor Who Monster and Aliens <http://en.wikipedia.org/wiki/List_of_Doctor_Who_monsters_and_aliens#Dominator>

Lobgesang auf Leibowitz <http://en.wikipedia.org/wiki/A_Canticle_for_Leibowitz_Latin_translations>

Matrix <http://matrix.wikia.com/wiki/Main_Page>

Nadsat-Dictionary <http://soomka.com/nadsat.html>

Neuromancer-Glossar <http://www.radiobremen.de/nordwestradio/hoerspiel/neuromancer/glossar.htm>

Newspeak-Dictionary <http://www.newspeakdictionary.com/ns_frames.html>

ORION-Lexikon <http://www.orionspace.de/ww/de/pub/logbuecher/orion_lexikon.htm>

Oxford English Dictionary (OED): Science-Fiction Citation <http://www.jessesword.com/sf/list>

Per Anhalter durch die Galaxis

<http://petunientopf.scid.de/anhalterlexikon.php?bs=b>

<http://www.anhalter-lexikon.de/lexikon/>

<http://de.wikipedia.org/wiki/Per_Anhalter_durch_die_Galaxis#Buch>

Perry Rhodan (Rhodan 2008)

<http://www.fischbohne.de/wanderer_online/index_nathan.html>

<http://www.perrypedia.proc.org/Perrypedia:Portal> (Perrypedia)

<http://www.uni-protokolle.de/Lexikon/Perry_Rhodan.html#Bekannte_Völker>

Star Trek

<http://www.tstc.de/>

<http://www.memory-alpha.org/en/index.php/Main_Page>
<http://www.startrek.com/startrek/view/library/technology/index.html>

Star Wars

<http://www.starwars-union.de/index.php?id=lexikon>
<http://en.wikipedia.org/wiki/Languages_in_Star_Wars>

Wortregister

ABACAND (VR)
ABDIKATOR (Kultur)
ABENDKOPF → POLYONTEN (Roboter)
ABHÖRTEEWÄRMER → GEBÄUDE (Kultur)
ABPELLATION → ETHOSPHÄRE (Kultur)
ABSEITIGEN → GRÄSSEL-WÜTERICH (Lebensformen)
ACHTSAM → RUDELWESEN (Lebensformen)
ACQUILERON → SAMNORSK (Kommunikation)
ADRENATO → LENN-AH (Kommunikation)
AEROGYRO (Raumschiffe)
AEROHOPPER (Raumschiffe)
AEROMOBIL (Raumschiffe)
AEROTAXI → AEROGYRO (Raumschiffe)
AGENTURISTIK → GEBÄUDE (Kultur)
AG-PLATTFORM → ANTIGRAVIATIONSPLATTFORM (Technologien)
AGRAV (Technologien)
AGRAV-BOOT → LANDER (Raumschiffe)
A-GRAV-GENERATOR → AGRAV (Technologien)
AGRAVGEWEBE → AGRAV (Technologien)
AGRAV-HARNISCH → AGRAV (Technologien)
AIOID (VR)
A-KLASSE-BLEIMANN → BLEIMANN (Roboter)
AKROBATH (Roboter)
AKTINIDENKUGEL → AKTINURIA (Raum)
AKTINURIA (RAuM)
AKUSTISCHE ANALYSATOREN → SPRACHSYNTHETISATOR (Kommunikation)
ALCUBIERE-SCHIFF (Raumschiffe)
ALCUBIERRE-VERWERFUNG (Zeit)
ALCUBIERRE-WELLE → ALCUBIERRE-VERWERFUNG (Zeit)
ALGOLIANISCHER SONNENTIGER → PANGALAKTISCHER DONNERGURGLER (Kultur)
ALIEN (Lebensformen)
ALLEGHENISCHEN → NEW ROME (Kultur)
ALLGEMEINEN ARIADNOLOGIE → SELBSTVERDUNKLUNG (Kultur)
ALLITERATIONSVERWERTERN → POESIEWÜRDIGUNGSSTUHL (Kommunikation)
ALLZWECK-RAUPENFAHRZEUGE → PANZERGLEITER (Waffen)
ALLZWECK-SCHLACHTTIER → VIECH (Lebensformen)
ALOYSIUS-EFFEKT (Zeit)
ALPHA-ANDROID (Roboter)
ALPHAS (Kultur)
ALPHA-STRAHLER (Technologien)
ALSOBBI → APPROXIMAT (Roboter)
ALTE ERDE (Raum)
ALTE REPUBLIK → HOLONETZ (Kommunikation),
ALTE REPUBLIK → JEDI (Kultur)
ALTER JANX-GEIST → PANGALAKTISCHER DONNERGURGLER (Kultur)
ALTERNATIVANTRIEB → SONIE (Raumschiffe)
ALTERNATIVKÖPFE → POLYONTEN (Roboter)
ALUMINIUM-KÄFER → REINIGUNGSTIER (Roboter)
AMARANTIN (Lebensformen)
AMEISENKLEMPNER → ELEKTRISCHE AMEISE (Roboter)
AMICUS-DELPHINE AMICUS-ZÜCHTUNGEN (Lebensformen)
AMICUS-ZÜCHTUNGEN (Lebensformen)
AMMER-KU → NEOGEN (Kultur)
AMOREK → TEMPORISTIK (Zeit)
AMORROIDEN → APPROXIMAT (Roboter)
AMORTISATOR DER KINECHRONISCHEN ENERGIE → TEMPORISTIK (Zeit)
AMPHIBIENWESEN (Lebensformen)
AMPLIFIKATOR (Kognition)
AMT FÜR BEVÖLKERUNGSPLANUNG (Kultur)

ANABIOSE (Raumschiffe)
ANABIOSEKAMMER → ANABIOSE (Raumschiffe)
ANABIOSESCHLAF auch→ ANABIOSE (Raumschiffe)
ANABIOSEZELLE → ANABIOSE (Raumschiffe)
ANACHRONISMUS (Zeit)
ANARRES → PRAVIC (Kommunikation)
ANDERE MENSCHEN → GESCHMACKS- UND GERUCHSÜBERTRAGUNG (Kommunikation)
ANDERE-REALITÄT → SIGNALHÄNDLER (Lebensformen)
ANDERSWELT (VR)
ANDROID (Roboter)
ANDROID → SKELETTGOLEM (Roboter)
ANDYMON (Raum)
ANDYMON-CITY → ANDYMON (Raum)
ANDYMONE → ANDYMON (Raum)
ANGELFÄNGER → STUHLARTIGE QUÄLAMEISE (Lebensformen)
ANGLI → ANGLISISCH (Kommunikation)
ANGLISCH (Kommunikation)
ANGLISISCH (Kommunikation)
ANIMAMEKTEK-TYPEN → MEKTEK (Roboter)
ANNIHILATIONSGRANATE (Waffen)
ANNIHILATOR (Technologien)
ANNULLIERUNGSSTRAHLEN (Waffen)
ANPASSUNG (Kognition)
ANPASSUNGSVERFAHREN → ANPASSUNG (Kognition)
ANSIBLE (Kommunikation)
ANTHROPOMORPHISIEREN (Roboter)
ANTIAUFERSTEHUNGSENTWURF → WASCHMASCHINEN-TRAGÖDIE (Kultur)
ANTI-BABY-GESETZ → MEGALOPOLIS (Kultur)
ANTIBATENPARTEI (Kultur)
ANTIDRACHE → ELEKTRODRACH (Roboter)
ANTI-ENTROPIE-KRAFTFELD (Technologien)

ANTI-EROTISATOR → WASCHMASCHINEN-TRAGÖDIE (Kultur)
ANTIGEBÄUDE → GEBÄUDE (Kultur)
ANTIGRAV (Raumschiffe)
ANTIGRAV (Technologien)
ANTIGRAV-FELD → ANTIGRAV (Technologien)
ANTIGRAVFELD → ANTIGRAVITATION (Technologien)
ANTIGRAVITATIONSPLATTFORM (Technologien)
ANTIGRAVITATION (Technologien)
ANTIGRAVITATION → ANTI-GRAV-TUNNEL (Technologien)
ANTIGRAVITATIONSHÜLLE (Technologien)
ANTIGRAVITATIONSKISSEN → AGRAV (Technologien)
ANTI-GRAVITATOREN → GYRO-GYROTOR (Raumschiffe)
ANTIGRAVLIFT → ANTIGRAV (Raumschiffe)
ANTIGRAVPLATTE → ANTIGRAV (Raumschiffe)
ANTIGRAV-SCHIFF → ANTIGRAV (Raumschiffe)
ANTIGRAVSPULE (Technologien)
ANTIGRAVTORNISTER → ANTIGRAV (Raumschiffe)
ANTI-GRAV-TUNNEL (Technologien)
ANTIMAT → ANTIMATERIEWERFER (Waffen)
ANTIMATERIEAUFBEREITUNG → TANDEMRAUMSCHIFF (Raumschiffe)
ANTIMATERIEBOMBE (Waffen)
ANTIMATERIEGENERATOR (Technologien)
ANTIMATERIETRIEBWERK (Raumschiffe)
ANTIMATERIEWERFER (Waffen)
ANTINEUTRINOSTRAHLER (Waffen)
ANTISCHWERE → ANTIGRAVITATION (Technologien)
ANTISCHWEREFELD → ANTIGRAVITATION (Technologien)
ANTISCHWEREFELDER → GRAVITATIONSANTRIEB (Raumschiffe)

Wortregister

ANTI-SCHWERKRAFT-GENERATOR (Technologien)
ANTI-SCHWERKRAFT-IMPULS → SCHWEBESTADT (Kultur)
ANTISPINWÄRTS → SPINWÄRTS (Raum)
ANTISYNTURVERHALTENS → LOSANNIEN (Kultur)
ANTITEMPORALES GEZEITENFELD (Zeit)
ANTIVANALIGA → VANA (Lebensformen)
ANTI-WASASTRAHLEN → PSYCHOKONTROLLE (Kommunikation)
ANTI-WELT (Raum)
APFELBIRNE → SCHNELLWACHSFARM (Technologien)
APHILIE (Kognition)
APPETIT-SALON (Kultur)
APPROXIMAT (Roboter)
AQUAKUGEL (Raumschiffe)
ARACHNOID (Lebensformen)
ARBEITS-MEWACON → MEWACON (Lebensformen)
ARBWYTH → SAMNORSK (Kommunikation)
ARCHETYP-MENSCHEN → DITO (Lebensformen)
ARCHIS → DITO (Lebensformen)
ARDRITEN → ENTEROPIEN (Raum)
ARKTURANISCHER MEGA-GIN → PANGALAKTISCHER DONNERGURGLER (Kultur)
ARKTURANISCHES MEGA-ESELSPÜREE (Kultur)
ARMBAND-DATIO → DATIO (VR)
ARMBAND-KOMMUNIKATOR (Kommunikation)
ARRAKIS → SANDWÜRMER (Lebensformen)
ASGOTHEN → POESIEWÜRDIGUNGSSTUHL (Kommunikation)
ASSASSINEN (Lebensformen)
ASSOZIATIVSPEICHER → SPRACHSYNTHETISATOR (Kommunikation)
ASTRAS → ASTROS (Raumschiffe)
ASTRIDEN (Kultur)
ASTROGATION (Raum)
ASTROGATION (Raumschiffe)
ASTROGATOR (Raumschiffe)
ASTROMECHDROID → DROID(E) (Roboter)
ASTROMECH-DROIDEN (Roboter)
ASTRONAVIGATIONSCOMPUTERN → HYPERANTRIEB (Raumschiffe)
ASTROS (Raumschiffe)
ASTROVISIONSANLAGE → GEDANKENREISE (Raumschiffe)
ASTROZOOLOGE → GRÄSSEL-WÜTERICH (Lebensformen)
ASYMMETRIADEN → PLASMA-OZEAN (Lebensformen)
ATAIR-DOLLAR (Kultur)
ATAVACHRON (Zeit)
ATG-FELD → ANTITEMPORALES GEZEITENFELD (Zeit)
ATH → BARONH (Kommunikation)
ATLANTIDEN (Zeit)
ATLANTIDEN → INTERPLANETARISCHE (Lebensformen)
ATOMKUGELHEIZUNG (Technologien)
ATOMMOTOR (Raumschiffe)
ATOMPISTOLE (Waffen)
ATOMVEKTOREN-ZEICHNER → UNENDLICHER UNWAHRSCHEINLICHKEITSDRIVE (Raumschiffe)
ATOM-WERFER (Waffen)
ATREIDES → IMPERIUM (Kultur)
ATREIDES → KAMPFSPRACHE (Kommunikation)
AU → BÜPROKÖPS (Kultur)
AUDIKOM → KOM (Kommunikation)
AUFGEROLLTES AUDI-VID-MAGAZIN → AUFPUTSCH-DEALER (Technologien)
AUFGEROLLTES AUDI-VID-MAGAZIN (Kommunikation)
AUFPUTSCH-DEALER (Technologien)
AUFSICHTSDROHNE (Roboter)
AUGOHREN → TIVI (Kultur)
AUMAS → MUSKY (Waffen)
AUSSENSEITER (Lebensformen)
AUSSENWELTLER (Kultur)
AUSSERDIMENSIONALE (Lebensformen)
AUSSERKOSMISCHE ARIADNISTIK → SELBSTVERDUNKLUNG (Kultur)

AUTARKE (Kultur)
AUTOCRYPSIE → GEBÄUDE (Kultur)
AUTODOZER (Technologien)
AUTOFATAMORGANA → VEROSION (Kultur)
AUTOKANONE (Waffen)
AUTOKLAS → ETHOSPHÄRE (Kultur)
AUTOMAT (Roboter)
AUTOMATEN-CONSOLE (Technologien)
AUTOMATISCHER CHIRURG → MED-AUTOMAT (Technologien)
AUTOMATISCHER TRANSLATOR → TRANSLATOR (Kommunikation)
AUTOMATOBIL (Roboter)
AUTOMATOBUS → AUTOMATOBIL (Roboter)
AUTOMORPHE EXPLOSION → BÜPROKÖPS (Kultur)
AUTOMORPHIE → BÜPROKÖPS (Kultur)
AUTOPSYCHISCH → BÜPROKÖPS (Kultur)
AUTOSCRIBE (Kommunikation)
AVATAR (VR)
AW-DATENSERVO (VR)
AXIAL-PASSAGIERSCHIFFE → HOCHGESCHWINDIGKEITS-AXIAL-FLUG (Raumschiffe)
AXLOTL-TANKS → BENE TLEILAX (Kultur)
BABEL → TEMPORISTIK (Zeit)
BABEL 17 (Kommunikation)
BABELFISCH (Lebensformen)
BACKIGE → WABBELIGE (Lebensformen)
BACK-UP (VR)
BAELORESK → SAMNORSK (Kommunikation)
BAM → GESCHICHTSSCHREIBER (Technologien)
BANNSTRAHLWERFER → EXKOMMUNIKATOR (Waffen)
BAO-BLYO-THEKE → NEOGEN (Kultur)
BARMHERZIGER SERAPHIM (Kultur)
BARONH (Kommunikation)
BARSOOM (Kommunikation)
BASISCOPTER → COPTER (Technologien)
BASISSERVO (Technologien)

BASS-DETONATOR → LAUTSPRECHERSTADT (Kommunikation)
BATTERIE DER APPROBATIVEN MODULE → GESCHICHTSSCHREIBER (Technologien)
BATTERIE DER INVIGILITATIVEN MODULE → GESCHICHTSSCHREIBER (Technologien)
BATTERIE DER OPPONENTEN MODULE → GESCHICHTSSCHREIBER (Technologien)
BATTLEMECH (Waffen)
BAUMTIERE → SIRTER (Raum)
BAU-SUBALTERNE (Lebensformen)
BAU-SUBALTERNE (Roboter)
BAUUNTERNEHMEN ZUR BEFÖRDERUNG DER IM EXIL LEBENDEN → TEMPORISTIK (Zeit)
BEAMEN (Technologien)
BEAMEN (VR)
BEELTERN → RUDELWESEN (Lebensformen)
BEICHTOFFIZIER → GEBÄUDE (Kultur)
BEIM JUPITER → SIEDENDER SATURN (Kommunikation)
BEKANNTES NETZ → SAMNORSK (Kommunikation)
BEKANNTES NETZ → ÜBERLICHTKOMMUNIKATION (Kommunikation)
BEKANNTSCHAFTSWIRBEL → KYBERNEROS (Roboter)
BELAUBTE MENSCHEN → SCHÖPFUNGSLADUNG (Zeit)
BELIEBER → BÜPROKÖPS (Kultur)
BENE GESSERIT (Kultur)
BENE-GESSERIT-ABSOLVENTEN → BENE GESSERIT (Kultur)
BENE TLEILAX (Kultur)
BENNETT-MANN → DOWNER/DOWNERIN (Lebensformen)
BERGBAUMER → PLASMA-OZEAN (Lebensformen)
BERKSTRUN-INTERSTELLAR-ANTRIEB → INTERSTELLARSCHIFF (Raumschiffe)
BERUFSPLANSTELLE → PLANSTELLE (Kultur)

Wortregister

BESCHWICHTIGUNGSWIRBEL → KYBER-NEROS (Roboter)
BESEELIGERDIKTATUR → LOSANNIEN (Kultur)
BESTELLTABLEAU (Kultur)
BETAS → ALPHAS (Kultur)
BETÄUBUNGSSTRAHLER (Waffen)
BEWOHNEN (Kognition)
BEWUSSTSEINSARREST (Kognition)
BIAIOID (Roboter)
BIENENROBOTER → DROHNEN-ROBOT (Roboter)
BIFFE KLINGE (Waffen)
BILDERZEUGUNGSRAUM → HOLORAUM (Kommunikation)
BILDVERSTÄRKERN → POESIEWÜRDIGUNGSSTUHL (Kommunikation)
BIM → GESCHICHTSSCHREIBER (Technologien)
BIOFEEDBACK-KOMMANDO (Kognition)
BIOMECHANOID (Lebensformen)
BIOPOSITRONIKEN → POSITRONENGEHIRN (Technologien)
BIORARBUSSEN → SIRTER (Raum)
BIOROIDE (Roboter)
BIOROIDE → ROIDE (Roboter)
BIO-SERVO (Technologien)
BIOTRON (Roboter)
BIOWARE (Technologien)
BISHER-MENSCHHEIT → LIMBDISTEN (Lebensformen)
BISTR-O-MATIK (Raumschiffe)
BISTR-O-MATIK → UNENDLICHER UNWAHRSCHEINLICHKEITSDRIVE (Raumschiffe)
BITPFEIFE (Kommunikation)
BLACK HOLE → SCHWARZES LOCH (Raum)
BLADE RUNNER (Kultur)
BLASTER (Waffen)
BLECHLER (Roboter)
BLEICHLING (Lebensformen)
BLEIMANN (Roboter)
BLITZANZUG (Waffen)
BLITZ-KSR-2ER-LAFETTEN → MAGICKER (Waffen)

BLÖDIANE → GRÄSSEL-WÜTERICH (Lebensformen)
BLOOG (Lebensformen)
BLOPP-SCREEN (Technologien)
BLUMENKÄFIG (Kultur)
BODYBUILDERSIM → SIMULOID (VR)
BOKANOWSKYSIEREN (Technologien)
BOKANOWSKYVERFAHREN → ALPHAS (Kultur)
BOKANOWSKYVERFAHREN → BOKANOWSKYSIEREN (Technologien)
BOKANOWSKYVERFAHREN → ENTKORKUNG (Technologien)
BOM → GESCHICHTSSCHREIBER (Technologien)
BOOSTERRAKETE (Raumschiffe)
BORG → CYBORG (Roboter)
BORGANISMUS (VR)
BOT (Roboter)
BOXER (Lebensformen)
BRAINPAL (Kommunikation)
BRECHSKINK → KURDLAND (Kultur)
BRINGERHAKEN → SANDWÜRMER (Lebensformen)
BROCKIANISCHES ULTRA-KRICKET (Kultur)
BROWNSCHER BEWEGUNGSERZEUGER → UNENDLICHER UNWAHRSCHEINLICHKEITSDRIVE (Raumschiffe)
BRUDERFRESSEREI → ONKELYSE (Raum)
BRUT- UND NORMZENTRALE → ALPHAS (Kultur)
BRUXO → XEMAHOA B (Kommunikation)
BUCHSCHMUGGLER → GROSSE VEREINFACHUNG (Kultur)
BUCKMINSTER-FULLEREN → BUCKMINSTERFULLEREN-STRANG (Raumschiffe)
BUCKMINSTERFULLEREN-STRANG (Raumschiffe)
BÜPROKÖPS (Kultur)
BÜRGER (VR)
BÜRO FÜR PROJEKTE DES KÖRPERS UND DER PSYCHE → BÜPROKÖPS (Kultur)
BÜROS FÜR MENSCHLICHE ANPASSUNG → WELTKOMITEE (Kultur)
BUGKRIEG → BUGS (Lebensformen)

BUGS (Lebensformen)
BUTLERS DJIHAD → MENTAT (Kognition)
BUTLERS DJIHAD → ORANGE-KATHOLISCHE BIBEL (Kultur)
CANIP (Raum)
CANIP-SIRIANER → CANIP (Raum)
CANS (VR)
CANTUSIANER (Lebensformen)
C-ARRIVONEN → GEDANKENREISE (Raumschiffe)
CARRYALL (Raumschiffe)
CASTEN/'CASTEN → FARCASTER (Raum)
CENTAUREN (Lebensformen)
CENTAURISCH (Kommunikation)
CENTRAL-ERINNERUNGS-NEURODATEN-TRÄGER → NEUROLATOR (Roboter)
CHAGA (Lebensformen)
CHAKOBSA (Kommunikation)
CHAMÄLEON-ANZUG → CHAMÄLEONRÜSTUNG (Waffen)
CHAMÄLEONPOLYMERHÜLLE → CHAMÄLEONRÜSTUNG (Waffen)
CHAMÄLEONRÜSTUNG (Waffen)
CHAMÄLEONWARE (Technologien)
CHANGELINGE → FORMWANDLER (Lebensformen)
CHARGE (Kultur)
CHARGEGEAR → GEAR (VR)
CHAUMURKY → MUSKY (Waffen)
CHEFAUTOMAT → AUTOMAT (Roboter)
CHEFGOUVERNEUR auch→ PLANETEN-GOUVERNEUR (Kultur)
CHEFSCHREITER → SCHREITER (Raumschiffe)
CHEOPS (Kultur)
CHERGUELEN → SAMNORSK (Kommunikation)
CHIRURG auch → MOLEKULAR-DETACHMENT-GERÄT (Waffen)
CHLOROPHYLLISIERUNG → SCHÖPFUNGSLADUNG (Zeit)
CHON-NAHRUNG → NAHRUNGSFABRIK (Technologien)
CHOROFLORA (Lebensformen)

CHRISTLICH-ISLAMISCHE KIRCHE (Kultur)
CHROMSCHÄDEL → QT (Roboter)
CHRONAXIALE SONDIERUNGEN → CHRONOTRAKTION (Zeit)
CHRONENTROPIST (Lebensformen)
CHRONIMALE (Lebensformen)
CHRONOCHUTISTEN → TEMPORISTIK (Zeit)
CHRONOKANONE → SCHÖPFUNGSLADUNG (Zeit)
CHRONOKLASMUS → TEMPORISTIK (Zeit)
CHRONOKOLLISION → TEMPORISTIK (Zeit)
CHRONOMOTION (Zeit)
CHRONON (Zeit)
CHRONONAUT (Zeit)
CHRONORCH (Zeit)
CHRONOSOPHIE (Zeit)
CHRONO-SYNKLASTISCHES INFUNDIBULUM (Kultur)
CHRONOTOPOLOGIE (Zeit)
CHRONOTORPEDO (Waffen)
CHRONOTRAKTION (Zeit)
CHRONOTRAKTION → CHRONOMOTION (Zeit)
CHRONOTRECKER → CHRONOMOTION (Zeit)
CHRONOTRON (Zeit)
CHRONOTRONISCHE STREUBREITE → CHRONOTRON (Zeit)
CHRONOTRON-PROJEKT → UNTERNEHMEN WESTSENKE (Kultur)
CHRONOTROPISCHE SENSOREN (Zeit)
CHRONOVORE (Lebensformen)
CHRONOZYKEL → CHRONOMOTION (Zeit)
CHRYSELEFANTINISCH (Kommunikation)
CIK → CHRISTLICH-ISLAMISCHE KIRCHE (Kultur)
CLAN (Kultur)
CLANNER → CLAN (KULTUR)
CLAWDITEN → FORMWANDLER (Lebensformen)
COMM-KUPPEL (Kommunikation)

Wortregister

COMMLINK (Kommunikation)
COMMUNICO-MAST → TELEVISOR (Kommunikation)
COMPDIAGNOST (Technologien)
COMSET (Kommunikation)
COMSET-ANSCHLUSS → COMSET (Kommunikation)
COMSTAR (Kommunikation)
COMSTAR-ADEPT → COMSTAR (Kommunikation)
CON auch→ MEWACON (Lebensformen)
CONSOLE-GEIER → COWBOY (VR)
CONSTABLOMATIC XG-17 → WASCHMASCHINEN-TRAGÖDIE (Kultur)
COPTER (Technologien)
COWBOY (VR)
CRITTERS (Lebensformen)
CRYSMESSER → SANDWÜRMER (Lebensformen)
CULTIVAR (Lebensformen)
CURAYO → ZEITTORPEDO (Zeit)
CURDELIO → KURDLAND (Kultur)
CUTIE → QT (Roboter)
CYBERSPACE (VR)
CYBORG (Roboter)
CYBRID (Roboter)
CYBRID (VR)
CYMEK (Roboter)
CYROBOT-ARBEITER (Roboter)
DAKKARKOM (Kommunikation)
DAKKARZONE → DAKKARKOM (Kommunikation)
DATENFOLIE (Technologien)
DATENSCHLEUDERN → GESCHICHTSSCHREIBER (Technologien)
DATENVERSTAATLICHUNG (Kultur)
DATENVERSTOPFUNG → SELBSTVERDUNKLUNG (Kultur)
DATIO (VR)
DAUER-KOPULANER (Lebensformen)
DAUSSEN → ERDKOMPANIE (Kultur)
DAVONDOPPLERN (Zeit)
DAZWISCHEN → SPRUNG (Raumschiffe)
DECKIDENTITÄT (VR)

DECKPLATTEN → PLANOFORM (Raumschiffe)
DECODERMINE (Waffen)
DEGENERATOREN → GRÄSSELWÜTERICH (Lebensformen)
DEHN-SCHRUMPF-WESEN (Lebensformen)
DEHN-SCHRUMPF-WESEN → LIMBDISTEN (Lebensformen)
DEKARNATION → GEBÄUDE (Kultur)
DEKARNIERUNG (Kultur)
DELTAGLEITSCHILD → EXORPANZERANZUG (Waffen)
DELTAS → ALPHAS (Kultur)
DEMASKATOR → GEBÄUDE (Kultur)
DEMENTISTIK → GEBÄUDE (Kultur)
DEMONSTRANZEN → KURDLAND (Kultur)
DENKGERÄUSCHE → RUDELWESEN (Lebensformen)
DENKINTERFERENZEN → RUDELWESEN (Lebensformen)
DENKKORPUSKELN → GEDANKENREISE (Raumschiffe)
DENKKRISTALL → MNEMOKRISTALL (Technologien)
DENKMASCHINEN → MENTAT (Kognition)
DENKPOLI → GEDANKENVERBRECHEN (Kultur)
DEPRESSIONSFELD (Kognition)
DER DUNKLE SPIEGEL IN ZONE 41→ ZWEIMAL GEBORENE (Lebensformen)
DER ICH VOM MONTAG → ZEITSCHLEIFE (Zeit)
DEREMAT (Raumschiffe)
DEREMAT-MASCHINE → DEREMAT (Raumschiffe)
DERM (VR)
DERMATRODE → DERM (VR)
des HANS-K.-HAUSER-KONZERNS → FORMIERER (Kultur)
DESINTEGRATIONSPISTOLE → DESINTEGRATIONS-RAKETE (Waffen)
DESINTEGRATIONS-RAKETE (Waffen)

Desintegrationsstrahl (Technologien)
Desintegrator (Waffen)
Desolatfaktionäre → Kurdland (Kultur)
Destabilisator (Technologien)
Destillzelte → Fremen (Kultur)
Desynchronisation → Zeitvehikel (Zeit)
Deutrelium (Technologien)
Deviscerator → Gebäude (Kultur)
Devolator (Waffen)
Devolutions-Komponentenwaffe → Devolator (Waffen)
Dienstleistungsroboter → Servoroboter (Roboter)
Diese-Realität → Signalhändler (Lebensformen)
Die-welche-die-Welt-erben → Katzenmenschen (Lebensformen)
Dimensionenfalle (Raum)
Dimensionsriss (Zeit)
Discuter (VR)
Discutercomputer → Discuter (VR)
Dispersive Temporistik → Temporistik (Zeit)
Disruptor (Waffen)
Disseminator (Waffen)
Dit auch → Dito (Lebensformen)
Dito (Lebensformen)
Divorator (Lebensformen)
Docbot (Roboter)
Dolmetschgerät (Kommunikation)
Dolmetschrosette → Mikrodolmetschgerät (Kommunikation)
Dolorosalsensoren → Ethosphäre (Kultur)
Domi (Kultur)
Doppeldenk → Neusprech/Neusprache (Kommunikation)
Doppeldenk → Zwiedenken (Kultur)
Doppelrasse (Lebensformen)
Doppeltdenkende → Büproköps (Kultur)
Downbelow → Downer/Downerin (Lebensformen)
Downbelow auch → Pells Planet (Kultur)
Downbelow-Produkte → Pells Planet (Kultur)
Downbelow-Statuen → Downer/Downerin (Lebensformen)
Downer/Downerin (Lebensformen)
Downer-Korbwaren → Pells Planet (Kultur)
Downer-Mundart → Hisa-Geschnatter (Kommunikation)
Downer-Wein → Pells Planet (Kultur)
Drache (Lebensformen)
Dracocorp-Verstärker (Kommunikation)
Drahtilein → Spulchen (Kommunikation)
Dreidechsen → Kurdel (Lebensformen)
dreipersönlich → Gebäude (Kultur)
Dreisam → Rudelwesen (Lebensformen)
Dreistufenrakete → Gastronautik (Raumschiffe)
Dreiwege-Phantasie → Virtuelle-Realitätskonferenz (VR)
Dritt (Kultur)
Drogensprache → Xemahoa B (Kommunikation)
Drohnen-Robot (Roboter)
Droid(e) (Roboter)
Droideka (Roboter)
Droog → Nadsat (Kommunikation)
Druckplatte (Technologien)
Druckplatte → Fax (Technologien)
Druma → Enteropien (Raum)
Dschainaknoten → Dschainatechnik (Technologien)
Dschainatech → Dschainatechnik (Technologien)
Dschainatechnik (Technologien)
Duftorgel (Technologien)
Dunkelwolken → Kosmobold (Lebensformen)
Duo → Rudelwesen (Lebensformen)

Wortregister

DURACRETSCHNECKEN (Lebensformen)
DURCHGANGSFAX → FAX (Technologien)
DWELLER (Lebensformen)
E. T. (Lebensformen)
EATIES (Lebensformen)
ECHATOSKOPIE → GEBÄUDE (Kultur)
ECHINODERM (Lebensformen)
ECHTES MENSCHLICHES PERSÖNLICHKEITSBILD → SIRIUS-KYBERNETIK-CORPORATION (Technologien)
EDDORIER (Lebensformen)
EDELSPUTNIK → MONDBRANDY (Kultur)
EGOISIEREN (Kultur)
EILRAUMSCHIFF (Raumschiffe)
EINAUS (Kommunikation)
EINGABEELEKTRODEN → SCHÄDELELEKTRODEN (VR)
EINGESCHLOSSENE SPRACHE → XEMAHOA B (Kommunikation)
EINHEITS-GESICHTSPLASTIK (Technologien)
EINMANNRAKETE → KUGELRAUMSCHIFF (Raumschiffe)
EINMANNZEITAUTO → CHRONOMOTION (Zeit)
EINPERSONEN-GLEITER → FLUGGLEITER (Raumschiffe)
EINPRÄGER → GROSSE VEREINFACHUNG (Kultur)
EINREISSER → BÜPROKÖPS (Kultur)
EINSAM → RUDELWESEN (Lebensformen)
EINSTEIN-ROSEN-BRÜCKE → WURMLOCH (Raum)
EINSTEIN-TAL → ROOSEVELT-MEERE (Kommunikation)
EINSTULPENDER SELBSTVERZEHR DER ERKENNTNIS → SELBSTVERDUNKLUNG (Kultur)
EINSTULPUNGEN → SELBSTVERDUNKLUNG (Kultur)
EINSWERDUNGSBOX (VR)
EINWEGKULTIVAR → CULTIVAR (Lebensformen)
EINZIGEN STAATES → NUMMER (Kultur)
EIS (VR)

EISBLOCKSARG → KONSERVIERUNGSMASCHINE (Technologien)
EISSARG → KONSERVIERUNGSMASCHINE (Technologien)
EKELGEILER → GRÄSSEL-WÜTERICH (Lebensformen)
EKTOGE → EKTOTECHNIK (Technologien)
EKTOGISIERTEN → EKTOTECHNIK (Technologien)
EKTOGISIERUNG → EKTOTECHNIK (Technologien)
EKTOLOGIE → EKTOTECHNIK (Technologien)
EKTOTECHNIK (Technologien)
EKTOZID → EKTOTECHNIK (Technologien)
ELECTRISCH (Kommunikation)
ELEKTRISCHE AMEISE (Roboter)
ELEKTRISCHE HEULER → STUHLARTIGE QUÄLAMEISE (Lebensformen)
ELEKTRISCHES FEUER → KRISTALLSEMMEL (Kultur)
ELEKTRISCHES NETZ (Waffen)
ELEKTRITTER (Roboter)
ELEKTROBINOCULAR (Technologien)
ELEKTRODOLCH (Waffen)
ELEKTRODRACH (Roboter)
ELEKTRODRECK REGIS ELEKTRODRACH (Roboter)
ELEKTROMAGKANONE (Waffen)
ELEKTRONENGESCHOSS auch → SCHÖPFUNGSLADUNG (Zeit)
ELEKTRONENKURIER → KARELIRIEN (Roboter)
ELEKTRONISCHER DOLMETSCHER (Kommunikation)
ELEKTROPLÄTZCHEN → GASTRONAUTIK (Raumschiffe)
ELEKTROPRANGER → ETHOSPHÄRE (Kultur)
ELEKTROSTHENIKER → ROBOTERIN (Roboter)
ELEKTROWISSER (Roboter)
ELOI (Lebensformen)
ELTER → RUDELWESEN (Lebensformen)

ELTERNGERÄTE → WASCHMASCHINEN-TRAGÖDIE (Kultur)
ELTERNSTAFETTE → ONKELYSE (Raum)
EMANZIPATIONSVERBANDES DER ASTROS → ASTROS (Raumschiffe)
EMITTERTURM → TRAKTORSTRAHL (Technologien)
EMOTIONAUTEN (Kognition)
EMOTIONSINDIKATOR (Kognition)
EMPATH (Kognition)
EMPATHIECHIRURG (Kognition)
EMP-EIGENSCHAFTEN → SIRIUS-KYBERNETIK-CORPORATION (Technologien)
EMPFANGSAUTOMAT → AUTOMAT (Roboter)
EMPHATISCHER AMPLIFIKATOR → AMPLIFIKATOR (Kognition)
EM-RÖHREN-SYSTEM (Raumschiffe)
EMM-ZETT → ZÄIDE (Roboter)
ENCYCLOPAEDIA GALACTICA (Kommunikation)
ENERGIE-ALGE (Lebensformen)
ENERGIEBLASE → CHRONOTRON (Zeit)
ENERGIESCHUTZHÜLLE → SIRTER (Raum)
ENERGIESTRAHL → SOLARSTATION (Raumschiffe)
ENERGIESTRAHLEN → STRAHLENPISTOLE (Waffen)
ENERGIESTRAHLER auch → STRAHLENPISTOLE (Waffen)
ENERGIEWAFFE auch → STRAHLENPISTOLE (Waffen)
ENERGIEWERFER (Waffen)
ENERGOBOTER (Roboter)
ENTARTET (Kultur)
ENTARTETER → ENTARTET (Kultur)
ENTARTUNG → ENTARTET (Kultur)
ENTENQUAK (Kommunikation)
ENTEROPIEN (Raum)
ENTHIRNUNG → ETHOSPHÄRE (Kultur)
ENTIA → GESCHICHTSSCHREIBER (Technologien)
ENTIA → KURDLAND (Kultur)
ENTIA → LOSANNIEN (Kultur)
ENTKORKEN → ENTKORKUNG (Technologien)
ENTKORKUNG (Technologien)
ENTKORKUNGSTRAUMA → ENTKORKUNG (Technologien)
ENTMATERIALISIERUNGSSCHMERZ (Kognition)
ENTWISPERUNGSFILTER 000 → SPEZIAL-UMLAUTÜBERSETZUNG (Kommunikation)
ENZYKLOPÄDIE DER KOSMISCHEN SEMASIOLOGIE → RAUBKARTOFFELN (Lebensformen)
E-PAPIER → PRÄPERSON (Kultur)
EPSILONS → ALPHAS (Kultur)
ERBZIEL (Kultur)
ERDENBUND → ANTIBATENPARTEI (Kultur)
ERDENMENSCHEN → VENUSMENSCH (Lebensformen)
ER-DER-SEIN-EIGENER-VATER-WAR → KATZENMENSCHEN (Lebensformen)
ER-DER-STIEFEL-TRUG → KATZENMENSCHEN (Lebensformen)
ER-DER-WAHRHAFT-FREI-IST → KATZENMENSCHEN (Lebensformen)
ERDEXPERTEN → ORGANISATION DER VEREINTEN PLANETEN (Kultur)
ERDKOMPANIE (Kultur)
ERDRATTE (Raumschiffe)
ERDSCHWÄRMERIN (Kognition)
ERDSTRAHL → SOLARSTATION (Raumschiffe)
ERDSUCHT (Kognition)
ERG (Lebensformen)
ERINNERUNGSSPEICHER → MNEMOGRAPH (Kognition)
ERLEUCHTETE ZEITALTER → GROSSE VEREINFACHUNG (Kultur)
ERLÖSUNGSLAGER → GRÜNSTERN-ERLÖSUNGS-STATION (Kultur)
ERNTEPLANET → GEWÜRZ (Kognition)
ERNTER → GEWÜRZ (Kognition)
ERSATZ-ERDE → MAGRATHEANER (Lebensformen)
ERSCHAFFER (Lebensformen)

Wortregister

ERSTKONTAKT → DOLMETSCHGERÄT (Kommunikation)
ERTIALSCHILD (Raumschiffe)
ERWÜNSCHTHEITSERKLÄRUNG → PRÄPERSON (Kultur)
ESSEFF (Kultur)
ESSEFFOMANIE → ESSEFF (Kultur)
ET → E. T. (Lebensformen)
ET-ADEPT → E. T. (Lebensformen)
ETHOSPHÄRE (Kultur)
(E-)TRODEN → SCHÄDELELEKTRODEN (VR)
ETS auch→ EXTRATERRESTRISCHE SONDE (Raumschiffe)
EUCREM-TEAM → GRÜNSTERN-ERLÖSUNGS-STATION (Kultur)
EUPHORIEFELD (Kognition)
EVA → ASTROS (Raumschiffe)
EXAMENSKABINE → MASCHINE (Kultur)
EXKOMMUNIKATOR (Waffen)
EXOR-KRAFTVERSTÄRKER → EXOR-PANZERANZUG (Waffen)
EXOR-PANZERANZUG (Waffen)
EXOSCHIFF (Raumschiffe)
EXOTERRISTEN (Lebensformen)
EXPANSIONS-KONTRAKTIONS-ZYKLUS → ASSASSINEN (Lebensformen)
EXPRESSKOPF → POLYONTEN (Roboter)
EXSTIRPATION (Kultur)
EXTRAKTION (Kultur)
EXTRATERRESTRISCHE SONDE (Raumschiffe)
EXTREMREICHWEITENLASER → MAGICKER (Waffen)
EYE (Technologien)
FAHNDUNGSCOMPUTER → SELBSTVERDUNKLUNG (Kultur)
FAHRER → SKRODFAHRER/SKRODFAHRERIN (Lebensformen)
FAHRMASCHINE (Raumschiffe)
FÄKALIST → GEBÄUDE (Kultur)
FALLIANISCHES SUMPFGAS → PANGALAKTISCHER DONNERGURGLER (Kultur)
FAMILIEN-CADILLAC → FLUGGLEITER (Raumschiffe)
FAMILIENFLUGZEUG (Raumschiffe)
FAMILIENPLANSTELLE → PLANSTELLE (Kultur)
FAMILIENPRÄPARATE → APPROXIMAT (Roboter)
FAMILIENPÜPPELUNG → APPROXIMAT (Roboter)
FARCASTEN → FARCASTER (Raum)
FARCASTER (Raum)
FARCASTERTERMINEX auch → TERMINEX (Raum)
FASCHISSAPO (Kultur)
FATLINE (Kommunikation)
FATLINEGRAMM → FATLINE (Kommunikation)
FATLINEKOMMUNIKATOR → FATLINE (Kommunikation)
FATLINETRANSMITTER → FATLINE (Kommunikation)
FÄULNICKEL → KURDLAND (Kultur)
FAX (Technologien)
FAXBORN → FAX (Technologien)
FAXEL → FAX (Technologien)
FAXGERÄT → FAX (Technologien)
FAXWARE → FAX (Technologien)
FEDERKERNGESCHÖPFE → MATRATZEN (Lebensformen)
FEHLERFREIER ÄONEN-ZERSTÄUBER → TEMPORISTIK (Zeit)
FEKUNDANTEN (Lebensformen)
FELDABLENKER (Waffen)
FELDGENERATOR → PSEUDOSCHWERKRAFT (Technologien)
FELIN auch→ KATZENMENSCHEN (Lebensformen)
FELSENROLLER → MESKLINITEN (Lebensformen)
FEMBOT/FEMMEBOT/FEMINOID (Roboter)
FEMBOT/FEMMEBOT/FEMINOID → GYNOID (Roboter)
FERNFAZILITÄT → GEDANKENREISE (Raumschiffe)
FERNKREUZER (Raumschiffe)
FERTIGKYBERNEROS → KYBERNEROS (Roboter)

FEUCHTDRACHEN → KURDEL (Lebensformen)
FEUERFLUT → GROSSE VEREINFACHUNG (Kultur)
FEUERSPRECH → SAMNORSK (Kommunikation)
FEUERTISCH (Kultur)
FEYNMAN-FUNKSPRUCH (Zeit)
F-GEBILDE → PLASMA-OZEAN (Lebensformen)
FIKTIONSKOLLAPS → RAUMLORD (Raumschiffe)
FILTRIERER → GEBÄUDE (Kultur)
FIN (Lebensformen)
FIRSTS → KNIRPSE (Lebensformen)
FISCHOIDEN → KUGELSCHREIBEROIDE LEBENSFORM (Lebensformen)
FISCHWERDUNG (Kultur)
FIXAK → ETHOSPHÄRE (Kultur)
FIXOPHON (Kommunikation)
FLAMMENTANK (Waffen)
FLAMMENVOGEL (Raumschiffe)
FLAMMENWERFER → FLAMMENTANK (Waffen)
FLASHLASER (Waffen)
FLATLINE (VR)
FLÄZ → TEMPORISTIK (Zeit)
FLEISCHLER → BLECHLER (Roboter)
FLEISCHOPOID (Lebensformen)
FLENSER-BEWEGUNG (Kultur)
FLENSERISTEN (Kultur)
FLENST → FLENSER-BEWEGUNG (Kultur)
FLESCHETTGEWEHR (Waffen)
FLIEGEN (Roboter)
FLIEGENKLATSCHE → GRAVIKONZENTRAT (Raum)
FLIEGER → MESKLINITEN (Lebensformen)
FLOLLOPEN → MATRATZEN (Lebensformen)
FLOSSENHAFTIGKEIT → FISCHWERDUNG (Kultur)
FLÖTE DES HEILIGEN VEIT → ANACHRONISMUS (Zeit)
FLOTRON-MOTOR (Technologien)

FLOTSCHEN → MATRATZEN (Lebensformen)
FLUGGLEITER (Raumschiffe)
FLUGKUGEL auch → KUGELRAUMSCHIFF (Raumschiffe)
FLUGROCHEN (Raumschiffe)
FLUGSCHLANGEN → SIRTER (Raum)
FLURBELN → MATRATZEN (Lebensformen)
FLUXKOMPENSATOR (Zeit)
FÖHST → KNIRPSE (Lebensformen)
FORD-HÜGEL → ROOSEVELT-MEERE (Kommunikation)
FORMBETT → TOTALOSKOP (VR)
FORMIERER (Kultur)
FORMISSEN → SIRTER (Raum)
FORMWANDLER (Lebensformen)
FORTSCHRITTSBUND (Kultur)
FOTOFONIE (Kommunikation)
FRACHTRUNCIBLE → RUNCIBLE (Zeit)
FRAGMENTE → RUDELWESEN (Lebensformen)
FRAGS → RUDELWESEN (Lebensformen)
FREES → ASTRIDEN (Kultur)
FREEZA (Roboter)
FREEZER → FREEZA (Roboter)
FREIGEBORENER (Kultur)
FREIHEITLICHE FIPO → FISCHWERDUNG (Kultur)
FREITAG-TICHY → ZEITSCHLEIFE (Zeit)
FREMDWELTLER (Lebensformen)
FREMEN (Kultur)
FRESNELKONDENSAT (Technologien)
FREUDE-SCHMERZ-SYNDROM → MEHRZWECKANDROIDE (Roboter)
FREUNDESBÜNDE (Kultur)
FREUNDESKORPORATIONEN → FREUNDESBÜNDE (Kultur)
FRIEZA → FREEZA (Roboter)
FROGS (Lebensformen)
FROOD → HOOPY (Kommunikation)
FTL (Zeit)
FTL → FATLINE (Kommunikation)
FÜHLFILM (Kognition)
FUNKDURCHBOHRER → FUNKDURCHDRINGER (Waffen)

Wortregister

FUNKDURCHDRINGER (Waffen)
FUSIONSANTRIEBSTECHNOLOGIE → FUSIONSSCHIFF (Raumschiffe)
FUSIONSMINE (Waffen)
FUSIONSSCHIFF (Raumschiffe)
FUTURUM DES SEMICONDITIONAL MODIFIZIERTEN, SUB-UMGEDREHTEN INTENTIONALS DES SUBJUNKTIVEN PRAETERITUM PLAGALIS (Kommunikation)
GABENLATENZ (Kognition)
GALACH (Kommunikation)
GALACTICS → LIFTING / LIFTEN (Technologien)
GALAKTIC-STANDARD → GALAKTIK (Kommunikation)
GALAKTIK (Kommunikation)
GALAKTISCHE LIGA (Kultur)
GALAKTISCHER HYPERRAUMPLANUNGSRAT → VOGONEN (Lebensformen)
GALAKTISCHES IMPERIUM → IMPERIUM (Kultur)
GALAXISBERÜHMT → PRIVATRAKETE (Raumschiffe)
GALOPPIERENDER SARG → KURDLAND (Kultur)
GAMMAS → ALPHAS (Kultur)
GANZOBEN → DOWNER/DOWNERIN (Lebensformen)
GÄOIDE (Lebensformen)
GASTRONAUTIK (Raumschiffe)
GATEWAY (Raumschiffe)
GATEWAY-GESELLSCHAFT → GATEWAY (Raumschiffe)
GEAR (VR)
GEARFARM → GEAR (VR)
GEBÄUDE (Kultur)
GEBÄUDOLOGIE → GEBÄUDE (Kultur)
GEBETSFÄCHER → HITSCHI (Lebensformen)
GEBLÄTTER (Lebensformen)
GEBUNDENE STAATEN VON TARAXIS → LOSANNIEN (Kultur)
GEBURTSLABOR (Technologien)
GEDÄCHTNISCHIP (Technologien)
GEDÄCHTNIS-LOCH (Kultur)
GEDÄCHTNISRÖHRE (Technologien)
GEDANKENDIKTAPHON (Kommunikation)
GEDANKENFLUG auch → GEDANKENREISE (Raumschiffe)
GEDANKENHÜTER (Kultur)
GEDANKENLEERE TIEFEN → ZONEN (Raum)
GEDANKENPOLIZEI → GEDANKENVERBRECHEN (Kultur)
GEDANKENREISE (Raumschiffe)
GEDANKENSPRACHE (Kommunikation)
GEDANKENSTRAHLUNGSPOTENZ → PSYCHOKONTROLLE (Kommunikation)
GEDANKENTÖNE → RUDELWESEN (Lebensformen)
GEDANKENVERBRECHEN (Kultur)
GEDANKENVERBRECHEN → NEUSPRECH/NEUSPRACHE (Kommunikation)
GEDANKENWERFERN → PSYCHOKONTROLLE (Kommunikation)
GEFÄNGNISPLANET → SARDAUKAR (Kultur)
GEFÜHLSCHIP (Kognition)
GEHAAR (Lebensformen)
GEHEIMHELLEBARDIERE → KARELIRIEN (Roboter)
GEHIRNSIMULATOR (Technologien)
GEHIRNSTROMMATRIX → BABELFISCH (Lebensformen)
GEIBELLEN → SIRTER (Raum)
GEILER → GRÄSSEL-WÜTERICH (Lebensformen)
GEIST → GESPENST (Kognition)
GEMEINDESCHREITWERK → KURDEL (Lebensformen)
GENERAL ARIDNOLOGY → SELBSTVERDUNKLUNG (Kultur)
GENERATOREN DES ISOCHRONISCHEN SYSTEMS → TEMPORISTIK (Zeit)
GENESIS → TEMPORISTIK (Zeit)
GENIALER UNIVERSALROBOTER → INKUBATORGESCHÖPFE (Raumschiffe)
GENIALITEN → BÜPROKÖPS (Kultur)
GENIMPULSREGISTRIERTER (Kultur)

GENSCHEN → SCHWEREPLANET (Raum)
GENSCHNEIDEREI (Technologien)
GEN-SPLICING → GENSCHNEIDEREI (Technologien)
GEOID (Raum)
GEONAUTEN (Technologien)
GEPRICKEL (Kognition)
GERUCHSWELLEN → TASTWELLENBEREICH (Technologien)
GESAMTKOSMOS (Raum)
GESCHENKEBRINGERN → DOWNER/DOWNERIN (Lebensformen)
GESCHICHTSMACHER → TEMPORISTIK (Zeit)
GESCHICHTSSCHREIBER (Technologien)
GESCHLECHTSTAG (Kultur)
GESCHLOSSENER ZEITUMLAUF → ZEITSCHLEIFE (Zeit)
GESCHMACKS- UND GERUCHSÜBERTRAGUNG (Kommunikation)
GESCHWISTERRUDEL → RUDELWESEN (Lebensformen)
GESICHTSVERBRECHEN (Kultur)
GESPENST (Kognition)
GEWÜRZ (Kognition)
GEWÜRZBIER → GEWÜRZ (Kognition)
GEWÜRZKAFFEE → GEWÜRZ (Kognition)
GEWÜRZLIKÖR → GEWÜRZ (Kognition)
GEWÜRZPLANET → GEWÜRZ (Kognition)
GEWÜRZSAND → GEWÜRZ (Kognition)
GEWÜRZSILOS → GEWÜRZ (Kognition)
GEZEITENKRAFT (Raum)
GEZEITENLESER (Lebensformen)
GF-NIHILATION → GRAVOFUSIONSBOMBE (Waffen)
GHOLA (Lebensformen)
GIFTAUFSPÜRER → MUSKY (Waffen)
GIFTSCHNÜFFLER → MUSKY (Waffen)
GLEICHNISKIPPEN → POESIEWÜRDIGUNGSSTUHL (Kommunikation)
GLEITER (Raumschiffe)
GLOBBERN → MATRATZEN (Lebensformen)
GLUCKSENDE ERTRÄNKER → STUHLARTIGE QUÄLAMEISE (Lebensformen)

GLÜCKSZUWACHS → LOSANNIEN (Kultur)
GLURREN → MATRATZEN (Lebensformen)
GNA → KATZENMENSCHEN (Lebensformen)
GNOSTOREN → NEOGEN (Kultur)
GNOSTRONEN → METAMNESTIK (Kommunikation)
GOA'ULD (Lebensformen)
GOA'ULD (Kommunikation)
GOGGLES (VR)
GO-KAPITÄN → PLANOFORM (Raumschiffe)
GOLDENE FRÜCHTE (Kultur)
GOLDENE KUGEL (Raumschiffe)
GOLD-PLANET → MAGRATHEANER (Lebensformen)
GOLEM → SKELETTGOLEM (Roboter)
GOM JABBAR (Technologien)
GOMORRHOLOGIE → GEBÄUDE (Kultur)
GOSSEN-TRINÄR → TRINÄR (Kommunikation)
GRÄBERABKLOPFER (Technologien)
GRAKEN (Lebensformen)
GRAMMATIKGENERATOR (Kommunikation)
GRANDEL → KARELIRIEN (Roboter)
GRAPHOMAN (Kognition)
GRASER (Technologien)
GRASPLANETEN → VIECH (Lebensformen)
GRÄSSEL-WÜTERICH (Lebensformen)
GRATWANDERER (Lebensformen)
GRAUBLÜN (Kommunikation)
GRAVIKONZENTRAT (Raum)
GRAVIPLAN (Raumschiffe)
GRAVITATIONSANOMALIE → CHRONOTRON (Zeit)
GRAVITATIONSANTRIEB (Raumschiffe)
GRAVITATIONSBLASE → CHRONOTRON (Zeit)
GRAVITATIONSGALLERT → PLASMAOZEAN (Lebensformen)
GRAVITATIONSMASCHINEN → GRAVITATIONSANTRIEB (Raumschiffe)

Wortregister

GRAVITATIONS-SCAN (Technologien)
GRAVITATIONSSCHLÄGE → PLANDER (Raumschiffe)
GRAVITATIONSSCHUTZHÜLLE → SIRTER (Raum)
GRAVITATIONSSCHWANKUNGEN → STERNSTATION (Raumschiffe)
GRAVITONEN → SIRTER (Raum)
GRAVITONENSTÖSSE → SCHWERKRAFTPISTOLE (Waffen)
GRAVITOR (Technologien)
GRAVITTOIR (Technologien)
GRAV-LASER (Technologien)
GRAVODROM (Raumschiffe)
GRAVOFUSIONSBOMBE (Waffen)
GRAVON → SCHWEREPLANET (Raum)
GRAVONGEBORENE → SCHWEREPLANET (Raum)
GRAVONMUTANTEN → SCHWEREPLANET (Raum)
GRIPSBRÜTERN → GRIPSER (Technologien)
GRIPSER (Technologien)
GRIPSERFREI → LOSANNIEN (Kultur)
GRIPSERFREI → GRIPSER (Technologien)
GRIPSERFREI → HÜTLING (Technologien)
GRIPSERKONZENTRATIONEN → GRIPSER (Technologien)
GRIPSERSCHWARM → GRIPSER (Technologien)
GRIPSERSYSTEM → GRIPSER (Technologien)
GRIPSERWOLKE → GRIPSER (Technologien)
GRIPSOMETER → GRIPSER (Technologien)
GRIPSONIEREN → GRIPSER (Technologien)
GRIPSONIK → GRIPSER (Technologien)
GRIPSOSPHÄRE → GRIPSER (Technologien)
GROKEN (Kommunikation)
GROSSE FAHRER-MYTHOS → SKRODFAHRER/SKRODFAHRERIN (Lebensformen)
GROSSE HÄUSER → IMPERIUM (Kultur)
GROSSE REVOLTE → MENTAT (Kognition)
GROSSE VEREINFACHUNG (Kultur)
GROSSES UNBEKANNTES STAATSWESEN → RUHMSTREITER (Lebensformen)
GROSSRAUMSCHIFF (Raumschiffe)
GROSSSEGELCOMPUTER → SONNENWINDSEGLER (Raumschiffe)
GROSSVATERPARADOXON (Zeit)
GRÜNER STERN → GRÜNSTERN-ERLÖSUNGS-STATION (Kultur)
GRÜNSTERN → GRÜNSTERN-ERLÖSUNGS-STATION (Kultur)
GRÜNSTERN-ERLÖSUNGS-STATION (Kultur)
GRUNA-SYSTEM → ASTRIDEN (Kultur)
GRUPPENGEHIRN → TOTALOSKOP (VR)
GRUPPENORGANISMUS (Lebensformen)
G-SCHWANKUNGEN → STERNSTATION (Raumschiffe)
GULGONGS → BÜPROKÖPS (Kultur)
GUNGANS (Lebensformen)
GUPPEN → MATRATZEN (Lebensformen)
GURO → INKUBATORGESCHÖPFE (Raumschiffe)
GUS → RUHMSTREITER (Lebensformen)
GUT – PLUSGUT – DOPPELPLUSGUT → NEUSPRECH / NEUSPRACHE (Kommunikation)
GUT-SCHIFF (Raumschiffe)
GUTTAPERCHA-SCHÄDEL (Technologien)
GUT-TRIEBWERK → GUT-SCHIFF (Raumschiffe)
GUY-THUNDER-FAN (Kultur)
GYNOID (Roboter)
GYRO-GYROTOR (Raumschiffe)
GYROSKOPE → GYRO-GYROTOR (Raumschiffe)
H.K.H. → FORMIERER (Kultur)
HABITATMODUL (Kultur)
HABITATMODUL (Raumschiffe)
HAFERMEHLSCHNITTE → SOJABOHNENSTEAK (Kultur)
HALBDURCHLÄSSIGES NULL-GRAVITATIONSTOR (Raum)
HALSMIKRO (Kommunikation)

HÄMOVORE (Lebensformen)
HAND-DISRUPTOR (Waffen)
HANDEL 24 → SAMNORSK (Kommunikation)
HANDELSSPRACHE (Kommunikation)
HANDELSSPRACHE → SPRACHMASCHINE (Kommunikation)
HÄNDLERSÖLDNER (Zeit)
HANDPHASER → PHASER (Waffen)
HARDFAXEN → HARDFAXKOPIE (Kommunikation)
HARDFAXKOPIE (Kommunikation)
HAREMS → TEMPORISTIK (Zeit)
HARFENSTRÄHNER → BÜPROKÖPS (Kultur)
HARKONNEN → IMPERIUM (Kultur)
HARKONNEN → KAMPFSPRACHE (Kommunikation)
HARMONIUM (Lebensformen)
HAROMONOGRAMME DER MELIORATIVEN EDUKATION → TEMPORISTIK (Zeit)
HARTIUS-FAKTOR → NEOGEN (Kultur)
HAUPTCOPTER → COPTER (Technologien)
HAUSHALTSROBOTER → WASCHMASCHINEN-TRAGÖDIE (Kultur)
HAWKING-ANTRIEB (Raumschiffe)
HEDOMETRIE → LOSANNIEN (Kultur)
HEDOPRAXIS → LOSANNIEN (Kultur)
HEES (Waffen)
HEFOK (Waffen)
HEFOK-KANONE → HEFOK (Waffen)
HEIL- UND MASSKYBERNETIK → KYBERNEROS (Roboter)
HEIMATKURDEL → KURDLAND (Kultur)
HELIARC-LAMPE (Technologien)
HELIOCAR (Raumschiffe)
HELMKOM → KOM (Kommunikation)
HEUSCHRECKENBUCH (Kultur)
HI (VR)
HIATUS (Zeit)
HIBERNATION (Technologien)
HIBERNATOR (Technologien)
HIGH-END-ROBOTER → RATIOCINATE (Roboter)

HINTERLIEBSCHLACHTER → GRÄSSELWÜTERICH (Lebensformen)
HI-OX (Technologien)
HIRN → GESCHICHTSSCHREIBER (Technologien)
HISA → DOWNER/DOWNERIN (Lebensformen)
HISA-GESCHNATTER (Kommunikation)
HISTOGNOSTOREN → NEOGEN (Kultur)
HISTORANGER → TEMPORISTIK (Zeit)
HISTORIOLYSE → NEOGEN (Kultur)
HISTORISCHES REFERAT → TEMPORISTIK (Zeit)
HITSCHI (Lebensformen)
HITSCHI-BÜCHER → HITSCHI (Lebensformen)
HOBBYSTURMJÄGER → STORM TROUPERS (Kultur)
HOCHGESCHWINDIGKEITS-AXIAL-FLUG (Raumschiffe)
HOCHINTELLIGENZREGLERNETZ → GESCHICHTSSCHREIBER (Technologien)
HOCHSPRACHE (Kommunikation)
HÖCHSTVITALGEWALTIGES STAATSSCHREITWERK KHURLANDIEN → KURDLAND (Kultur)
HOG → INFO-HOG (Roboter)
HOHES JENSEITS → ZONEN (Raum)
HOHES KOMITEE DER NATIONEN → HOHN (Kultur)
HÖHLENBEWOHNER → SHIPTOWN (Kultur)
HOHN (Kultur)
HÖLLENPEITSCHE (Waffen)
HOLOCRON (VR)
HOLODECK (VR)
HOLOFENSTER (VR)
HOLOFON (Kommunikation)
HOLO-GERÄT (VR)
HOLOKOM (Kommunikation)
HOLONETZ (Kommunikation)
HOLONETZ-KOMEINHEIT → HOLOKOM (Kommunikation)
HOLO-NEWS (Kommunikation)
HOLO-ORDNER (VR)
HOLOPHANTOM (VR)

Wortregister

HOLOPROJEKTOR (Kommunikation)
HOLOPROJEKTOR (VR)
HOLOPROJEKTOREN → HOLORAUM (Kommunikation)
HOLORAUM (Kommunikation)
HOLOSKOP (Kommunikation)
HOLOVID (VR)
HOLOVIDBETRACHTER → HOLOVID (VR)
HOLOVIDBOTSCHAFT → HOLOVID (VR)
HOLOVIDGRAPHER → HOLOVID (VR)
HOLOVIDSPOT → HOLOVID (VR)
HOLOVISION (Kommunikation)
HOLOVISIONSSAAL auch→ HOLORAUM (Kommunikation)
HOLOVISOR (Kommunikation)
HOLO-ZIMMER (VR)
HOLZSCHNITZERHEIM → FLENSER-BEWEGUNG (Kultur)
HOMO PERFECTUS SAPIENS → TEMPORISTIK (Zeit)
HOMO SUPERIOR (Lebensformen)
HOMUTER (Lebensformen)
HONIGKUCHENSPULEN → GASTRONAUTIK (Raumschiffe)
HOOPY (Kommunikation)
HOPS → TEMPORISTIK (Zeit)
HOPSER (Raumschiffe)
HORMEL-TÄLER → ROOSEVELT-MEERE (Kommunikation)
HÖRSEHSCHIRM → TELEVISOR (Technologien)
HUBGLEITER (Raumschiffe)
HÜGELLEUTE → MACHINA ANALYTICA (Technologien)
HÜTLING (Technologien)
HUMANA VITA → TRANSALL (Kultur)
HUMANIFORMEN (Roboter)
HUMANOID (Lebensformen)
HUMANOID (Roboter)
HUMANOIDEN → KUGELSCHREIBEROIDE LEBENSFORM (Lebensformen)
HUMANOIDER SIM → SIMULOID (VR)
HUNDEKULTUR (Kultur)
HUNDEMENSCHEN → KATZENMENSCHEN (Lebensformen)

HYBRIDAUTOMAT → THROPIS (Roboter)
HYBRIDE (Lebensformen)
HYDROGENMOTOR (Technologien)
HYDROMAGNETISCHE FALLE → NULL (Technologien)
HYDROPONIKGARTEN (Technologien)
HYPERANTRIEB (Raumschiffe)
HYPERANTRIEB (Zeit)
HYPERATOMISCHER MOTOR → RAUMKRÜMMUNGSMASCHINE (Raumschiffe)
HYPERDRIVE (Raumschiffe)
HYPERFEMINISIERUNG (Kommunikation)
HYPERION → SHRIKE (Lebensformen)
HYPERKOM → KOM (Kommunikation)
HYPERKONVERTER (Raumschiffe)
HYPERKRÄFTE → HYPERREISE (Raum)
HYPERKRISTALLE → POSITRONENGEHIRN (Technologien)
HYPERLICHTKOMMUNIKATION (Kommunikation)
HYPERONENWERFER (Waffen)
HYPERPULSKOMMUNIKATION (Kommunikation)
HYPERRAUM (Raum)
HYPERRAUMANTRIEB (Raumschiffe)
HYPERRAUM-EXPRESSROUTE → VOGONEN (Lebensformen)
HYPERRAUM-INGENIEURE → MAGRATHEANER (Lebensformen)
HYPERRAUM-SIMRÖHREN → HOLONETZ (Kommunikation)
HYPERRAUMSCHIFF (Raumschiffe)
HYPERREISE (Raum)
HYPERSCHWEIN (Lebensformen)
HYPERSTASIS (Raumschiffe)
HYPERUNION → TRANSALL (Kultur)
HYPERVERSUM (Raum)
HYPERWELLEN → HYPERWELLEN-ANRUF (Kommunikation)
HYPERWELLEN-ANRUF (Kommunikation)
HYPERZEIT (Zeit)
HYPNOBIOSKOP (Technologien)
HYPNOLATOR (Technologien)
HYPNO-PFEIL (Waffen)
HYPNOSCHULUNG → WUNSCHTRAUMERZEUGER (Technologien)

Hypno-Unterricht → Hypnobioskop (Technologien)
Hypochonder-Roboter → Roboterin (Roboter)
Hypothermiekammer → Anabiose (Raumschiffe)
Ice → Eis (VR)
Ichtyoid (Lebensformen)
Ichübergreifung → Losannien (Kultur)
ichumgreifende Lustabfangtechniken → Ethosphäre (Kultur)
Ideationsmantel (Raum)
Ideengangster → PIZ (Kultur)
Ideenglyphe (Kommunikation)
Ideenschieber → PIZ (Kultur)
Identer (Kultur)
ID-Löser (Kognition)
IGM → Chronorch (Zeit)
Ignorantik → Selbstverdunklung (Kultur)
Ignorantistik → Selbstverdunklung (Kultur)
Ihre-Realität → Signalhändler (Lebensformen)
Ikarier (Lebensformen)
Ikaros → Ikarier (Lebensformen)
Illes → Roosevelt-Meere (Kommunikation)
Immortalisator → Unsterblichkeitstechnologie (Technologien)
Imperator → Imperium (Kultur)
Imperiale Flotte → HoloNetz (Kommunikation)
Imperiale Kampfläufer (Waffen)
Imperialer Sternenzerstörer Klasse I → Sternenzerstörer (Raumschiffe)
Imperialer Sternenzerstörer Klasse II → Sternenzerstörer (Raumschiffe)
Imperium (Kultur)
Impulsgewehr → Impulswaffen (Waffen)
Impulslaser → Magicker (Waffen)
Impulswaffen (Waffen)

Impulswellen (Kommunikation)
Incerebration → Gebäude (Kultur)
Incubus (Waffen)
Inder → Hütling (Technologien)
Indifferentisten → Ethosphäre (Kultur)
Indisten → Ethosphäre (Kultur)
Infernalisitik → Gebäude (Kultur)
Infernator → Gebäude (Kultur)
Info-Hog (Roboter)
Infonaut (Technologien)
Informationscopter → Copter (Technologien)
Informations-High-end-Roboter → Info-Hog (Roboter)
Informationsillusion (Kommunikation)
Informationsimplantat (Kommunikation)
Informationskristall (Technologien)
Informations-Kristallisierung → Metamnestik (Kommunikation)
Informationsquanten → Gedankenreise (Raumschiffe)
Informativ-translative Tablette (Kommunikation)
Informatorium (Kommunikation)
Infusionstierchen → Lem-Tank (Technologien)
Inhaustor (Technologien)
Injektorkappe (Technologien)
Inkubatorgeschöpfe (Raumschiffe)
Inkubatorhomunkulus → Inkubatorgeschöpfe (Raumschiffe)
Inquisitor (Kultur)
Insektenwaffe (Waffen)
Insektoide Roboter → Drohnen-Robot (Roboter)
Insignien-Kommunikator (Kommunikation)
Insperten → Selbstverdunklung (Kultur)
Inspertisetheorie → Selbstverdunklung (Kultur)
Inspobot (Roboter)
Instelnet (Kommunikation)

Wortregister

INSTITUT FÜR EXTRATERRESTRISCHE KOMMUNIKATION → KOMMUNIKATIONSPROGNOSTIKER (Kommunikation)
INSTITUT FÜR GESCHICHTSMASCHINEN → CHRONORCH (Zeit)
INSTITUT FÜR SEMANTIK → NULL-A (Kultur)
INSTITUT FÜR VERALLGEMEINERUNG EINER RADIKAL NEUEN ANATOMIE → BÜPROKÖPS (Kultur)
INTELLIGENZKRIEG → LEMTANK (Technologien)
INTELLIGENZVERSTÄRKER → LEMTANK (Technologien)
INTERFACEN (VR)
INTERKOM (Kommunikation)
INTERKOM → KOM (Kommunikation)
INTERKOMSYSTEM → INTERKOM (Kommunikation)
INTERLINGUA (Kommunikation)
INTERNAUTEN → INTERNAUTIK (Raumschiffe)
INTERNAUTIK (Raumschiffe)
INTERPLANETARER RECHTSKODEX → ORGANISATION DER VEREINTEN PLANETEN (Kultur)
INTERPLANETARISCHE (Lebensformen)
INTER-PLANETAR-STARTBASIS (Raumschiffe)
INTERSCHIFF (Raumschiffe)
INTERSPACE-GESCHOSSE → INTERSPACE-RAKETE (Raumschiffe)
INTERSPACE-RAKETE (Raumschiffe)
INTERSPEAK (Kommunikation)
INTERSTELLARSCHIFF (Raumschiffe)
INTERSTELLARVERKEHR → INTERSTELLARSCHIFF (Raumschiffe)
INTRAVISOR (Technologien)
INVASIONSFLOTTE → KOMETENSCHALE (Raum)
INVIGILATOR → GEBÄUDE (Kultur)
IONENKANONE (Waffen)
IONENMOTOR (Raumschiffe)
IOR UELLE RRE → ROOSEVELT-MEERE (Kommunikation)

IORRT → ROOSEVELT-MEERE (Kommunikation)
IRONIESCHALTKREISE → SIRIUS-KYBERNETIK-CORPORATION (Technologien)
ISOLIERSTRAHLEN (Kommunikation)
IVRANA → BÜPROKÖPS (Kultur)
IX → IXIANER (Kultur)
IXIANER (Kultur)
JAGDROBOTER (Roboter)
JÄGER-SUCHER (Waffen)
JANITOR → GEBÄUDE (Kultur)
JEDI (Kultur)
JEDI- MEISTER → HOLOCRON (VR)
JEDI-MEISTER → JEDI (Kultur)
JEDI-RITTER → HOLOCRON (VR)
JEDI-RITTER → LICHTSCHWERT (Waffen)
JINKER (Raumschiffe)
JOBKREDIT → PELL-STATION (Raumschiffe)
JONASOIDALER EFFEKT → PLANOFORM (Raumschiffe)
JUPITANER auch→ MEWACON (Lebensformen)
JUPITERBEWOHNER (Lebensformen)
JUPITER-EXISTENZ → LOPER (Lebensformen)
JUPITERFÄHRE (Raumschiffe)
JUPITERWESEN auch → LOPER (Lebensformen)
JUWAINISMUS (Kultur)
KAAN → KATZENMENSCHEN (Lebensformen)
KABERNORIS → KYBERNEROS (Roboter)
KABINENCOPTER → COPTER (Technologien)
KADAVERISTIK → GEBÄUDE (Kultur)
KAFU-FELD → CHRONOTRON (Zeit)
KAKÖPSYP → BÜPROKÖPS (Kultur)
KALKOROB → KARELIRIEN (Roboter)
KALKULATORS RELIKT-REVINDIKATION → KARELIRIEN (Roboter)
KALMENGÜRTEL (Raum)
KÄLTESCHLAF (Technologien)
KÄLTESCHLÄFER (Raumschiffe)

KÄLTESCHLAFVORRICHTUNG → KÄLTE-
SCHLAF (Technologien)
KÄLTESCHLAF-ZELLE → KÄLTESCHLAF
(Technologien)
KAMINOANER → KLONER (Lebensformen)
KAMINOANER → SABREDART (Waffen)
KAMPAGNE FÜR DIE REALZEIT → KAM-
ZEIT (Zeit)
KAMPFDROIDE → DROID(E) (Roboter)
KAMPFDROIDEN → DROIDEKA (Roboter)
KAMPFKORSETT (Waffen)
KAMPFMEK → MEKTEK (Roboter)
KAMPFSPRACHE (Kommunikation)
KAMZEIT (Zeit)
KANNIBALISIERUNG auch → GASTRO-
NAUTIK (Raumschiffe)
KANTAKI → KLICKEN (Kommunikation)
KANTAKI-SCHIFFE → GABENLATENZ
(Kognition)
KAP-EH-THAAL → NEOGEN (Kultur)
KAPITÄNSRÖHRE → RAUMLORD (Raumschiffe)
KAPPI-THAA → NEOGEN (Kultur)
KAPUTER (Roboter)
KARELIRIEN (Roboter)
KARNIERUNG → DEKARNIERUNG (KUL-
TUR)
KARRANK% (Lebensformen)
KASSETTENGRAB → DISCUTER (VR)
KASSETTONS → DISCUTER (VR)
KASTELLKURDEL → KURDEL (Lebensformen)
KATAFAKTOR RV → NEOGEN (Kultur)
KATAPULTPUNKTE → KATAPULTSPRUNG
(Raum)
KATAPULTSPRUNG (Raum)
KATATONISIERUNG (Kognition)
KATHODENMETALL (Technologien)
KATZENMENSCHEN (Lebensformen)
KAUFFAHRER (Kultur)
KAUFFAHRER → SKRODFAHRER/
SKRODFAHRERIN (Lebensformen)
KAUFFAHRER-ALLIANZ → KAUFFAHRER
(Kultur)

KAUFFAHRERSCHIFFE → KAUFFAHRER
(Kultur)
KAUFFAHRERTREFF → KAUFFAHRER (Kultur)
KAUTSCHUK-KINNLADE → GUTTAPER-
CHA-SCHÄDEL (Technologien)
KEHRSEITLER (Roboter)
KELLNERROBANT → ROBANT (Roboter)
KERBMETALL → WASCHMASCHINEN-
TRAGÖDIE (Kultur)
KERR-TUNNEL → WURMLOCH (Raum)
KGM (Lebensformen)
KHOERDELL → KURDEL (Lebensformen)
KILLER-ANDROIDEN → MEHRZWECK-
ANDROIDE (Roboter)
KILLERDROHNE (Waffen)
KILLER-MEWACON → MEWACON
(Lebensformen)
KILL-O-ZAPP → KILL-O-ZAPP-PISTOLE
(Waffen)
KILL-O-ZAPP-PISTOLE (Waffen)
KINDERLIZENZ (Kultur)
KINDERQUOTE → AMT FÜR BEVÖLKE-
RUNGSPLANUNG (Kultur)
KINDERZUCHT (Kultur)
KINDSOFEN → SOHNSMATRIZE (Roboter)
KIRSCHENPFLAUME → SCHNELLWACHS-
FARM (Technologien)
KJÖRDL → KURDEL (Lebensformen)
KLAMMERLÄUFER (Lebensformen)
KLANGORGANEN → BÜPROKÖPS (Kultur)
KLAUENWELT → FLENSER-BEWEGUNG
(Kultur)
KLAUENWELT→ RUDELWESEN (Lebensformen)
KLEBÄUGIGE SCHWABBLER → WABBELI-
GE (Lebensformen)
KLEBÄUGLER auch → BLEICHLING (Lebensformen)
KLEBERICHE → WABBELIGE (Lebensformen)
KLEINE HÄUSER → IMPERIUM (Kultur)
KLEINER BRINGER → SANDWÜRMER (Lebensformen)
KLEINSTRAUMSCHIFF → MINIATUR-
RAUMSCHIFF (Raumschiffe)

Wortregister

KLEINTHROPI → THROPIS (Roboter)
KLETTERROBOTER (Roboter)
KLICKEN (Kommunikation)
KLIMATECHNIKER (Technologien)
KLINGONEN (Lebensformen)
KLINGONISCH (Kommunikation)
KLONBOY (Kultur)
KLONER (Lebensformen)
KNIRPSE (Lebensformen)
KNOCHENKOPF (Lebensformen)
KOFE → SOJABOHNENSTEAK (Kultur)
KOKETTE TABURETTE → BÜPROKÖPS (Kultur)
KOLLAPSIUM (Technologien)
KOLLEKTORKÄFER (Lebensformen)
KOLONIALPLANETEN → KUPPELLEUTE (Raumschiffe)
KOLONIALPLANETEN → NICHT-PARADIESE (Kultur)
KOM (Kommunikation)
KOMETENSCHALE (Raum)
KOMETENSCHILD → KOMETENSCHALE (Raum)
KOM-IMPLANTAT (Kommunikation)
KOMKON 2 (Kultur)
KOMLINK (Kommunikation)
KOMLOG (Kommunikation)
KOMLOGIMPLANTAT → KOMLOG (Kommunikation)
KOMMISSION FÜR FRAGEN WUNDERVOLLER GESICHTER → BÜPROKÖPS (Kultur)
KOMMISSION ÖKUMENISCHER INTERPRETATOREN → ORANGE-KATHOLISCHE BIBEL (Kultur)
KOMMISSION ZUR ABSTIMMUNG DER KÖRPERLICH-PSYCHISCHEN PROJEKTE → BÜPROKÖPS (Kultur)
KOMMUNIKATIONSAUTOMATIK → SPRACHANALYSE-INTELLIGENZ (Kommunikation)
KOMMUNIKATIONSPROGNOSTIKER (Kommunikation)
KOMMUNIKATIONSSERVO (Kommunikation)
KOMMUNIKATOR (Kommunikation)
KOMPLEXBOJEN → EXTRATERRESTRISCHE SONDE (Raumschiffe)
KOMSAT (Kommunikation)
KOM-SCHIRM (Kommunikation)
KONDENSATORENSCHICHTKUCHEN → GASTRONAUTIK (Raumschiffe)
KONJUGIEREN (Roboter)
KONSERVIERUNGSMASCHINE (Technologien)
KONSTANTIN-MANN → DOWNER/DOWNERIN (Lebensformen)
KONTRAFESSOREN → BÜPROKÖPS (Kultur)
KONVERTER → LOPER (Lebensformen)
KONZENTRATOR (Kultur)
KOPFLER → KYNOID (Lebensformen)
KOPFSCHRUMPFER (Kognition)
KÖRPER- UND GEISTESVERWALTUNG → BÜPROKÖPS (Kultur)
KÖRPERFORMISMUS → BÜPROKÖPS (Kultur)
KÖRPERGESTALTUNGSPLÄNE → BÜPROKÖPS (Kultur)
KÖRPERSCHILD → LASGUN (Waffen)
KOSMISCHES BRUTELEKTRON auch → SCHÖPFUNGSLADUNG (Zeit)
KOSMISCHES RECHT → MILCHSTRASSENVERKEHRSORDNUNG (Raumschiffe)
KOSMOBOLD (Lebensformen)
KOSMODROM (Raumschiffe)
KOSMOGONIKER (Raum)
KOSMOKREATION → SCHÖPFUNGSLADUNG (Zeit)
KOSMOSFAHRER → GOLDENE KUGEL (Raumschiffe)
KOSMOSTRASSE (RAUMSCHIFFE)
KOSMOTROSE (Raumschiffe)
KOSMOZID (Raum)
KOTZECHSEN → KURDEL (Lebensformen)
KRABBLER (Lebensformen)
KRÄMPFIGE ERBRICHMEINNICHT → KURDEL (Lebensformen)
KRANIAL-VIDCHIP (Kommunikation)
KREDITPOLLEN (VR)

KREPIEROLAT → KURDLAND (Kultur)
KRIA → POESIEWÜRDIGUNGSSTUHL (Kommunikation)
KRIECHERIN → BÜPROKÖPS (Kultur)
KRIKKIT (Raum)
KRIKKIT-KRIEGE → KRIKKIT (Raum)
KRISTALLREKORDER (Kommunikation)
KRISTALLSEMMEL (Kultur)
KRONN (Lebensformen)
KRÜMMER (Raumschiffe)
KRY-LAB → KRYONISCHE SUSPENSION (Technologien)
KRYNOID (Lebensformen)
KRYOBETT → KRYONISCHE FUGE (Technologien)
KRYOLEUM (Kultur)
KRYONIDEN (Lebensformen)
KRYONIK-TANK (Technologien)
KRYONISCHE FUGE (Technologien)
KRYONISCHE SUSPENSION (Technologien)
KRYOTEMPORAL (Zeit)
KRYPOTOTRAPS → KURDLAND (Kultur)
KRYPTOCHRONIE → TEMPORISTIK (Zeit)
KRYPTOHIPPIK → GEBÄUDE (Kultur)
KRYPTWARE (Technologien)
KUBIK-ASTRON (Raum)
KÜCHENMASCHINEN-INVASION → WASCHMASCHINEN-TRAGÖDIE (Kultur)
KÜCHENROBOTER → WASCHMASCHINEN-TRAGÖDIE (Kultur)
KÜCHEN-ROBOT-SYNTH-O-MATIC (Roboter)
KÜHL(SCHLAF)KAMMER (Technologien)
KÜNSTEL-SCHRECKER → GRÄSSEL-WÜTERICH (Lebensformen)
KUGELBLITZ → ASSASSINEN (Lebensformen)
KUGELRAUMSCHIFF (Raumschiffe)
KUGELSCHREIBEROIDE LEBENSFORM (Lebensformen)
KULUPEN → ENTEROPIEN (Raum)
KUPPELLEUTE (Raumschiffe)
KURBORDEL → KURDLAND (Kultur)
KURDEL (Lebensformen)
KURDELSSTILLE → KURDLAND (Kultur)

KURDELZUCHT → KURDLAND (Kultur)
KURDLAND (Kultur)
KURDLÄNDER → KURDLAND (Kultur)
KURDLÄNDISCHES STAATSSCHREITWERK → KURDLAND (Kultur)
KURDLISTAN → KURDLAND (Kultur)
KURSSETZMASCHINE → GATEWAY (Raumschiffe)
KURZBEREICHSKOMMUNIKATOR (Kommunikation)
KWISATZ HADERACH (Lebensformen)
KWUG → BÜPROKÖPS (Kultur)
KYBE → KYBERNEROS (Roboter)
KYBER (Roboter)
KYBERGRAF (Roboter)
KYBERGRAF → KYBER (Roboter)
KYBER-HERZ (Technologien)
KYBERKONOMIK → NEOGEN (Kultur)
KYBERNEROS (Roboter)
KYBERNEROSARTEN → KYBERNEROS (Roboter)
KYBERNEROSBAUTEILEN → KYBERNEROS (Roboter)
KYBERNEROSDAME → KYBERNEROS (Roboter)
KYBERNEROSDIENST → KYBERNEROS (Roboter)
KYBERNEROSFRAU → KYBERNEROS (Roboter)
KYBERNEROSWARENHAUS → KYBERNEROS (Roboter)
KYBERNEROSWEIB → KYBERNEROS (Roboter)
KYBERNEROTISCH → KYBERNEROS (Roboter)
KYBERNEROTISTEN → KYBERNEROS (Roboter)
KYBERSCHAMANE → SVARNETIK (Technologien)
KYBERSPACE → CYBERSPACE (VR)
KYBKARTELL → KYBERNEROS (Roboter)
KYBORG (Roboter)
KYBORG → CYBORG (Roboter)
KYBWERKSTATT → KYBERNEROS (Roboter)
KYNOID (Lebensformen)

Wortregister

LÁADAN (Kommunikation)
LABORGEBOREN → GEBURTSLABOR (Technologien)
LABYRINTHIK → SELBSTVERDUNKLUNG (Kultur)
LABYRINTHISTHIK → SELBSTVERDUNKLUNG (Kultur)
LABYRINTHOLABYRINTHIK → SELBSTVERDUNKLUNG (Kultur)
LADYTRON (Roboter)
LALITHA (Lebensformen)
LAMBLIA → SVARNETIK (Technologien)
LANCET (Raumschiffe)
LANDEBOOT auch→ LANDER (Raumschiffe)
LANDER (Raumschiffe)
LÄNGICHTE → PLASMA-OZEAN (Lebensformen)
LANGSAM → ULTRAANTRIEB (Raumschiffe)
LANGSAM → ZONEN (Raum)
LAPPSÜLZ → ETHOSPHÄRE (Kultur)
LASERBRÜCKE (Kommunikation)
LASER-ENZEPHALOGRAMM (Technologien)
LASERGEWEHR (Waffen)
LASERKANONE (Waffen)
LASERKANONEN → PROTUBEREA SPATIALIS (Lebensformen)
LASERLINK (Technologien)
LASERPHON (Kommunikation)
LASERPISTOLE (Waffen)
LASGUN (Waffen)
LATSCHE → KURDLAND (Kultur)
LAUERBEISSER → STUHLARTIGE QUÄLAMEISE (Lebensformen)
LAUFARME → SCHWEREPLANET (Raum)
LAUTSPRECHERSTADT (Kommunikation)
LEBENSKONSERVIERUNGSCOMPUTER (Technologien)
LEG → LASER-ENZEPHALOGRAMM (Technologien)
LEIBGARDISTIK → GEBÄUDE (Kultur)
LEIBOWITZBLAUPAUSE (Kommunikation)
LEICHENBISS-NARRKOPFS → GRÄSSEL-WÜTERICH (Lebensformen)

LEICHENKNEIFER → GRÄSSEL-WÜTERICH (Lebensformen)
LEICHENSPIELER → GRÄSSEL-WÜTERICH (Lebensformen)
LEIMER → KARELIRIEN (Roboter)
LEIMERSPITZEL → KARELIRIEN (Roboter)
LEIMERUNGEZIEFER → KARELIRIEN (Roboter)
LEITCOPTER → COPTER (Technologien)
LEITSTAB (Technologien)
LE-JEUNE-PLANET GOLDENE KUGEL (Raumschiffe)
LEMTANK (Technologien)
LENN-AH (Kommunikation)
LERNAUTOMAT (Technologien)
LEVITATOR (Raumschiffe)
LICHTBOOT (Raumschiffe)
LICHTDEPESCHE (Kommunikation)
LICHTGEBUNDENE RAUMFAHRT → SPRUNG (Raumschiffe)
LICHTGRIFFEL (Technologien)
LICHTRADIO → LICHT-TON-STRAHL (Kommunikation)
LICHTSCHREIBER (Technologien)
LICHTSCHWERT (Waffen)
LICHTSENDER (Kommunikation)
LICHTSTECHER → PLANOFORM (Raumschiffe)
LICHT-TON-STRAHL (Kommunikation)
LICHTWERFER (Waffen)
LIEBKOSI → TEMPORISTIK (Zeit)
LIFTING / LIFTEN (Technologien)
LIMBDA → LIMBDISTEN (Lebensformen)
LIMBDISTEN (Lebensformen)
LIMINAL-ENTROPISCH BREMSENDE KOLLISIONSSICHERUNG → TEMPORISTIK (Zeit)
LINGUAMAT (Kommunikation)
LINGUAPROZESSOR (Kommunikation)
LINGUATOR (Kommunikation)
LINGUIDE (Kommunikation)
LÖGER (Lebensformen)
LOGIKOTHERAPEUT (Kognition)
LOGIKSTROMKREISE → UNENDLICHER UNWAHRSCHEINLICHKEITSDRIVE (Raumschiffe)

LOPER (Lebensformen)
LOSANNIA → LOSANNIEN (Kultur)
LOSANNIEN (Kultur)
LÖSCHRATTE → REINIGUNGSTIER (Roboter)
LOSE FÖDERATION DER VOLLKOMMENEN STAATEN → LOSANNIEN (Kultur)
LUFTAUTO (Raumschiffe)
LUFTTAXI → LUFTAUTO (Raumschiffe)
LUFTVAN (Raumschiffe)
LUKAS-MANNS → DOWNER/DOWNERIN (Lebensformen)
LUKASSE → DOWNER/DOWNERIN (Lebensformen)
LUMINOR (Technologien)
LUMINOR-LICHT → LUMINOR (Technologien)
LUSTLAGER (Kultur)
LUSTSCHNEIDER → LOSANNIEN (Kultur)
LUSTWARZE → LIMBDISTEN (Lebensformen)
LUX-O-RÖHRE (Technologien)
LUXUSKYBERNEROS → KYBERNEROS (Roboter)
M.D.-GERÄT → MOLEKULAR-DETACHMENT-GERÄT (Waffen)
MACERATOR → GEBÄUDE (Kultur)
MAC-FLACON-GESETZ → WASCHMASCHINEN-TRAGÖDIE (Kultur)
MAC-FLACON-GLUMBKIN-GESETZ → WASCHMASCHINEN-TRAGÖDIE (Kultur)
MAC-FLACON-GLUMBKIN-RAMPHORNEY-HMURLING-PIAFFKA-GESETZ → WASCHMASCHINEN-TRAGÖDIE (Kultur)
MAC-FLACON-GLUMBKIN-RAMPHORNEY-HMURLING-PIAFFKA-SNOWMAN-FITOLIS-BIRMINGDRAQUE-PHOOTLEY-CAROPKA-PHALSELEY-GROGGERNER-MAYDANSKY-GESETZ → WASCHMASCHINEN-TRAGÖDIE (Kultur)
MAC-FLACON-GLUMBKIN-RAMPHORNEY-NOVELLE → WASCHMASCHINEN-TRAGÖDIE (Kultur)

MACHINA ANALYTICA (Technologien)
MACHT (Kultur)
MÄCHTE (Lebensformen)
MAFEA (Kultur)
MAFEA → IMPERIUM (Kultur)
MAGENPROTESTKUNDGEBUNGEN → KURDLAND (Kultur)
MAGENTEN → SIRTER (Raum)
MAGICKER (Waffen)
MAGNETISCHER STAUB (Kultur)
MAGNETOPHONKISSEN → GEBÄUDE (Kultur)
MAGNETSOHLEN (Technologien)
MAGRATHEA → MAGRATHEANER (Lebensformen)
MAGRATHEANER (Lebensformen)
MAKA-I (Kognition)
MAKA-I-DROGE auch→ MAKA-I (Kognition)
MAKA-I-GOTT → MAKA-I (Kognition)
MAKA-I-PFLANZEN → MAKA-I (Kognition)
MAKKARONIISOLIERUNG → GASTRONAUTIK (Raumschiffe)
MAMALEN → APPROXIMAT (Roboter)
MANDOLKLIMPER → BÜPROKÖPS (Kultur)
MANSCHEN → KURDLAND (Kultur)
MAPSYNTH → GESCHICHTSSCHREIBER (Technologien)
MARAIN (Kommunikation)
MARDROID → ROIDE (Roboter)
MARSBAHNHOF (Raumschiffe)
MARSBEWOHNER (Lebensformen)
MARSBEWOHNER → MARTIANER (Lebensformen)
MARSBEWOHNER → MARTIER (Lebensformen)
MARSIANER (Lebensformen)
MARSIANISCHE BITTERE → MONDBRANDY (Kultur)
MARSKOLLER (Kognition)
MARS-PHILOSOPH → MARTIANER (Lebensformen)
MARSSTAATEN → ANTIBATENPARTEI (Kultur)

Wortregister 297

MARSZIVILISATION (Lebensformen)
MARTIAN → MARSIANER (Lebensformen)
MARTIANER (Lebensformen)
MARTIER (Lebensformen)
MARTIERIN → MARTIER (Lebensformen)
MARTISCH (Kommunikation)
MASCHINE (Kultur)
MASCHINE DER SPIELE auch→ MASCHINE (Kultur)
MASCHINENMENSCH (Roboter)
MASCHINEN-NERVEN-INTERFACE (Technologien)
MASCHINENWESEN (Roboter)
MASER (Waffen)
MASOMAT → WASCHMASCHINEN-TRAGÖDIE (Kultur)
MATERIALISATION (Zeit)
MATERIETRANSMITTER → BEAMEN (Technologien)
MATERIEUMWANDLER (Technologien)
MATRATZEN (Lebensformen)
MATRIX (VR)
MATRIX-BOTTICH (Technologien)
MATRIXBÜCHSE → SEPULKEN (Kultur)
MATRIXGEFÜGE → MATRIX (VR)
MAZIANS FLOTTE → ERDKOMPANIE (Kultur)
MC-MODELL → QT (Roboter)
MECH (Roboter)
MECHA → MECH (Roboter)
MECHANICOS (Roboter)
MECHANO-GÄRTNER (Roboter)
MECHGLADIATOR → BATTLEMECH (Waffen)
MECHKRIEGER → BATTLEMECH (Waffen)
MED-AUTOMAT (Technologien)
MEDAUTOMAT → MED-AUTOMAT (Technologien)
MEDIÄVIST(IN) (Kultur)
MEDIZINMANN HONORIS CAUSA → SVARNETIK (Technologien)
MEDOEINHEIT (Technologien)
MEDOMAT → MEDOEINHEIT (Technologien)
MEDOMATENREIF → MEDOEINHEIT (Technologien)
MEDOPUTER → MEDOEINHEIT (Technologien)
MEDOTRONIK → MEDOEINHEIT (Technologien)
MEERESKOHLENBRIKETTS → SOJABOHNENSTEAK (Kultur)
MEERKRESSE → SOJABOHNENSTEAK (Kultur)
MEGAFRACHTER (Raumschiffe)
MEGAKALUP (Raum)
MEGAKNALL-PERKUSSIONS-KOMPLEX → LAUTSPRECHERSTADT (Kommunikation)
MEGALOPOLIS (Kultur)
MEGARIECHEINHEITEN → STUHLARTIGE QUÄLAMEISE (Lebensformen)
MEHRZWECKANDROIDE (Roboter)
MEISTER DEPP → CHRISTLICH-ISLAMISCHE KIRCHE (Kultur)
MEKTEK (Roboter)
MEKTEK-BUCHSEN → MEKTEK (Roboter)
MEKTEK-SCHÄDEN → MEKTEK (Roboter)
MEKTEK-SELBSTMODIFIKATION → MEKTEK (Roboter)
MEKTEK-SICHT → MEKTEK (Roboter)
MEKTEK-VERBINDUNGEN → MEKTEK (Roboter)
MEKTEK-VIREN → MEKTEK (Roboter)
MELANGE → GEWÜRZ (Kognition)
MELONENORANGE → SCHNELLWACHSFARM (Technologien)
MEMOKRISTALL (Technologien)
MEMOREX-BLOCK (Technologien)
MEMOTAB → MEMOKRISTALL (Technologien)
MENKI (Roboter)
MENOALPHABET → GEDANKENDIKTAPHON (Kommunikation)
MENOBAND-NACHRICHTEN → GEDANKENDIKTAPHON (Kommunikation)
MENOGRAPH → GEDANKENDIKTAPHON (Kommunikation)

Menschen-in-Schalen → Downer/Downerin (Lebensformen)
Menschen-mit-Gewehren → Downer/Downerin (Lebensformen)
Menschensprache → Hisa-Geschnatter (Kommunikation)
Menschenwelten → Alte Erde (Raum)
Menschlichkeitsschaltung → Akrobath (Roboter)
Mensch-Mardom → Roide (Roboter)
Mentalik (Kognition)
Mentalsender (Kommunikation)
Mentat (Kognition)
Mentoskop (Kognition)
Mercantil (Kommunikation)
Mercerismus (Kultur)
Merlins Krankheit (Zeit)
Meskliniten (Lebensformen)
Metallarme → QT (Roboter)
Metallenes Buch (Kommunikation)
metallo-organisch (Lebensformen)
Metallstrassen → Tele-Motorroller (Raumschiffe)
Metallvogel (Raumschiffe)
Metamnestik (Kommunikation)
Metamorph (Lebensformen)
Metaquanteninjektor → Hyperkonverter (Raumschiffe)
Metaselbst (Kognition)
Meteoro-Türme → Wetteringenieur (Technologien)
Methanatmer → Gezeitenleser (Lebensformen)
Methanschwimmer → Gezeitenleser (Lebensformen)
Methodology of Zeroing Illicit Murder → Svarnetik (Technologien)
Metropolechse → Kurdel (Lebensformen)
Mewa → Mewacon (Lebensformen)
Mewacon (Lebensformen)
Mewacon-Friedhof → Mewacon (Lebensformen)

Mewa-Kundler Jupitanologen → Mewacon (Lebensformen)
Mewatron → Mewacon (Lebensformen)
Mewa-Wesen → Mewacon (Lebensformen)
Mewacon-Problematik → Mewacon (Lebensformen)
MfAA → Chronorch (Zeit)
Mi (Kultur)
Mietlinge (Kultur)
Mignon-Komplex (Kognition)
Mikrodolmetschgerät (Kommunikation)
Mikrodrohne (Kultur)
Mikronaut (Roboter)
Mikrosprünge → Ultraantrieb (Raumschiffe)
Mikro-Sub-Meson- Elektronik-Einheit → Encyclopaedia Galactica (Kommunikation)
Mikrowellenkanone (Waffen)
Mikrowellenrevolver → Mikrowellenkanone (Waffen)
Mikrowellenwerfer → Mikrowellenkanone (Waffen)
Milchstrassenkreuzer → Kosmostrasse (Raumschiffe)
Milchstrassenleuchtturm → Kosmostrasse (Raumschiffe)
Milchstrassenverkehrsordnung (Raumschiffe)
Milchstrassenverschnitt → Mondbrandy (Kultur)
mimetischer Parasitismus → Lalitha (Lebensformen)
Mimikrid (Technologien)
Mimikryparasit (Lebensformen)
Mimoide → Plasma-Ozean (Lebensformen)
Miniaturandroide (Roboter)
Miniaturraumschiff (Raumschiffe)
Minbari → Lenn-Ah (Kommunikation)
Minicopter → Copter (Technologien)
Minifluss → Minilieb (Kultur)
Minikom → Kom (Kommunikation)

Wortregister

MINILIEB (Kultur)
MINIOPTER (Raumschiffe)
MINIPAX → MINILIEB (Kultur)
MINIPAX → NEUSPRECH / NEUSPRACHE (Kommunikation)
MINIRAUMSCHIFF → KUGELRAUMSCHIFF (Raumschiffe)
MINIRAUMSCHIFF → MINIATURRAUMSCHIFF (Raumschiffe)
MINISTERIUM FÜR KOMPLETTE BEGLÜCKUNG → LOSANNIEN (Kultur)
MINISTERIUMS FÜR AUSSERIRDISCHE ANGELEGENHEITEN → CHRONORCH (Zeit)
MINITHROPIE → THROPIS (Roboter)
MINIWAHR → MINILIEB (Kultur)
MINIWAHR → NEUSPRECH / NEUSPRACHE (Kommunikation)
MISSIONARIA PROTECTIVA → BENE GESSERIT (Kultur)
MITTAGSPID → PID (Zeit)
MITTLERES JENSEITS → ZONEN (Raum)
M-KANONE → MIKROWELLENKANONE (Waffen)
MKB → LOSANNIEN (Kultur)
MNEMOGRAPH (Kognition)
MNEMOKRISTALL (Technologien)
MNEMOREN → METAMNESTIK (Kommunikation)
MNEMOSONEN → GEDANKENREISE (Raumschiffe)
MOBILE RETTUNGSINSPEKTION → TEMPORISTIK (Zeit)
MÖBIUSKUBUS (Technologien)
MODULATOR → TRANSLATIONSAUTOMAT (Kommunikation)
MOIRA → TEMPORISTIK (Zeit)
MOLEKULAR-DETACHMENT-GERÄT (Waffen)
MOLENNISTER (Lebensformen)
MONDBRANDY (Kultur)
MONDFISCHER → INTERPLANETARISCHE (Lebensformen)
MONDPIONIER (Raum)
MONDTIERE → MONDVÖLKER (Lebensformen)

MONDVÖLKER (Lebensformen)
MONODRUMISMUS → ENTEROPIEN (Raum)
MONOPULSANTWORT (Kommunikation)
MONSTROLYSE → BÜPROKÖPS (Kultur)
MOONSHINE-WHISKY (Kultur)
MOORZEAN → KURDLAND (Kultur)
MORALSCHLEUSEN → ETHOSPHÄRE (Kultur)
MORAVEC (Roboter)
MORGENKOPF → POLYONTEN (Roboter)
MORLOCKS (Lebensformen)
MORSCHELN → ETHOSPHÄRE (Kultur)
MOSKITOIMPULSWAFFE (Waffen)
MOTOSPIRALE (Technologien)
MÜCKENKAMERA (Technologien)
MULTIPLER ROBOT (Roboter)
MULTIPLEXE-KANONE (Waffen)
MULTIVERSUM (Raum)
MUNDUNDNASEAUFSPERRER → FREUNDESBÜNDE (Kultur)
MUROLOGIE → GEBÄUDE (Kultur)
MUSKY (Waffen)
MUTANT (Lebensformen)
MUTANTEN → GRATWANDERER (Lebensformen)
MUTANTEN → JUWAINISMUS (Kultur)
MUTANTENMENSCHEN → GRATWANDERER (Lebensformen)
MUTTERFRESSER → GRÄSSEL-WÜTERICH (Lebensformen)
MYSTIFIKATORIK → GEBÄUDE (Kultur)
MZ → MEHRZWECKANDROIDE (Roboter)
MZ-ANDROIDE → MEHRZWECKANDROIDE (Roboter)
MZIMU → SVARNETIK (Technologien)
NABE (Raum)
NACHIRDISCH → ALTE ERDE (Raum)
NACH-JET-ZEITALTER → EM-RÖHRENSYSTEM (Raumschiffe)
NACHMITTAGSPID → PID (Zeit)
NADSAT (Kommunikation)
NAHRUNGSFABRIK (Technologien)
NAHRUNGSMITTELSYNTHETISATOR (Kultur)

NAIL-OMAT (Technologien)
NANITEN (Roboter)
NANOB (Roboter)
NANOBOTS (Roboter)
NANOMASCHINEN (Technologien)
NANOS → NANOMASCHINEN (Technologien)
NARKOSAMIN (Raumschiffe)
NARKOTOMISIEREN (Technologien)
NASEN (Kommunikation)
NASHORNRIPPCHEN À LA WEGA → ARKTURANISCHES MEGA-ESELSPÜREE (Kultur)
NATIONALES HAMPELMOBIL → KURDLAND (Kultur)
NATIONALMOBIL → KURDLAND (Kultur)
NATURGEBORENER (Lebensformen)
NATURPARKZYLINDER (Raumschiffe)
NATURSCHUTZKONTINENT → SIRTER (Raum)
NAUSEATEN → KURDEL (Lebensformen)
NAUTILOID (Lebensformen)
NEO-DELPHIN → FIN (Lebensformen)
NEOGEN (Kultur)
NEONDUPLIKAT (VR)
NEO-NEON (VR)
NERVENDISRUPTOR (Waffen)
NERVENKITZLER (Waffen)
NETZ DER MILLIONEN LÜGEN → ÜBERLICHTKOMMUNIKATION (Kommunikation)
NEUBEL (Technologien)
NEUE MENSCHEN (Lebensformen)
NEUKUNFT → RUDELWESEN (Lebensformen)
NEUMANN (Roboter)
NEU-MENSCHHEIT → LIMBDISTEN (Lebensformen)
NEURO-HOLO (Technologien)
NEUROLATOR (Roboter)
NEURUDEL → RUDELWESEN (Lebensformen)
NEUSPRECH / NEUSPRACHE (Kommunikation)
NEUTRALISATOR (Technologien)
NEUTRINOMIKROSKOP (Technologien)

NEUTRONENPEITSCHE (Waffen)
NEUTRON-PHASEN-LAUTSPRECHERBERGE → LAUTSPRECHERSTADT (Kommunikation)
NEVIANER → AMPHIBIENWESEN (Lebensformen)
NEW ROME (Kultur)
NEWSPEAK → NEUSPRECH / NEUSPRACHE (Kommunikation)
NICHTANTWORTER → FREUNDESBÜNDE (Kultur)
NICHT-ASENIONISCH (Roboter)
NICHTBENENNBARE (Lebensformen)
NICHTENDER → BÜPROKÖPS (Kultur)
NICHTHÜNDISCH → HUNDEKULTUR (Kultur)
NICHTHUMANOIDE (Lebensformen)
NICHTLINEARE (Zeit)
NICHTLINGE → KEHRSEITLER (Roboter)
NICHT-MEHR-ÖRTLICHE PHYSIK (Raum)
NICHT-PARADIESE (Kultur)
NICHTROBOT (Roboter)
NICHTROBOTER → QT (Roboter)
NICHTSCHEWISTEN → KEHRSEITLER (Roboter)
NICHTSPRECHER → RUDELWESEN (Lebensformen)
NICHTZEIT (Zeit)
NICHT-ZEIT → NICHTZEIT (Zeit)
NIEDERKURDLÄNDISCH → DOLMETSCHGERÄT (Kommunikation)
NIEDERVOLTSTRAHLER (Waffen)
NON-ARISTOTELISMUS → NULL-A (Kultur)
NON-EUKLIDISMUS → NULL-A (Kultur)
NON-NEWTONIANISMUS → NULL-A (Kultur)
NORMALTHROPI → THROPIS (Roboter)
NOTCOPTER → COPTER (Technologien)
NOTIZTAFEL (Kommunikation)
NUANCISMUS (Kultur)
NUANCIST → NUANCISMUS (Kultur)
NUGATOR → GEBÄUDE (Kultur)
NUKLEOREVOLVER (Waffen)
NULL (Technologien)
NULL-A (Kultur)

Wortregister

NULL-A-AUSBILDUNG → NULL-A (Kultur)
NULL-A-DENKUNGSART → NULL-A (Kultur)
NULL-A-INTEGRATION → NULL-A (Kultur)
NULL-A-LEHRE → NULL-A (Kultur)
NULL-A-PHILOSOPHIE → NULL-A (Kultur)
NULL-A-THERAPIE → NULL-A (Kultur)
NULL-A-ÜBERZEUGUNG → NULL-A (Kultur)
NULL-E → NULL-A (Kultur)
NULL-G-DUSCHE (Technologien)
NULL-GE-COUCH (Kultur)
NULL-N → NULL-A (Kultur)
NULLZEITDEFORMATOR (Zeit)
NULLZEIT-FUNK → ÜBERLICHTGESCHWINDIGKEITSFUNK (Kommunikation)
NUMERATOR → NUMMER (Kultur)
NUMMER (Kultur)
NUTRI-MATIC-GETRÄNKE-SYNTHESIZER → SIRIUS-KYBERNETIK-CORPORATION (Technologien)
NUTRI-MATIC-MASCHINE → SIRIUS-KYBERNETIK-CORPORATION (Technologien)
OBERFLÄCHEN-BLEIMANN → BLEIMANN (Roboter)
OBERFREUNDEN → FREUNDESBÜNDE (Kultur)
OBERKURDLÄNDISCH → DOLMETSCHGERÄT (Kommunikation)
OBERSTE DER KURDELN → KURDLAND (Kultur)
OBERWELTLER → ELOI (Lebensformen)
OBERWELTLEUTE → ELOI (Lebensformen)
OBF → FORTSCHRITTSBUND (Kultur)
OBLIGATE GLÜCKSDISTRIBUTION → LOSANNIEN (Kultur)
OBSKUREN → KURDLAND (Kultur)
ODOROPHONE (VR)
ÖDLAND-VANDALEN (Kultur)

ÖKOSOPHISATION → LOSANNIEN (Kultur)
OMIKRONSTRAHLER (Waffen)
OMINIMECH (Waffen)
OMNI (Zeit)
OMNI-DESTRUCT-O-ZAP-STRAHLEN → KILL-O-ZAPP-PISTOLE (Waffen)
ONKELYSE (Raum)
OPTIMA → SAMNORSK (Kommunikation)
ORANGE-KATHOLISCHE BIBEL (Kultur)
ORANGE-KATHOLISCHE BIBEL → IXIANER (Kultur)
ORDNUNGS-MEWACON → MEWACON (Lebensformen)
ORGANISATION DER VEREINTEN NATIONEN DER ERDE → FORTSCHRITTSBUND (Kultur)
ORGANISATION DER VEREINTEN PLANETEN (Kultur)
ORGOKRISTALL (Lebensformen)
ORNITHOPTER (Raumschiffe)
OSMOSEMASKE (Technologien)
OSTEOPHAGE → GEBÄUDE (Kultur)
OSTEUROPÄISCHER BUND DES FORTSCHRITTS → FORTSCHRITTSBUND (Kultur)
OUSTER (Lebensformen)
OUSTERIN → OUSTER (Lebensformen)
OUSTERMENSCHLICH → OUSTER (Lebensformen)
OUTER RIM (Raum)
OUTLINKER (Lebensformen)
OVALIBUS (Raumschiffe)
OVERDRIVE (Raumschiffe)
OVERLORDS → ÜBERGEIST (Lebensformen)
OVERMONDIALE → TRANSALL (Kultur)
OVP → ORGANISATION DER VEREINTEN PLANETEN (Kultur)
OZAGEN (Kultur)
PÄDAGOGISCH-MANISCH (Kognition)
PADISCHA-IMPERAT → SARDAUKAR (Kultur)
PAL → PROBLEM-ANDERER-LEUTE-FELD (Technologien)
PALÄOGNOSTOREN → NEOGEN (Kultur)

PALATINIDEN → AKTINURIA (Raum)
PANDIMENSIONAL (Raum)
PANGALAKTISCHER DONNERGURGLER (Kultur)
PANTA → PLANSTELLE (Kultur)
PANTHEON DER LEBENDEN (VR)
PANTROP → PANTROPIE (Technologien)
PANTROPIE (Technologien)
PANZERGLEITER (Waffen)
PANZERZUCKER → GASTRONAUTIK (Raumschiffe)
PAONESISCH (Kommunikation)
PAPIDEN → APPROXIMAT (Roboter)
PAPSTKINDER (Lebensformen)
PAPYR → NEOGEN (Kultur)
PAPYROKRATIE → NEOGEN (Kultur)
PAPYROLYSE → NEOGEN (Kultur)
PAPYRUSIANER (Lebensformen)
PARADIESUNÄHNLICH → NICHT-PARADIESE (Kultur)
PARADISIERUNG → LOSANNIEN (Kultur)
PARAGRAVITATIONSWELLEN → ANTI-NEUTRINOSTRAHLER (Waffen)
PARALLAX-SOFORTKOMMUNIKATOR (Kommunikation)
PARALYSATOR (Waffen)
PARA-WESEN → WECHSELSPRECHER (Lebensformen)
PARIA → GESCHMACKS- UND GERUCHS-ÜBERTRAGUNG (Kommunikation)
PARISER IDEOGENETISCHE ZENTRALE → PIZ (Kultur)
PARSEK-SCHLACHT → HOHN (Kultur)
PARTIKELPROJEKTORKANONE (Waffen)
PARTIKELSTRAHLENKANONE → MASER (Waffen)
PELL-BÜRGER → PELL-STATION (Raumschiffe)
PELLS PLANET (Kultur)
PELLS STERN → PELLS PLANET (Kultur)
PELL-STATION (Raumschiffe)
PENFIELD (Technologien)
PENSER → THROPIS (Roboter)
PENTER → BÜPROKÖPS (Kultur)
PERFEKTBEGLÜCKUNG → LOSANNIEN (Kultur)

PERMAGATOL (Technologien)
PERMIFLEISCH (Roboter)
PERSONAL (Kultur)
PERSONALKOM (Kommunikation)
PERSONENAIR (Raumschiffe)
PERSONENVARIANTEN → ZWEIMAL GEBORENE (Lebensformen)
PERSÖNLICHER UNSTERBLICHMACHER, DER AUTOMATISCH PERPETUIERT → UNSTERBLICHKEITSTECHNOLOGIE (Technologien)
PEST → SKRODFAHRER/SKRODFAHRERIN (Lebensformen)
PEST → STRAUMLI-PEST (Lebensformen)
PFAHLWESEN → RUDELWESEN (Lebensformen)
PFERDEMENSCHEN → KATZENMENSCHEN (Lebensformen)
PHAGE-GEAR → GEAR (VR)
PHANTODRAMA → ENTEROPIEN (Raum)
PHASER (Waffen)
PHILOSOPHENSTREIK → SUPERCOMPUTER (Technologien)
PHO2 → PHO2-RAUMSCHIFF (Raumschiffe)
PHO2-RAUMSCHIFF (Raumschiffe)
PHONOALPHABET → GEDANKENDIKTAPHON (Kommunikation)
PHONOLEKTOR (Kommunikation)
PHONO-PAPIER → GEDANKENDIKTAPHON (Kommunikation)
PHOTINO-VÖGEL (Lebensformen)
PHOTONANTRIEB → SONNENWINDSEGLER (Raumschiffe)
PHOTON-AQUITARRE → LAUTSPRECHERSTADT (Kommunikation)
PHOTON-DRIVE → UNENDLICHER UNWAHRSCHEINLICHKEITSDRIVE (Raumschiffe)
PHOTONENANTRIEB (Raumschiffe)
PHOTONENTORPEDO (Waffen)
PHOTONENWOLKENDEFORMATION → PHO2-RAUMSCHIFF (Raumschiffe)
PHOTONENRAKETEN → VENUSBEWOHNER (Lebensformen)

Wortregister

PHOTONMOTOR → SONNENWINDSEGLER (Raumschiffe)
PHOTOPANTOGRAMM (Technologien)
PHOTOSEGEL (Raumschiffe)
PHRENOGRAPH → PHRENOSKOP (Kommunikation)
PHRENOSKOP (Kommunikation)
PID (Zeit)
PIERSON-PUPPENSPIELER (Lebensformen)
PIKANT OPULENTE PERSON → ETHOSPHÄRE (Kultur)
PIKOSEKUNDEN-LASERPULS (Waffen)
PILLAN-BERGE → ROOSEVELT-MEERE (Kommunikation)
PILLMAN-RADIANT (Raum)
PINTA → FISCHWERDUNG (Kultur)
PIZ (Kultur)
PLANDER (Raumschiffe)
PLANETENFESTUNG (Waffen)
PLANETEN-GOUVERNEUR (Kultur)
PLANETENKATALOG → MAGRATHEANER (Lebensformen)
PLANETENKNACKENDEN BOMBEN → WELTENKNACKER (Waffen)
PLANETENKNACKER → WELTENKNACKER (Waffen)
PLANETENSCHIFF (Raumschiffe)
PLANETENSONDERANFERTIGUNGEN → MAGRATHEANER (Lebensformen)
PLANETENTECHNIK UND -UMFORMUNG → ANDYMON (Raum)
PLANOFORM (Raumschiffe)
PLANSTELLE (Kultur)
PLASMABOGEN (Waffen)
PLASMABOGENPATRONEN → PLASMABOGEN (Waffen)
PLASMAGRANATE (Waffen)
PLASMALADUNGEN → PLASMABOGEN (Waffen)
PLASMA-OZEAN (Lebensformen)
PLASMAZUSÄTZEN → POSITRONENGEHIRN (Technologien)
PLASMODALES GEL (VR)
PLASTIK-‚DENKKAPPE' (Kommunikation)
PLATIN-NASE → GUTTAPERCHA-SCHÄDEL (Technologien)

PLATIN-PLANET → MAGRATHEANER (Lebensformen)
PLURIAL (Raum)
PLUS-MÄNNER (Kultur)
PLUTON (Kultur)
PLUTONSTÜCK → PLUTON (Kultur)
POD (Raumschiffe)
PODRACER auch→ PODRENNER (Kultur)
PODRENNEN → PODRENNER (Kultur)
PODRENNER (Kultur)
PODSCHIFF → POD (Raumschiffe)
POESIEWÜRDIGUNGSSTUHL (Kommunikation)
POLIZEIDROHNE (Roboter)
POLIZEILOSIGKEIT → MASCHINE (Kultur)
POLYGNOSTOREN → NEOGEN (Kultur)
POLYLINGUISTISCHER TRANSKRIPTIONSAPPARAT auch → AUTOSCRIBE (Kommunikation)
POLY-N-TER → BÜPROKÖPS (Kultur)
POLYONTEN (Roboter)
POLYTHERIA → PLASMAOZEAN (Lebensformen)
POLYZYKLISCHER SCHIRM (Waffen)
PÖNITENTIÄR-PRÄVENTIV PROGRAMMIERT → ETHOSPHÄRE (Kultur)
PONTIFIKATORIK → GEBÄUDE (Kultur)
POP → ETHOSPHÄRE (Kultur)
POPO → TEMPORISTIK (Zeit)
POPULARISATOR (Kultur)
PORÖSER RAUM (Raum)
POSCHMOOKUS → NADSAT (Kommunikation)
POSITRONENGEHIRN (Roboter)
POSITRONENGEHIRN (Technologien)
POSITRONENHIRN → QT (Roboter)
POSITRONENROBOTER → POSITRONENGEHIRN (Roboter)
POSITRONISCH → POSITRONENGEHIRN (Roboter)
POSITRONISCHER MOTOR/POSITRONMOTOR → POSITRONENGEHIRN (Roboter)
POSITRONISCHES GEHIRN → POSITRONENGEHIRN (Roboter)

Potentielle Orbitale Programm-Oberprüfer → Temporistik (Zeit)
Powindah → Bene Tleilax (Kultur)
PPK → Partikelprojektorkanone (Waffen)
PPP → Ethosphäre (Kultur)
präcybernetisch → Robotlaster (Raumschiffe)
prädestinieren (Technologien)
Präkog-Mutanten (Lebensformen)
Präkogs → Präkog-Mutanten (Lebensformen)
Prämienjäger → Blade Runner (Kultur)
Präperson (Kultur)
Präsiniden → Neogen (Kultur)
Präsophonten → Sophonten (Lebensformen)
Prä-Verbrechen → Präkog-Mutanten (Lebensformen)
Pravic (Kommunikation)
Predator (Lebensformen)
Pressblase → Enteropien (Raum)
Press-Denn-Thiden → Neogen (Kultur)
Primal (Kommunikation)
Primitivhirn → Thropis (Roboter)
Pritiv-Söldner (Kultur)
Privatrakete (Raumschiffe)
Problem-Anderer-Leute-Feld (Technologien)
Proc (Kommunikation)
Progenitoren (Lebensformen)
Progressor (Kultur)
Projektil-Wagen (Raumschiffe)
Prolefutter (Kultur)
Propertarier (Kultur)
Prosamitderhand- und Gedichtemitdermaschineschreiber → Freundesbünde (Kultur)
Prospektoren → Gateway (Raumschiffe)
Proteiden → Wabbelige (Lebensformen)
Proteinsynthesenförderung → PSF-Droge (Kognition)

Protokolldroid → Droid(e) (Roboter)
Protuberea spatialis (Lebensformen)
Proviantboten → Kuppelleute (Raumschiffe)
Pseudo-Arachniden → Bugs (Lebensformen)
Pseudogravitation auch → Pseudo-Schwerkraft (Technologien)
pseudomorhische Synchronisierung → Ektotechnik (Technologien)
Pseudomorphose → Ektotechnik (Technologien)
Pseudo-Schwerkraft (Technologien)
Pseudot → Approximat (Roboter)
Pseudotemporalist (Lebensformen)
Pseudozeit (Zeit)
Pseudozeit → Vorbote (Kultur)
Pseudozukunft → Vorbote (Kultur)
PSF-Chemikalie auch → PSF-Droge (Kognition)
PSF-Droge (Kognition)
Psilosynin (Kognition)
Psycho-Demolitions-Vexierer (Waffen)
Psychoindex (Kognition)
Psychokontrolle (Kommunikation)
Psychologischer Experimentierdienste → Formierer (Kultur)
psychophysische Teleportation → Gedankenreise (Raumschiffe)
Psychoschilde (Kommunikation)
Psychothek → Discuter (VR)
Psychotricorder → Tricorder (Technologien)
Psychotronensignalen → Psychotronischer Zusatzverstärker (Kommunikation)
psychotronische Kanone auch → Psychotronischer Zusatzverstärker (Kommunikation)
Psychotronischer Zusatzverstärker (Kommunikation)
Psychotronisches Abhörgerät (Technologien)
psychotropisches Haus (Kognition)

Wortregister

PT-HAUS → PSYCHOTROPISCHES HAUS (Kognition)
PUAP → UNSTERBLICHKEITSTECHNOLOGIE (Technologien)
PÜPPLE → LOSANNIEN (Kultur)
PÜPPLEN → APPROXIMAT (Roboter)
PULLOVERETT (Kultur)
PUNKTSCHRUMPFUNG → ASSASSINEN (Lebensformen)
PYROSAURIER → KURDEL (Lebensformen)
QRDL → KURDEL (Lebensformen)
QT (Roboter)
QTEN (Raum)
QUADRANTENSTÄDTE → SIRTER (Raum)
QUADRO → RUDELWESEN (Lebensformen)
QUADRUPLETTE → GEBÄUDE (Kultur)
QUAGMA (Raum)
QUALAKTINISCHER HYPERMINZ-EXTRAKT → PANGALAKTISCHER DONNERGURGLER (Kultur)
QUALITÄTSTYPENKYBERNEROS → KYBERNEROS (Roboter)
QUANTENGENERATOR (Raumschiffe)
QUANTENPORTAL (Raum)
QUANTENRAUMSCHIFF (Raumschiffe)
QUANTENSPRUNG-SPIN-SCHIFF → SPRUNGSCHIFF (Raumschiffe)
QUANTENSTOSSTEMPORISTIK → TEMPORISTIK (Zeit)
QUANTENTORPEDOS → CHRONOTORPEDO (Waffen)
QUARANTÄNE-DOCK → PELL-STATION (Raumschiffe)
QUARREL (Waffen)
QUARZHIRN (Roboter)
QUETSCHNÜLLE → ETHOSPHÄRE (Kultur)
QUINTUPLETTE → GEBÄUDE (Kultur)
R (Roboter)
R-15 MESSERSCHMITT-RAKETENFLUGSCHIFF (Raumschiffe)
RADIALLEBEWESEN (Lebensformen)
RADIO ROSNY → ROSNY-COMPUTER (Kultur)
RADIOAKT → ENTEROPIEN (Raum)
RADIOTELEFON (Kommunikation)
RADIUM-K-LÖSUNG → PERMAGATOL (Technologien)
RAILGUNS (Waffen)
RAKETENZEPPELIN (Raumschiffe)
RAKETENKANNIBALISMUS → GASTRONAUTIK (Raumschiffe)
RAKETENMAGISTRALE → KOSMOSTRASSE (Raumschiffe)
RAKETENWÄGELCHEN (Raumschiffe)
RAKETODROM (Raumschiffe)
RAKETOPLAN (Raumschiffe)
RAMMA → INKUBATORGESCHÖPFE (Raumschiffe)
RAPPELSCHLUCKENDE EINRICHTUNGEN → ETHOSPHÄRE (Kultur)
RAPPELSCHLUCKER → ETHOSPHÄRE (Kultur)
RASIEREN (Kultur)
RAS-SA → NEOGEN (Kultur)
RATIOCINATE (Roboter)
RATTE → HOHN (Kultur)
RATTENMENSCHEN → KATZENMENSCHEN (Lebensformen)
RAUBKARTOFFELN (Lebensformen)
RAUBSPRACHE (Kommunikation)
RAUMADVOKAT (Kultur)
RAUMBOOT (Raumschiffe)
RAUMCLIPPER (Raumschiffe)
RAUMDEFORMATOREN → HYPERDRIVE (Raumschiffe)
RAUMER (Raumschiffe)
RAUMFAHRERGEBOT (Raumschiffe)
RAUMFAHRERSALOON → RAUMSCHENKE (Kultur)
RAUMFALLE → DIMENSIONENFALLE (Raum)
RAUMGILDE (Kultur)
RAUMGLEITER (Raumschiffe)
RAUMKOLLER auch → RAUMPSYCHOSE (Kognition)
RAUMKRANKHEIT (Raumschiffe)
RAUMKREUZER (Raumschiffe)
RAUMKRÜMMUNGSMASCHINE (Raumschiffe)

Raumler → Rudelwesen (Lebensformen)
Raumlord (Raumschiffe)
Raumnavigatoren → Raumgilde (Kultur)
Raumpirat (Raumschiffe)
Raumpsychose (Kognition)
Raumschenke (Kultur)
Raumsoldaten → Kometenschale (Raum)
Raumspringer → Interplanetarische (Lebensformen)
Raumtaucher (Raumschiffe)
Raumtaxi (Raumschiffe)
Raum-Zeit-Abweichungen → Raum-Zeit-Strandgut (Raum)
Raum-Zeit-Blase → Warp (Raumschiffe)
Raum-Zeit-Strandgut (Raum)
Raum-Zeit-Wirbel (Raum)
Rayonen → Mewacon (Lebensformen)
Realintelligenz → Lemtank (Technologien)
Realitätsgenerator (VR)
Realpolitik auf Terra → Hohn (Kultur)
Realraum → Sprung (Raumschiffe)
Realraum-Realzeit-Fläche (Raum)
Recycler (Technologien)
Referat für Technik und Kalenderangelegenheiten → Temporistik (Zeit)
Refracto-Vernuller → Lux-O-Röhre (Technologien)
Reftek → Temporistik (Zeit)
Regierungsfrass → Regierungsmüsli (Kultur)
Regierungsmüsli (Kultur)
Regis → Fliegen (Roboter)
Regressionsschizophrenie (Kognition)
Regulierwirbel → Kyberneros (Roboter)
Reinigungstier (Roboter)

Rematerialisierungsschock (Kognition)
Rendezvousstation → Gateway (Raumschiffe)
Rep → Replikant (VR)
Replikant (Roboter)
Replikant (VR)
Replikator (Technologien)
Replikatoren (Roboter)
Reportant (Kultur)
Repräsentationskyberneros → Kyberneros (Roboter)
Reptiloiden → Kugelschreiberoide Lebensform (Lebensformen)
Reserve → Enteropien (Raum)
Residualgift → Musky (Waffen)
Resurrektion (Technologien)
retrochronale Sonden → Chronotraktion (Zeit)
Retrozeit → Kryonische Suspension (Technologien)
Rettungsrakete (Raumschiffe)
Rheostat-Sprache → Xemahoa B (Kommunikation)
Rhythmusmodulatoren → Poesiewürdigungsstuhl (Kommunikation)
Richtstrahl → Solarstation (Raumschiffe)
Rider (Raumschiffe)
Riderschiffe auch → Rider (Raumschiffe)
Riechtastsystem → Limbdisten (Lebensformen)
Riesenprotuberea → Protuberea spatialis (Lebensformen)
Riesenthropi → Thropis (Roboter)
Rigs → Dito (Lebensformen)
Risikofreaks → Ödland-Vandalen (Kultur)
Robant (Roboter)
Robinsonneurose (Kognition)
Robobutler (Roboter)
Robocart (Roboter)
Robochse (Roboter)
RoboCop (Roboter)

Wortregister

ROBOTARZT (Roboter)
ROBOTBIKE → ROBOTLASTER (Raumschiffe)
ROBOTBULLDOZER → STAATSROBOTER (Roboter)
ROBOTBUS → ROBOTLASTER (Raumschiffe)
ROBOTDIENER (Roboter)
ROBOTER/ROBOT (Roboter)
ROBOTERABWEHR → KARELIRIEN (Roboter)
ROBOTERAMME → INKUBATORGESCHÖPFE (Raumschiffe)
ROBOTERARMEE → CANIP (Raum)
ROBOTERAUGEN → QT (Roboter)
ROBOTER-DESCARTES (Roboter)
ROBOTER-DESCARTES → QT (Roboter)
ROBOTERDRUCKEREIEN → KARELIRIEN (Roboter)
ROBOTERGÄSTE → ROBOTERKELLNER (Roboter)
ROBOTERGESETZE (Roboter)
ROBOTERIN (Roboter)
ROBOTERKELLNER (Roboter)
ROBOTERKINDER → WASCHMASCHINEN-TRAGÖDIE (Kultur)
ROBOTERKOLONIE → KARELIRIEN (Roboter)
ROBOTERLAGER (Roboter)
ROBOTERMÄDCHEN (Roboter)
ROBOTER-OBERKELLNER → ROBOTERKELLNER (Roboter)
ROBOTERPRESSE → KARELIRIEN (Roboter)
ROBOTERRAUMSCHIFF (Raumschiffe)
ROBOTERSCHIFF (Raumschiffe)
ROBOTERSTAAT → CANIP (Raum)
ROBOTER-WEINKELLNER → ROBOTERKELLNER (Roboter)
ROBOTFLUGZEUG (Raumschiffe)
ROBOTIK (Roboter)
ROBOTKASSIERER (Roboter)
ROBOTLASTER (Raumschiffe)
ROBOTMAUS → REINIGUNGSTIER (Kultur)
ROBOTMENTALIK → MENTALIK (Kognition)
ROBOTOMAT (Roboter)
ROBOT-ORGANISMEN (Roboter)
ROBOTSCHIFF → ROBOTERSCHIFF (Raumschiffe)
ROBOT-TRI-D-KAMERA → TRI-D-FERNSEHBERICHT (Kommunikation)
ROBOTTRUCK → ROBOTLASTER (Raumschiffe)
ROBOTVERMITTLER (Roboter)
ROBOT-VOGEL (Roboter)
ROBOTWAGEN → ROBOTLASTER (Raumschiffe)
ROCKEFELLER-FLÜSSE → ROOSEVELT-MEERE (Kommunikation)
RÖHRCHEN → SPULCHEN (Kommunikation)
ROIDE (Roboter)
ROLLBAHN (Technologien)
ROM-PERSÖNLICHKEITSMATRIX auch → FLATLINE (VR)
RONDRALIP → SAMNORSK (Kommunikation)
ROOSEVELT-MEERE (Kommunikation)
ROSNY-COMPUTER (Kultur)
ROSNY-GOTT → ROSNY-COMPUTER (Kultur)
ROTSEKTOR-DELEGIERTE → PELL-STATION (Raumschiffe)
ROUSSEL-SPRACHE (Kommunikation)
RUDELBEWUSSTSEIN → RUDELWESEN (Lebensformen)
RUDELGLIEDER → RUDELWESEN (Lebensformen)
RUDEL-ICH → RUDELWESEN (Lebensformen)
RUDELINTELLIGENZ → RUDELWESEN (Lebensformen)
RUDELWESEN (Lebensformen)
RÜCKSCHNELLZEIT (Zeit)
RUHMKORFFSCHER APPARAT (Technologien)
RUHMSTREITER (Lebensformen)
RUINIK → KURDLAND (Kultur)
RUNCIBLE (Zeit)

Runcibletor → Runcible (Zeit)
Rundumblickauge → Limbdisten (Lebensformen)
Sabotagegear → Gear (VR)
Sabredart (Waffen)
Sadomat → Waschmaschinen-Tragödie (Kultur)
Sadomatic → Waschmaschinen-Tragödie (Kultur)
Salusa Secundus → Sardaukar (Kultur)
Salz-Volk → Geschmacks- und Geruchsübertragung (Kommunikation)
Samnorsk (Kommunikation)
Sampetrii Anglo-Latein → New Rome (Kultur)
Sampetrius → New Rome (Kultur)
Sandalphon → Stirche (Kultur)
Sandanker → Sandschiff (Raumschiffe)
Sandkriechern → Gewürz (Kognition)
Sandplanet (Raum)
Sandreiter → Sandwürmer (Lebensformen)
Sandschiff (Raumschiffe)
Sandwelle → Sandwürmer (Lebensformen)
Sandwürmer (Lebensformen)
Sandwürmer → Ornithopter (Raumschiffe)
Santraginus V. → Pangalaktischer Donnergurgler (Kultur)
Saphir-Auge (Roboter)
Sapho → Gewürz (Kognition)
Sardaukar (Kultur)
Sassen → Hoopy (Kommunikation)
Saugstrahlantrieb → Ultraantrieb (Raumschiffe)
Scrambler (Waffen)
Scaythen → Gedankenhüter (Kultur)
Schädelelektroden (VR)
Schallgranate (Waffen)
Schallseparator (Technologien)
Schallunterdrücker (Technologien)

Schamanendelegation → Svarnetik (Technologien)
Schattenoperatoren (Lebensformen)
Schaufler → Blechler (Roboter)
Scheussler → Grässel-Wüterich (Lebensformen)
Schiffsbaby → Miniaturraumschiff (Raumschiffe)
Schiffs-Chirurg → Med-Automat (Technologien)
Schiffsfamilien → Kauffahrer (Kultur)
Union → Kauffahrer (Kultur)
Schildgurt → Lasgun (Waffen)
Schimps (Lebensformen)
Schirachene → Samnorsk (Kommunikation)
Schlafabonnenten → Hypnobioskop (Technologien)
Schlafsuspensoren → Suspensorsessel (Kultur)
Schlangenschrift (Kommunikation)
Schlapper → Nadsat (Kommunikation)
Schlappsus → Ethosphäre (Kultur)
Schlaraffostase → Losannien (Kultur)
schlecht → Neusprech / Neusprache (Kommunikation)
Schleichgänger → Kurdland (Kultur)
Schleimler → Wabbelige (Lebensformen)
Schleimpatzen → Wabbelige (Lebensformen)
Schleppwagen → Trettaxi (Kultur)
Schluck-die-Leich-ling auch→ Bleichling (Lebensformen)
Schlüsselwort (Kommunikation)
Schmalpistole (Waffen)
Schmalter → Fax (Technologien)
Schmoren → Ethosphäre (Kultur)
Schmusetten → Approximat (Roboter)
Schnee-Echse → Tauntaun (Lebensformen)

Wortregister

SCHNELLER → PLASMA-OZEAN (Lebensformen)
SCHNELLWACHSFARM (Technologien)
SCHOCK → BENE GESSERIT (Kultur)
SCHÖPFUNGSLADUNG (Zeit)
SCHRANKEN DER MORAL → ETHOSPHÄRE (Kultur)
SCHREITER (Raumschiffe)
SCHRÜMPF → KURDLAND (Kultur)
SCHULTERTROMMELFELLE → RUDELWESEN (Lebensformen)
SCHWABBLER → BÜPROKÖPS (Kultur)
SCHWABBLINGS → SAMNORSK (Kommunikation)
SCHWARZES EIS → EIS (VR)
SCHWARZES LOCH (Raum)
SCHWEBEBOOT (Raumschiffe)
SCHWEBE-CAB → SCHWEBEBOOT (Raumschiffe)
SCHWEBEMATTE (Raumschiffe)
SCHWEBEPALETTE (Raumschiffe)
SCHWEBER (Raumschiffe)
SCHWEBESTADT (Kultur)
SCHWEBEWAGEN (Raumschiffe)
SCHWEBSCHAUMSESSEL (Kultur)
SCHWEINEMENSCHEN → KATZENMENSCHEN (Lebensformen)
SCHWEREFELDER → GRAVITATIONSANTRIEB (Raumschiffe)
SCHWEREINDUKTEUR (Raumschiffe)
SCHWEREPLANET (Raum)
SCHWERKRAFT ZIRKUS → SCHWEBESTADT (Kultur)
SCHWERKRAFTGLOCKE → KUGELRAUMSCHIFF (Raumschiffe)
SCHWERKRAFTIMPULSE → SCHWERKRAFTPISTOLE (Waffen)
SCHWERKRAFTKRISE → STERNSTATION (Raumschiffe)
SCHWERKRAFTLACHEN (Kognition)
SCHWERKRAFTNEUTRALISATOR → TRÄGHEITSLOSER ANTRIEB (Raumschiffe)
SCHWERKRAFTPISTOLE (Waffen)
SCHWERKRAFTREDUKTOR (Technologien)
SCHWERKRAFTWAFFE (Waffen)
SCHWERMATERIEBATTERIE → THROPIS (Roboter)
SCHWERWETTERFLÜCHTLINGE → SCHWERWETTERZEITEN (Kultur)
SCHWERWETTERZEITEN (Kultur)
SCHWINGUNGS-KONVERTER (Kommunikation)
SCHWULOTTEN → APPROXIMAT (Roboter)
SCIENCE-FICTION-SCHERZE → ESSEFF (Kultur)
SCORCHER (Waffen)
SE → HOHN (Kultur)
SEETANGBRIKETTS → SOJABOHNENSTEAK (Kultur)
SEISMISCHE BOMBE (Waffen)
SEKTAUFNÜCHTERNENMAGENTRINKER → FREUNDESBÜNDE (Kultur)
SEKTOR WEISS → PELL-STATION (Raumschiffe)
SELBSTFAHRERTAXI (Raumschiffe)
SELBSTFRAGMENT (Kognition)
SELBSTVERDUNKLUNG (Kultur)
SELBSTVERMÄRCHUNG → VEROSION (Kultur)
SELEKTOR (Kultur)
SEMANTIKFILTER → ÜBERSETZUNGSCOMPUTER (Kommunikation)
SEMAPHORISCHE METHODE (Kommunikation)
SEMILIQUIDE (Lebensformen)
SENSOCORD (Technologien)
SENS-O-TAPE-RECORDER → SUB-ETHA-RADIO (Kommunikation)
SEPTIPLETTE → GEBÄUDE (Kultur)
SEPULKARIEN → SEPULKEN (Kultur)
SEPULKEN (Kultur)
SERVICEDROID → DROID(E) (Roboter)
SERVILISTIK → GEBÄUDE (Kultur)
SERVITOR (Roboter)
SERVOMAT (Roboter)
SERVOROBOTER (Roboter)
SERVOSTIMME (Kommunikation)
SEXERZIEREN (Raumschiffe)
SEXERZITIEN → SEXERZIEREN (Kultur)
SEXOFON (Kultur)

Sextuplette → Gebäude (Kultur)
Sexuelles Empfangsgerät (Kommunikation)
Shai-Hulud → Sandwürmer (Lebensformen)
Shib (Kognition)
Shiptown (Kultur)
Shrike (Lebensformen)
Shyriiwook → Wookiee (Lebensformen)
Sicherheits-Theorem (Kognition)
Sichten (Kommunikation)
Siddo (Kommunikation)
Siedender Saturn (Kommunikation)
Siedlern → Spacer (Lebensformen)
Sietch-Gemeinschaften → Fremen (Kultur)
Sigmen auch → Vorbote (Kultur)
Signalhändler (Lebensformen)
Silberfischchen (Lebensformen)
Silberne Kugel → Goldene Kugel (Raumschiffe)
Silikonen → Wabbelige (Lebensformen)
Silikonpflanzen → Sirter (Raum)
Silonium-Panzer → Funkdurchdringer (Waffen)
Sim → Simuloid (VR)
Simfinger → Simuloid (VR)
Simmaske → Simuloid (VR)
Simobjekte → Simuloid (VR)
Simpel → Grosse Vereinfachung (Kultur)
SimStim-Deck (VR)
Simulacrum (Roboter)
Simuloid (VR)
Simwelt → Simuloid (VR)
Singularität → Schwarzes Loch (Raum)
Sirianer (Lebensformen)
Sirius-Kybernetik-Bord-Computer → Sirius-Kybernetik-Corporation (Technologien)
Sirius-Kybernetik-Corporation (Technologien)
Sirter (Raum)

Skandalvid (Kultur)
Skelettgolem (Roboter)
skelettkrank → Gebäude (Kultur)
Skelett-Trike (Raumschiffe)
Skip-Antrieb (Raumschiffe)
Skip-Drohne → Skip-Antrieb (Raumschiffe)
skippen → Skip-Antrieb (Raumschiffe)
Skip-Sprung → Skip-Antrieb (Raumschiffe)
Skitters (Lebensformen)
S-Kom → Subraumkommunikator (Kommunikation)
Skrod → Skrodfahrer/Skrodfahrerin (Lebensformen)
Skrodfahrer/Skrodfahrerin (Lebensformen)
Skrodgedächtnis → Skrodfahrer/Skrodfahrerin (Lebensformen)
Skyroskop (Technologien)
Slapsteak → Kurdland (Kultur)
Slaver-Desintegrator (Technologien)
Sleep-Inhalator → Wunschtraumerzeuger (Technologien)
Smart-Vial (Kultur)
Sobot (Roboter)
Sodo-Mystik → Gebäude (Kultur)
Sohnespflücke → Sohnsmatrize (Roboter)
Sohnsmatrize (Roboter)
Sojabohnenbulette → Sojabohnensteak (Kultur)
Sojabohnensteak (Kultur)
Solaris (Raum)
Solaristik → Solaris (Raum)
Solarstaat → Hohn (Kultur)
Solarstation (Raumschiffe)
Solido (Kommunikation)
Solido-3-D-Projektion → Solido (Kommunikation)
Solidobildschirm → Solido (Kommunikation)
Sol-Kompanie → Erdkompanie (Kultur)
Solo → Rudelwesen (Lebensformen)

Wortregister

SOLOWESEN → RUDELWESEN (Lebensformen)
SOL-STATION → STERNSTATION (Raumschiffe)
SONDENKAPITÄN → PELLS PLANET (Kultur)
SONIE (Raumschiffe)
SONNENFACKEL-VERBRENNUNG → GATEWAY (Raumschiffe)
SONNENKRAFT-GENERATOR (Technologien)
SONNENKREUZER (Raumschiffe)
SONNENPELZLING → KOSMOBOLD (Lebensformen)
SONNENWINDSCHIFF → SONNENWINDSEGLER (Raumschiffe)
SONNENWINDSEGLER (Raumschiffe)
SOPHONTEN (Lebensformen)
SORTIER- UND DECODIERUNGSCOMPUTER → HOLONETZ (Kommunikation)
SOUTHWESTERN → NEW ROME (Kultur)
SP'THRA → SIGNALHÄNDLER (Lebensformen)
SP'THRA-SIGNALHÄNDLER → SIGNALHÄNDLER (Lebensformen)
SPACER (Lebensformen)
SPACER-WELTEN → SPACER (Lebensformen)
SPÄHER (Kultur)
SPÄHER → ORNITHOPTER (Raumschiffe)
SPALTBARE ERZE → HOHN (Kultur)
SPECTRUM-UMGEHUNG-O-MATIC → LUX-O-RÖHRE (Technologien)
SPEEDEN → BLOOG (Lebensformen)
SPELÄONAUT (Kultur)
SPEZIAL-UMLAUTÜBERSETZUNG (Kommunikation)
SPINATHOPSER → MATERIEUMWANDLER (Technologien)
SPIN-SCHIFF (Raumschiffe)
SPIN-SPINNE (Lebensformen)
SPINWÄRTS (Raum)
SPIONAGECOMPUTER → PSYCHOTRONISCHES ABHÖRGERÄT (Technologien)
SPIRALWELLENDISRUPTOR → DISRUPTOR (Waffen)

SPRACHANALYSE-INTELLIGENZ (Kommunikation)
SPRACHDRUCKER (Kommunikation)
SPRACHENURWALD (Kommunikation)
SPRACHFREQUENZMODULATOR → SPRACHWANDLER (Kommunikation)
SPRACHMASCHINE (Kommunikation)
SPRACHMODULATOR auch → TRANSLATIONSAUTOMAT (Kommunikation)
SPRACHPFAD → ÜBERLICHTKOMMUNIKATION (Kommunikation)
SPRACHREGULIERER → TELEVISOR (Kommunikation)
SPRACHSYNTHETISATOR (Kommunikation)
SPRACHWANDLER (Kommunikation)
SPRATZ → ETHOSPHÄRE (Kultur)
SPRAWL (Kultur)
SPRECHER-TEILE → RUDELWESEN (Lebensformen)
SPRECHMASCHINE (Kommunikation)
SPRECHSCHREIBERS → PLASTIK-‚DENKKAPPE' (Kommunikation)
SPRECH-SCHREIBGERÄT (Kommunikation)
SPRINGROBOTER (Roboter)
SPRUNG (Raumschiffe)
SPRUNGFRACHTER → SPRUNG (Raumschiffe)
SPRUNGMASCHINE (Raumschiffe)
SPRUNGSCHIFF (Raumschiffe)
SPRUNG-SCHIFF → SPRUNGSCHIFF (Raumschiffe)
SPRUNGTRÄGER → SPRUNG (Raumschiffe)
SPRUNGUNFALL → SPRUNG (Raumschiffe)
SPULCHEN (Kommunikation)
SQUEEZER (VR)
SQUIRT-KOMMUNIKATOR (Kommunikation)
SQUORNSHÖLLISCH ZETA → MATRATZEN (Lebensformen)
STAATSROBOTER (Roboter)
STAB → LEITSTAB (Technologien)

STADT DER MASCHINE → MASCHINE (Kultur)
STADTSCHREITWERK → KURDEL (Lebensformen)
STAHLSCHULTERN → QT (Roboter)
STANDARDANGLISCH → ANGLISCH (Kommunikation)
STANDARDBOJEN → EXTRATERRESTRISCHE SONDE (Raumschiffe)
STANDISH (Waffen)
STASIS-GENERATOR → HYPERSTASIS (Raumschiffe)
STASISSPRÜNGEN → HYPERSTASIS (Raumschiffe)
STASISSPRUNG (Zeit)
STATIONSGESETZ → PELL-STATION (Raumschiffe)
STATIONSSICHERHEIT → PELL-STATION (Raumschiffe)
STECKNADEL (Kommunikation)
STEELONIUM → TELE-MOTORROLLER (Raumschiffe)
STEELONIUM-ALUMINUM-LEGIERUNG → EM-RÖHREN-SYSTEM (Raumschiffe)
STEINVEC → MORAVEC (Roboter)
STELLARPHON (Kommunikation)
STEPPERSCHEIBEN (Raumschiffe)
STEREO-FERNSEHTANK (Technologien)
STEREOTANK → STEREO-FERNSEHTANK (Technologien)
STERNENFLOTTE → TRICORDER (Technologien)
STERNENJÄGERN → ASTROMECH-DROIDEN (Roboter)
STERNENKREUZWEG → KOSMOSTRASSE (Raumschiffe)
STERNENKUTSCHE (Raumschiffe)
STERNENLEUTE → RUDELWESEN (Lebensformen)
STERNENLIGA → ORGANISATION DER VEREINTEN PLANETEN (Kultur)
STERNENRASSEN → GRÄSSEL-WÜTERICH (Lebensformen)
STERNENTOR (Raum)
STERNENZERSTÖRER (Raumschiffe)

STERNGEWIMMELN → KOSMOBOLD (Lebensformen)
STERNPIRAT (Raumschiffe)
STERNREISENDE → SEPULKEN (Kultur)
STERNREISENDER → ZEITSCHLEIFE (Zeit)
STERNREISENDER → MILCHSTRASSENVERKEHRSORDNUNG (Raumschiffe)
STERNSÄER (Lebensformen)
STERNSTATION (Raumschiffe)
STERNTAGEBÜCHER → GESCHICHTSSCHREIBER (Technologien)
STERNTAGEBÜCHER → MILCHSTRASSENVERKEHRSORDNUNG (Raumschiffe)
STERNWÖLKERICH → KOSMOBOLD (Lebensformen)
STEUERUNGSCOPTER → COPTER (Technologien)
STIMMMODULATOREN → SIRIUS-KYBERNETIK-CORPORATION (Technologien)
STIMMSCHREIBER (Kommunikation)
STIMMUNGSORGEL (Kognition)
STIMSIM (VR)
STIMULATOR (Technologien)
STINKE → STUHLARTIGE QUÄLAMEISE (Lebensformen)
STIRCHE (Kultur)
STIRNTROMMELFELLE → RUDELWESEN (Lebensformen)
STOCHASTIC VERIFICATION OF AUTOMATISED RULES OF NEGATIV ENCHANTMENT → SVARNETIK (Technologien)
STOCKINAUG-BRUTÄLCHEN → STUHLARTIGE QUÄLAMEISE (Lebensformen)
STORM TROUPERS (Kultur)
STRAG → HOOPY (Kommunikation)
STRAHLANTRIEB → STRAHLRAKETE (Raumschiffe)
STRAHLENGESCHÜTZ (Waffen)
STRAHLENKANONE (Waffen)
STRAHLENPISTOLE (Waffen)
STRAHLER → STRAHLENKANONE (Waffen)
STRAHLRAKETE (Raumschiffe)

Wortregister

STRAHLSCHIFF auch → RAKETENZEPPE-LIN (Raumschiffe)
STRAHLSTOFF (Technologien)
STRASSENINSTANDSETZUNGSKOLOSS → STAATSROBOTER (Roboter)
STRATOSPHÄRENFLIEGER (Raumschiffe)
STRAUMER → STRAUMLI-PEST (Lebensformen)
STRAUMLI-BEREICH → STRAUMLI-PEST (Lebensformen)
STRAUMLI-PEST (Lebensformen)
STREITWAGEN VON GIBRALTAR → ANACHRONISMUS (Zeit)
STREUGEDANKEN → RUDELWESEN (Lebensformen)
STRÖM → ENTEROPIEN (Raum)
STRUDELLAKEN → GASTRONAUTIK (Raumschiffe)
STRUKTURVORGABEBETRIEBEN → GRIPSER (Technologien)
STUHLARTIGE QUÄLAMEISE (Lebensformen)
STUMMEN (Lebensformen)
STUMPFMÄULER → GRÄSSEL-WÜTERICH (Lebensformen)
STUNNER (Waffen)
STURMJAGD → STORM TROUPERS (Kultur)
SUBAKS (Raum)
SUBÄTHER-PRINZIP (Technologien)
SUB-CYCLIC-NORMALITÄTS-BESTIMM-O-TRON (Waffen)
SUB-ETHA → SUB-ETHA-RADIO (Kommunikation)
SUB-ETHA-RADIO (Kommunikation)
SUB-ETHA-REPORT-MATIC → SUB-ETHA-RADIO (Kommunikation)
SUB-ETHA-SENS-O-MATIC (Technologien)
SUB-ETHA-WINKER → SUB-ETHA-SENS-O-MATIC (Technologien)
SUB-MESON-GEHIRN → UNENDLICHER UNWAHRSCHEINLICHKEITSDRIVE (Raumschiffe)
SUBORBITAL-HYPERJET (Raumschiffe)
SUBRAUM (Raum)

SUBRAUM-FUNK (Kommunikation)
SUBRAUM-KOMMUNIKATION (Kommunikation)
SUBRAUMKOMMUNIKATOR (Kommunikation)
SUBRAUMKOMMUNIKATOR → SUBRAUM-KOMMUNIKATION (Kommunikation)
SUBSTRATUMIST (Lebensformen)
SUCHKUNDE → SELBSTVERDUNKLUNG (Kultur)
SÜMPFICHTE → WABBELIGE (Lebensformen)
SUPERBARDE → WASCHMASCHINEN-TRAGÖDIE (Kultur)
SUPERCOMPUTER (Technologien)
SUPERDEL → KURDEL (Lebensformen)
SUPEREGO-BLOCK (Kognition)
SUPERFESSOREN → BÜPROKÖPS (Kultur)
SUPERKURDEL → KURDEL (Lebensformen)
SUPERLUMINAL (Zeit)
SUPERMANN → MASCHINENMENSCH (Roboter)
SUPERRUDEL → RUDELWESEN (Lebensformen)
SUPER-STEREO-TON-FARBEN → FÜHLFILM (Kognition)
SUPERSYMMETRIE-ANTRIEB (Raumschiffe)
SUPERWESEN → TOTALOSKOP (VR)
SUSPENSIONSRAUM (Raumschiffe)
SUSPENSOR → SUSPENSORSESSEL (Kultur)
SUSPENSORLAMPE → SUSPENSORSESSEL (Kultur)
SUSPENSORSESSEL (Kultur)
SVARNETIK (Technologien)
SVARNETISCH → SVARNETIK (Technologien)
SWINGBY (Raumschiffe)
SYMMETRIADEN → PLASMA-OZEAN (Lebensformen)
SYNCHRONISIERTER DUFTORGELBEGLEITUNG → FÜHLFILM (Kognition)
SYNPRÄSTRAFEN → LOSANNIEN (Kultur)
SYNTHEHOL (Kultur)
SYNTHEPHYSIK → NEOGEN (Kultur)

Synthesentiment → Ethosphäre (Kultur)
synthetische Kultur → Losannien (Kultur)
synthetische Präparierung von straffen Lebensläufen → Losannien (Kultur)
synthetischer Psychomasse → Geschichtsschreiber (Technologien)
Synthetofon (Technologien)
Synthogebärmutter (Technologien)
Syntho-Huhn → Syntho-Kalbfleisch (Kultur)
Syntho-Kalbfleisch (Kultur)
Syntho-Maschine (Technologien)
Syntur → Losannien (Kultur)
Syskon (Kommunikation)
Tachorg (Lebensformen)
Tachyonator (Raumschiffe)
Tachyonendetektor (Technologien)
Tachyonenstrahl (Kommunikation)
Tageslichtrasse auch → Eloi (Lebensformen)
Tal der Missgeburten → Papstkinder (Lebensformen)
Tandem-Raumkreuzerflotte → Tandemraumschiff (Raumschiffe)
Tandemraumschiff (Raumschiffe)
Tangkeks → Sojabohnensteak (Kultur)
Tank (Technologien)
Tank → Flammentank (Waffen)
Tank → Twink (VR)
Tankpflanzung (Technologien)
Tankproteom → Twink (VR)
Taos-Brummen (Kultur)
Tarrakaner → Organisation der Vereinten Planeten (Kultur)
Taschenempfänger → Geschmacks- und Geruchsübertragung (Kommunikation)
Taschenschnellphotograph (Technologien)
Taschenvideophon → Videophon (Kommunikation)

Tashtook → Nadsat (Kommunikation)
Tasp (Waffen)
Tastwellenbereich (Technologien)
Tauntaun (Lebensformen)
Taxihelikopter (Raumschiffe)
Taxikopter (Raumschiffe)
Taxikugel (Raumschiffe)
Tazzer (Waffen)
Technobiotik → Neogen (Kultur)
Techs (Kultur)
Teignase auch → Bleichling (Lebensformen)
Telechronie → Chronomotion (Zeit)
telechronische Optimierung der Allgemeinen Geschichte durch einen Hyperputer → Temporistik (Zeit)
telechronisches Trottoiresystem → Temporistik (Zeit)
Telefaktor (Roboter)
Telefonschirm (Kommunikation)
Teleimaginators → Gedankenreise (Raumschiffe)
Telelyt (Technologien)
Tele-Motorroller (Raumschiffe)
Telempathen (Lebensformen)
Telenose (Kommunikation)
Teleonomen → Selbstverdunklung (Kultur)
telepathische Matrix → Babelfisch (Lebensformen)
Teleportation → Verschwinder (Lebensformen)
Teleporter (Raum)
Teleportkabine (Raumschiffe)
Telepsi (Kommunikation)
Teleschreiber → Televisor (Kommunikation)
teleskopartige Schlangenbeiner → Stuhlartige Quälameise (Lebensformen)
Telesonen → Gedankenreise (Raumschiffe)
Televisor (Kommunikation)

Wortregister 315

TELEVISOR (Kultur)
TELEVISOR (Technologien)
TEMPELROBOTER → TRAUMKAPPE (Technologien)
TEMPERAMENT-DREI-PHASENSCHALTUNG → KYBERNEROS (Roboter)
TEMPOBIL → CHRONOMOTION (Zeit)
TEMPONAUT (Zeit)
TEMPORALE ANOMALIE (Zeit)
TEMPORISTIK (Zeit)
TEMPORISTIK → CHRONOTRAKTION (Zeit)
TERAGIGAMAGEMEN → SVARNETIK (Technologien)
TERMIDONDÜNGERS → SCHNELLWACHSFARM (Technologien)
TERMINATOR (Roboter)
TERMINEX (Raum)
TERRAFORMEN → TERRAFORMING (Technologien)
TERRAFORMING (Technologien)
TERRANISCH (Kommunikation)
THALAMUS-HEMMER → STIMMUNGSORGEL (Kognition)
THALAMUS-STIMULANS → STIMMUNGSORGEL (Kognition)
THANATOPHILIE → GEBÄUDE (Kultur)
THEOPAGHIP → TEMPORISTIK (Zeit)
THERMOTOM-SPRENGSATZ (Waffen)
THETA-FELD (Waffen)
THETA-SCHIRM → THETA-FELD (Waffen)
THIERAPORT (Technologien)
THOO-LLAR → NEOGEN (Kultur)
THROPIS (Roboter)
THROPITYP → THROPIS (Roboter)
THROPIUNWESEN → THROPIS (Roboter)
THRUSTER (Raumschiffe)
THUBAN → GRÄSSEL-WÜTERICH (Lebensformen)
TI-BONE (Technologien)
TIEFENBACHERS KNARRE → ANACHRONISMUS (Zeit)
TIEFENBÄNDERN → TIEFENLEHRE (Kognition)
TIEFENGESCHULTE → TIEFENLEHRE (Kognition)
TIEFENLEHRE (Kognition)
TIEFRAUM-BEHÖRDEN → KUPPELLEUTE (Raumschiffe)
TIEFTONOHREN → HOCHSPRACHE (Kommunikation)
TIERPFLANZEN → SIRTER (Raum)
TIRRA → ROOSEVELT-MEERE (Kommunikation)
TITAN → TRALFAMADORISCH (Kommunikation)
TITAN-MOBILE → PANZERGLEITER (Waffen)
TIVI (Kultur)
TLEILAXU, ZENSUFIS → BENE TLEILAX (Kultur)
tlhIngan Hol → KLINGONISCH (Kommunikation)
T-M-ROLLER auch → TELE-MOTORROLLER (Raumschiffe)
TOBLATEN → ETHOSPHÄRE (Kultur)
TOBSUCHTSDEMOLATEN → ETHOSPHÄRE (Kultur)
TODESLOCKE (Kultur)
TODESSTERN (Raumschiffe)
TONFILM-RAUMKAMERA (Kommunikation)
TOPFPFLANZEN-ZUSTAND → SKRODFAHRER/SKRODFAHRERIN (Lebensformen)
TOPIA → ESSEFF (Kultur)
TOPIANER → ESSEFF (Kultur)
TOPIANER → VIERERGLEITSTRAHL (Waffen)
TOR (Raum)
TORPEDO-AUTO (Raumschiffe)
TOTALER DURCHBLICKSSTRUDEL (Technologien)
TOTALOSKOP (VR)
TOTALOSKOPGEHÄUSE → TOTALOSKOP (VR)
TOTALOSKOPTRAUM → TOTALOSKOP (VR)
TOTALOSKOPTRIP → TOTALOSKOP (VR)

TOTENKOSER → GRÄSSEL-WÜTERICH (Lebensformen)
TOURISTISCH (Kommunikation)
TRACTOR-STRAHL (Waffen)
TRAGFLÜGELGLEITER (Raumschiffe)
TRÄGHEITSLOSER ANTRIEB (Raumschiffe)
TRAKTORSTRAHL (Technologien)
TRAKTORSTRAHLGENERATOR → TRAKTORSTRAHL (Technologien)
TRALFAMADORE → TRALFAMADORISCH (Kommunikation)
TRALFAMADORER → TRALFAMADORISCH (Kommunikation)
TRALFAMADORISCH (Kommunikation)
TRAMBOSS → ETHOSPHÄRE (Kultur)
TRAMPOLINE → LOSANNIEN (Kultur)
TRANSALL (Kultur)
TRANSALLIANER → TRANSALL (Kultur)
TRANSBAR → TRANSALL (Kultur)
TRANSFERER (Zeit)
TRANSFORMER-PUPPE (Technologien)
TRANSILIENZ (Raum)
TRANSKRIBIERER (Kommunikation)
TRANSLATIONSAUTOMAT (Kommunikation)
TRANSLATIONSGERÄT auch → VERSETZER (Raum)
TRANSLATOR (Kommunikation)
TRANSLATOR-BOX → TRANSLATOR (Kommunikation)
TRANSLATORDISC → TRANSLATOR (Kommunikation)
TRANSMITTED → HARDFAXKOPIE (Kommunikation)
TRANSPHASENTORPEDOS → CHRONOTORPEDO (Waffen)
TRANSPHON auch → TRANSLATIONSAUTOMAT (Kommunikation)
TRANSPLANT (Kultur)
TRANSPORTER → BEAMEN (Technologien)
TRANSPORTERSTRAHL (Technologien)
TRANSPORTROIDE → ROIDE (Roboter)
TRANSRAUM (Raum)
TRANSSUBSTANTIATION (Technologien)

TRANSZENDENTE MÄCHTE → MÄCHTE (Lebensformen)
TRANSZENDENTE WESEN → MÄCHTE (Lebensformen)
TRANSZENDIEREN → MÄCHTE (Lebensformen)
TRANSZENZ → MÄCHTE (Lebensformen)
TRANSZENZ → ZONEN (Raum)
TRÄUMERTANK (VR)
TRAUMKAPPE (Technologien)
TRAUMTANK (Technologien)
TRAWL(EN) (Technologien)
TREDESCHK → SAMNORSK (Kommunikation)
TRETBÖCKEL → ETHOSPHÄRE (Kultur)
TRETTAXI (Kultur)
TRICORDER (Technologien)
TRI-D-FERNSEHBERICHT (Kommunikation)
TRIEBBREMSE → WASCHMASCHINENTRAGÖDIE (Kultur)
TRIKE → SKELETT-TRIKE (Raumschiffe)
TRIMENSIC (Kommunikation)
TRIMENSIC-EMPFÄNGER → TRIMENSIC (Kommunikation)
TRINÄR (Kommunikation)
TRIO → RUDELWESEN (Lebensformen)
TRIPLETTE → GEBÄUDE (Kultur)
TRISKWELINE → SAMNORSK (Kommunikation)
TRI-VI (Kommunikation)
TRI-VI-INTERVIEW → TRI-VI (Kommunikation)
TRI-VI-STUDIO → TRI-VI (Kommunikation)
TROCKENMEER → SANDPLANET (Raum)
TROCKENZELLE → FISCHWERDUNG (Kultur)
TRODE → DERM (VR)
TRÖMMLER → BÜPROKÖPS (Kultur)
TRON → BIOTRON (Roboter)
TROTTEL → TEMPORISTIK (Zeit)
TRÜBSINNHABACHTER → GRÄSSEL-WÜTERICH (Lebensformen)
T-TOR (Raum)
TUNNELIEREN → ZEITVEHIKEL (Zeit)

Wortregister

TURING-AGENT → TURING-BULLEN (VR)
TURING-BULLEN (VR)
TWINK (VR)
TWINKEN → TWINK (VR)
ÜBERGEIST (Lebensformen)
ÜBERLICHTANTRIEB → ULTRAANTRIEB (Raumschiffe)
ÜBERLICHTFLUG (Raumschiffe)
ÜBERLICHTGESCHWINDIGKEITSFUNK (Kommunikation)
ÜBERLICHTKOMMUNIKATION (Kommunikation)
ÜBERSETZUNGSAUTOMAT → LINGUAMAT (Kommunikation)
ÜBERSETZUNGSCOMPUTER (Kommunikation)
ÜBERSETZUNGSKOPPLER (Technologien)
ÜBERSETZUNGSMASCHINE → ÜBERSETZUNGSCOMPUTER (Kommunikation)
ULTRAANTRIEB (Raumschiffe)
ULTRAANTRIEBS-DORNEN → ULTRAANTRIEB (Raumschiffe)
ULTRAANTRIEBS-SPRÜNGE → ULTRAANTRIEB (Raumschiffe)
ULTRAFUNKGERÄT → ULTRASTRAHL-PROJEKTOR (Kommunikation)
ULTRALICHTKOMMUNIKATION → ÜBERLICHTKOMMUNIKATION (Kommunikation)
ULTRANAUT (Raumschiffe)
ULTRASCHALLKEULE (Waffen)
ULTRASCHALLPISTOLE (Waffen)
ULTRASCHALL-SIRIANISCH (Kommunikation)
ULTRASCHALLSTUNNER (Waffen)
ULTRASCHALL-TONBÄNDER → GEDANKENREISE (Raumschiffe)
ULTRASPRÜNGE → ULTRAANTRIEB (Raumschiffe)
ULTRASTRAHLEN → ULTRASTRAHL-PROJEKTOR (Kommunikation)
ULTRASTRAHL-PROJEKTOR (Kommunikation)
ULTRA-VOLLSTÄNDIGES MAXIMEGALONISCHES WÖRTERBUCH (Kommunikation)
ULURU (VR)
UMGANGS-ANGLISCH → ANGLISCH (Kommunikation)
UMVERKÖRPERUNG → KEHRSEITLER (Roboter)
UNABHÄNGIGE WOHLFAHRTSSTAATEN → HOHN (Kultur)
UNASTRONAUTISCH (Kognition)
UNAUSSPRECHLICHE (Kultur)
UNBÜRGER → LOSANNIEN (Kultur)
UNENDLICHER UNWAHRSCHEINLICHKEITSDRIVE (Raumschiffe)
UNGUT → NEUSPRECH / NEUSPRACHE (Kommunikation)
UNHEUER → GRÄSSEL-WÜTERICH (Lebensformen)
UNION → ERDKOMPANIE (Kultur)
UNION → GEBURTSLABOR (Technologien)
UNION → PELL-STATION (Raumschiffe)
UNITARD (Waffen)
UNITED SPACEWAYS → HOCHGESCHWINDIGKEITS-AXIAL-FLUG (Raumschiffe)
UNITED-SPACEWAYS-XR4-AXIALFLUG → HOCHGESCHWINDIGKEITS-AXIAL-FLUG (Raumschiffe)
UNMENSCHLICHE auch → NICHTBENENNBARE (Lebensformen)
UNROBOTERHAFT (Roboter)
UNSAUERE NASSREIBER → STUHLARTIGE QUÄLAMEISE (Lebensformen)
UNSAUERE NASSREIBER → STUHLARTIGE QUÄLAMEISE (Lebensformen)
UNSERE-REALITÄT → SIGNALHÄNDLER (Lebensformen)
UNSHIB → SHIB (Kognition)
UNSTERBLICHKEITSTECHNOLOGIE (Technologien)
UNTERES JENSEITS → ZONEN (Raum)
UNTERLAUSCHER → GEBÄUDE (Kultur)
UNTERLICHTFLUG → UNTERLICHTSCHIFF (Raumschiffe)

UNTERLICHTHANDEL → ÜBERLICHT-
   FLUG (Raumschiffe)
UNTERLICHTSCHIFF (Raumschiffe)
UNTERLICHTSCHOCK (Kognition)
UNTERNEHMEN WESTSENKE (Kultur)
UNTERWASSERATMEN → FISCHWER-
   DUNG (Kultur)
UNTERWASSERFREIHEITEN → FISCH-
   WERDUNG (Kultur)
UNWAHRSCHEINLICHKEITSLEVEL →
   UNENDLICHER UNWAHRSCHEINLICH-
   KEITSDRIVE (Raumschiffe)
UNWAHRSCHEINLICHKEITS-MINE (Waf-
   fen)
UNWAHRSCHEINLICHKEITSPHYSIK →
   UNENDLICHER UNWAHRSCHEINLICH-
   KEITSDRIVE (Raumschiffe)
UNWISSENHEIT IST STÄRKE → NEU-
   SPRECH / NEUSPRACHE (Kommunika-
   tion)
URANDUKATEN → AKTINURIA (Raum)
URANUSKLASSE → SONNENWINDSEGLER
   (Raumschiffe)
URATOMISTIK → NEOGEN (Kultur)
URIELITEN → STIRCHE (Kultur)
URONKEL → ONKELYSE (Raum)
URSPRÜNGLICHE ASTROGATION → NEO-
   GEN (Kultur)
USER (Technologien)
UTAK (Kommunikation)
UTERUSREPLIKATOR (Technologien)
UTHA → ROOSEVELT-MEERE (Kommu-
   nikation)
VACUBOTER (Roboter)
VAMPIRBALLON (Lebensformen)
VANA (Lebensformen)
VANDERBILT-PLATEAUS → ROOSEVELT-
   MEERE (Kommunikation)
VAPORISIEREN (Kultur)
VARIOSCHWERT (Waffen)
VATERMÖRDER → GRÄSSEL-WÜTERICH
   (Lebensformen)
VEC → MORAVEC (Roboter)
VELLOCET → NADSAT (Kommunikation)
VENUSBEWOHNER (Lebensformen)

VENUSIAN → VENUSIANER (Lebensfor-
   men)
VENUSIANER (Kultur)
VENUSIANER (Lebensformen)
VENUSMENSCH (Lebensformen)
VERAFTERUNG → KURDLAND (Kultur)
VERBRECHENSTOP → GEDANKENVER-
   BRECHEN (Kultur)
VERGANGENHEITSFORSCHER→ GEDAN-
   KENREISE (Raumschiffe)
VERHÖRMASCHINE→ TIVI (Kultur)
VERISTIK → GEBÄUDE (Kultur)
VERJÜNGUNGSBEHANDLUNG (Technolo-
   gien)
VERJÜNGUNGSDROGEN → VERJÜN-
   GUNGSBEHANDLUNG (Technologien)
VERJÜNGUNGSTANK (Technologien)
VERKÜRZER → PARALLAX-
   SOFORTKOMMUNIKATOR (Kommuni-
   kation)
VERLOBUNGSREGISTERTONNEN → ON-
   KELYSE (Raum)
VERNUNFTSPRACHE (Kommunikation)
VERNUNFTWIDRIGE → GRÄSSEL-
   WÜTERICH (Lebensformen)
VEROSION (Kultur)
VERPILZUNGEN → PLASMA-OZEAN (Le-
   bensformen)
VERRECKER → KURDLAND (Kultur)
VERSCHWINDER (Lebensformen)
VERSETZER (Raum)
VERSIFICATOR (Technologien)
VERSTANDESBRÜDER (Lebensformen)
VERSTIRNUNG → ORGANISATION DER
   VEREINTEN PLANETEN (Kultur)
VERS-TRANSKRIPTOR (Technologien)
VERSTRIPPTE LAGEN VON LOSANNIA →
   LOSANNIEN (Kultur)
VERSULZTE → WABBELIGE (Lebensfor-
   men)
VERUNSTERBLICHUNG → EKTOTECHNIK
   (Technologien)
VERVIELSELBSTUNG → LOSANNIEN (Kul-
   tur)
VERZARKT → ZARQUON (Kommunikati-
   on)

Wortregister

VERZERRER (Technologien)
VIBRA-BLASTER (Waffen)
VIBRAGEWEHR → VIBRA-BLASTER (Waffen)
VIBRA-SCHUSS → VIBRA-BLASTER (Waffen)
VIBROSTRAHLEN (Waffen)
VID-DATEIEN → HOLOVID (VR)
VIDEOFERNGESPRÄCHE → VIDEOPHON (Kommunikation)
VIDEOFETZERS → PSYCHOTRONISCHER ZUSATZVERSTÄRKER (Kommunikation)
VIDEOFON → VIDEOPHON (Kommunikation)
VIDEOPHON (Kommunikation)
VIDEOPHONBEANTWORTER → VIDEOPHON (Kommunikation)
VIDEOR (Kommunikation)
VIDEOTELEFON (Kommunikation)
VIDFON → VIDEOPHON (Kommunikation)
VIECH (Lebensformen)
VIELFRASS → GRÄSSEL-WÜTERICH (Lebensformen)
VIELINGER → POLYONTEN (Roboter)
VIELISTER → POLYONTEN (Roboter)
VIERERGLEITSTRAHL (Waffen)
VIERSAM → RUDELWESEN (Lebensformen)
VIK → LENN-AH (Kommunikation)
VIRTUELLE-REALITÄTSKONFERENZ (VR)
VIRTU-SERVO (VR)
VISCERATOR → GEBÄUDE (Kultur)
VISI-PROJEKTOR (Technologien)
VISI-STRAHL → VISI-PROJEKTOR (Technologien)
VISOFON → VISOPHON (Kommunikation)
VISOPHON (Kommunikation)
VISOR (Technologien)
VISORSTRAHL (Kommunikation)
VODER (Kommunikation)
VOGONEN (Lebensformen)
VOLKSKYBERNEROS → KYBERNEROS (Roboter)
VOLKSRAKETE (Raumschiffe)
VOLLE NULL → NULL (Technologien)
VOLLUGEN → MATRATZEN (Lebensformen)
VORBOTE (Kultur)
VOYNIX (Lebensformen)
VR-ORNITHOPTER → ORNITHOPTER (Raumschiffe)
VR-THOPTER → ORNITHOPTER (Raumschiffe)
V-TANK (VR)
VT-GERÄT → VERS-TRANSKRIPTOR (Technologien)
VULKANIER (Lebensformen)
VULKAN-VOLK → VULKANIER (Lebensformen)
WABBELIGE (Lebensformen)
WABBELWESEN → WABBELIGE (Lebensformen)
WÄCHTER (Roboter)
WAHRGEBORENER (Kultur)
WAHRGEBORENER → FREIGEBORENER (Kultur)
WAHRHEITSTRANCE (Kognition)
WAHRSAGERIN (Kognition)
WAHRSCHEINLICHKEITSVERZERRER (Waffen)
WALDBEWOHNER → MESKLINITEN (Lebensformen)
WALDO (Technologien)
WALLACH IX → BENE GESSERIT (Kultur)
WÄLZTANZ → ENTEROPIEN (Raum)
WANDELNDEN BAUMOIDEN → KUGELSCHREIBEROIDE LEBENSFORM (Lebensformen)
WANDELNDER KERKER → KURDEL (Lebensformen)
WANDERSTAATSWESENS → KURDLAND (Kultur)
WANKER → KURDEL (Lebensformen)
WARNUNGSANORDNUNGEN → LEMTANK (Technologien)
WARP (Raumschiffe)
WARP (Raumschiffe) auch → ALCUBIERRE-VERWERFUNG (Zeit)

WARPANTRIEB → ALCUBIERRE-VERWERFUNG (Zeit)
WARPANTRIEB → WARP (Raumschiffe)
WARPBLASE → WARP (Raumschiffe)
WARPGONDEL → WARP (Raumschiffe)
WARTUNGSKOLOSS → STAATSROBOTER (Roboter)
WASASTRAHL → PSYCHOKONTROLLE (Kommunikation)
WASCHMASCHINEN-AMME → WASCHMASCHINEN-TRAGÖDIE (Kultur)
WASCHMASCHINEN-TRAGÖDIE (Kultur)
WASCH-ROBOTER → WASCHMASCHINEN-TRAGÖDIE (Kultur)
WAS-EN-TON → NEOGEN (Kultur)
WASER (Technologien)
WASHINGTON-KANAL → ROOSEVELT-MEERE (Kommunikation)
WASSERDISZIPLIN → FREMEN (Kultur)
WASSERSCHULD → FREMEN (Kultur)
WASSERZUG → TRETTAXI (Kultur)
WBR → CHRISTLICH-ISLAMISCHE KIRCHE (Kultur)
WECHSELBÄLGER → FORMWANDLER (Lebensformen)
WECHSELKAMMER → KURDLAND (Kultur)
WECHSELSPRECHER (Lebensformen)
WEHGRIEMELN → ETHOSPHÄRE (Kultur)
WEICHGUMMI-PLANET → MAGRATHEANER (Lebensformen)
WEIDEPLANET → VIECH (Lebensformen)
WEIDOMIEREN → MATRATZEN (Lebensformen)
WEISUNGSVIDEOPHONAT → VIDEOPHON (Kommunikation)
WELLENEMITTER (Technologien)
WELLS-AGGREGAT (Zeit)
WELTBÜRGERRECHTSFORUM → CHRISTLICH-ISLAMISCHE KIRCHE (Kultur)
WELTENKNACKER (Waffen)
WELTENRAUMFAHRER → GOLDENE KUGEL (Raumschiffe)
WELTENRAUMFAHRZEUG → GOLDENE KUGEL (Raumschiffe)
WELTENRAUMSCHIFF → GOLDENE KUGEL (Raumschiffe)
WELTENRAUMSEGLER → GOLDENE KUGEL (Raumschiffe)
WELTKOMITEE (Kultur)
WELTRAT (Kultur)
WELTRAUMIMPERIALIST (Kultur)
WELTRAUM-VORSTELLUNG (Raum)
WELT-SPEISEPLAN (Kultur)
WELTVERKEHRSSPRACHE → MARTISCH (Kommunikation)
WENIGSCHLUCKER → GRÄSSEL-WÜTERICH (Lebensformen)
WERFER → LICHTWERFER (Waffen)
WETTERINGENIEUR (Technologien)
WETTERTRAMPS → SCHWERWETTERZEITEN (Kultur)
WEYR-WERFER (Waffen)
WIEDERGEWINNUNGSGEAR → GEAR (VR)
WIKKIT-TOR → KRIKKIT (Raum)
WILDE ROBOTER → ROBOTERLAGER (Roboter)
WILDEN BETTLER → KUPPELLEUTE (Raumschiffe)
WIMPRIGE OHNEKRIECHE → STUHLARTIGE QUÄLAMEISE (Lebensformen)
WINKEL-DEMENTIST → GEBÄUDE (Kultur)
WIR-BAUEN-ATLANTIS-BEWEGUNG → ATLANTIDEN (Zeit)
WIRBELKNÖCHERIGE → PLASMA-OZEAN (Lebensformen)
WIRKLICHKEITSSTAUB (Raum)
WIRT → BEWOHNEN (Kognition)
WISSENSCHAFTLICHE LEGAT → CHRISTLICH-ISLAMISCHE KIRCHE (Kultur)
WISSENSCHAFTSPROGRAMM → HOLOPHANTOM (VR)
WL → CHRISTLICH-ISLAMISCHE KIRCHE (Kultur)
WL-AGENTIN → CHRISTLICH-ISLAMISCHE KIRCHE (Kultur)
WL-GEHEIMDIENST → CHRISTLICH-ISLAMISCHE KIRCHE (Kultur)
WOHNGEKRÖSE → KURDLAND (Kultur)

Wortregister

WOLKENKRATZKURDEL → KURDEL (Lebensformen)
WOLKENZEICHEN → SAMNORSK (Kommunikation)
WONNENWAHL → LOSANNIEN (Kultur)
WOOKIEE (Lebensformen)
WORT-ASSOZIATIONSSYSTEM (Kommunikation)
WORTSTEIN (Kommunikation)
WÜSTENPLANET ARRAKIS → FREMEN (Kultur)
WÜSTENPLANET ARRAKIS → GEWÜRZ (Kognition)
WÜSTENPLANET ARRAKIS → IMPERIUM (Kultur)
WÜSTENPLANETEN ARRAKIS → ORNITHOPTER (Raumschiffe)
WÜSTENPLANETEN ARRAKIS → SANDWÜRMER (Lebensformen)
WUMBUS → SIRTER (Raum)
WUNDERBARIEN → KARELIRIEN (Roboter)
WUNSCHTRAUMERZEUGER (Technologien)
WURFDRAHT (Waffen)
WURMLOCH (Raum)
WURMZEICHEN → SANDWÜRMER (Lebensformen)
XANTHIC-RE-STRUCTON-DESTABIL-O-ZENON-STRAHLER → KILL-O-ZAPP-PISTOLE (Waffen)
XASER (Waffen)
XEMAHOA → MAKA-I (Kognition)
XEMAHOA → XEMAHOA B (Kommunikation)
XEMAHOA A → XEMAHOA B (Kommunikation)
XEMAHOA B (Kommunikation)
XENOBIOLOGIE → KRABBLER (Lebensformen)
XENOLINGUIST (Kommunikation)
XENOLINGUISTIK → XENOLINGUIST (Kommunikation)
XENOLOGIE (Lebensformen)
XENOLOGIE → XENOLINGUIST (Kommunikation)
XENOMORPH (Lebensformen)
XENOMORPH → ALIEN (Lebensformen)
XENOPSYCHOLOGEN → KRABBLER (Lebensformen)
XENOSOPHONTEN (Lebensformen)
XE-WO-I → MAKA-I (Kognition)
XXINDER → HÜTLING (Technologien)
YAHZICK → NADSAT (Kommunikation)
YODA → JEDI (Kultur)
YORSEN (Lebensformen)
ZÄIDE (Roboter)
ZAMPHUOR → PANGALAKTISCHER DONNERGURGLER (Kultur)
ZAP-SICHER → KILL-O-ZAPP-PISTOLE (Waffen)
ZARQUON (Kommunikation)
Z-COPTER → COPTER (Technologien)
ZEHN-GIGAWATT-LASERKANONE → LASERKANONE (Waffen)
ZEHN-MILLIONEN-JAHRE-PROGRAMM → SUPERCOMPUTER (Technologien)
ZEIT (Zeit)
ZEITANOMALIEN → RAUM-ZEIT-STRANDGUT (Raum)
ZEITBOHRUNGEN → CHRONOTRAKTION (Zeit)
ZEITEINSCHLUSS → ZEITSCHLEIFE (Zeit)
ZEITFALLE → DIMENSIONENFALLE (Raum)
ZEITFLITZER → CHRONOMOTION (Zeit)
ZEITFRAKTUR (Zeit)
ZEITGÄNGER (Zeit)
ZEITGESETZ → ZEITPOLIZEI (Kultur)
ZEIT-GEZEITEN → CHRONOTROPISCHE SENSOREN (Zeit)
ZEITGRAB (Zeit)
ZEITINGENIEURE → TEMPORISTIK (Zeit)
ZEITKAPSEL (Zeit)
ZEITKONDENSAT (Zeit)
ZEITKRANKHEIT (Zeit)
ZEITKREIS → ZEITSCHLEIFE (Zeit)
ZEITLINGE → ZEITGÄNGER (Zeit)
ZEITMASCHINE (Zeit)
ZEITMASCHINE → CHRONOMOTION (Zeit)
ZEITMASCHINE → CHRONORCH (Zeit)

ZEITMÜLL (Zeit)
ZEITPOLIZEI (Kultur)
ZEITQUANT (Zeit)
ZEITREISE (Zeit)
ZEITREISE → CHRONOMOTION (Zeit)
ZEITREISEKABINE (Zeit)
ZEITREISENDER → CHRONONAUT (Zeit)
ZEITREISENDER → ZEITVEHIKEL (Zeit)
ZEITSCHIRMJÄGER → TEMPORISTIK (Zeit)
ZEITSCHLEIFE (Zeit)
ZEITSCHRUMPFUNG (Zeit)
ZEITSCHULD (Zeit)
ZEITSEKTOR (Zeit)
ZEITSPRITZER → TEMPORISTIK (Zeit)
ZEITSPRUNG (Zeit)
ZEITSTASIS (Zeit)
ZEITSTRECKER (Zeit)
ZEITTECHNOLOGEN → TEMPORISTIK (Zeit)
ZEITTORPEDO (Zeit)
ZEITTRANSMITTER (Zeit)
ZEITTUNNEL (Zeit)
ZEITVEHIKEL (Zeit)
ZEITVERLANGSAMER → ZEITSTRECKER (ZEIT)
ZEITZIELVORRICHTUNG → ZEITVEHIKEL (Zeit)
ZEITZUG → TEMPORISTIK (Zeit)
ZELLVERSCHWEISSUNG (Technologien)
ZENSUNNI-WANDERER → FREMEN (Kultur)
ZENTAUR (Roboter)
ZENTRALCOPTER → COPTER (Technologien)
ZENTRALE HAUPTRAT DER FREUNDESBÜNDE → FREUNDESBÜNDE (Kultur)
ZENTRALES INSTITUT FÜR VOLLE ÄSTHETISIERUNG DER EXTREMITÄTEN → BÜPROKÖPS (Kultur)
ZENTRALRAT DES MARS → ANTIBATENPARTEI (Kultur)
ZEREBRALANALYSE (Technologien)
ZEREMONIALHEBEL → PLANOFORM (Raumschiffe)
ZERHACKERFELDER (Kommunikation)

ZERSPLITTERER → BÜPROKÖPS (Kultur)
ZIELGEBER → SELBSTVERDUNKLUNG (Kultur)
ZIELVISIO (Waffen)
ZIELWÄHLER → GATEWAY (Raumschiffe)
ZIELZEITSEKTOR → CHRONOTRON (Zeit)
ZIVÄEX → BÜPROKÖPS (Kultur)
ZIVILISATIONSFORMER (Kultur)
ZONE (Raum)
ZONEN (Raum)
ZONENFLUTWELLE → ZONEN (Raum)
ZONENGRENZEN → ZONEN (Raum)
ZONENOBERFLÄCHEN → ZONEN (Raum)
ZONENSONDEN → ZONEN (Raum)
ZONENSTURM → ZONEN (Raum)
ZONENTURBULENZEN → ZONEN (Raum)
ZONENVERSCHIEBUNGEN → ZONEN (Raum)
ZONOGRAPHIETECHNIK → ZONEN (Raum)
ZONOMETRIE → ZONEN (Raum)
ZOOZID → SCHÖPFUNGSLADUNG (Zeit)
ZUBERNAUTIK → GEBÄUDE (Kultur)
ZUCHTKURDEL → KURDEL (Lebensformen)
ZUCHTTANK, BIONISCHER (Technologien)
ZUFALLS-IDENT-DARTS (Technologien)
ZUKUNFTSRUNCIBLE → RUNCIBLE (Zeit)
ZUKUNFTSWESEN → ELOI (Lebensformen)
ZUKUNFTSWESEN → MORLOCKS (Lebensformen)
ZUKUR → KURDEL (Lebensformen)
ZUMITTAGAUFSTEHER → FREUNDESBÜNDE (Kultur)
ZWANGSFROTTIEREN → WASCHMASCHINEN-TRAGÖDIE (Kultur)
ZWANGSWÄSCHE → WASCHMASCHINEN-TRAGÖDIE (Kultur)
ZWEIDECHSEN → KURDEL (Lebensformen)
ZWEIMAL GEBORENE (Lebensformen)
ZWEI-MINUTEN-HASS-SENDUNG (Kultur)

Zweisam → Rudelwesen (Lebensformen)
Zweisitzer-Gyro → Aerogyro (Raumschiffe)
Zwergspinnendroide → Droid(e) (Roboter)
Zwiedenken (Kultur)
Zwiedenken → Neusprech / Neusprache (Kommunikation)
Zwillingswelt → Wechselsprecher (Lebensformen)
Zwischenrudel-Sprache → Rudelwesen (Lebensformen)
Zyklop (Roboter)
30-Megatöt-Definit-Kill-Photrazon-Kanone → Kill-O-Zapp-Pistole (Waffen)
4-D (Kommunikation)

Jürgen Scharnhorst (Hrsg.)

Sprachkultur und Lexikographie
Von der Forschung zur Nutzung von Wörterbüchern

Frankfurt am Main, Berlin, Bern, Bruxelles, New York, Oxford, Wien, 2004.
400 S., 6 Abb., 2 Tab.
Sprache, System und Tätigkeit.
Herausgegeben von Inge Pohl und Karl-Ernst Sommerfeldt. Bd. 50
ISBN 978-3-631-50079-8 · br. € 53.–*

Haben Wörterbücher im Zeitalter des Computers und des Internets weiterhin eine Existenzberechtigung? Und wie soll das gestaltet werden, was an die Stelle traditioneller Nachschlagewerke tritt? Wie müssen die Korpora beschaffen sein, auf deren Grundlage sogenannte „digitale Wörterbücher" entstehen? Was erwarten die Benutzer überhaupt von Wörterbüchern? Oder verlassen sie sich lieber auf die telefonische Sprachberatung? Solche und viele andere Fragen werden in diesem Band von Sprachwissenschaftlern am Beispiel des Deutschen, des Englischen, Französischen, Russischen, Slowakischen, Tschechischen und Ungarischen erörtert. Im Podiumsgespräch diskutieren erfahrene Lexikographen, Experten der Computerlinguistik und Mitarbeiter von Sprachberatungsstellen die „Perspektiven der Lexikographie und die Aufgaben der Sprachkultur".

Aus dem Inhalt: Französische Wörterbuchkultur · Englische Textkorpora · Ein modernes russisch-deutsches Wörterbuch · Das „Digitale Wörterbuch der deutschen Sprache des 20. Jahrhunderts" und das Projekt „Wissen über Wörter" mit den Neologismen der 90er Jahre · Wörterbücher Deutsch als Fremdsprache und ihre Nutzung · Podium Sprachkultur

Frankfurt am Main · Berlin · Bern · Bruxelles · New York · Oxford · Wien
Auslieferung: Verlag Peter Lang AG
Moosstr. 1, CH-2542 Pieterlen
Telefax 0041 (0)32/3761727

*inklusive der in Deutschland gültigen Mehrwertsteuer
Preisänderungen vorbehalten
Homepage http://www.peterlang.de